KB071940

동아시아의 논어학

동아시아의 논어학

이영호 지음

성균관대학교 대동문화연구원

머리말

예전에 글을 읽다가 50살이 되어 지난 49년의 세월이 잘못되었음을 알았다는 어느 학자의 독백을 본 적이 있다. 50대 중반을 향해 가는데, 나는 어떠한가? 지난 시간을 잘 보냈다고 자신할 수 없지만, 무의미하였다고 탄식할 것도 없다. 만약 지금의 내가 무언가 조금 성취한 것이 있다면, 바로 이 시간들이 워밍업을 해 준 것은 아닐까 하는 생각이 든다.

지난 10여 년간 동아시아 경학가들의 『논어』 해석을 살펴보면서, 이러저러한 글들을 썼다. 이것들을 엮고서 다듬은 것이 이 책이다. 그러니 좀 미흡하더라도 이것이 나의 연구자 생활의 중간 성적표인 셈이다. 좋은 것은 좋은 대로 부족한 것은 부족한 대로 이것으로 『논어』 연구를 일단락하고자 한다.

대학에서 정년을 할 수 있다면, 앞으로 10년 조금 더 남았다. 이 시간 동안 『주역』을 읽고 글을 쓰거나, 강연을 통해 느낀 점을 공유하고자 한다. 박사과정에서 『대학』 연구를 통해 유학의 본질에 대한 탐색을 하였다면, 『논어』 연구를 통해서는 유학과 불교의 만남, 조선 경학의 독특한 지점 등에 관하여 살펴보았다. 앞으로 『주역』 연구를 통해서는 인간 삶의 다양한 현장을 살피면서, 궁극적으로 '나'를 찾아가는 길에 들어서 보고자 한다. 이 길에는 유학, 불교, 그리고 『주역』의 신묘함 등이 어우러져 있을 것이며, 현대 여러 스승들의 가르침도 함께할 것이다. 지금 여기 당처(當處)에서 보고 듣는다. 이 길의 끝에 무엇이 있을지 궁금하다. 이런 삶을 있게 해 준 부모님께 이 책을 바친다.

2019년 2월 20일

이영호

차례

1장

서론

●●●

경학은 경전학(經典學)과 경전주석학(經典注釋學)으로 대별할 수 있다. 경전학이 십삼경(十三經)의 본의를 직접적으로 탐구하는 것이라면, 경전주석학은 십삼경이 성립된 이후 이루어진 수많은 주석서들을 연구하여 그 경학사적 의미를 규명하는 분야라고 할 수 있다. 오늘날 경학 연구는 경전학 연구도 있지만, 대체로 경전주석학에 집중되어 있다. 경전주석을 연구하다 보면, 경학자들의 내면 풍경과 더불어 당대의 시대적 책무를 경전 해석을 통해 구현하고자 했던 그들의 분투가 느껴지곤 한다.

이 글에서는 주로 주자, 이탁오, 퇴계의 경전주석학을 통해, 이들이 느꼈던 시대적 책무와 정신의 향방을 고찰하고자 하였다. 살았던 시대가 다르고 활동하였던 공간이 달랐기에 이들의 경학 색채도 서로 다르다. 그러나 그 다름에도 불구하고 자신이 살았던 시대의 고민과 자기 내면의 정신을 경전주석에 투사해 놓았다는 점에서는 공통점이 있다. 시대정신의 첨병으로서의 경학이 객관적 대상으로서의 학문 영역이라면, 내면 정신의 투사로서의 경학은 주관적 체험으로서의 수양(혹은 종교) 영역에 가깝다. 나의 경학 연구는 전자를 지향하지만, 후자에 더 마음이 가 있다. 이는 자칫 객관성을 잃고 주관에 매몰되어 성현 만세를 지향할 소지가 있기에 항상 경전주석이 내포하고 있는 시대정신의 함의를 되새기며 중심을 잡으려고 하였다.

이 글에서 다루고자 하는 연구의 대상은 이러한 의식의 소산이다. 이에 경학연구의 대상 경전으로는 『논어』를, 경학자로는 주자, 이탁오, 장대, 지욱선사, 퇴계, 정구, 이진상, 곽종석, 이익, 정약용을, 사상으로는 유교와 불교를 선택하였다. 그리고 중국의 주자와 양명좌파, 조선의 퇴계학파와 실학파의 논어학에 관심을 집중하였다. 주로 이들의 『논어』 주석학에 녹아 있는 이념에 몰입하였지만, 때로는 『논어』 주석서를 남긴 경학자들의 내면 심성에 다가가려고 하였다. 그러면 이 글에서 이런 주제들을 어떻게 서술했는지에 관해 언급해 보고자 한다.

먼저 2장에서는 '경(經)과 전(傳), 그리고 유학과 경학'이라는 주제하에, 경과 그 주석으로서 전의 개념을 다루기로 하겠다. 그리고 경과 전이 유학사와 경학사에 구체적으로 어떻게 상호 조응하는지에 대해서, 『논어』 '천상탄'(川上嘆)에 관한 동아시아 경학자들의 주석을 통해 고찰해 보고자 한다. 이러한 탐색을 통해, 유학사에서 새로운 유학이 등장할 때마다 이를 뒷받침하는 새로운 주석이 투영된 신경학(新經學)의 등장을 목도할 수 있을 것이다.

3장에서는 중국의 논어학을 '주자의 논어학', '양명학파의 논어학', '유불교섭의 논어학'으로 나누어 살펴보고자 한다. 『논어』는 공자의 오랜 수양과 체험에서 우러나온 언어들로 이루어졌기에 일찍이 유학의 최고 경전으로 일컬어졌다. 이 때문에 수많은 경학자들은 『논어』에 대한 해석을 자기 수양의 원천으로 삼았을 뿐 아니라, 이를 통해 자신이 인식하는 시대의 고민에 대한 해결책을 제시하기도 하였다. 이른바 『논어』 주석학의 성립인 것이다. 이러한 『논어』 해석 가운데 동아시아에 가장 큰 영향력을 미친 주석서는 주자의 『논어집주』이다. 중국, 일본, 조선에서 주자의 영향력은 그가 지은 『사서집주』의 확산과 깊은 관계가 있다. 특히 조선에서의 영향력은 지대하였다. 한문 공부의 초입에서부터 과거 시험에 이르기까지 필수 전적에 『사서집주』가 있었기 때문이다. 이 『사서집주』 가운데 특히 『논어집주』는 주자가 오랜 세월 공을 들여 집필한 다음 많은 수정을 거쳐 지금의 모습을 가지게 되었다. 이는 주자 경학의 핵심에 『논어집주』가 있음을 의미한다. 이 장의 처음에 주자의 논어학을 다루고자 하는 것도 바로 이러한 중요성 때문이다. 구체적으로 『논어집주』의 성서(成書) 과정과 특징, 후대로의 계승양상을 고찰하고자 한다.

한편 유학사에서 주자학에 필적할 만한 사상은 양명학이었다. 이에 다음으로 양명학파, 특히 양명좌파에 속한다고 평가받는 이탁오의 논어학을 위시하여 장대, 지욱선사의 『논어』 주석을 검토하고자 한다. 중국 경학사에서 유독 양명학이 발생한 명대 경학에 대한 평가가 박하다. 이는 피석서가 『경학역사』에서 명대를 가리켜 경학의 쇠퇴시대라고 비판한 이후, 현대에 이르기까지 이 평가가 지속되었기 때문이다. 유학사에서 새로운 유학이 등장하면 이에 걸맞은 신경학은 필연적으로 등장하였다. 그런데 하필 주자학과 더불어 중국 유학사를 양분한 양명학이 등장한 명대에만 이러한 경학적 현상이 없다는 것은 의문이다. 이에 이탁오, 장대, 지욱선사의 『논어』 해석을 분석하면서, 양명학을 근저에 두는 명대 경학의 가능성을 탐색해 보고자 한다.

마지막으로 '유불교섭의 논어학'이라는 주제로 『논어』를 중심에 두고 유교와 불교가 상호 교섭하는 양상을 보고자 한다. 실로 유학사에서 주자학과 양명학은 닫힌 체계로 존재하지 않았다. 공맹유학의 강력하고도 소박한 실천론과 인성론이 불교를 만나 개화하여 주자학의 탄생으로 이어졌음은 주지의 사실이다. 불교라는 외래사상은 중국에 들어와서 선종(禪宗) 같은 새로운 형태로 재탄생되기도 하였지만, 유학과도 교섭하여 유학에 새로운 생명을 불어넣은 것이다. 유불교섭의 이러한 양상은 『논어』를 중심에 두고서 활발히 전개되었다. 이러한 유불의 상호 교섭은 그 유래가 육조 시기 황간에서부터 비롯되었는데, 이후 주자를 거쳐 양명좌파에 이르기까지 이들의 『논어』 주석에는 이러한 자취가 생생하게 녹아 있다. 이 자취를 더듬어 봄으로써 우리는 사상사에서 서로 다른 사상들이 융합되는 양상을 볼 수 있을 것이다. 이는 작게는 유불의 교섭이지만, 크게는 이질적 문명의 상호 소통이라 할 것이다.

이상의 중국 논어학에 대한 연구의 뒤를 이어 4장에서는 조선의 논어학에 대하여 살펴보고자 한다. 먼저 조선 논어학사 전반에 걸친 소개를 한 다음, 퇴계학파를 중심으로 조선 주자학파 논어학의 특징을 분석하고자 한다. 조선 논어학의 연원은 멀리 삼국과 고려시대에 있지만, 이것이 경학 저술의 형태로 나타난 것은 퇴계에 이르러서였다. 퇴계 이후 조선의 논어학은 퇴계학파, 율곡학파, 실학파, 강화학파에 속하는 경학자들에 의하여 다양한 형태로 전개되었다. 조선 논어학의 이러한 전개 양상을 거칠게 조망한 다음, 조선의 『논어』 주석서들이 현대에 이르기까지 어떻게 집성되었는지에 대하여 검토할 것이다. 조선 논어학의 총론격에 해당되는 서술의 뒤를 이어, 각론으로 퇴계와 퇴계학파에 속하는 정구, 이진상, 곽종석의 논어학에 대한 정치한 분석을 통해 조선의 주자학파 논어학의 모습이 어떠했는지 살펴볼 것이다.

그리고 다음으로 조선의 실학파 논어학을 탐색하고자 한다. 실학파의 논어학을 고찰함에 있어, 이익의 『논어질서』를 검토한 다음, 정약용의 논어설을 통하여 주자학과 실학의 거리를 가늠하고자 한다. 마지막으로 주자학이 대세였던 조선에서 주자학 이전의 '고'(古)를 지향하였던 경학자들의 논어학을 살펴봄으로써 조선 논어학의 또 다른 면모를 일별해 보기로 하겠다.

이러한 고찰을 통해, 조선 주자학파(특히 퇴계학파)의 논어학이 주자의 『논어』 주석을 정심하게 분석 보완함과 동시에 어떤 방향으로 독자적 지평을 추구해 나갔는지를 보고자 한다. 그리고 조선의 실학파 논어학의 핵심적 키워드가 무엇인지, 실학은 과연 주자 혹은 후대 주자학파와 어떤 연관을 가지고 있는지에 대해서 탐구하고자 한다. 이러한 탐색은 조선 주자학파와 실학파의 논어학의 면모를 여실하게 살펴볼 수 있는 단초를 제공함과 동시에 주자학과 실학의 정체성에 대한 숙고의 단초를 제공할 수도 있을 것이다.

중국과 한국의 논어학에 대한 이상의 연구는 거시적으로 동아시아 논어학의 일면을 보여줌과 동시에 동아시아 지성들의 사유의 일단을 짐작하게 해줄 것이다. 한편 동아시아의 논어학을 고찰하고자 한다면, 중국과 한국 이외에 일본과 베트남 경학자들의『논어』주석서도 연구의 대상으로 삼아야만 할 것이다. 일견하기에 일본의 경우 주자학파, 양명학파, 고학파의『논어』주석서가 있고, 베트남의 경우는 주로 주자의『논어』해석을 추수(追隨)하는 경향이 있다. 이 부분은 후대의 연구를 기약해야 할 것 같다.

2장

경과 전,
그리고 유학과 경학

Ⅰ. 경(經)과 전(傳)

Ⅱ. 유학과 경학

Ⅰ. 경(經)과 전(傳)

1. 경(經)이란 무엇인가?

일반적으로 경(經)이라는 글자는 유가의 경(經)을 연상케 한다. 그러나 경이라는 글자의 최초 용례는 유가의 경을 가리키는 것이 아니었다. 춘추전국시대의 제자백가에서 최초로 경(經)이라 불린 책은 『묵자(墨子)』이다.[1] 『한서(漢書)』「예문지(藝文志)」에 저록된 『묵자(墨子)』는 원래 71편인데, 현전하는 것은 15권 53편이다. 이 중 10권의 「경(經)」, 「경설(經說)」 상(上) · 하(下)와 11권의 「대취(大取)」 · 「소취(小取)」를 가리켜 『묵경(墨經)』 혹은 『묵변(墨辯)』 이라 한다.[2] 또한 『국어(國語)』「오어(吳語)」에도 협경병부(挾經秉枹)라는 말이 나오는데, 이때의 경(經)은 병서(兵書)를 의미한다고 한다.

유가의 서적을 경(經)이라 칭한 용례는 『장자(莊子)』「천운(天運)」에 "제(공자를 가리킴)가 『시(詩)』, 『서(書)』, 『예(禮)』, 『악(樂)』, 『역(易)』, 『춘추(春秋)』 등 육경(六經)을 공부한 지가 매우 오래되었습니다."[3]라는 구절에 처음으

1) 『莊子』, 「天下」. "南方之墨者, 苦獲, 已齒, 鄧陵子之屬, 俱誦墨經."

2) 『中國大百科全書』 哲學部分, 墨經 條, 中國大百科全書出版社, 1987, 635면 참조.

3) 『莊子』, 「天運」. "丘治詩書禮樂易春秋六經, 自以爲久矣."

로 나타난다. 『장자』라는 책은 우언이 많기 때문에 다 믿을 수는 없지만, 우리는 이 구절에서 전국시대 유가들이 이미 육경(六經)을 가지고 있었다는 것을 짐작할 수 있다. 그러나 이 시기 경이라는 명칭이 보편적인 것은 아니었다. 경이라는 명칭이 일반적으로 쓰인 것은 한대(漢代)에 와서야 가능했다. 한 무제(武帝) 때, 동중서(董仲舒)라는 걸출한 유학자와 한 무제의 정치적 이념이 맞물려 유가사상은 일대 부흥의 전기를 맞이하게 되었다. 당시 한 무제는 제국을 건설하면서 그 국가 이념의 근본을 유가로 선택하였는데, 이러한 한 무제의 의도를 잘 받든 이가 동중서였다. 한 무제와 동중서는 백가를 물리치고 유학을 홀로 높이는 독존유술(獨尊儒術)의 정책을 펼치면서, 유가에 의한 사상의 일통을 꾀하고자 국가 임명 교수인 『시(詩)』, 『서(書)』, 『역(易)』, 『예기(禮記)』, 『춘추(春秋)』의 오경박사(五經博士)를 두게 되었다. 이렇게 되자 이 다섯 종류의 유가서들은 당시 유자들에 의하여 경(經)으로 존숭되고, 이는 중국 봉건 왕조의 마지막인 청나라까지 이어진다.

유가에서 이렇듯이 그들의 선배가 남긴 전적을 대대적으로 경(經)이라 하여 받들자 도가(道家)에서도 또한 그들의 서책인 『노자(老子)』를 『도덕경(道德經)』, 『장자(莊子)』를 『남화경(南華經)』, 『열자(列子)』를 『충허지덕진경(沖虛至德眞經)』이라 부르게 되었다.[4] 이후 위진남북조(魏晉南北朝)와 수당(隋唐) 시기를 거치면서 불교와 도교가 융성하게 되자 이들이 중시하는 서책도 당당히 경(經)의 반열에 오르게 된다.[5] 한

4) 이는 夏傳才의 설이다.(夏傳才, 『十三經概論』, 天津人民出版社, 1998, 3면) 한편 조선 후기의 실학자인 李圭景은 "한 무제 때에 와서 비로소 五經博士를 두었으니, 아마 한나라 초기에 황로의 학을 숭상했기 때문에 유학자가 그것을 사모하였고 따라서 도가에서 각기 읽는 글을 존중하여 經이라 하고 그 經을 강설하는 이는 經師라고 하는 예를 본받은 것 같다.……대저 六經을 經이라 한 것은 漢儒가 道家의 經을 본받아 이름한 것이다."(이종호 편, 『儒敎經典의 理解』, 중화당, 1994, 315~316면에서 재인용)라고 하여, 유가의 서적을 經이라고 하는 것은 오히려 漢代의 儒者들이 道家를 본받은 것이라고 하였다.

5) 『隋書』「經籍志」에서 經史子集 외에 따로 道經, 佛經 條를 두고 있다.(『中國歷代經籍典』

편 유가의 오경(五經)은 당대(唐代)에 이르러 『시(詩)』, 『서(書)』, 『역(易)』, 『주례(周禮)』, 『의례(儀禮)』, 『예기(禮記)』, 『춘추공양전(春秋公羊傳)』, 『춘추곡량전(春秋穀梁傳)』, 『춘추좌씨전(春秋左氏傳)』으로 나뉘어 학관에 서게 되었는데, 이로써 구경(九經)이 성립되었다. 그리고 이 시기 불가와 도가의 서적 또한 『도덕경(道德經)』이니 『금강반야경(金剛般若經)』이니 『유마경(維摩經)』이니 하면서 경(經)의 이름을 유지한다.[6)]

송대(宋代)에 이르러 유가는 당대(唐代)에 성립된 구경(九經)에 『논어』, 『맹자(孟子)』, 『이아(爾雅)』, 『효경(孝經)』이 더해져서 십삼경(十三經)의 성립을 보게 되었는데, 이후 십삼경은 유가의 경을 대표하게 된다. 또한 이 시기 성리학의 집대성자인 주희(朱熹)에 의해 『대학(大學)』과 『중용(中庸)』, 여기에 『맹자(孟子)』와 『논어(論語)』를 더하여 사서(四書)가 성립된다. 명대(明代)에 이르러 이 사서와 『시(詩)』, 『서(書)』, 『역(易)』, 『예기(禮記)』, 『춘추(春秋)』 등 오경(五經)을 국가적인 차원에서 중시하여 사서오경(四書五經)의 성립을 보게 된다. 조선에서 중시하는 칠서(七書)는 바로 이 사서오경 중 『예기』와 『춘추』를 뺀 나머지 7책이다. 이후 오늘날에 이르기까지 유가의 경(經)이라 하면, 바로 이 십삼경과 사서오경을 가리키게 된다. 한편 청대(淸代)에 이르면 불가와 도가 서적 외에 기독교의 Bible이 한역되는 과정에서 『성경(聖經)』이라는 이름으로 불리게 되었으며, 역사서와 산술서, 문자서의 일부를 경(經)으로 하자는 주장이 제기되기도 하였다.[7)]

이상에서 보다시피 경(經)은 유가의 서적만을 가리키는 용어가 아니다. 그러나 한대(漢代) 이후 유가가 독존(獨尊)의 길을 걷게 되면서 경(經)이

1, 經籍總部, 법인문화사영인본, 2013, 67면에서 재인용)

6) 『唐書』, 「藝文志」 참조.

7) 段玉裁는 儒家의 十三經에 『大戴禮記』·『國語』·『史記』·『漢書』·『資治通鑑』·『說文解字』·『周髀算經』·『九章算術』 등 8종의 책을 더하여 二十一經을 만들자고 주장하였다.(李時 編著, 『國學問題五百』, 天津市古籍書店, 1986, 5면)

라 하면 으레 유가의 서적을 가리키게 되었다.[8] 『수서(隋書)』「경적지(經籍志)」에 와서 이룩된 경사자집(經史子集) 4부 분류법에 의하면, 도가서(道家書)와 불가서(佛家書)도 경(經)이란 명칭을 가짐에도 불구하고 유가의 서적만이 경부(經部)에 소속된다. 이는 이후 정사(正史)의 「예문지(藝文志)」에서 그대로 답습이 되며, 청대 사고전서의 편찬에도 영향을 미치게 된다. 이에 근대의 경학자들은 "반드시 공자가 경(經)을 지어 만세(萬世)를 가르친 뜻을 알아야만 비로소 경학(經學)을 말할 수 있다."[9]라거나 "경(經)이란 공자를 대표로 하는 유가에서 편찬한 서적의 통칭이다."[10]라고 하면서 유가서(儒家書)만이 경(經)이라고 확정적으로 이야기하고 있다. 그리고 경학사 서술에 있어서 경(經)의 대상을 유가의 십삼경 내지 사서오경으로 한정시킨다.

이상의 고찰을 통해 우리는 다음과 같은 결론을 내릴 수 있다. 경(經)의 광의의 범주는 각 학파 내지 종파가 중요시하는 전적(典籍)을 포괄한다. 그러나 경학사에서 드러나는 실재를 놓고 이야기하자면, 경의 협의의 범주는 유가의 서적(특히 십삼경 내지 사서오경)만을 의미한다. 오늘날 경(經)이라고 운위되는 것은 대체로 후자 즉 협의의 범주에 속하는 유가 서적을 가리킨다. 그러면 이렇게 확정된 경은 어떤 내용을 담고 있는 것인가?

이 물음에 대한 해답은 각각의 경(經)이 가지는 고유의 특성에 따라 다를 수 있다. 즉 경에 따라 인간의 심성을 다룰 수도 있고, 바람직한 인간관계의 형태를 다룰 수도 있으며, 제왕(帝王)의 언동을 거론할 수도 있고,

---

8) 譚正璧, 『國學概論新編』, 廣文書局, 民國71年, 2면. "經子本同爲一物, 自漢以後, 特尊儒學, 乃自諸子書中, 除出儒家之書, 而稱之曰經."

9) 皮錫瑞, 『經學歷史』, 藝文印書館, 民國63年, 11면. "必知孔子作經以教萬世之旨, 始可以言經學."

10) 湯志鈞, 『近代經學與政治』, 中華書局, 1995, 1면.

신성(神性)에 관하여 담론할 수도 있을 것이다. 그러나 이러한 차이에도 불구하고 경이라는 범주 안으로 포괄되는 책이라면, 공통적으로 적용될 수 있는 어떤 의미가 있다.

청대(清代) 경학대사(經學大師)였던 완원(阮元, 1764~1849)이 찬집한 『경적찬고(經籍纂詁)』를 보면, 경(經)의 자의는 대략 50여 개에 달한다.[11) 『경적찬고』에서 찬집한 용례들이 당대(唐代) 이전의 것임을 감안한다면, 경자의 의미망은 매우 넓은 것임을 알 수 있다. 그러면 경의 최초의 의미는 어떤 것이었을까? 분명한 것은 경자가 갑골문(甲骨文)에는 보이지 않으니, 은대(殷代)에는 경자가 없었다는 것이다. 경(經)의 최초의 용례는 주대(周代) 동기(銅器)에 경(巠), 경(涇), 경(經) 등으로 나타나고 있는데, 이때의 의미는 경유사방(經維四方) 즉 경영(經營)이다. 이러한 경의 의미는 다른 각도에서 분석되기도 한다. 주나라 동기에 나타나는 경(經)은 곧 사(絲)를 가리키는데, 이는 고대의 전적을 만들 때 사용된 실을 의미한다. 고대의 전적 중 2척 4촌(漢나라 도량형을 기준으로 하면 약 48cm)의 길이를 지닌 죽간(竹簡)이나 목독(木牘)은 실을 사용하여 꿰매는데, 이는 당시에 가장 큰 책으로 현대의 최대 판본에 해당되며, 다른 책에 비해 중요하므로 특별히 구별하기 위하여 이 서적을 경(經)이라 불렀다. 공자의 위편삼절(韋編三絶)이라는 고사에서 보듯이 가죽끈을 사용하여 책을 엮어 놓기도 하는데, 현대의 고고학 발굴에서 죽간이나 목독을 실과 가죽끈으로 묶은 흔적을 발견할 수 있다. 그리고 이러한 큰 판본의 서적은 고대의 사관이

---

11) 『經籍纂詁』卷第二十四, 「九青」經條. 1.常也 2.法也 3.常法也 4.理也 5.順理也 6.橫理也 7.義也 8.徑也 9.道也 10.道之常也 11.不易之稱 12.由也 13.行也 14.直行也 15.歷也 16.過也 17.繫也 18.絞也 19.縊也 20.懸縊而死 21.動搖也 22.示也 23.始也 24.略也 25.經緯也 26.經營世 27.度之也 28.經脈也 29.經脈所以流通營衛血氣者也 30.脈之所行 31.經綸也 34.書也 35.兵書也 37.界也 35.城中道 36.南北也 37.南北之道 38.道出其中也 39.二十八宿隨天左轉 40.子午也 41.織也 42.紀理之也 43.綱紀之言也 44.五經 45.六經 46.經生 47.經紀 48.經水

만든 것이기 때문에 관서(官書)로 해석되기도 한다.

오늘날 통용되는 경(經)에 대한 정의는 한대(漢代)에 가서야 나타난다. 반고(班固, 32~92)는 『백호통(白虎通)』에서 "경(經)은 상(常)이다. 오상(五常)의 도가 있기 때문에 오경(五經)이라고 일컬어지는 것이다."[12]라고 하였다. 반고가 경(經)을 상(常)이라고 정의하였을 때, 상(常)은 '항구적이어서 바뀔 수 없다'(恒久不易)는 의미이다.[13] 애초 경영(經營) 내지 서적(書籍)의 의미로 쓰였던 경(經)은 『백호통』에서 상(常)이라 정의한 이래, 이에 바탕을 두고 그 의미가 심화 확장되었다. 경의 의미의 이러한 확장과 심화에는 역사적 배경이 있다. 서적을 경이라 했을 때 책을 의미하며, 이 책은 춘추전국 시기의 각 학파가 중시한 전적이다. 한대(漢代)에 들어와 한무제(漢武帝)와 동중서(董仲舒)에 의해 유학이 독존하게 되었을 때, 유가의 오경은 단순한 서적이라는 의미를 넘어서서 최고의 가치를 지닌 것으로 여겨졌다. 이에 유가들은 그들의 전적에 대하여 종래 행해졌던 단순한 서적으로서의 의미를 넘어서는 새로운 의미 부여가 필요했다. 반고가 경(經)을 상(常)이라고 한 정의는 유가들의 이러한 요구에 부응하는 면모가 약여하다. 이 상도(常道)으로서의 경(經)은 책은 책이되, 항구(恒久) 즉 불변의 진리를 담고 있어야 하고, 불역(不易) 즉 시간이 흐르거나 공간이 바뀌어도 변할 수 없는 내용을 포괄하고 있는 것이어야만 한다. 즉 불변의 진리를 간직한 최고의 전적으로, 유가의 오경(五經)이 바로 그것인 것이다. 반고의 이 정의는 이후 유가들이 그네들의 전적인 유가서를 가리킬 때 항상 의식되었으며, 시간이 갈수록 그 의미에 대한 천착이 더욱 깊어졌다.

남조시대 양나라의 유협(劉勰, 465~521)은 "천지인(天地人) 삼재(三才)를

12) 『白虎通』卷下. "經, 常也, 有五常之道, 故曰五經."

13) 常은 『경적찬고』에서 恒久와 不易의 의미로 풀이되었다.

관통하는 항상불변의 교훈을 기록한 서적을 경(經)이라 하니, 경은 영구불변의 지극한 도(道)요, 후세인이 깎아낼 수 없는 신성한 가르침이다. 그러므로 그 내용은 천지를 본뜨고 귀신을 본받았으며, 만물의 질서에 참여하고 인간이 실천해야 될 법도를 제시한 것이며, 인간 심성의 영묘(靈妙)한 부분을 통찰한 것으로 문장의 골수를 얻은 것이다."[14]라고 하여, 항구불역(恒久不易)의 상도(常道)로서의 경(經)은 천지인을 관통하는 가르침이라 하였다. 이는 세월이 흘러도 영원한 진리로서 작용하는데, 우주와 그 질서, 그리고 인간이 실천해야 할 법도를 최고의 문장으로 형상화한 것이기 때문이며, 이러한 문장의 전범은 바로 유가의 오경(五經)이라는 것이다. 유협에 이르러 상도를 표현한 것으로서의 유가경(儒家經)의 의미는 극대화되는데, 이후 유가에서 보편적인 의미로 자리한다.[15] 그리고 현대의 경학자들도 이러한 경의 의미를 계승하였다.[16]

그런데 경학사에서는 항구불변의 진리를 구현한 경(經)보다 오히려 이 경을 해석한 전(傳)이 더욱 중요하게 등장한다. 그것은 전이 경학의 역사, 바로 그것이기 때문이다. 이에 전의 개념과 그 의미에 대하여 일별해 보기로 하겠다.

---

14) 『文心雕龍』, 「宗經」. "三極彛訓, 其書曰經. 經也者, 恒久之鴻敎也, 交鬼神, 參物序, 制人記, 洞性靈之奧區, 極文章之骨髓."

15) 예컨대 『隋書』, 「經籍志」에서는 경을 다음과 같이 정의하였다. "夫經籍也者, 機神之妙旨, 聖哲之能事, 所以經天地, 緯陰陽, 正紀綱, 弘道德."

16) 예컨대 熊十力은 경을 다음과 같이 정의하였다. "經者, 常道也. 夫常道者, 包天地, 通古今, 無時而不然也, 無地而可易也. 以其恒常, 不可變改, 故曰常道."(熊十力, 『讀經示要』, 廣文書局, 民國68年, 11면)

2. 전(傳)이란 무엇인가?

『춘추좌전주소(春秋左傳注疏)』에서 전(傳)을 "전(傳)이란 전한다는 것이니, 경(經)의 의미를 널리 해석하여 후인들에게 전하여 보이는 것이다."[17] 라고 하였다. 이처럼 전이 경의 의미를 해석하여 후인들에게 전하여 보이는 것이라 할 때, 누가 이 작업을 수행하는가? 『박물지(博物志)』에서 "성인(聖人)이 지은 것을 경(經)이라 하고, 현자(賢者)가 풀이한 것을 전(傳)이라 한다."(聖人所作曰經, 賢者所述曰傳)[18]라고 하였는데, 이른바 성경현전(聖經賢傳)의 논리이다. 각 학파나 종교에서 중요시되는 전적 내지 유가의 서적을 경이라 할 때, 이 경은 항구불변의 진리를 담고 있다고 여겨졌기 때문에 그 지은이는 천지의 이치와 인사에 달통한 사람 즉 성인(聖人)이다. 그러나 성인이 남긴 경(經)은 인류의 인지가 깨이는 문명의 새벽에 성립되었기 때문에 후대에 이르면 의미의 파악이 어려워지게 된다. 그리하여 시간이 지날수록 이 경에 대한 후대 현자들의 해석과 이 해석의 전수가 성행하게 되어 이른바 경(經)의 해석학(解釋學), 즉 경학(經學)의 성립을 보게 된다.

예컨대 도가의 경우, 『도덕경(道德經)』과 『남화경(南華經)』에 대한 해석의 전통이 일찍부터 있어 왔는데, 이는 현대에까지 이어진다. 불경(佛經) 역시 마찬가지이다. 위진남북조 시기 불교가 중국에 전래된 이후 수많은 인도의 불서들이 한역(漢譯)되었으며, 이 한역불전(漢譯佛典)과 후대 중국 조사들의 어록이 뛰어난 학승들에 의하여 풀이된다. 한편 유가 경전의 경우 이미 한대(漢代)에 경(經)의 의미 파악을 두고 금문학파(今文學派)와 고문학파(古文學派)가 나뉘어 가법(家法)과 사승(師承)을 달리했는데,

---

17) 『春秋左傳注疏』卷2, 「隱公 元年」. "傳者, 傳也. 博釋經意, 傳示後人."

18) 『博物志』의 글은 莊伯潛, 『經學纂要』, 正中書局, 1946, 4면에서 재인용한 것임.

이후 청나라에 이르기까지 2,000년의 세월 동안 이는 경학사에서 초미의 문제였다. 유가의 경을 해석하는 전(傳)은 대체로 세 가지 형식에 의해 기술되었다. 첫째, 경문(經文)을 따라 자구(字句)를 해석하는 것으로 모형(毛亨)의 『모시고훈전(毛詩故訓傳)』 같은 경우이다. 둘째, 경전(經典) 중의 이른바 미언대의(微言大義)를 드러내어 밝히는 것으로 『춘추공양전(春秋公羊傳)』, 『춘추곡량전(春秋穀梁傳)』과 같은 경우이다. 셋째, 경전(經典) 중의 기사(紀事)에 대하여 보충과 서술을 하는 것으로 『춘추좌씨전(春秋左氏傳)』이 이에 해당된다.[19] 이러한 전(傳)은 그 서술의 방식에 따라 전(箋), 학(學), 해(解), 주(注) 등으로 불리기도 하는데, 후대에 이를수록 이 전(傳)조차 어려워지게 되자 여러 경학자들이 다시 전(傳)에 대한 해석을 가하였다. 이를 정의(正義), 또는 소(疏)라 한다.[20]

유가의 경(經)은 앞서 언급했다시피 십삼경(十三經) 내지 사서오경(四書五經)이 그 근간을 이루고 있다. 이 경에 대한 해석으로서의 전(傳)은 『논어』 한 책만 하더라도, 한우충동(汗牛充棟)이라 할 만큼 호한(浩瀚)하여, 전체를 살펴보는 것은 어렵다. 이에 십삼경과 사서오경에 대한 가장 공인된 해석이 나오게 되었다. 한대(漢代)의 오경(五經)에서 출발하여 송대(宋代)에 와서 십삼경이 확립된 이후 나온 공인된 해석본이 바로 『십삼경주소(十三經注疏)』이다. 이 『십삼경주소』는 송대(宋代)에 이미 합각(合刻)한 목판본, 이른바 십행본(十行本)이 있었다. 명대(明代)에 와서 이 십행본을 사용하여 가정(嘉靖) 연간에 중각(重刻)한 민판(閩板)과 만력(萬曆) 연간에 이 민판을 저본으로 중각한 명감판(明監板)이 있었고, 또한 숭정(崇禎)

19) 夏傳才, 『十三經概論』, 天津人民出版社, 1998, 21면.

20) 傳, 箋, 學, 解, 注와 正義, 疏는 경에 대한 傳述과 傳에 대한 풀이라는 점에서 유사한 개념이나, 서술 형식에 약간의 차이가 있다. 전자를 통칭하여 注, 후자를 대표하여 疏라고 하며, 이 注疏가 축적됨에 경학의 핵심인 注疏學의 성립을 보게 된다.(何耿鏞 저, 장영백 외 역, 『經學概說』, 청아출판사, 1992, 223~239면 참조)

연간에 명감판을 저본으로 중각한 급고각모씨판(汲古閣毛氏板)이 있었다. 이렇게 번각이 행해지는 동안 오류가 백출(百出)하게 되었는데, 청대에 와서 그 오류가 가장 심한 급고각모씨본만이 남게 되었다. 이에 청대 경학자 완원(阮元)은 송대의 십행본에 의거하여 중각을 하고 각 경의 뒤에 『십삼경주소(十三經注疏)』「교감기(校勘記)」를 붙였는데, 이 작업은 가경(嘉慶) 20년(1815) 2월에 시작하여 이듬해(1816)인 8월에 끝났다.[21] 현재 통행되고 있는 『십삼경주소』 416권은 이러한 경과를 거쳐 이루어진 것으로 한(漢), 위(魏), 진(晋), 당(唐)나라 경학자들의 주(注)와 당(唐), 송(宋) 경학자들의 소(疏)가 다수를 차지하고 있는데,[22] 이들 주소의 특징은 훈고(訓詁)와 명물(名物)에 해박하다는 점이다.

한편 앞서 언급했다시피 『십삼경주소』와는 별도로 송대에 사서(四書)의 성립을 보게 된다. 『대학(大學)』과 『중용(中庸)』은 원래 『예기(禮記)』의 한 편에 불과했는데, 사마광(司馬光)이 이를 표장한 이래 이정자(二程子)가 상세하게 언급하였다. 그리고 주희가 『대학』과 『중용』에 대한 장구(章句), 그리고 『논어(論語)』와 『맹자(孟子)』에 대한 집주(集注), 이른바 『사서장구집주(四書章句集注)』를 저술하자 비로소 사서의 명칭이 이루어졌다. 이후 주자의 『사서장구집주』는 원대(元代)에 과거용 서적이 되었는데 명(明), 청(淸)에 이르러서도 이를 그대로 답습하자 유학자들에게 매우 중시되었

21) 阮元, 『十三經注疏』, 「附校勘記」 참조.

22) 『十三經注疏』의 注疏者는 다음과 같다. 『周易正義』十卷, 魏 · 王弼, 晉 · 韓康伯注, 唐 · 孔穎達等正義. 『尙書正義』二十卷, 魏 · 王肅, 漢 · 孔安國傳, 唐 · 孔穎達等正義. 『毛詩正義』七十卷, 漢 · 毛亨傳, 鄭玄箋, 唐 · 孔穎達等正義. 『周禮注疏』四十二卷, 漢 · 鄭玄注, 唐 · 賈公彦疏. 『儀禮注疏』五十卷, 漢 · 鄭玄注, 唐 · 賈公彦疏. 『禮記正義』六十三卷, 漢 · 鄭玄注, 唐 · 孔穎達等正義. 『春秋左傳正義』六十卷, 晉 · 杜預集解, 唐 · 孔穎達等正義. 『春秋公羊傳注疏』二十八卷, 漢 · 何休解詁, 唐 · 徐彦疏. 『春秋穀梁傳注疏』二十卷, 晉 · 范寧集解, 唐 · 楊士勛疏. 『孝經注疏』九卷, 唐玄宗注, 宋 · 邢昺疏. 『爾雅注疏』十卷, 晉 · 郭璞注, 宋 · 邢昺疏. 『論語注疏』二十卷, 魏 · 何晏等集解, 宋 · 邢昺疏. 『孟子注疏』十四卷, 漢 · 趙岐注, 宋 · 孫奭疏.

다. 한편 명나라 성조(成祖)는 즉위한 이듬해인 영락(永樂) 2년(1404)에 대학사 해진(解縉) 등에게 명하여 과거의 문헌을 모으게 하고 그 이름을 『문헌대성(文獻大成)』이라 하였다. 영락 5년(1407)에 이 『문헌대성』이 미비하다고 여겨 다시 서적을 수집케 하니 모두 22,900권으로 그 이름을 『영락대전(永樂大全)』으로 바꾸었다. 이후 다시 영락 12년(1414)에 이 사업의 일환으로 칙명을 받은 호광(胡廣), 양영(楊榮) 등에 의해 사서와 오경의 대전(大全)이 완성되었다. 이 『사서대전(四書大全)』 36권은 주자(朱子)의 주(注)를 저본으로 하여 그 아래에 주자의 어록과 문집, 송원대(宋元代) 성리학자들의 학설 중 주자의 학설에 위배되지 않는 것을 취하여 소(疏)처럼 달아 놓았다. 『오경대전(五經大全)』 또한 주자를 위시한 송원대 학자들의 주(注)에 원명(元明) 제가(諸家)의 설을 소(疏)처럼 붙여 놓았다. 이렇게 하여 이루어진 영락대전본(永樂大全本) 『사서오경대전(四書五經大全)』은 『십삼경주소(十三經注疏)』가 훈고(訓詁)와 명물(名物)에 장점이 있는 데 비해 의리(義理)를 밝혀 놓은 데에 따라 그 특징이 있다. 이후 이 『사서오경대전』이 과거의 표준서가 됨에 그 영향력이 『십삼경주소』를 넘어서게 되었다.

조선의 경우, 주자학이 국가의 이념이 됨으로써 『십삼경주소』에 비해 『사서오경대전』이 절대적 영향력을 행사하였다. 그 영향력의 정도는, "삼경사서대전본(三經四書大全本)이 바로 우리나라에 들어와 곧장 간행되어 나라 안에 널리 통용되었다. 400년이 지난 오늘날까지 한결같이 전범으로 따르고 있다. 그래서 경향(京鄕)의 책을 읽고 글을 짓는 선비들은 일생 동안 보고 들은 것이 이 대전을 벗어나지 못하였다. 또한 향곡(鄕曲)의 가난한 선비 집안은 다른 책이 없어서 대전만을 익히게 되었다. 그리하여 모두들 정주(程朱)와 송나라 유학자 이외에는 도무지 주석가가 없는 것으로 여기게 되었다. 아울러 『십삼경주소』가 세간에 있는 것도 알지 못하여 물어보면 어리둥절해하니, 이 또한 슬프지 아니한가."[23]라는 언급에서 보듯이 조선의 전시기에 걸쳐 절대적이었다. 오늘날 우리가 한문 공부의 저본으로 삼는 사서(四書)도 바로 이 『사서장구대전(四書章句大全)』인데, 그 활자본은 정조(正祖) 원년(1777)에 세종조의 갑인자(1434)를 저본으로 주조한 정유자로 만든 내각본(內閣本)이다.[24]

이상으로 우리는 경학(經學)의 뼈대인 경(經)과 전(傳)의 본의와 그 양상을 살펴보았다. 그 결과 경(經)에 대한 해석으로서의 전(傳)이 경학의 역사를 이루고 있으며, 특히 『십삼경주소(十三經注疏)』와 『사서오경대전(四書五經大全)』이 주축이었음을 알 수 있었다. 이것은 바로 경(經)에 대한 다양한 해석의 역사가 바로 경학사임을 드러내어 주는 것이다. 이는 곧 항구불역(恒久不易)의 진리를 기록한 서적이라는 경(經)이 시대와 공간을 달리하면 가역적(可易的)으로 파악됨을 의미한다. 그러면 경(經)의 해석으로서의 전(傳)은 어떤 시대와 공간에서 누구에 의하여 새롭게 쓰여지는 것인가? 이 물음은 '경학사에서 새롭게 등장하는 해석은 어느 시공에서 누구에 의해 주도되는가'라는 물음과 궤를 같이한다. 실상 경학사에 관한 이러한 물음은 유학사와 긴밀한 연관성을 가지고 있다. 경학사에 등장하는 새로운 경설은 곧 새로운 유학의 탄생과 거의 예외 없이 동일한 궤적을 가지고 있기 때문이다. 중국의 주자학(朱子學), 양명학(陽明學), 고증학(考證學), 조선의 실학(實學), 일본의 고학(古學) 등 동아시아 유학사에서 새로운 형태의 유학은 거의 예외 없이 경에 관한 창의적 해석을 등에 업고 등장하였던 것이다. 이렇게 보면 유학사의 핵심에는 어느 때를 막론하고 새로운 경전 해석으로서의 신경학(新經學)이 그 배면에 있었던 것이

---

23) 『智水拈筆』, 「十三經注疏」. "其曰三經四書大全之本, 旣出我國, 亦則刊印, 遍于國中, 至今四百年, 一從明典, 故京鄉讀書作文之士, 一生所聞見, 不越乎此本, 又鄉曲貧儒家, 無他書, 以此習熟, 遂皆謂程朱宋儒外, 都無註家, 其不知十三經註疏, 自在世間, 問之無不茫然, 其亦可悲也."

24) 『經書』, 「鑄字解題」, 성균관대학교 대동문화연구원, 1965, 446면 참조.

다. 경학과 유학의 이러한 상호 조응 현상을 『논어』 '천상탄'(川上嘆)에 관한 새로운 해석들의 양상을 추적해 가면서 살펴보기로 하겠다.

Ⅱ. 유학과 경학

1. 유학과 경학의 상호 조응

『논어』는 여타의 경전에 비해 그 주석서가 특히 많으며,[25] 또한 한·중·일 삼국의 주요 경학자들이 자신의 사상적 입장을 비교적 선명하게 투영시켜 놓은 경전이다. 이런 사정으로 인하여 『논어』의 여러 구절들은 동아시아 삼국의 주요 경학자들에 의하여 그들의 사상적 입지에 따라 다르게 해석되는 경우가 많았으며, 심지어는 동일한 구절을 상반되게 해석하는 경우도 있었다.[26]

---

25) 諸家에 의한 『논어』 주석서의 수는 汗牛充棟이라 할 정도로 너무나 다양하며, 또한 그 양만큼이나 경학사적 의미가 깊은 해석이 많다. 그렇기 때문에 韓中日 삼국의 『논어』 주석자와 그 주석서의 수를 정확히 헤아린다는 것은 불가능하다. 다만 현재 필자가 파악한 『논어』의 주석가와 주석서의 수를 살펴보면, 중국의 경우는 600여가·680종(程樹德의 『論語集釋』에서 참고한 『논어』의 주석가와 주석서의 숫자임), 한국의 경우는 100여가·120종(성균관대학교 대동문화연구원, 『한국경학자료집성-논어』편의 주석가와 주석의 숫자임), 일본의 경우는 261여가, 363종(林泰輔의 『日本經解總目錄』의 조사에 의한 숫자임)이다. 그러나 楊伯峻의 조사에 의하면, 일본학자 林泰輔의 『論語年譜』에 쓰인 『논어』 주석서만 3천여 종이라고 하였다.

26) 『논어』 해석의 상이한 면모를 살펴보려면, 錢穆, 『論語新解』, 巴蜀書社, 1985 ; 程樹德, 『論語集釋』, 中華書局, 1990 ; 蕭民元, 『論語辨惑』, 中國社會科學出版社, 2001 ; 이강제, 「『論語』 上十篇의 解釋에 대한 硏究」, 서울대학교 박사학위논문, 1998 등을 참고할 것.

특히 경학사 혹은 유학사에서 주목받는 학자일수록, 『논어』의 주석서를 내면서 자신의 사상적 입장을 투영시키는 경우가 다반사였다. 이것이 바로 시공을 달리하여 새로운 유학사조가 등장할 때, 새로운 경학 해석이 나타나는 이유였다. 우리는 경학과 유학이 이렇게 상호 조응하는 현상을 거시적 맥락에서 살펴볼 수도 있지만, 때로 경전의 한 구절에 대한 해석의 다양성을 통해서도 파악할 수 있다.

『논어』「자한(子罕)」의 "공자가 시냇가에 앉아 있다가 말씀하셨다. '흘러가는 것이 이와 같구나! 밤낮을 멈추지 않는도다.'"[27]라는 구절에 대한, 한중일 주요 경학자들의 해석은 이러한 양상을 고찰하기에 적합하다고 할 수 있다. 이 평이한 '시냇가에서의 탄식(또는 감탄)'(川上嘆)에 대해 동아시아 주요 경학가들의 사상적 입장이 비교적 선명하게 투영되어 있기 때문이다.[28]

동아시아 삼국의 경학자로 가장 큰 영향력을 미친 이는 주자(朱子)라고 할 수 있다. 주자가 남긴 경전 주석은 그 이전의 주석에 대하여 신주(新注)라고 불릴 만큼 획기적이었으며, 그 이후로도 동아시아 삼국의 학술과 정치, 문화 등 다방면에 걸쳐서 깊은 영향력을 드리웠다. 이에 주자의 천상탄에 대한 주석을 중심으로, 주자 이전의 주석(이른바 古注)과 주자 이후의 주석을 차례대로 살펴보면서 경학사와 유학사가 조응하는 양상을 살펴보기로 하겠다.

우선 주자 이전의 주석으로는 한대(漢代)의 본격적인 경학 성립 이전

---

27) 『論語』, 「子罕」16장. "子在川上, 曰: '逝者如斯夫! 不舍晝夜.'"

28) 천상탄에 대한 분석을 통하여, 공자 사상의 특징 내지 『논어』의 고주와 신주의 차이점을 논한 선행 연구로는 다음과 같은 글이 있다. 안병주, 「四書의 成立과 『四書集注』의 의의」, 『淵民 李家源 博士 六秩頌壽紀念論叢』, 범학도서, 1977, 492면 ; Sarah Allan 著, 오만종 譯, 『공자와 노자 그들은 물에서 무엇을 보았는가』, 예문서원, 1999, 69~70면 ; 蜂屋邦夫 著, 陳捷 等譯, 「古代中國水之哲理」, 『道家思想與佛教』, 遼寧教育出版社, 2000, 20~22면.

의 선진 유가들과 한대(漢代), 육조(六朝) 시대 유가들의 해석을 살펴보기로 한다. 그러고 나서 주자와 더불어 중국 사상사를 양분한 왕양명(王陽明)의 해석을 분석하겠다. 마지막으로 주자의 주석에서 벗어난(혹은 상반된) 해석을 남긴 한중일 삼국 경학자들의 해석을 고찰해 보기로 하는데, 특히 중국의 경우는 고증학파(考證學派) 『논어』 주석서의 정점에 있는 유보남(劉寶楠)의 『논어정의(論語正義)』를, 한국은 실학파(實學派) 『논어』 주석의 최고봉인 정약용(丁若鏞)의 『논어고금주(論語古今註)』를, 일본의 경우는 고학파(古學派) 『논어』 주석의 보전인 적생조래(荻生徂徠)의 『논어징(論語徵)』을 중심으로 이 고찰을 진행하고자 한다.

2. 주자 이전의 천상탄(川上嘆) 해석

1) 한대(漢代) 이전 유가의 수양론적 해석

『논어』의 천상탄에 대한 최초의 부연과 해석은 공자의 사상을 계승한 맹자(孟子)와 순자(荀子)에 의해 시도되었는데 그 내용은 서로 유사하다. 먼저 맹자의 견해를 살펴보기로 하자.

> 서자(徐子)가 묻기를, "중니(仲尼)께서 자주 물을 칭찬하시어, '물이여! 물이여!'라고 하셨는데, 물에서 무엇을 취하신 것입니까?"라고 하니, 맹자가 대답하기를, "근원이 있는 물은 용솟음쳐 흘러나와 밤낮을 쉬지 아니하고 웅덩이를 가득 채운 뒤에 전진하여 사해(四海)에 이르니, 학문에 근본이 있는 자는 이와 같다. 이것을 취하신 것일 뿐이다. 만약 근본이 없다면 7, 8월 사이에 빗물이 모임에 웅덩이가 모두 가득 차나, 그 마르는 것을 서서 기다릴 수 있는 것과 같다. 그러므로 명성이 실제보다 지나친 것을 군자는 부끄러워한다."고

하였다.[29)]

위의 인용문이 공자의 천상탄에 대한 맹자의 견해인지에 대해서 의문을 제기하는 경학자도 있기는 하지만[30)] 대다수는 천상탄에 대한 맹자의 부연이라고 인정하고 있다. 맹자의 부연설명에 의하면, 공자가 시냇물을 보고 하신 말씀은 스승이 제자에게 내린 일종의 가르침이라고 할 수 있다. 끝없이 흘러가는 물이 마침내 바다에 이르는 것처럼, 배우는 자들도 단계를 밟아 쉼 없이 학문에 정진해야만 근본이 확립되어 혹 명성을 얻게 되더라도 거기에 부끄럽지 않은 실력을 지닐 수 있게 된다는 것이다. 이는 공자가 시냇물의 흐름에서 배우는 자들이 지녀야 할 수양의 덕목을 발견하고, 이를 제자들에게 일종의 가르침으로 표출해 낸 것이라고 할 수 있다. 그러므로 손석(孫奭, 962~1033)[31)]이 『맹자주소(孟子注疏)』의 소(疏)에서 지적했던 것[32)]처럼, 맹자가 생각하는 공자의 천상탄은 탄식이나 감탄의 언어가 아니다. 이는 제자들이 덕성과 학문을 갈고 닦아 문장을 이

---

29) 『孟子』, 「離婁 下」. "徐子曰: '仲尼 稱於水, 曰: 水哉, 水哉! 何取於水也?' 孟子曰: '原泉混混, 不舍晝夜. 盈科而後進, 放乎四海, 有本者如是, 是之取爾. 苟爲無本, 七八月之間雨集, 溝澮皆盈, 其涸也, 可立而待也. 故聲聞過情, 君子恥之.'"

30) 필자의 천견에 의하면, 茶山 丁若鏞의 『論語古今註』와 日本의 豐嶋幹(1776~1814, 자는 子卿, 호는 豐洲)의 『論語新註』에서, 이 구절을 천상탄에 대한 부연으로 보는 것에 반대하고 있었다.

31) 북송의 경학가로, 자는 宗古임. 인종 때 翰林侍講學士와 兵部侍郎, 太子少傅를 역임하였다. 『眞宗實錄』을 편수하였으며, 『經典徽言』, 『五經節解』 등을 저술하였다. 十三經注疏本 『孟子注疏』는 종래 孫奭의 작으로 알려져 왔으나 주자가 이미 이에 대하여 의심하였다. 한편 淸代 阮元은 이에 대하여 자세히 고찰하였는데, 그가 지은 「孟子注疏校勘記序」의 고증에 의하면, 손석은 『孟子音義』2권을 저술한 바 있는데, 어떤 사람이 『맹자주소』를 저술하면서 난해처의 경우 손석의 『孟子音義』를 그대로 인용하고 나서 자신의 견해를 덧붙이고는 孫奭疏라고 이름을 붙인 데서 오인되었으며, 주자는 이 『맹자주소』의 저자를 邵武의 士人으로 추정하였다고 한다.

32) 『孟子注疏』, 「離婁 下」. "孟子答徐辟以此者, …… 蓋有爲而言之也. 以其原泉混混, 則譬君子之德性, 不舍晝夜, 則譬君子之學問, 盈科而後進, 則譬君子之成章, 放乎四海, 則譬君子于是造乎道也."

루고 도에 나아가기를 촉구하는 격려의 외침이라 할 수 있다. 결국 맹자는 시냇물의 흐름을 배우는 이들의 덕성 함양과 학문 수양에 관한 비유로 보았다는 점에서, 우리는 그의 해석을 수양론적 해석이라 명명할 수 있을 것이다. 천상탄에 대한 맹자의 이러한 해석은 순자와 한대(漢代) 동중서(董仲舒)에 의해 확대 부연된 형태로 설명되고 있다.

순자(荀子): 공자가 동으로 흐르는 물을 보고 있었다. 자공(子貢)이 공자에게 묻기를, "군자가 큰 물을 보면, 반드시 살펴야 한다고 하신 까닭은 무엇입니까?" 하니, 공자가 말씀하시기를, "저 물은 크고도 넓게 모든 것에 생명을 주되 내세움이 없는 것은 (인간의) 덕과 같고, 낮은 곳으로 흘러가되 곧거나 굽이쳐 흐름에 반드시 그 이치를 따름은 의리와 같으며, 넓고 넓어 다함이 없는 것은 도와 같고, (둑을) 터서 흘러가게 한 것 같아 빠르게 흘러감이 메아리가 물소리에 반응하는 듯하며 백 길이나 되는 골짜기로 내달림에 두려움이 없는 것은 용기와 같으며, 웅덩이에 물이 참에 반드시 평평하게 채운 뒤에 지나감은 법도와 같고, 가득 참에 평미레로 밀지 않아도 저절로 평평해짐은 정직과 같으며, 지극히 미약하나 은미한 곳에까지 다다름은 잘 살핌과 같고, 드나드는 것들을 곱고도 깨끗한 데로 나아가게 하는 것은 교화를 잘 시키는 것과 같으며, 만 번 꺾이더라도 반드시 동쪽으로 가고자 하는 것은 뜻을 확립하는 것과 같다. 이런 까닭에 군자는 큰 물을 봄에 반드시 살펴보고자 하는 것이 있다."라고 하였다.[33]

동중서(董仲舒): 물 중에 근원 깊은 샘물은 용솟음쳐 흘러나와 밤낮을 쉬지 않으니 힘이 있는 자와 같고, 웅덩이를 채운 뒤에 나아가니 공평하여 치우치지

33) 『荀子集解』下, 「宥坐」. "孔子觀於東流之水. 子貢問於孔子曰: '君子之所以見大水必觀焉者, 何也?' 孔子曰: '夫水, 大徧與諸生而無爲也, 似德, 其流也埤下, 裾拘必循其理, 似義, 其洸洸乎不淈盡, 似道, 若有決行之, 其應佚若聲響, 其赴百仞之谷不懼, 似勇, 主量必平, 似法, 盈不求概, 似正, 淖約微達, 似察, 以出以入就鮮絜, 似善化, 其萬折也必東, 似志. 是故君子見大水必觀焉.'"

않는 자와 같으며, 은미한 곳까지 돌아 들어가 아래로 흐름에 조그마한 틈도 남겨 놓지 않으니 잘 살피는 자와 같고, 계곡을 따라 흘러감에 헤매지 않고 만리(萬里)를 나아가 반드시 (바다에) 이르니 지혜로운 자(뜻을 세운 자)[34]와 같으며, 막힌 곳에서는 머무르며 깨끗하게 함이 천명을 아는 자와 같고, 깨끗하지 않은 것이 들어와서 깨끗해져 나아가니 잘 교화시키는 자와 같으며, 천 길의 골짜기로 떨어져 내려 들어가되 두려워하지 않으니 용감한 자와 같고, 만물은 모두 불에 의해 곤란을 겪는데 물만이 오직 이겨 내니 무력이 센 자와 같으며, 모든 것이 이것을 얻으면 살고 잃으면 죽으니 덕이 있는 자와 같다. 공자께서 시냇가에 계시다가 "흘러가는 것이 이와 같구나! 밤낮을 가리지 않는구나."라고 말씀하신 것은 바로 이를 두고 하신 말씀이다.[35]

양수달(楊樹達)은 『논어소증(論語疏證)』[36]에서 『순자(荀子)』의 이 대목을 천상탄의 부연설명으로 인용하고 있는데, 보다시피 맹자보다 한층 더 자세하며 구체적이다. 순자에 의하면 물의 다양한 속성은 곧 인간이 지녀야 할 여러 덕성과 매우 유사하다. 크고도 넓게 흘러가며 모든 것에 생명을 주되 내세움이 없는 물의 속성은 곧 인간이 지녀야 할 덕과 같고, 낮은 곳으로 흘러가되 곧거나 굽이쳐 흐름에 반드시 그 이치를 따름은 바로 인간의 의리와 유사하며, 둑을 터서 흘러가게 한 것 같아 빠르게 흘러감이 메아리가 물소리에 반응하는 듯하며 백 길이나 되는 골짜기로 내달림에 두려움이 없는 것은 인간의 덕성 중에 용기와 같다. 이뿐만이 아니

34) 蘇輿는 『春秋繁露義證』 註에서, 이 구절은 『荀子』「宥坐」의 '其萬折也必東, 似志.'라는 문장을 응용한 것이므로, '旣似知者'의 '知'는 '志'의 誤字라고 고증하였다.

35) 『春秋繁露義證』권16, 「山川頌」. "水則源泉混混沄沄, 晝夜不竭, 旣似力者, 盈科後行, 旣似持平者, 循微赴下, 不遺小間, 旣似察者, 循谿谷不迷, 或奏萬里而必至, 旣似知(志)者, 障防山而('止之'의 誤字)能淸淨, 旣似知命者, 不淸而入, 淸潔而出, 旣似善化者, 赴千仞之壑, 入而不疑, 旣似勇者, 物皆困於火, 而水獨勝之, 旣似武者, 咸得之而生, 失之而死, 旣似有德者. 孔子在川上曰: '逝者如斯夫! 不舍晝夜.' 此之謂也."

36) 楊樹達, 『論語疏證』, 上海古籍出版社, 1999, 222~223면.

다. 물의 또 다른 속성은 때로 인간의 도(道), 정직(正直), 관찰(觀察), 선화(善化), 입지(立志) 등에 비유될 수 있다.

한대 동중서(BC179~104)의 천상탄(川上嘆) 해석은, 위의 인용에서 보듯이 순자의 그것을 다분히 이어받았다. 두 문장을 비교해 보면 덕(德), 용(勇), 찰(察), 지(志), 선화(善化) 등의 덕목은 완전 일치하며 힘, 공평함, 무력, 천명을 아는 것 등이 덧붙여져 있는 정도이다.

물에서 이처럼 인간이 최상으로 생각하는 덕목을 발견하여 제자들에게 말한다는 것은, 단순히 물의 속성이 인간의 덕성과 비유될 수 있다는 것을 말하고자 함이 아닐 것이다. 이는 곧 시냇물의 이러한 속성에 비유될 수 있는 인간의 덕목을 닦으라는, 즉 수양을 통해 이러한 덕목을 갖춘 인간이 되어야 한다는 가르침이 내재되어 있다고 보아야 할 것이다. 천상탄(川上嘆)을 이처럼 수양론으로 해석하는 전통은 동중서 이후에도 한대(漢代)에 줄곧 이어진 듯하다. 이 점은 『논어』를 본떠 『법언(法言)』을 지은 양웅(揚雄, BC53~AD18)이 천상탄을 해석하면서, 이를 엽등(躐等)하지 않으면서도 쉬지 않고 수양하기를 촉구한 언어로 이해하고 있는 데서 쉽사리 알 수 있다.[37)]

우리는 여기에서 다음과 같은 결론을 내릴 수 있다. 맹자에서 한대 양웅에 이르기까지의 유가는, 『논어』의 천상탄을 공자가 제자들에게 인간의 여러 덕목을 갖추기 위해 수양을 촉구한 언어로 이해하여 왔다. 그리고 이러한 공자의 가르침은 위의 예문에서 보듯이, 개인적인 수양과 인간과 인간 사이의 사회적 관계를 올바르게 맺기 위해 필요한 대사회적 덕목에 대한 수양이 그 주된 내용을 형성하고 있다. 이처럼 『논어』의 구

37) 『法言義疏』二, 「學行」卷第一. "或問進. 曰: '水.' 或曰: '爲其不舍晝夜與?' 曰: '有是哉. 滿而後漸者, 其水乎!'" 註에서 "水滿坎而後進, 人學博而後仕."라고 하여 이 구절이 공부를 통한 수양을 의미함을 분명하게 말하고 있으며, 劉寶楠은 『論語正義』에서 이 구절을 인용하면서, "法言所謂進, 與夫子言逝義同."이라고 하였다.

절을 해석함에 있어서 사회적 인간으로서 필요한 수양을 강조하고 가급적 형이상학적 해석을 배제한 것은, 실천적인 수양론이 그 핵심인 원시 유가의 특징[38]을 잘 드러내어 준다고 할 수 있다. 한편 노장(老莊)이 사상계의 주류를 이루고 있었던 육조(六朝) 시대 경학가들의 천상탄에 대한 해석은 이와는 자못 다른 양상을 띠고 있다.

2) 육조(六朝) 시대 유가의 인생무상론적 해석

육조(六朝) 시대의 대표적 『논어』 주소(注疏)로는 황간(皇侃, 488~545)의 『논어집해의소(論語集解義疏)』를 들 수 있다. 이 책은 송대(宋代) 이전까지 중국의 대표적 『논어』 주석서였는데, 북송(北宋) 때 형병(邢昺, 932~1010)의 『논어주소(論語注疏)』가 나오면서 그 영향력이 줄어들었다. 이후 남송(南宋) 초에 일실되어 중국에서는 찾아볼 수가 없다가, 18세기 후반 청대(青代) 건륭제(乾隆帝) 때 일본에서 발견되어 중국으로 역수입되었다.[39] 이때부터 한대(漢代) 경학의 면모뿐만이 아니라, 육조 경학의 특징이 고스란히 들어 있다는 점 때문에 한중일 삼국의 경학가들에 의해 매우 중시되었다. 그러면 천상탄에 대한 육조 시대 유가의 해석을 황간의 견해를 통해 알아보기로 하자.

> 서(逝)는 간다는 말이다. 공자가 시냇가에 있다가 시냇물이 빨리 흘러가며 잠시도 멈추지 않음을 보고는, 인생의 흘러감도 또한 이와 같아 어젯날의 내가 오

38) 김승혜 교수는 『原始儒敎-『論語』, 『孟子』, 『荀子』에 대한 해석학적 접근-』(민음사, 1990)에서, "원시유교의 특성은 무엇보다도 인간론을 중심으로 한다는 데 있었다. 인간론 중에서도 철학적 성격을 띤 인성론의 문제보다도 실천적인 수양론이 핵심을 이루고 있었다."고 하였다.

39) 室谷邦行, 「皇侃 『論語集解義疏』-六朝疏學の展開-」, 『論語の思想史』, 汲古書院, 1994, 102면 참조.

늘날의 내가 아님을 탄식하신 것이다. 그러므로 '흘러가는 것은 이와 같구나!'라고 말씀하신 것이다.……세월이 머물러 있지 않음이 흐르는 물과 같은지라, '밤낮을 쉬지 않는다'라고 말씀하신 것이다. 강희(江熙)는 말하였다. "사람이 남산과 같을 수 없음을 말한 것이다. 덕을 닦고 공을 세움에, 내려보고 우러러보는 사이에 시간은 지나갔다. 이에 흐르는 시내를 앞에 두고 감회가 일어났으니, 탄식이 없을 수 있겠는가? 성인께서 백성의 마음으로 자신의 마음을 삼았도다." 손작(孫綽)은 말하였다. "시냇물의 흐름이 그치지 않듯이 나이도 흘러감에 멈춤이 없도다. 때는 이미 늦었는데도 도(道)는 오히려 일어나지 않고 있으니, 이것이 근심에 탄식을 자아내는 까닭이다."[40]

한나라가 멸망하고 육조(六朝)가 뒤를 이은 것은 단순히 정치권력상의 변화만을 의미하지는 않는다. 이 한위(漢魏)의 교체 즈음에는 중국의 학술도 크게 변하였는데, 그것은 바로 경학의 현학화(玄學化)이다. 여기서 경학의 현학화란 곧 노장(老莊)의 사유로 유교의 경전을 들여다봄을 의미한다.[41]

일찍이 이택후(李澤厚)는 유가와 도가의 차이점에 대하여, "유가는 인간과 인간의 관계에서 인간 개체의 가치를 확정해 나간다. 반면 장학(莊學, 道家)은 인간과 인간의 관계를 벗어나 인간 개체의 가치를 탐색해 나간다."[42]고 하였다. 이는 유가적 사유는 인간관계의 철학이고, 도가의 이념은 개체적 자아의 각성과 자유를 중시하는 체계로 이루어져 있다는 의

---

40) 『論語集解義疏』第五, 「子罕」. "逝, 往去之辭也. 孔子在川之上, 見川流迅邁未嘗停止. 故嘆人年往去, 亦復如此, 向我非今我. 故云逝者如斯夫也.……日月不居有如流水, 故云不舍晝夜也. 江熙云: '言人非南山. 立德立功, 俛仰時過, 臨流興懷, 能不慨然乎? 聖人以百姓心爲心也.' 孫綽云: '川流不舍, 年逝不停, 時已晏矣, 而道猶不興, 所以憂嘆也.'"

41) 吳雁南 等編, 『中國經學史』, 福建人民出版社, 2001, 187~199면 참조.

42) 李澤厚, 「莊玄禪宗漫述」, 『中國古代思想史論』, 人民出版社, 1986, 192면.

미이다. 그러므로 도가적 성향으로 채워진 현학이 사상의 주류를 형성했던 육조 시대를 가리켜, 전목(錢穆)이 '개인의 자아각성의 시기'라고 표현한 것[43]은 적절하다고 여겨진다.

일반적으로 황간의 『논어집해의소』는 노장의 뜻으로 유가의 경전인 『논어』를 해석해 낸 부분이 많다고 하는데,[44] 천상탄에 대한 황간의 견해는 바로 이러한 유학의 현학화 현상으로서의 '개인의 자아각성'이라는 면모를 잘 보여주고 있다.

앞에서 우리는 맹자, 순자, 동중서에 의해 이루어진 천상탄의 해석이, 선생으로서의 공자가 제자들에게 개인적, 대사회적 수양을 촉구하는 언어였음을 살펴보았다. 그러나 위진 경학의 현학적 특징을 잘 보여주고 있는 황간의 주소(注疏)는 이러한 수양론적 해석을 철저히 부인하고 있다. 황간에게 있어서 공자는 누구에겐가 가르침을 내리는 근엄한 스승이기 이전에 생로병사와 희로애락에 부침하는 고립된 자아이다. 이 때문에 공자의 천상탄은 더 이상 사회적 인간으로서 필요한 덕목을 획득하기 위한 수양의 논리로 해석될 수 없다. 그냥 속절없이 흘러가는 세월에 '어젯날의 내가 오늘날의 내가 아님을 느끼고' 안타까워하는 보통 인간의 탄식인 것이다. 이는 앞서 강희(江熙)의 말대로 공자도 항상 백성을 우선적으로 생각해야만 하는 인류의 스승으로서의 성인이기 이전에, 평범한 인간의 마음을 지닌 한 개체적 자아이기 때문에 가능한 감정이다. 그러므로 이 구절을 황간의 의도대로 해석한다면 그야말로 대사회적 맥락이 배제된 자유로운 개인 공자가 속절없이 흘러가는 세월을 아쉬워한 인생무상

43) 錢穆, 『國學概論』, 臺灣 商務印書館, 民國79年, 150면. "魏晉南朝三百年學術思想, 亦可以一言蔽之曰: '個人自我之覺醒'是已."

44) 室谷邦行, 앞의 글, 121면 ; 孫述圻, 「論皇侃的『論語義疏』」, 『中國經學史論文選集』, 文史哲出版社, 1992, 606~608면 참조.

의 탄식으로 보아야 할 것이다.[45] 육조 시대『논어』해석의 특징을 인생무상론적 해석이라 이름 붙인 이유가 바로 여기에 있다.

육조 시대『논어』해석의 이러한 특징은 송대 신유학(新儒學)이 성립되기 이전까지『논어』주석의 주류를 형성하고 있었던 듯하다. 우리는 이 점을 북송의 형병(邢昺)이 지은『논어주소(論語注疏)』에서 확인할 수 있다. 형병의『논어주소』는『십삼경주소(十三經注疏)』에 채택이 될 정도로 뛰어난 주석이어서, 주자의『논어집주』가 나오기 전까지는 가장 큰 영향력을 발휘하였다. 그런데 이『논어주소』의 모체는 바로 황간(皇侃)의『논어집해의소』로서,『논어주소』는『논어집해의소』에 인용된 제유의 학설을 간정해서 완성한 것이다.[46] 당연히 이 천상탄(川上嘆)에 대한 해석에 있어서도 형병은 황간의 견해를 그대로 수용하고 있다.[47]

이제까지 우리는『논어』의 이른바 고주에 속하는 주석들을 대상으로 천상탄에 대한 해석을 살펴보았다. 그 결과 공자의 천상탄은 한대 이전까지는 수양론으로 위진 시대에는 인생무상론(人生無常論)으로 해석되고 있었으며, 그 해석의 이면에는 육조 시대 유학의 현학화가 자리함을 살펴볼 수 있었다. 이는 결국 육조 시대 유학의 새로운 면모가 경학을 통해 모습을 드러낸 것이라고 볼 수 있을 것이다.

---

45) 황간은 불교에도 많은 영향을 받았기 때문에(『南史』卷71,「儒林傳」. "常日限誦『孝經』二十遍, 以擬『觀世音經』."), 그의 경학의 이러한 특징이 유불선 삼교 합일의 일면을 잘 보여주고 있다고 주장하는 학자도 있다.

46) 章權才,『宋明經學史』, 廣東人民出版社, 1999, 63면.

47)『論語注疏』第九,「子罕」. "此章, 記孔子感歎時事既往, 不可追復也. 逝, 往也. 夫子因在川水之上, 見川水之流迅速, 且不可追復. 故感之而興歎, 言凡時事往者, 如此川之流夫, 不以晝夜而有舍止也."

3. 주자와 왕양명의 형이상학적 해석

앞서 언급했듯이 원시유가는 인간과 인간 사이의 관계를 중시했기 때문에 대사회적 수양이나 일상적 규범과 의례의 체계가 그 본질에 자리 잡고 있다. 그러나 한대 이후 유가는 이러한 모습에서 탈피할 수밖에 없는 강력한 도전에 직면했다. 한대 이후 유교가 국가의 이념이 되면서 그 초기에는 분서(焚書)된 경(經)의 발굴과 정리, 그리고 전수라는 문제에 직면하여 활발하게 연구가 진행되었다. 그러나 한말(漢末)에서 당(唐)에 이르기까지 유가는 새로운 생명력을 그 자체에 불어넣지 못한데다, 노장(老莊)과 불가의 형이상학적 본체론(우주론)과 인성론에 압박을 당하였다. 이로 인하여 관학(官學)의 지위에 있음에도 불구하고 사상사적으로 자못 위축된 형상을 유지하였다. 당연히 당말(唐末)에 형성되기 시작한 신유학의 임무는 원시유학의 본질을 유지한 가운데 혁신을 통해 새롭게 태어나는 것이었다.

주자와 왕양명은 이 같은 유학의 혁신을 초인적인 노력을 통해 성공으로 이끌었으며 그 결과 유학은 새롭게 태어날 수 있었다. 우리가 송명(宋明)의 유학을 가리켜 흔히 신유학(新儒學)이라 하며, 그들이 남긴 경전 주소를 신주(新注)라 부르는 것도 바로 여기에서 기인한다. 유학의 이 같은 새로운 현상은 경학의 새로운 해석을 통해 그 모습을 드러내었다. 그러면 주자와 왕양명에 의해 새롭게 정립된 신유학의 특성이 천상탄의 해석에 어떻게 녹아 있는지를 차례대로 살펴보기로 하겠다.

1) 주자의 본체론적 해석

『논어』 천상탄에 대한 주자의 해석은 한대 이전의 고주(古注)의 전통을 계승하면서도, 고주와는 확연하게 구별되는 새로운 면모를 보여주고 있다.

천지의 조화는 가는 것은 지나가고 오는 것이 이어져서 한순간의 쉼도 없으니, 이것이 바로 도체의 본질이다. 그런데 그 가리켜서 쉽게 보일 만한 것이 시냇물의 흐름만한 것이 없다. 그러므로 여기에서 말씀하여 사람들에게 보여주셨으니, 배우는 자들이 항상 성찰하여 공부에 조금의 끊어짐도 없게 하고자 하신 것이다.

정자(程伊川)[48]는 말하였다. "이는 도체이다. 하늘의 운행은 그침이 없어서 해가 뜨면 달이 지고, 추위가 가면 더위가 오며, 물은 흐름에 쉼이 없고, 만물은 생겨남에 다함이 없나니, 모두 도(道)와 더불어 한 몸이 되어 밤낮으로 운행하면서 일찍이 그침이 없었다. 이에 군자는 이것을 본받아서 스스로 힘씀에 쉬지 않으니, 그 지극한 경지에 이르러서는 순수함이 또한 그침이 없는 것이다."

정자(程明道)[49]는 또 말하였다. "한나라 이래로 유학자들은 모두 이 뜻을 알지 못하였다. 이는 성인의 마음에 그 순수함이 또한 그침이 없는 것을 볼 수 있으니, 순수함이 또한 그침이 없음은 바로 천덕(天德)이다. 천덕이 있어야 왕도를 말할 수 있으니, 그 요점은 신독(愼獨)에 있을 뿐이다."

나는 이렇게 생각한다. "이 장으로부터 이 편의 끝까지는 모두 사람들에게 학문에 진전하여 그치지 말라고 면려하신 내용이다."[50]

주자에 의해 그 정점에 도달한 신유학이 이전의 유학에 비해 가지고 있는 가장 큰 특징은 형이상학의 영역에 속하는 천도와 본성에 대한 집

---

48) 金履祥(1232~1303, 자는 吉甫, 호는 次農)의 고증에 따르면, 이 구절은 程伊川의 설임.(金履祥, 『論語集註考證』卷五(叢書集成初編), 中華書局, 1985, 56면 참조)

49) 金履祥의 고증에 따르면, 이 구절은 程明道의 설임.(金履祥, 앞의 책, 같은 면 참조)

50) 『論語集注』, 「子罕」16장. "天地之化, 往者過, 來者續, 無一息之停, 乃道體之本然也. 然其可指而易見者, 莫如川流. 故於此發以示人, 欲學者時時省察, 而無毫髮之間斷也. 程子曰: '此道體也. 天運而不已, 日往則月來, 寒往則暑來, 水流而不息, 物生而不窮, 皆與道爲體, 運乎晝夜, 未嘗已也. 是以君子法之, 自强不息, 及其至也, 純亦不已焉.' 又曰: '自漢以來, 儒者皆不識此義. 此見聖人之心, 純亦不已也. 純亦不已, 乃天德也. 有天德, 便可語王道, 其要只在謹獨.' 愚按: '自此至篇終, 皆勉人進學不已之辭.'"

중적인 관심과 수용이라고 할 수 있다. 『논어』를 보면 공자는 죽음과 귀신 또는 성(聖)과 천도(天道) 같은 형이상학적 문제에 대해서 크게 관심을 가지고 있지 않음을 알 수 있다.[51] 이는 공자의 최대 관심이 인간을 중심으로 하는 현실세계에 있었기 때문인데, 이것은 곧 원시유가의 가장 큰 특성이라고 할 수 있다. 그렇다면 주자는 공자에 의해 경원시된 천도와 성 같은 형이상학적 문제에 왜 관심을 가졌으며 어떤 방식으로 신유학의 체계 안에 이를 용해시켰을까? 앞서 한대(漢代)에서 당대(唐代)에 이르기까지 도가와 불가가 형이상학적 본체론(우주론)과 인성론을 구축하였으며, 이는 결과적으로 유가의 쇠퇴를 가져왔다고 언급한 적이 있다. 이것은 결국 인간의 현실을 중시하는 윤리학적 체계의 원시유학이, 지적인 측면에서 도불(道佛)의 추상적이고 심오한 이론에 위축되었음을 의미한다. 당말(唐末)에서 북송(北宋)에 이르기까지 신유학의 선구자들과 주자는 원시유학이 가지고 있는 이러한 결핍을 확실하게 인지하였다. 그리하여 그들은 도불(道佛)의 형이상학적 체계를 비판하면서도, 다른 한편으로는 이를 자신들의 사상 내부로 수용하여 새로운 유학의 틀을 짜기 시작하였다. 즉 유학은 이 시점에 이르러서야 도가와 불가의 본체론과 인성론을 수용하면서 본격적으로 형이상학적 문제에 대한 탐구를 시작하게 되었던 것이다.

주자는 이러한 새로운 흐름의 정점에 서 있었기 때문에, 과거의 어느 누구보다도 유학의 본령인 윤리학을 지키면서 본체론과 인성론을 아우르는 혁신적인 해답을 마련하는 데 전력을 쏟았다. 그리고 그 해답을 인간의 문제(특히 심성과 윤리적 가치)를 인간 밖의 전체로서의 자연(우주 본체)

51) 『論語』, 「公冶長」12장. “子貢曰: ‘夫子之文章, 可得而聞也, 夫子之言性與天道, 不可得而聞也.’” ; 『論語』, 「先進」11장. “季路問事鬼神. 子曰: ‘未能事人, 焉能事鬼?’ 敢問死. 曰: ‘未知生, 焉知死?’”

과 밀접하게 연결시키는 것에서 찾았다.(天人一理, 性卽理)[52] 이로써 신유학은 유가의 본령인 현실과 인간 중심의 윤리학에, 형이상학적인 본체론과 심성론을 결합시켜 새로운 유학체계를 완성할 수 있게 되었다. 위의 주자의 천상탄에 대한 해석은 바로 이러한 신유학적 사유의 반영으로 원시유가의 수양론적 해석에 도가의 본체론 해석이 결부된 형태이다.

천상탄에 대한 고주의 해석은 크게 원시유가의 수양론적 해석과 육조유가의 인생무상론적 해석으로 나누어짐을 우리는 앞에서 보았다. 그런데 주자는 그의 신유학적 사유에 의거하여 흘러가는 시냇물에서 다양한 수양의 양태를 발견한다거나 인생의 무상함을 느끼기보다는 우주의 유동(流動)을 읽어 내고자 하였다. 그 결과 주자에게 있어서 면면부절(綿綿不絶)하게 흐르는 시냇물은 곧 생생불식(生生不息)하는 도체(道體)의 운행이 투영되어 있는 것이며, 이는 곧 쉼 없이 학문과 수양에 매진하는 군자의 기상과 일맥상통하고 있다. 이것은 바로 인간의 문제(수양)를 인간 밖의 우주(도체)와 연결하여 결부시킨 것으로서, 천인일리(天人一理)의 신유학적 사유를 극명하게 반영해 낸 해석이라 할 수 있다.

주자의 이러한 해석의 특징으로 우리는 우선 그가 고주(古注)의 두 해석 중 수양론적 해석을 받아들였다는 점에 주목할 필요가 있다. 여기에서 주자학을 이루는 주축의 일부가 원시유가의 윤리학임을 추론해 낼 수 있기 때문이다. 한편 또 다른 특징이자 더 중요한 점은 그가 도가(道家)의 도 개념을 빌려서 시냇물의 흐름을 면면부절하게 유동하는 우주 본체의 운동으로 보았다는 점이다.[53] 바로 이 점 때문에 주자의 천상탄 해석을

52) 한형조, 『주희에서 정약용으로』, 세계사, 1996, 23~26면 참조.

53) 주자가 말하는 도는 原始儒家의 도 개념보다 原始道家의 도 개념에 훨씬 더 가깝다. 왜냐하면 道論을 비교해 보면, 원시유가의 道는 인생의 規範道-孝悌, 忠恕, 克己復禮, 己欲達而達人, 己欲立而立人-였던 데 비하여, 원시도가의 道는 存在道 또는 本體道로서 궁극적 실재를 나타내 주는 개념이기 때문이다. 원시유가와 도가의 도 개념에 대해서는 張立文 主編, 『道』, 中國人民大學出版社, 1989, 27~43면 ; 유인희 等著, 「老莊의 本

원시유가의 수양론에 도가의 본체론이 결부된 형태의 것임에도 불구하고 본체론적 해석이라 명명하였다. 그 영향력의 측면에서도 천상탄에 대한 주자의 본체론적 해석은 주자 이후 한중일 주자학파의 천상탄 해석에 결정적으로 작용하게 된다.

주자의 『논어집주』 이후 송원명청(宋元明淸) 주자학파의 천상탄 해석을 살펴보면, 한결같이 주자의 본체론적 해석을 확대 부연하거나 심층적으로 분석해 내고 있다. 송원(宋元)의 주자학파의 학설을 모아 놓은 『논어집주대전』의 소(疏)에서 우리는 이 점을 분명하게 확인할 수 있다. 그리고 명의 경우 설선(薛瑄, 1389~1464)은 "천지간의 시공에는 모두 도체가 유행하고 있다."[54]고 하였으며, 장거정(張居正, 1525~1582) 또한 이와 유사한 견해로 주자의 천상탄에 대한 도체론적 해석을 지지하고 있었다.[55] 청의 주자학파 또한 예외는 아니었다.[56] 명대의 경우 양명학이 발흥하고 청대의 경우 고증학이 흥성했음에도 불구하고, 주자학파의 경우 오히려 도체론적 해석에 더욱 철저해졌다고 할 수 있다.

조선의 주자학파 역시 천상탄의 해석에 대해서는 주자의 도체론적 해석을 완고하게 지지하고 있다. 조선 주자학파의 양대 산맥은 퇴계학파와 율곡학파라고 할 수 있는데, 퇴계의 경우 제자가 서(逝)자를 도체의 흐름이 아니라 물의 흐름으로 파악하는 것이 어떠냐고 질문을 한 적이 있다.

體論」, 『東洋哲學의 本體論과 人性論』, 연세대학교출판부, 1984, 45면 등이 참고가 된다.

54) 湯傳椝, 『四書明儒大全精義』(『四庫未收書輯刊』壹輯 8卷), 「論語」第九, 北京出版社, 2000, 296면. "敬軒薛氏曰: '所謂道體正在水上, 水尤易見道體, 故發以示人.……天地之間, 時時處處, 皆是道之流行. 人之道, 卽天之道. 故當隨時隨處省察, 不可有毫髮之間斷也.'"

55) 張居正, 『四書集注闡微直解』(『四庫未收書輯刊』貳輯 12卷)卷八, 336면. "天地之間, 氣化流行, 亘古今徹日夜, 而無一息之停, 乃道體之本然也.……觀物者於此而察之, 則自强不息以盡體道之功者, 不可有須臾之或間矣."

56) 王掞, 『朱注發明』(『四庫未收書輯刊』肆輯 7卷), 「論語」子罕, 2000, 458면. "逝者, 指天地之化機言.……此明是夫子以道體不息示人."

이때 퇴계는 『논어집주』의 도체설(道體說)이 정설이라고 단언적으로 말하였다.[57] 그리고 율곡(栗谷)의 적전인 이유태(李惟泰, 1607~1684)도 천상탄은 면면부절한 천체의 운행을 의미하는 것이라고 하여[58] 역시 주자설을 추숭하고 있다.

2) 왕양명의 심성론적 해석

앞서 우리는 주자의 천상탄 해석이 종래의 인생무상론적 해석을 거부하고 수양론적 해석을 수용하면서 궁극적으로는 본체론으로 전회하는 것을 살펴보았다. 주자학에서 본체는 우주만물의 근원으로 곧 리(理)와 동등한 개념이라 할 수 있는데, 이는 외재하는 것이기도 하지만 동시에 인간의 내면에 내재하기도 한다.(性卽理) 그렇기 때문에 주자학에서는 리(理)를 궁구하기 위하여 인간 내면의 세계를 들여다보려고 노력하지만, 한편으로 외부세계의 물상에 나아가 리(理)를 궁구하고자 하기도 한다. 주자학에서 공부의 처음은 격물치지(格物致知)라는 것이 바로 이것이다. 그러나 왕양명(王陽明, 1472~1529)은 이처럼 외재하는 물상의 리(理)를 궁구하는 주자의 공부론을 거부하면서 신유학의 또 다른 갈래로서의 양명학을 성립시켰는데 그 이론의 핵심은 인간의 내면 심성으로 사유의 모든 에너지를 집중하는 것이다. 지금부터 살펴볼 왕양명의 천상탄 해석에는 그의 이러한 사유가 잘 반영되어 있다.

---

57) 『退溪先生文集』卷之三十三, 「答許美叔」. “子在川上曰: ‘逝者如斯夫.’ 吳氏曰: ‘逝字, 指道, 斯字, 方指水.’ 竊恐太分析, 無意味. 若以爲逝字, 喩水流行之體, 如斯, 嘆美之辭, 如此看則如何. 吳說是也. 集註, 天地之化, 往者過, 來者續, 無一息之停, 乃道體之本然也. 此正說, 逝字爲道處, 其下云可指而易見云云, 是說斯字.”

58) 『四書答問』卷二, 「子罕」. “問子在川上註, 天運不已.……案天運不已, 謂天行健也.”

물었다. "'(『논어』의) 흘러가는 것이 이와 같다'는 것은 자신의 심성이 활발발(活潑潑)하다는 말입니까?" 선생께서 대답하셨다. "그렇다. 반드시 항상 양지(良知)를 발현하는 공부를 해야만 비로소 활발발하게 되어 바야흐로 저 시냇물과 같아지게 된다. 만약 잠깐이라도 중단한다면 천지와 서로 같지 않게 된다. 이것이 바로 학문의 지극한 경지이며, 성인도 다만 이와 같을 뿐이다."[59)]

일찍이 젊은 시절에 왕양명은 주자의 저서를 읽고 풀 한 포기, 나무 한 그루마다 지극한 리가 있다는 말을 깊이 생각한 끝에 주자의 즉물궁리(卽物窮理)를 체험하려고 대나무를 대상으로 궁구하였다. 그러나 격죽(格竹)에 의한 과도한 정신 집중은 그에게 병만을 가져왔을 뿐이지 리(理)의 언저리에조차 다가설 수 없게 하였다. 이러한 좌절은 그로 하여금 성현(聖賢)의 길을 포기하고 속유의 사장지학(詞章之學)에 몰입케 하기도 하였다.[60)]

그러나 왕양명은 외물(外物)의 이치에 대한 궁구(窮究)를 통해 도(道)로 나아가는 길을 버리고, 내면으로의 침잠(沈潛)을 통해 성인의 영역으로 나아갈 수 있는 새로운 돌파구를 마련하였다. 그리하여 그에게 있는 모든 정력은 인간 심성의 내면으로 향하여 자신의 본체 즉 양지(良知)를 밝히는 작업에 쓰여졌다. 당연히 경을 읽고 해석하는 행위 또한 자신의 본

---

59) 陳榮捷 撰, 『王陽明傳習錄詳註集評』卷下 '黃省曾錄', 臺灣 學生書局, 1998, 319면. "問: '逝者如斯, 是說自家心性活潑潑地否?' 先生曰: '然. 須要時時用致良知的功夫, 方才活潑潑地, 方才與他川水一般. 若須臾間斷, 便與天地不相似. 此是學問極至處, 聖人也只如此.'"

60) 왕양명이 格竹을 한 시기는 年譜에 의하면 21세 때이다. 이 시기 왕양명이 朱子의 格物之學에 어느 정도로 침잠했으며, 그 좌절이 어떠했는지를 연보의 다음과 같은 기록은 생생하게 전해준다. 『王陽明全集』下 卷三十三, 「年譜」一, 上海古籍出版社, 1997, 1223면. "五年壬子, 先生二十一歲, 在越. 是年爲宋儒格物之學. 先生始侍龍山公于京師, 遍求考亭遺書讀之. 一日思先儒謂衆物必有表裏精粗, 一草一木, 皆涵至理. 官署中多竹, 卽取竹格之, 沈思其理不得, 遂遇疾. 先生自委聖賢有分, 乃隨世就辭章之學."

체(양지)를 밝히는 방편으로 작용[61]하게 되었는데, 이는 경학을 심학(心學)으로 파악하는 양명학의 기본적인 입장이라 할 수 있다.

그렇기 때문에 천상탄의 해석에 있어서도 양명은 외재(外在)의 도체(道體)를 상정하는 주자학의 도체론적 해석을 거부하고, 이를 내재의 심성론으로 전회하여 해석해 내었다.[62] 양명에 의하면 면면히 흐르는 물은 주자가 말하는 부단한 도체의 유동이 아니라, 활발발(活潑潑)하여 간단이 없는 마음의 상태이다. 이렇게 간단없는 마음의 흐름은 곧 천지의 흐름에 일치할 수 있어서 천지만물을 한 몸으로 여길 수 있게 된다. 양명에게 있어 이 경지야말로 학문의 지극처(至極處)이자, 그가 그토록 다가가고자 하는 성인의 경계인 것이다. 그렇다면 이렇게 면면부절히 활발하게 생동하는 마음은 어떻게 얻어질 수 있는 것인가? 그것은 위의 인용에서 보듯이 곧 양명학의 본지인 내면의 양지를 밝히는 공부를 통해서 가능하다. 결국 치양지(致良知)의 수양을 통해서만 심성의 활발발한 경지를 얻을 수 있다는 점에서, 우리는 양명의 천상탄 해석이 수양론적 해석을 수용하고 있음을 알 수 있다. 그러나 주자가 수양론을 수용하면서 도체론을 천상탄 해석의 중심으로 삼았듯이, 양명 또한 수양론을 받아들이되 심성론(心性論)을 그 해석의 중심으로 삼고 있다.

우리는 여기서 신유학의 두 봉우리인 이학(理學)과 심학(心學)의 분기점이 어느 지점인지를 인지할 수 있다. 주자와 왕양명에 의해 정립되고 발전되어 나간 신유학은 원시유학의 일부인 수양론을 그 배면에 깔고 있으며 도체와 심성이라는 형이상학적 영역을 자신들의 사상 내부로 적극 받

61) 陳榮捷 撰,『王陽明傳習錄詳註集評』卷下 '黃省曾錄', 319면. "一友問: '讀書不記得, 如何?' 先生曰: '只要曉得, 如何要記得? 要曉得已是落第二義了. 只要明得自家本體. 若徒要記得, 便不曉得, 若徒要曉得, 便明不得自家的本體.'"

62) 이에 대한 자세한 분석은, 松川健二,「王守仁『傳習錄』と『論語』-心學的解釋の態度-」,『論語の思想史』, 汲古書院, 1994, 289~304면 참조.

아들였다는 공통점에도 불구하고, 하나(朱子學)는 외재하는 사물과 내재의 심성에서 그 이치를 터득하고자 하였고, 또 다른 하나(陽明學)는 내면의 심성으로만 정력을 집중하고자 한 데서 길을 달리하게 되었던 것이다.[63] 새로운 유학으로서의 주자학과 양명학의 이 같은 사상적 특징은 천상탄에 관한 해석을 통해 극명하게 그 모습을 드러내어 주고 있다. 이는 유학사와 경학사의 상호 조응을 보여주는 대표적 예라고 할 것이다.

한편 주자와 왕양명 이후 한중일 삼국의 사상계는 주자학에 대한 비판적 계승 내지 반동으로서의 탈(반)주자학적 흐름이 생성되었는데, 이러한 흐름은 중국에서는 고증학파(考證學派), 조선에서는 실학파(實學派), 일본에서는 고학파(古學派)의 성립을 보게 하였다. 주자 이후 등장하는 새로운 유학사조에도 역시 이에 상응하는 새로운 경전 해석이 수반되었다.

4. 주자 이후 한중일 경학가의 탈주자학적 해석

주자 이후, 중국과 조선에서는 주자학이 국가의 공인된 학문 즉 관학(官學)으로 자리 잡았다. 그리고 일본의 경우도 주자학이 정치와 사회의 원리로 자리 잡지 못했지만, 덕천(德川) 정권 시기에 막부가 적극적으로 주자학을 옹호하고 지원하는 정책을 펼쳤다.[64] 국가에 의해 어떤 사상이

63) 주자학과 양명학의 이러한 분기는 이미 신유학 1세대인 二程子 형제에게서 시작되었다고 할 수 있다. 앞 절에서 주자가 인용한 이정자의 천상탄 해석을 보면, 程伊川의 경우 시냇물의 흐름을 道體에 비견하고 있는데, 이는 바로 주자의 견해와 상통한다. 그리고 程明道는 시냇물의 흐름에서 성인 마음의 그침 없는 순수함을 보고 있으니, 이는 바로 왕양명의 해석과 일치하고 있다. 신유학의 계승자 내지 연구자의 일부가 주자학의 연원을 정이천에, 양명학의 원천을 정명도에게서 찾고자 하는 것은 적어도 이러한 점에 비추어 본다면 타당하다고 할 수 있다.

64) 한예원, 「일본 주자학의 '도' 개념에 대한 일고찰」, 『주자학의 사상적 위상』, 성균관대 동아시아 유교문화권교육연구단, 2000, 3면 참조.

옹호를 받는다는 것은 간혹 그 사상의 비약적인 발전을 초래하기도 한다. 하지만 시간이 지날수록 이러한 사상은 경색화되고 이로 인하여 반동이 야기되곤 한다. 주자학도 예외는 아니어서 한중일 삼국에는 주자학의 관학화 이후 탈(반)주자학적 사상이 형성되었다. 그런데 이러한 사상들은 단순히 주자학에서 이탈하거나 반대하는 수준을 넘어서 독자적인 학문 영역을 구축하게 되었으니, 중국의 고증학(考證學), 조선의 실학(實學), 일본의 고학(古學)이 바로 이것이다.

『논어』 주석사의 측면에서 살펴본다면 이 세 학파의 핵심 인물들은 모두 특기할 만한 『논어』 주석을 남겼다. 중국 고증학파의 경우 유보남(劉寶楠)의 『논어정의(論語正義)』, 조선 실학파의 경우 정약용(丁若鏞)의 『논어고금주(論語古今註)』, 일본 고학파의 경우 적생조래(荻生徂徠)의 『논어징(論語徵)』이 바로 이것이다. 그러면 이 3종의 『논어』 주석서의 천상탄에 대한 해석을 살펴보면서, 주자학 이후 동아시아 삼국의 탈(반)주자학적 경학과 유학 사이의 조응 양상을 고찰해 보고자 한다.

1) 중국 고증학파 유보남의 해석

『청사고(淸史稿)』 「유보남전(劉寶楠傳)」에 의하면, 유보남(劉寶楠, 1791~1855)은 애초에 모시(毛詩)와 정현(鄭玄)의 예(禮)를 전공하였다고 한다. 그런 그가 『논어정의(論語正義)』를 저술한 이유는 당대에 건가(乾嘉)의 고증학풍을 계승한 유문기(劉文淇), 매식지(梅植之), 포신언(包愼言), 유흥은(柳興恩), 진립(陳立) 등의 학자들과 『십삼경주소(十三經注疏)』의 새로운 주를 달기로 하면서 『논어』 부분을 맡았기 때문이다.[65] 그러나 청대 십삼경

65) 『淸史稿』卷482, 儒林二, 「劉寶楠傳」.(『論語正義』 附錄, 「淸史稿劉寶楠傳」, 中華書局, 1985에서 재인용) “寶楠於經, 初治毛氏詩, 鄭氏禮, 後與劉文淇及江都梅植之, 涇包愼言, 丹徒柳興恩, 句容陳立約各治一經. 寶楠發策得論語, 病皇邢疏蕪陋, 乃蒐輯漢儒

(十三經) 신주(新注)의 『논어』 부분의 집필을 담당한 유보남은 『논어정의』의 저술에 전력하였으나 완성을 보지 못하고 죽었으며 그의 아들 유공면(劉恭冕)이 동치(同治) 4년(1865년)에 이어서 완성하였다. 이른바 부자간의 공저인 셈이다.

유보남은 『논어정의』에서 천상탄을 해석하는 가운데 그의 고증학적 면모를 잘 보여주고 있다. 이에 유보남의 천상탄에 대한 해석을 살펴보기로 하겠는데, 대부분 앞에서 번역이 되었으므로 원문을 그대로 제시하기로 한다.

【注】 包曰: "逝, 往也. 言凡往者如川之流." ○正義曰: 皇本作鄭注, 高麗本及文選秋興賦引此注作包, 與邢本同. 凡者, 非一之辭. 明君子進德修業, 孳孳不已, 與水相似也.

『法言』「學行」篇: "或問進. 曰: '水.' 或曰: '爲其不舍晝夜與?' 曰: '有是哉. 滿而後漸者, 其水乎!'" 法言所謂進, 與夫子言逝義同. 逝者, 往也, 言往進也.

『春秋繁露』「山川頌」篇: "水則源泉混混沄沄, 晝夜不竭, 既似力者. 盈科後行, 既似持平者. 循微赴下, 不遺小間, 既似察者. 循溪谷不迷, 或奏萬里而必至, 既似知者. 障防山而能清淨, 既似知命者. 不淸而入, 淸潔而出, 既似善化者. 赴千仞之壑, 入而不疑, 既似勇者. 物皆困於火, 而水獨勝之, 既似武者. 咸得之生, 失之而死, 既似有德者. 孔子在川上曰: '逝者如斯夫! 不舍晝夜.' 此之謂也."

『孟子』「離婁」篇: "徐子曰: '仲尼亟稱於水, 曰: 水哉, 水哉! 何取於水也?' 孟子曰: '原泉混混, 不舍晝夜. 盈科而後進, 放乎四海, 有本者如是, 是之取爾.'"[66]

舊說, 益以宋人長義, 及近世諸家, 仿焦循孟子正義例, 先爲長編, 次乃薈萃而折衷之, 著論語正義二十四卷."

66) 『論語正義』卷十, 「子罕」第九.

『논어정의』의 천상탄 해석에는 유보남만의 특징이라 할 만한 것이 보이지 않는다. 그저 한대(漢代) 이전의 천상탄에 대한 해석의 자료만을 모아 놓고 나서 그 견해에 전적으로 찬동하고 있다. 그러나 이것이 바로 고증학적 학문 방법의 일면인 것이다.

청대(淸代)의 학술에는 특기할 만한 것이 적지 않지만 우뚝하게 하나의 조류를 이룬 것으로는 전반기에 있어서는 고증학이고 후반기에 있어서는 금문경학(今文經學)이다. 이 중에서도 고증학이 청대 학술을 대표한다고 할 수 있는데 특히 건가학자(乾嘉學者)들—주로 대진(戴震)을 종주로 하는 환파(皖派)의 학자—에 의해 확립된 고증학의 학문 방법은 '널리 여러 서적을 섭렵'(博涉群籍)하여 '실제에서 진리를 추구'(實事求是)하며, '증거가 없으면 믿지 않는다'(無徵不信)는 것이다.[67] 고증학의 이러한 학문 방법은 어떤 주장에 대한 증거를 중시하기 때문에 당연히 그 주장의 근거로서의 고대 전적을 중시할 수밖에 없다. 이는 곧 학문에 있어서의 복고성(復古性)을 의미하는데, 청대에 고증학파에 의해 한학(漢學)이 부활한 이유도 바로 여기에 있다.

위의 예문을 보면 유보남의 『논어정의』의 천상탄에 대한 주소는 건륭(乾隆), 가경(嘉慶) 연간에 흥성했던 고증학의 방법론을 그대로 수용하고 있음을 알 수 있다. 우선 그는 소(疏)를 달 대상으로 가장 오래된 『논어』 주석서인 하안(何晏)의 『논어집해(論語集解)』를 선택하고 나서, 공자의 천상탄은 끊임없는 수양(進德修業 孶孶不已)을 부단한 시냇물의 흐름에 비견한 것이라고 판정을 한다.(漢學의 重視) 그러고 나서 자신의 판정을 뒷받침할 증거를 수집한다.(無徵不信) 그 증거의 수집에 있어서 유보남은 여

67) 고증학의 이러한 특성에 관해서는 梁啓超 著, 이기동 譯, 『淸代學術槪論』, 여강출판사, 1987, 73~75면 ; 羅思嘉, 「論乾嘉學派及其影響」, 『中國經學史論文選集』, 文史哲出版社, 1992, 449면 ; 漆永祥, 『乾嘉考據學研究』, 中國社會科學出版社, 1998, 98~110면 등에서 공통적으로 지적하고 있다.

러 서적들을 널리 섭렵하고 있는데(博涉群籍) 주로 한대(漢代) 전적인 양웅(揚雄)의 『법언(法言)』에서부터 시작하여, 동중서(董仲舒)의 『춘추번로(春秋繁露)』, 그리고 전국시대(戰國時代) 『맹자』, 삼대(三代)의 『시경(詩經)』, 『주례(周禮)』 등으로 그 영역을 고대로 확대해 나가고 있다. 천상탄에 대해서 이처럼 명확한 전거들이 한대 이전에 즐비하며 하나같이 수양론으로 해석을 하고 있다. 이 때문에 유보남은 이러한 실질적 전거를 바탕으로, 천상탄의 해석에 있어 원시유가의 수양론적 해석이 옳다는 결론을 내린다.(實事求是)

이처럼 자신의 주장을 내세워 천상탄을 해석하기보다는 관련된 전적 특히 한대(漢代) 이전의 전적에 대한 충실한 고증만을 통해 그 결론을 도출했기 때문에 언뜻 보아 이는 주자학과 무관한 듯싶다. 그러나 주자의 견해에 대한 비평이 없다고 해서 주자학과 무관한 것이 아니다. 주자의 천상탄에 대한 해석을 전혀 수용하지 않고 가급적 고대에서 전거를 찾고자 했다는 점 자체가 주자학의 형이상학성에서 해방되고자 하는 유보남의 탈주자학적 성향을 보여주는 것이라 할 수 있다. 양계초(梁啓超)가 말한 청대 고증학이 "복고로써 해방을 삼았다."[68]는 것은 바로 이런 점을 가리키는 것이다.

2) 한국 실학파 정약용의 해석

다산(茶山) 정약용(丁若鏞, 1762~1836)은 조선 후기 실학의 대가이자 조선의 대표적 경학가로, 『논어』 주석사에서 특기할 만한 『논어고금주(論語古今註)』라는 방대한 주석서를 저술하였다. 이 주석서에서 정약용은 천상탄에 대한 해석을 통해 자신의 실학적 경학의 면모를 잘 보여주고 있다.

---

68) 梁啓超, 앞의 책, 19면 참조.

서(逝)자의 의미가 어떤 것인가에 대하여 여러 주소에서 모두 명확하게 말하지 않았다. ①이를 일월(세월)의 광음(時間)이라고 말할 수 있는가? 광음이란 곧 주야(晝夜)이니, 주야라고 하게 되면 불사주야(不舍晝夜)란 구절은 무의미한 말이 된다. ②천지의 화생하는 기미와 천체의 굳건한 운행이 밤낮으로 쉼이 없음을 말한 것인가? 천도는 순환하여 가면 다시 되돌아오지 않는 것이 없으니, 이는 시냇물이 흘러서 한번 가면 되돌아오지 않는 것과는 같지 않다. 그러므로 그 비유가 절실하지 못하다. ③우리의 생명은 한 걸음 한 걸음 길이 흘러가서 한순간의 쉼도 없는 것이, 마치 가벼운 수레를 타고 내리막길을 내려가는데, 달려 내려가는 수레를 멈출 수 없는 것과 같다. 군자가 덕(德)에 나아가고 공업(功業)을 닦음은 때에 미치고자 해서이다. 그런데 배우는 자들은 항상 이러한 기미를 잊어버리고 있으므로, 이를 부자께서 경계하신 것이다.(맹자가 "근원이 있는 샘물은 밤낮을 멈추지 않는다."고 하셨는데, 이는 별도의 뜻을 가진 문장으로 이 경문에서 인용하기에는 마땅치가 않다.)[69]

청대 고증학과 조선 후기 실학의 공통점으로 이른바 탈주자학적 성향이 지적된다. 그러나 이러한 공통점에도 불구하고 세밀한 부분에서는 차이가 존재한다. 앞서 언급했듯이 건륭(乾隆), 가경(嘉慶) 연간의 고증학파는 일반적으로 한학에 대해서는 존숭하는 입장을, 송학(朱子學)에 대해서는 부정적인 입장을 가지고 있다. 이는 그들의 실증적이고 복고적인 학풍이 주자학적 경전 해석의 형이상학적이고 새로운 면을 싫어했기 때문

69) 『論語古今註』卷四, 「子罕」第九. "逝者之爲何物? 注疏皆不明言. 將謂之日月之光陰乎? 光陰者, 晝夜也, 謂晝夜, 不舍晝夜, 其言無味. 將謂之天地化生之機, 天體健行之運, 晝夜不息乎? 天道循環, 無往不復, 非如川流之一逝而不反, 其喩未切. 吾人生命, 步步長逝, 無一息之間斷, 如乘輕車而下斜坂, 流流乎不可止也. 君子進德修業, 欲及時也. 而學者恒忘此機, 此夫子所以警之也.(孟子曰: '原泉混混, 不舍晝夜.' 別是一義, 非此經之所宜引.)"

이다.[70)]

정약용은 확실히 청대 고증학파에 의해 부흥한 한학의 성과를 중시하지만 또한 한편으로 송학도 경시하지는 않았다. 그의 경전 해석에서 보다 특기할 만한 점은 한학(古注)과 송학(新注)의 성과를 충분히 반영 내지 비판한 뒤에, 경문에 근거한 자신의 독자적인 해석으로 결론을 내리는 기견(己見) 중심의 태도라고 할 수 있다.[71)]

정약용의 천상탄에 대한 해석은 그의 이러한 경학관을 잘 보여주고 있는데, 위의 인용에서 보듯이 고주(古注) 중 육조(六朝) 시대의 인생무상론적 해석(①)과 신주 중 주자의 도체론적 해석(②)에 대하여 동시에 비판을 가하면서 자신의 견해를 차분히 전개시키고 있다. 특히 ②에서는 '순환하여 가면 다시 되돌아오지 않는 것이 없는'(無往不復) 천도의 운행법칙을 들면서, 주자가 한번 흘러가면 오지 않는 시냇물을 천도의 운행에 비견한 본체론적 해석의 오류를 예리하게 지적해 내고 있다.

이러한 비판 위에 ③에서 정약용은 천상탄에 대한 자신의 견해를 제시하고 있다. ③의 내용을 잘 분석해 보면 정약용의 천상탄에 대한 해석은, 도체론과 수양론을 결합시킨 주자에 비해, 인생무상론과 수양론을 결합시켜 놓았음을 알 수 있다. 즉 정약용에게 있어서 밤낮을 쉬지 않고 흘러가는 시냇물은 쉼 없이 흘러가는 우리네 인생의 표상이다. 그러나 우리 인생이 비탈길을 내달리는 마차처럼 지나간다고 해서 탄식하고 슬퍼하고 있을 수만은 없다.[72)] 순식간에 지나가는 인생이기에 시시각각 갈고닦

70) 楊國榮, 「乾嘉學派的治學方法」, 『經學研究論集』1輯, 台北聖環圖書公司, 1994, 181면 참조.

71) 김문식, 「朝鮮後期 京畿學人의 漢宋折衷論」, 『제5회 동양학 국제학술회의 논문집』, 성균관대 대동문화연구원, 1995 참조.

72) 정약용과 고주(황간)의 인생무상론적 해석이 동일한 인생의 범주를 다루고 있음에도 불구하고, 여기에서 차이가 난다. 고주에서의 공자는 속절없이 흘러가는 인생에 탄식을 하고 있지만, 정약용에게 있어서 공자는 인생은 무상하게 흘러가기 때문에 때에 맞추어 수양할 것을 절실하게 촉구하는 존재이다.

아야 되는 것도 많기 때문이다. 즉 정약용이 보기에 공자의 천상탄은 시냇물처럼 무상하게 흘러가는 세월을 허비하지 말고 인생의 시점마다 항상 덕(德)과 공업(功業)을 닦으라는 경계의 언어이다.

이상의 천상탄 해석에서 살펴보았다시피 청대 고증학의 경우 복고적 성향이 강한 데 비해, 정약용은 기존의 학설에 대한 논리적 비판과 이를 바탕으로 한 독자적 견해가 두드러진다는 데 차이점이 있다. 그러나 두 학파 모두 주자의 도체론을 반대하고, 원시유가의 수양론을 천상탄 해석의 중심으로 삼고 있다는 점에서는 견해를 같이하고 있다.

3) 일본 고학파 적생조래의 해석

일본에서 주자학은 17세기 덕천(德天) 막부의 옹호하에 중국과 조선의 관학에 비견될 수 있는 특수한 지위를 누렸다. 그러나 18세기 이래 덕천 막부체제가 동요하면서 주자학에 반대하는 사상이 등장하게 되었는데, 이 반주자학적 사조의 중심은 복고성을 이념으로 삼는 고학(古學)이었다.[73]

주자는 신유학에 있어서, 정약용은 실학에 있어서 집대성자라면, 일본 고학의 집대성자는 적생조래(荻生徂徠, 1666~1728)이다. 그리고 그가 지은 『논어징(論語徵)』은 주자의 『논어집주』 이후, 고증학과 실학의 『논어』 주석의 백미인 유보남(劉寶楠)의 『논어정의(論語正義)』와 정약용(丁若鏞)의 『논어고금주(論語古今註)』에 비견할 만한 『논어』 주석서로 평가받고 있다.[74]

---

73) 朱謙之 編著, 『日本的古學及陽明學』, 人民出版社, 2000, 3~5면 참조.

74) 그 영향력의 측면에서 보자면 유보남의 『논어정의』와 정약용의 『논어고금주』보다 荻生徂徠의 『논어징』이 훨씬 더 파급효과가 컸다고 할 수 있다. 청대와 조선 후기에 주자학에서 벗어나고자 하는 사유가 하나의 사상 형태로 정립되었지만 여전히 주자의 경전주석은 막강한 영향력을 발휘하고 있었다. 이에 비해 18세기 중반기의 일본에서는 程朱의 주를 이용하여 유교경전을 강의하는 학자들에게는 아예 가지도 않았고, 세상 사람들은 荻生徂

앞서 청대 고증학파인 유보남과 조선 실학파인 정약용의 천상탄에 대한 견해가 비록 탈주자학적이라는 상동성이 있음에도 불구하고 서로 다른 특징이 있음을 살펴보았다. 적생조래 역시 『논어징』에서 천상탄에 대하여 해석을 해 놓았는데 고학의 학문적 특징이 잘 반영된 주석이라 할 수 있다. 먼저 그 내용을 살펴보고 나서 상세하게 분석을 해 보기로 하겠다.

① '逝者如斯夫! 不舍晝夜'에 대하여, 하안(何晏)의 주에서 포함(包含)은 "서(逝)는 간다는 뜻이니 모든 가는 것은 시냇물의 흐름과 같다는 말이다."라고 하였으며, 형병(邢昺)의 소(疏)에서는 "공자께서 시간과 일은 흘러가면 다시는 따라잡을 수 없음에 대해 탄식한 것이다."라고 하였다. 한나라에서 육조 시대에 이르기까지 시부(詩賦)에서 원용하는 경우도 모두 이러한 뜻이었으며 다른 이설이 없었다. 이는 대개 공자가 세월을 돌이킬 수 없음을 탄식하면서 사람들에게 때에 미쳐 힘쓸 것을 면려하신 것이니, 혹은 학문에 혹은 어버이 섬김에 혹은 국가를 경영함에 모두 그러할 뿐이다. 그런데 송유들이 처음으로 도체로써 해석함에 이르러 서(逝)자의 의미를 크게 상실하고 말았다.

② 송유(宋儒)는 성리설을 창시하고 정미한 것을 말함에 『논어』 안에서 이러한 뜻을 살펴보고자 하였으나 찾을 수 없었다. 이에 천착해서 (성리와 정미한 학설을) 만들어 낸 것이다.……송유의 도체설은 『주역(周易)』 건괘(乾卦) 상전의 '하늘의 운행은 굳세다'(天行健)는 설과 『중용(中庸)』의 '지극히 성실한 것은 쉼이 없다'(至誠無息)는 설에 근거하고 '성이란 하늘의 도이다'(誠者 天之道)라는 학설을 인용하여, 이 설을 완성한 것이다.

③ 건(健)이란 건괘를 해석한 것일 뿐이니 어찌 건이 하늘을 다 포괄해 낼 수 있겠는가? 건이란 다만 하늘의 한 속성일 뿐이다. 만약 하늘이 오직 건(健)만으

徠의 학설을 좋아하여 미친 듯이 익혔으며 당연히 경서강의에 있어서도 『논어집주』보다는 『논어징』이 더 선호되었다고 한다.(丸山眞男 著, 김석근 譯, 『日本政治思想史研究』, 통나무, 1998, 261면 참조)

로 그 속성을 삼는다면 천덕(天德)은 또한 작다고 할 것이다. 『중용(中庸)』의 성(誠)은 본성의 덕인데, 본성은 하늘에서 부여받은 것이기에 하늘의 도(道)라고 말했을 뿐이지 본래 성(誠)이 천덕(天德)이라는 의미는 아니다. 그리고 '지성무식'(至誠無息) 또한 본성대로 익혀가는 것을 그침이 없게 해야 한다는 것을 일컬은 것이다. 자사(子思)의 뜻은 학문의 도를 말함에 있지 천도(天道)를 논한 것은 아니다.

④ 송유(宋儒)의 학문은 이기지학(理氣之學)일 뿐이다. 리(理)는 귀하고 기(氣)는 천하며, 기에는 생멸(生滅)이 있는데 리에는 생멸이 없다고 여긴다. 이러한 도체의 학설이 어찌 불가(佛家)와 노장(老莊)의 영향이 아니겠는가! 또 기에는 형태가 있고 리에는 형태가 없으므로 환한 도에 의해 모든 기가 부림을 당한다고 생각한다. 그리하여 하나의 형체가 없는 것으로써 모든 것을 다스리게 하고자 하였으니 이것이 도체의 학설이 흥기한 까닭이다. 이 어찌 불가와 노장의 영향이 아니겠는가![75]

우리는 앞 장에서 유보남과 정약용의 천상탄 해석이 가지고 있는 공통점과 차이점을 살펴보았다. 이제 적생조래의 천상탄 해석을 먼저 정약용의 그것과 비교해서 살펴보면, 주자학의 형이상학적 도체설을 부정하고 고주(古注)로 돌아가 원시유가의 정신을 회복하고자 하는 면에서 일치하

75) 『論語徵』 戌(『日本名家四書註釋全書』五). "逝者如斯夫! 不舍晝夜. 何註, 包曰: '逝, 往也. 言凡往者如川之流也.' 邢昺疏: '孔子感歎時事旣往, 不可追復也.' 漢至六朝, 詩賦所援, 皆止斯義, 無復異說. 蓋孔子嘆年歲之不可返, 以勉人及時用力, 或於學, 或於事親, 或於拮据國家皆爾. 至於宋儒始以道體解之, 殊失逝字義. 是其人㸦性理, 談精微, 欲於論語中見斯意而不可得矣. 故穿鑿爲之爾.……夫宋儒道體之說, 乃據易乾健, 及中庸至誠無息, 而引誠者天之道也, 以成其說是已. 夫健以釋乾耳, 豈可以盡於天乎? 健特天之一德也. 叚使天唯以健爲其德, 則天之德, 亦小矣哉. 中庸之誠, 性之德也, 性稟諸天, 故曰天之道也. 本非以誠爲天之德矣. 至誠無息, 亦謂習以性則無息已. 子思之意, 在語學問之道, 而不論天道也. 宋儒之學, 理氣耳, 貴理而賤氣. 氣有生滅而理無生滅, 是其道體之說, 豈不佛老之遺乎! 又謂氣有形而理無形, 故以道之燦然者, 皆爲氣之所使. 而欲執一無色相者以御之, 是其道體之說所以興, 亦豈不佛老之遺乎!"

고 있다. 그러나 정약용이 주자의 설에 대하여 일방적으로 비판하지 않았으며 비판의 경우에도 그 표현방식이 온건하였음에 비해, 적생조래는 일방적이고도 신랄하게 비판하는 것을 그 차이점으로 들 수 있다.[76] 적어도 그 표현의 방식 면에서 보자면, 적생조래는 한중일 역대 어느 경학자보다도 격렬한 반주자학자라고 할 수 있다. 그러나 위의 천상탄의 해석에서 보듯이 이는 표현만의 문제가 아니다. 적생조래의 주자학 비판은 내용 면에서도 매우 치밀하다.

앞서 고학파의 중요 특징으로 복고성을 들었는데, 적생조래(荻生徂徠) 역시 ①에서 보듯이 천상탄을 해석함에 고주의 인생무상론적 해석과 수양론적 해석을 결부시켜 의미를 파악하고 있다. 그러고 나서 주자의 천상탄 해석에 대하여 먼저 그 도체론적 해석의 연원을 밝힌 뒤 오류를 면밀하게 지적해 내고 있다. ②에서 보듯이 적생조래는, 송유(宋儒)의 도체론적 해석의 연원을 『주역』의 '천행건'(天行健)과 『중용』의 '지성무식'(至誠無息)설에서 찾고 있다. 그러고 나서 ③에서는 송유들이 유가의 경전을 빌려 와서 도체론적 해석을 조작해 만들었지만 파탄을 면치 못하고 있음을 상세하게 규명하면서 비판을 가하고 있다. 적생조래의 비판은 철저하면서도 가차 없다. 먼저 『주역』의 '천행건'(天行健)은 하늘의 속성을 다 포괄해 내지 못하고 있으며, 『중용』의 '지성무식'설은 도체에 관계된 것이 아니라 본성의 수양에 관한 자사의 견해이다. 그러므로 이 두 학설은 애

---

76) 하우봉, 「丁若鏞과 荻生徂徠의 經學思想 比較 小考」, 『다산학의 국제적 지평』, 다산학술문화재단, 2001 참조. 하우봉 교수의 위 논문에 따르면, 茶山과 荻生徂徠의 보다 더 본질적인 차이는 人性論과 民觀에 대한 견해에서 찾을 수 있다고 한다. 정약용의 경우 人性論에서 차등적 인성론을 격렬히 비판하면서 평등적 인간관을 바탕으로 인간의 후천적 노력을 강조하는 데 비해, 荻生徂徠는 性三品說과 같은 인성의 차등성을 인정하였다고 한다. 또한 民觀에서 정약용은 만민평등적 인간관에 바탕을 두고 聖人의 절대성을 부정하면서 인간은 누구든지 仁을 실천할 수 있는 주체이며 자신의 자율의지와 노력 여하에 따라 聖人이 될 수 있다고 한 반면, 荻生徂徠는 性三品說에 입각하여 三品 중 上智와 下愚는 서로 바뀔 수 없는 존재로 인식하였으며 그에 따라 君子(君)와 小人(民)의 존재의 엄격한 구별을 강조하고 성인의 절대성을 인정하였다고 하였다.

초에 도체와는 관련이 없다는 것이 적생조래의 주장이다. 그렇다면 송유들은 전거도 없으며 문맥상 고주(古注)의 학설에 큰 과오가 없음에도 불구하고 왜 도체설을 끌어들여 천상탄을 해석하였을까? ④에서 적생조래는 이 물음에 대한 답을 함과 동시에 송학(宋學)에 대하여 전면적으로 비판한다. 그가 보기에 송학은 이기학(理氣學)인데 그 특징은 항구불멸(恒久不滅)하고 추상적인 리(理)가 생멸하고 구체적인 기를 주재하는 구조로 이루어져 있다. 그런데 무형의 리가 유형으로 존재하는 모든 것의 주재자가 되기 위해서는 리라는 것이 이 현상세계 너머의 형이상학적인 그 무엇(?)이어야만 한다. 이러한 요청에 의해서 도체(道體)라는 개념이 필요하게 되었으니 송학에서 말하는 도체는 곧 리(理)이자 본체로서 궁극적인 실재이다. 적생조래의 비판의 핵심은 송학에서 말하는 이러한 본체론적인 도는 유가에는 원래 없는 것으로 이는 불로(佛老)의 영향이라는 것이다.

앞서도 언급했지만 신유학은 삼교(儒佛道) 총합의 체계인데, 구체적으로 도가의 우주론(本體論)과 불가의 형이상학(心性論)에 유가의 윤리학을 융합시킨 철학적 성과였다.[77] 이러한 신유학의 중요한 특징은 본체론적인 도와 인간 내면의 심성이 하나의 원리로 연결되어 있다(性卽理)는 연속적 사유이다.[78] 그런데 적생조래는 천상탄의 해석에서 보듯이 신유학의 본체론적 도의 개념을 부정하며, 유가의 도란 '객관적이고 구체적인 것으로 선왕이 제정한 예악형정(禮樂刑政)을 통틀어 말한 것이다'라고 규정하였다. 적생조래의 이러한 주장은 하늘의 도와는 다른 인간의 도를 상정하는 것으로써, 이는 신유학의 주요 특징인 천인일리(天人一理)의 연속적 사유를 무너뜨리는 결과를 초래하였다. 그렇기 때문에 위의 천상탄

77) 한형조, 앞의 책, 121면.

78) 이를 丸山眞男은 "초월성과 내재성, 실체성과 원리성이 즉자적으로 무매개적으로 결합되어 있다."고 표현하였다.(丸山眞男, 앞의 책, 126면 참조)

해석에서 보듯이 적생조래는 인간의 성을 하늘의 도와 연결시키는 것을 거부하고 있다.

실로 적생조래에 이르러 하늘과 사람은 하나라는 신유학의 전제는 무너졌으며, 하늘에는 하늘의 도가 인간에게는 인간의 도가 따로 존재한다는 이른바 조래학(徂徠學)의 탄생을 보게 된다. 이러한 조래학은 선왕의 예악형정(禮樂刑政)을 인간의 도로서 중시한다는 점에서 복고적 성향과 정치적 지향이 강한 것이 그 특징이라고 할 수 있다.[79] 적생조래는 자기 학문의 이러한 지점을 천상탄 해석을 통하여 선명하게 보여주었다.

이상 세 명의 탈주자학적 경학가의 천상탄에 대한 해석은, 모두 신주의 형이상학적 해석을 부정하고 고주의 수양론적 해석을 긍정했다는 점에 그 공통점이 있다. 그러나 유보남의 천상탄 해석은 보다 더 복고성을 강조하고 있었으며, 정약용은 기존의 학설에 대한 논리적 비판과 이를 바탕으로 한 독자적 견해가 두드러졌고, 적생조래(荻生徂徠)의 경우는 아예 주자학을 해체시키는 곳에서 그 자신의 학문을 정립했다는 차이점이 있다. 그리고 이들은 천상탄을 자신들의 이러한 사상적 입각점에 의거하여 새롭게 해석하였다.

맹자 이후 위진남북조(魏晉南北朝), 송원명청(宋元明淸)을 거치는 동안 유학이 동아시아에서 새롭게 형성될 때, 경학은 거의 예외 없이 신유학(新儒學)의 이론을 생성하는 기지 역할을 하였다. 이는 경학이 곧 유학의 핵심이라는 점과 경학과 유학은 상호 조응하는 가운데 서로에 영향을 주면서 발전하였음을 보여주었다고 할 것이다.

사정이 이러하다면 새로운 유학의 등장에 기여한 경학은 경학사의 핵심일 뿐 아니라 바로 유학사의 정수이기도 한 것이다. 이에 다음 장에서

79) 이에 대한 상세한 논의는 丸山眞男, 앞의 책, 180~259면 ; 송휘칠, 「近世日本의 朱子學 受容과 그 變容에 관하여」, 『韓國의 哲學』제22호, 경북대 퇴계연구소, 1999, 14~15면을 참조할 것.

는 동아시아 신유학의 양대 축인 주자학과 양명학의 『논어』 해석을 고찰하면서 유학과 경학의 교직과 더불어 동아시아에 가장 심원한 영향을 미친 경학 현상을 살펴보기로 하겠다.

3장

중국의 논어학

Ⅰ. 주자의 논어학
Ⅱ. 양명학파의 논어학
Ⅲ. 유불교섭의 논어학

Ⅰ. 주자의 논어학

1. 『논어집주』의 성서(成書) 과정

『논어』는 유학사상의 정수가 깃들어 있는 경전으로 일찍부터 존중을 받아 왔으며, 현재에도 유학을 공부하고자 하는 이라면 누구나 한 번쯤은 보아야 할 필독서로서 중시되고 있다. 한대(漢代) 이후 오늘날에 이르기까지 한중일의 수많은 학자들이 『논어』에 대한 주석서를 집필한 이유도 바로 『논어』의 이 같은 중요성을 인식하였기 때문일 것이다. 그런데 이 같은 『논어』 주석서들 중 『논어』 주석사(注釋史)에서 가장 중시되고 있는 주석서를 꼽으라면, 과거와 현재의 대부분의 경학자(또는 경학 연구자)들은 주자(朱子)의 『논어집주(論語集注)』를 들 것이다. 그 이유는 3,000여 종을 헤아린다는 『논어』 주석들 중 10여 종을 제외한 대부분의 『논어』 주석들이 『논어집주』 이후에 저술되었는데, 이 중에서 주자의 『논어집주』의 영향권에서 벗어나는 주석이 거의 없기 때문이다. 이러한 현상은 주자학을 반대하거나 『논어집주』의 견해에 대하여 예리하게 비판을 가하는 경학자들의 경우도 예외는 아니었다. 『논어집주』가 경학사에서 차지하는 비중이 이처럼 지대했기 때문에, 오늘날 주자의 경학 세계를 논하는 연구에서는 으레 『논어집주』가 원용되곤 한다. 사정이 이러함에도 불구하고 『논어집주』에 관한 연구는 많지 않다. 특히 『논어집주』가 완성되기까지의 과정에 관한 고찰은 더욱 부족하다. 그런데 『논어집주』의 성서(成書) 과정에 대한 연구는 단순히 서지적 고찰에 그치는 것이 아니다. 주자는 자기 사상의 성장 정도에 따라 각기 다른 『논어』 주석들을 저술하였는데, 『논어집주』는 그 정점에 위치한다. 때문에 주자의 『논어』 주석의 성서 과정을 고찰하는 것은 주자의 『논어』 주석사를 명확하게 정리하는 것을 넘어서서 주자 경학의 성장 과정을 살펴보는 데도 일조할 수 있을 것이다. 또한 주자 사상의 정점의 결과물이라 할 수 있는 『논어집주』의 경학적 특징을 살펴봄으로써 주자 경학의 면모를 어느 정도 유추할 수 있을 것이다.

한편 『논어집주』의 성서 과정에 대한 최초의 정리는 남송(南宋) 말의 학자 왕응린(王應麟, 1223~1296)에 의해 이루어졌다.[80] 이후 현대에 이르기까지 몇몇 학자들에 의해 『논어집주』의 성서 과정이 다시 정리되었지만,[81] 주자 사상의 성장 과정과 연계시켜 그 의미를 밝혀내지는 못했다. 여기서 주자의 『논어』 주석의 성서 과정을 항목화하여 차례대로 서술하면서, 이 과정을 통해 주자 사상의 성장 과정과 그 특징적 면모가 무엇인지에 대해서도 함께 살펴보기로 하겠다.

80) 王應麟, 『玉海』卷41.(『四書或問』「附錄」, 上海古籍出版社, 2001, 516면에서 재인용) "淳熙論語孟子集注或問. 朱文公熹撰. 淳熙四年六月癸巳成. 初編次集義, 輯二程之說, 又取張·范·二呂(希哲·大臨)·謝·游·楊·侯(仲良)·尹氏九家.(初名要義, 改名精義, 最後名曰集義三十四卷) 又本注疏, 參釋文, 會諸老先生之說, 間附所聞於師友得於心思者爲詳說.(舊名訓蒙口義) 旣而約其精粹爲集注.(十卷論語) 又疏其所以去取之意爲或問.(十卷) 其後集注刪改日益精密, 而或問不復釐正, 故其去取間有不同者."

81) 그 대표적 성과로 錢穆의 『朱子新學案』第四冊(錢賓四先生全集14, 臺北聯經出版社, 1998)과 束景南의 『朱熹年譜長編』卷上(華東師範大學出版社, 2001)을 들 수 있다.

1) 40대 이전에 저술한 실전된 『논어』 주석서

(1) 『논어집해(論語集解)』–1159년(주자 나이 30세)

주자(朱子)는 10대 초반에 이미 부친인 위재(韋齋) 주송(朱松)에게 『논어』를 배웠으나, 대의를 통달하지 못했다. 그러다가 14세 때 부친이 세상을 버리자, 무이(武夷) 삼선생(三先生)이라 불린 호헌(胡憲), 유면지(劉勉之), 유자휘(劉子翬) 등을 찾아가 『논어』를 배웠다. 그러나 주자는 만족하지 못했던 것 같다. 이에 자신이 『논어』에 관한 고금의 여러 주석을 모아서 한 책–고금의 제설(諸說)을 모았기 때문에 이 책의 이름을 편의상 『논어집해(論語集解)』라 함–을 만들었다.[82] 그러고 나서 이 책을 휴대하고 다니면서 암송을 하고, 때때로 『논어』를 읽다 체득한 곳이 있으면 보충을 하기도 했다. 이러기를 10여 년, 주자 나이 30여 세 무렵에 드디어 13편 분량의 『논어집해』를 지었으나, 이 책의 내용은 도체(道體)를 담지 못한 것이라 여겨 종래 만족하지를 못했다.[83]

그러나 이 책은 주자가 최초로 엮은 『논어』 주석서로서 『논어집주』를 완성해 나가는 과정에서 큰 영향을 미쳤을 것이기에, 그 성격을 파악하는 것은 매우 중요하다. 하지만 어려운 점은 이 책이 실전(失傳)되었기 때문에 오늘날 이 책의 성격을 파악하기가 쉽지 않다는 데 있다. 그렇기 때문에 우리는 주자가 이 책을 편집함에 있어서 누가 지은 어떤 성향의 『논어』 주석을 주된 참고 자료로 이용했는지에 대하여 고찰함으로써, 『논어집주』 초기 저본의 성격을 짐작해 보고자 한다.

---

82) 『朱文公文集』卷七十五, 「論語要義目錄序」. "熹年十三四歲時, 受其說於先君, 未通大義, 而先君棄諸孤. 中間歷訪師友(指武夷三先生), 以爲未足. 徧求古今諸儒之說, 合而編之. 誦習旣久, 益以迷眩."

83) 『朱文公文集』卷七十五, 「答許順之」. "熹論語說方了第十三篇, 小小疑悟時有之, 但終未見道體親切處." 속경남의 고증에 의하면, 이 편지글은 주자 나이 30세 때 쓰여진 것이다.(束景南, 『朱熹年譜長編』卷上, 248면 참조)

『주자어류(朱子語類)』의 기록에 의하면 주자는 20세가 지났을 무렵 사량좌(謝良佐)의 『논어해(論語解)』를 읽고 크게 감격하여 숙독했다고 한다. 다음의 기록은 주자가 이 책을 얼마나 혹호(酷好)했는지에 대한 생생한 기록이다.

> 사량좌의 『논어해』를 얻고서는 매우 기뻐하여 이에 숙독(熟讀)을 했다. 우선 ①붉은 연필로 해석이 뛰어난 곳에 줄을 긋고 그 부분을 더욱 숙독하여 잘 음미하여 보면, 붉은 줄이 쳐진 부분이 몹시 번잡하게 생각되었다. ②그러면 이번에는 붉은 줄 가운데에서 더욱 중요한 부분에 검은 줄을 긋고 그곳을 더욱 숙독하여 음미했다. ③또 한층 더 숙독하여 검은 줄 가운데에서 정수가 되는 부분을 떼내어 푸른 줄을 긋고, ④그 다음에는 또다시 그 푸른 줄의 정수의 정수를 추출하여 누런 줄을 그었다. 정수의 정수를 추출하고 나면 내 자신이 얻은 바가 매우 간략하여 다만 한두 구절뿐이었다. 이에 이 한두 구절을 밤낮으로 완미하면 정신이 저절로 상쾌해졌다.[84]

삼포국웅(三浦國雄)이 지적했듯이 박(博)에서 약(約)으로 응축시켜 증류해 나가는 주자의 이러한 독서법은, 사량좌의 『논어해』에 담긴 정수의 정수를 추출하여 응축시키는 것이다.[85] 때문에 이러한 응축의 결과는 단

84) 束景南, 『朱熹年譜長編』卷上, 126~127면. 〈1249年, 紹興19年, 己巳, 20歲. 得上蔡謝良佐論語解, 刻苦硏讀〉條. "朱子語類卷一百十五. '後得謝顯道論語, 甚熹, 乃熟讀. 先將朱筆抹出語意好處, 又熟讀得趣, 覺見朱抹處太煩, 再用墨筆抹出, 又熟讀得趣, 別用青筆抹出, 又熟讀得其要領, 乃用黃筆抹出. 至此, 自見所得處甚約, 只是一兩句上. 却日夜就此一兩句上用意玩味, 胸中自是洒落.'"

85) 다음의 기록을 보면, 20대(속경남의 고증에 의하면 27세)의 주자는 사량좌의 『논어해』 뿐 아니라 그의 어록인 『上蔡語錄』까지도 유사한 방법으로 숙독했음을 알 수 있다. 우리는 20대의 學人인 주희에게 끼친 사량좌의 영향을 이 기록으로 미루어 짐작할 수 있다. 『朱子語類』卷104. "某二十年前得上蔡語錄觀之, 初用銀朱畫出合處, 及再觀, 則不同矣, 乃用粉筆, 三觀, 則又用墨筆. 數過之後, 則全與元時不同矣."

순히 독서의 결과물로만 남는 것이 아니라 하나의 강력한 이념 내지 법칙으로 환원되어 주자의 심성에 크나큰 영향을 미쳤을 것이다.[86] 사량좌의 논어설에 대한 주자의 이 같은 혹호는 이 시기 주자의 『논어』 저술에도 깊은 영향을 드리웠을 것이다. 그러므로 사량좌의 학문 경향에 대하여 파악할 수 있다면, 우리는 이를 바탕으로 젊은 시절 주자 사상의 성향을 짐작할 수 있을 것이며 더 나아가 주자의 『논어』 관계 초기 저술인 『논어집해』의 내용을 어느 정도 추론할 수 있을 것이다.

오늘날 연구에 의하면 사량좌의 학문 경향과 그가 지은 『논어해』는 다분히 선불교(禪佛敎)의 영향 아래에 있었다고 한다.[87] 비록 후일에 주자가 사량좌의 선학(禪學)적 경향을 비판하였지만[88] 젊은 시절 주자의 정신세계에 미친 사량좌의 영향은 거의 절대적이었다고 할 수 있다. 특히 앞의 인용문에서 보듯이 주자는 사량좌의 『논어해』에 대한 정치한 독서를 통해 자기 사상의 밑바탕을 다지고 있다. 그러므로 우리는 주자의 『논어』 관계 최초의 저술인 『논어집해』에는 사량좌의 이러한 학문 경향 내지 『논어』 해석이 깊은 영향을 미쳤을 것으로 추정할 수 있다.

---

86) 三浦國雄 著, 김영식, 이승연 譯, 『인간 주자』, 창작과비평사, 1996, 35면 참조.

87) 二程子의 洛學은 후일 두 개의 학맥으로 분기된다. 그 첫 번째 학맥은 楊時로부터 羅從彦, 李侗(延平)에 이르러 발전한 閩學으로, 이들은 『中庸』을 道에 들어가는 요결로 삼았다. 그리고 두 번째 학맥은 謝良佐로부터 胡安國 父子에 이르러 발전한 湖湘學으로 이들은 『論語』를 도에 들어가는 門戶로 여겼으며, 특히 이 湖湘學派의 논어설은 謝良佐의 『論語解』를 그 원류로 삼고 있다. 사량좌의 『논어해』는 종래 훈고 중심의 『논어』 해석을 지양하고, 신유학 이념의 핵심인 仁과 心을 위주로 『논어』를 재해석한 주석서이다. 지금은 전하고 있지 않는 이 책은 다분히 불교의 심성 이론에 영향을 받았기 때문에, 주자는 후일 사량좌의 이론에 스며들어 있는 이러한 불교적 색채를 비판한다. 하지만 주자는 20세를 전후해서 불교에 심취하였기 때문에, 이 시기에는 사량좌의 『논어해』를 매우 좋아해서 그가 저술한 『논어』 주석서의 곳곳에 인용을 해 놓고 있다. 예컨대 주자의 『論語精義』에는 사량좌의 설을 무려 517조목 인용하고 있는데, 이것만 떼어서 편집하면 족히 실전된 『논어해』를 재구성할 수 있을 정도이다. 그리고 주자의 『논어집주』에도 사량좌의 논어설이 47조목이나 인용되어 있다.(東景南, 앞의 책, 127면 按說 ; 山際明利, 「謝良佐 『謝顯道論語解』」, 『論語の思想史』, 汲古書院, 1994 참조)

88) 『朱子語類』卷101. "上蔡之學, 初見其無礙, 甚喜之. 後細觀之, 終不離禪底見解."

한편 20~30대 주자의 정신세계와 학문 경향을 밝혀 주는 또 하나의 기록이 불가(佛家) 쪽에 있다. 그 기록에 의하면 주자가 스승인 이연평(李延平)에게 입문하였을 때, 그의 짐상자 속에 있었던 것은 『맹자(孟子)』와 『대혜어록(大慧語錄)』 두 권뿐이었다고 한다.[89] 맹자(孟子)는 유가 심성(心性)론의 비조(鼻祖)이고 대혜선사(大慧先師)는 당대 간화선(看話禪)의 종장(宗匠)이었음을 상기한다면, 이 시기 주자가 왜 선취(禪趣)가 짙은 사량좌의 『논어해』를 그토록 좋아했는지 쉽사리 짐작할 수 있다. 그러나 주자는 후일 『논어집주』에서도 사량좌의 『논어해』의 주석들을 곳곳에 인용할 정도로 좋아했지만, 끝내 선(禪)으로 돌아갈 수 없었기에 이 책을 강도 높게 비판하였다.

우리는 이 같은 여러 정황들을 통해 주자의 『논어』 관계 초기 저술인 『논어집해』가 선학적 경향이 짙은 내용들로 채워져 있음을 추론할 수 있다. 아마도 주자가 이 책의 내용이 도체(道體)를 보지 못한 것이라고 여긴 것도 이러한 이유에서였을 것이다. 주자가 이처럼 자신의 『논어』 관계 초기 저술인 『논어집해』에 대하여 만족하지 못하였다는 것은, 곧 그의 『논어』 주석의 도상에 또 다른 전회가 필요한 시점이 도래했음을 의미한다고 할 수 있다.

(2) 『논어요의(論語要義)』, 『논어훈몽구의(論語訓蒙口義)』—1163년(주자 나이 34세)

31세 때 주자는 스승인 이연평(李延平)을 통하여 이정자(二程子)의 학문을 접하였다. 그리고 연평에게서 수개월간 가르침을 받는 가운데 '주정'(主靜)과 '존양'(存養)의 설을 듣고, 젊은 시절 대혜선사(大慧先師)와 사량좌(謝良佐)를 통해 선(禪)에 경도되었던 성향을 탈피하였다.[90] 이때

---

89) 三浦國雄, 앞의 책, 90면 참조.

90) 束景南, 『朱子年譜長篇』卷上, 251~252면.

주자는 종래 자신이 편집한 『논어집해(論語集解)』를 버리고 오직 이정자와 그의 문인 몇 사람의 논어설만을 취해다가 하나의 『논어』 주석서를 만들고 그 이름을 『논어요의(論語要義)』라고 했다.[91] 『논어집주』 내용의 근간을 이루고 있는 학설이 이정자의 논어설임을 감안한다면, 이 『논어요의』야말로 『논어집주』의 의리적 기반을 제공하였다고 평가할 수 있다. 한편 이 시기 『논어집주』의 근간을 형성하는 주자의 또 다른 『논어』 주석인 『논어훈몽구의(論語訓蒙口義)』가 완성되었다.

현대의 주자학 연구자들은 주자학의 근간이 선진유학(先秦儒學)이기는 하지만 도가와 불가(선종)의 영향을 크게 받았다고 주장한다. 이는 곧 주자학의 사상 내용에서 도가와 불가의 이념이 그 한 축을 담당하고 있음을 의미하기 때문에, 자칫하면 주자학과 이들 사상과의 동질성이 강조되어 주자학의 정체성에 위기를 가져다줄 수 있다. 과거 주자학자들 또한 이 점을 심각하게 인식하였기에 입만 열었다 하면 주자학과 이들 사상과의 변별성을 강조하고 주자학의 정통성과 순수성을 강조하였다. 주자학의 사상 내용에서 선종(禪宗)과 도가를 배척하는 '벽이단'(闢異端)이 중요한 일부를 차지하는 것도 바로 이 때문이라 할 수 있다.

그러나 오늘날 관점에서 살펴본다면 분명 주자학은 이들 사상과 연계성이 있기는 하지만, 한편으로 차이점으로 인해 갈라지는 지점이 분명히 있다. 필자의 견해로는 지식과 인간의 내면세계를 동시에 강조하느냐, 아니면 인간의 내면세계만을 중시하느냐에 따라 그 분기가 이루어진다고 본다. 주자학은 물론 전자의 입장에 서며 선종 계열의 사상은 후자에 속한다고 할 수 있다. 그렇기 때문에 어떤 식의 변형을 겪든 간에 지식에 대한 추

91) 『朱文公文集』卷七十五, 「論語要義目錄序」. "隆興改元. 屛居無事, 與同志一二人, 從事於此, 慨然發憤, 盡刪餘說, 獨取二先生(元本缺此五字, 今補入)及其門人朋友數家之說, 補緝訂正, 以爲一書. 目之曰論語要義. 蓋以爲學者之讀是書, 其文義名物之詳, 當求之注疏, 有不可略者. 若其要義, 則於此其庶幾焉."

구를 포기한다면 이는 이미 주자학의 범위를 넘어선다고 할 수 있다.

한편 경전 주석학에 있어서 지식의 추구는 훈고학과의 관련성을 배제할 수 없다. 훈고(訓詁)는 경전의 문자와 음운, 명물과 제도에 대한 지적 탐구이기 때문이다. 주자 문집의 기록을 고찰해 보면, 『논어훈몽구의』는 비록 동몽(童蒙)들을 위한 교재로 개발된 것이기는 하지만, 주자가 정력을 쏟아서 송대 이전의 주소(注疏)들을 취합하여 그 훈고를 소통시키고 육덕명(陸德明)의 『경전석문(經典釋文)』에 의거하여 그 음독(音讀)을 바로 잡아 놓은 저술로 추정된다.[92] 그렇기 때문에 이 책은 주자의 『논어』 주석사에서 훈고 방면에 치중한 저술로 평가받을 수 있을 것이다.

중국 경학의 흐름을 간단명료하게 설명해 놓은 『사고전서총목(四庫全書總目)』 「경부총서(經部總敍)」에 의하면, 중국의 경학사는 한학(漢學)과 송학(宋學)의 힐항(頡頏) 작용에 의하여 성립된 것으로 설명되고 있다.[93] 여기서 한학의 중심은 훈고(訓詁)이고 송학의 중심은 경전의 내용에 대한 추구 즉 의리(義理)이다. 그런데 주자는 이 시기에 『논어요의(論語要義)』를 통해서는 성리학적 의리를, 『논어훈몽구의(論語訓蒙口義)』를 통해서는 훈고를 자신의 경학 세계 내에서 통합하고자 하였다. 후술하겠지만 『사고전서총목』의 구분이 경학사의 실상에 비추어 보아 어느 정도 타당성이 있음에도 불구하고, 주자의 경우 도식적으로 적용하기 어려운 기준이기도 하다. 왜냐하면 주자의 『논어』 주석 더 나아가 주자의 경학은 그의 이학 체계의 기반이기 때문에 의리적 측면이 강한 것이 사실이지만, 『논어훈몽구의』의 예에서 보듯이 주자는 훈고적 측면 또한 매우 중시하였고

92) 『朱文公文集』卷七十五, 「論語訓蒙口義序」. "予既序次論語要義, 以備觀覽, 暇日又爲兒輩讀之. 大抵諸老先生爲說, 本非爲童子說也. 故其訓詁略而義理詳.……本之注疏以通其訓詁, 參之釋文以正其音讀. 然後會之於諸老先生之說, 以發其精微.……又以平生所聞於師友而得於心思者, 間附見一二條焉."

93) 『四庫全書總目』, 「經部總敍」. "自漢京以後垂二千年……學凡六變……要其歸宿, 則不過漢學宋學兩家互爲勝負."

중시한 만큼 경전 주석 안에 반영해 내고 있기 때문이다.

이 시기 주자는『논어』주석을 냄에 있어서 의리와 훈고 양 방면으로 치중하면서, 자신의 경학 세계 안에서 이들의 조화를 이루려고 끊임없이 노력하였다.[94] 그리고 그 결과물인『논어요의』와『논어훈몽구의』를 세상에 선보였으나, 주자는 여기에 안주하지 않고 그의 사상의 발전 노정(路程)에 따라 또 다른『논어』주석서를 집필하게 된다.

2) 40대 이후에 저술한 현존하는『논어』주석서

(1)『논어정의(論語精義)』—1172년(주자 나이 43세)

청대에 들어오면 왕백전(王白田), 주택운(朱澤澐), 하흔(夏炘) 등 주자학파의 학자들이 주자학 옹호의 입장에서 고증학이라는 정밀한 도구를 구사하여 주자의 사상적 자립의 한계선을 40세로 잘라 주자학의 가치를 선명히 했다.[95] 이는 주자의 학문이 40세를 전후해서 하나의 성취를 이루었음을 의미하는데, 이러한 성취는 필연적으로 그의 경학 저술과 분리하여 생각할 수 없다. 왜냐하면 주자학의 기반은 곧 그의 경학 저술에서 마련되었기 때문이다. 경전 주석에 훈고와 의리의 종합을 지향하는 주자였지만, 그의 이학적(理學的) 성취가 무르익는 이 시기에 있어서는 적어도 경전의 의리 방면에 대한 탐구욕이 더 간절했을 듯하다. 이에 주자는 그의 이학의 사상적 연원에 위치한 이정자(二程子)와 그의 제자들의 논어설에 대하여 구도의 자세로 접근하여 그 핵심적 언어들을 모으는 작업을 수행했다. 그 결과물이 바로 주자의『논어』주석사에서 중요한 위치를 점하고 있는『논어정의(論語精義)』이다.

---

94) 東景南,『朱熹年譜長編』卷上, 299면. "至隆興二年答柯國材則云: '論語比年略加工夫, 亦只是文義訓詁之學(按: 指論語要義與論語訓蒙口義), 終未有脫然處.'"

95) 三浦國雄, 앞의 책, 126면.

이 『논어정의』는 이정자(程顥, 程頤)의 설을 수집하여 『논어』 원문 아래에 붙이고, 이정자의 학문과 그 궤를 같이하거나 이정자를 사사했던 학자들 즉 장재(張載), 범조우(范祖禹), 여희철(呂希哲), 여대림(呂大臨), 사량좌(謝良佐), 유초(游酢), 양시(楊時), 후중량(侯仲良), 윤돈(尹焞) 등 9가의 설을 다시 이정자의 설 아래에 덧붙여서 만든 책이다. 그야말로 주자 이전 도학파(道學派) 『논어』 주석들의 핵심만을 추려 놓은 주석서이다.[96] 주자는 이 책을 편집할 때 도학파의 『논어』 주석을 상자 안에 담아 두고 원문 한 단락을 읽고는 제가의 설을 일일이 대조하여 그 설들의 이동처(異同處)를 살피고 그 중 가장 볼만한 설만을 취하였을 정도로 정성을 들였다.[97] 그런데 주자의 이러한 작업은 단순히 『논어』에 관한 선배들의 학설을 학문적 호기심에서 모아 편집한다는 차원을 넘어서고 있다. 주자는 이 『논어정의』를 통해 맹자 이래 끊어진 도통을 이정자와 그의 후계자들에게로 연결하고, 종래는 자신의 이학적 성취가 도통의 맥을 이었음을 자신과 세상에 각인시켜 주고자 했다. 그랬기 때문에 주자는 이 책을 편집하고 나서 "백세(百世)의 끊어진 학문을 일으켰고 홀로 천년 동안 전해지지 않았던 학문의 맥을 얻었다."[98]라고 자신 있게 말할 수 있었다.

주자가 이처럼 정성을 들여 편집하고 의미를 부여했던 이 『논어정의』

---

96) 『朱文公文集』卷七十五, 「語孟精義序」. "論孟之書, 學者所以求道之至要, 古今爲之說者, 蓋已百有餘家. 然自秦漢以來, 儒者流皆不足以與聞斯道之傳. 宋興百年, 有二程先生者出, 然後斯道之傳有繼.……其所以發明二書之說.……所以興起斯文, 開悟後學, 可謂至矣. 間嘗搜輯條疏以附本章之次, 旣又取夫學之有同於先生者與其有得於先生者, 若橫渠張氏 · 范氏 · 二呂氏 · 謝氏 · 游氏 · 楊氏 · 侯氏 · 尹氏, 凡九家之說, 以附益之, 名曰論孟精義. 抑嘗論之, 論語之言無所不包, 而其所以示人者, 莫非操存涵養之要."

97) 『朱子語類』卷120. "某舊時看文字甚費力, 如論孟諸家解有一箱. 每看一段, 必檢許多, 各就諸說上推尋意脈, 各見得落着, 然後斷其是非."(楊方錄庚寅所聞, 語孟精義時.) ; 『朱子語類』卷104. "凡看文字, 諸家說異同處最可觀. 某舊日看文字, 專看異同處. 如謝上蔡之說如彼, 楊龜山之說如此, 何者爲得, 何者爲失. 所以爲得者是如何, 所以爲失者是如何."

98) 王懋竑, 『朱子年譜』卷一. "此其所以奮乎百世絶學之後, 而獨得夫千載不傳之緖也歟!"

는 당시에 이미 세간의 인정을 받아 많은 사람들에게 영향을 주었으며,[99] 주자 생전에 3번이나 판각되었다고 한다.[100] 이처럼 주자 본인도 막대한 의미를 부여하고 세상에서도 중시되었지만, 주자가 생각하기에 적어도 두 가지 점에서 이 책은 미비한 점이 있었다. 그 첫째는 도학파의 논어설만을 모았기에 훈고가 전혀 없다는 점이다. 앞서 언급했지만 주자는 경전을 주석함에 있어서 훈고를 거의 의리만큼이나 중시했다. 그러므로 『논어정의』가 세상에 알려지고 난 뒤, 어느 제자가 이 책에서 제외된 논어설은 취할 것이 없습니까? 라고 묻자, 주자는 한위(漢魏) 경학자들이 남긴 『논어』 주석의 훈고에 대하여 적극 옹호하면서 이러한 훈고의 학설들을 섭렵하지 않으면 종래는 이 『논어정의』도 이해하기 어려울 것이라고 대답하였다.[101] 또한 『논어정의』에는 훈고가 없다는 것 외에도 송대 도학파의 논어설만 있지 주자 자신의 학설이 전혀 없다는 점을 두 번째 미비점으로 지적할 수 있다. 이러한 미비점들을 보완하기 위해 주자가 새로 쓴 『논어』 주석서가 바로 『논어집주』이다.

⑵ 『논어집주(論語集注)』, 『논어혹문(論語或問)』–1177년(주자 나이 48세)

앞서 언급하였듯이 『논어집주』는 한중일 『논어』 주석사에 가장 큰 영향

---

99) 李方子, 『紫陽年譜』. "乾道八年, 編次語孟精義成. 初, 學者讀二書未知折衷, 至是書出, 始知道之有統, 學之有宗, 因而興起者甚衆"(東景南, 『朱子年譜長編』卷上, 458면에서 재인용)

100) 『論語精義』는 처음에 建陽에서 판각이 되었고, 다음에는 義烏에서 再刻이 되었으며, 淳熙 7年(주자 나이 51세)에는 豫章에서 판각을 하고 나서 『論語要義』라고 이름하였다가, 다시 『論語集義』로 제목을 바꾸었다.(東景南, 『朱子年譜長編』卷上, 459면) 주자는 51세 때에 예장에서 『논어정의』를 판각하고 나서 『논어요의』라고 改題하였는데, 이 『논어요의』는 주자가 43세에 지은 『논어요의』와 명칭은 비록 같지만 다른 책이다.(이에 대한 자세한 논의는 전목, 앞의 책, 210~211면을 참조할 것)

101) 『朱文公文集』卷七十五, 「語孟精義序」. "名曰論孟精義.……或曰: '然則說之行於世而不列於此者, 皆無取已乎?' 曰: '不然也. 漢魏諸儒正音讀 · 通訓詁 · 考制度 · 辨名物, 其功博矣. 學者苟不先涉其說, 則亦何以用力於此?'"

을 드리운 저술이다. 동시에 주자의 『논어』 주석서들 중에서도 그 정점에 위치한 책이기 때문에[102] 종래 주자의 『논어』 주석들의 여러 특성들이 집대성되어 있다. 한편 주자는 『논어집주』를 저술함에 있어서 다른 어떤 경전 주석들보다 학문적 역량을 더욱 집중시켰다. 그렇기 때문에 『논어집주』에는 주자 경학의 방법과 내용이 전형적으로 잘 구현되어 있다. 이에 이 장에서 『논어집주』의 경학적 특징들을 항목화하여 살펴보고자 하는데, 『논어집주』가 주자 만년에 완성되었고 그의 학문적 역량이 집결된 저술이라는 점에서, 우리는 이를 주자 경학의 특징으로 일반화시킬 수 있을 것이다.

① 의리(義理)와 훈고(訓詁)의 종합

주자의 경전 주석의 특징은 한당(漢唐) 제유(諸儒)가 남긴 훈고(訓詁)의 바탕 위에서 이학적(理學的) 의리(義理)를 추구하는 것이다. 그렇기 때문에 주자는 『논어집주』를 저술함에 있어서, 『논어정의(論語精義)』의 의리와 『논어훈몽구의(論語訓蒙口義)』의 훈고를 양대 축으로 삼아 그 정수를 추출하여 주석을 달았다.[103] 주자의 『논어집주』에 이학적 성취(成就)가 풍부하게 담겨져 있음과 동시에 훈고 또한 앞 시대 어느 『논어』 주석서보다도 정밀한 것은 바로 이 때문이라고 할 수 있다.

---

102) 『朱子語類』의 기록에 의하면, 주자는 『논어정의』를 편집하고 나서 『논어집주』를 저술하기 이전에 『論語略解』라는 책을 편찬하였다고 한다. 錢穆의 고증에 의하면 이 책은 『논어집주』의 기초 자료로 쓰였을 가능성이 높다고 하는데, 현재 전하고 있지 않다.(『朱子語類』권19. "某近來作論語略解, 以精義太詳, 說得沒緊要處, 多似空費工夫, 故作此書. 而今看得, 若不看精義, 只看略解, 終是不浹洽."; 錢穆, 『朱子新學案』第四冊, 209면. "所稱論語略解, 他處未見, 疑卽集注之前身. 集注成於四十八歲時. 是朱子成精義不久, 已復不自滿意, 認爲其所收多沒緊要處, 故又改作集注, 而略解則在其中間過程中.")

103) 『朱子語類』卷19. "先生旣編次論孟集義, 又作訓蒙口義, 旣而約其精髓妙得本旨者爲集注."; "集注乃集義之精髓."

② 송대(宋代) 도학파(道學派) 『논어』 주석의 집대성

주자는 『논어정의(論語精義)』에서 송대(宋代) 도학파(道學派)의 『논어』 주석 9종을 실어 놓고 있다. 그러나 『논어집주』에서는 무려 35명의 『논어』 주석에서 그 해석들을 취하고 있다. 이를 도표화[104)]해서 살펴보고, 그 의미에 대하여 고찰해 보기로 하겠다.

〈『논어집주(論語集注)』에 인용된 인물과 그 인용 빈도〉[105)]

인용 인물	인용 빈도	인용 인물	인용 빈도
程子(程頤)	123	何晏	3
尹焞(和靖尹氏)	66	陸元朗	3
范祖禹(華陽范氏)	53	孔安國	2
楊時(龜山楊氏)	49	揚雄	2
謝良佐(上蔡謝氏)	47	師(李侗, 延平李氏)	1
程子(程顥)	41	周孚先	1
程子	41(1)	王安石(王氏)	1
胡寅(致堂胡氏)	38	曾幾	1
張載(張子)	15	靳裁之	1
蘇軾(眉山蘇氏)	13(1)	劉勉之(聘君)	1
吳棫	12	劉安世(忠定公)	1
馬融	8	劉敞(侍讀)	1
張栻(敬夫, 南軒張氏)	8(2)	趙匡(伯循)	1
呂大臨(藍田呂氏)	7	黃祖舜	1
李郁	7	邢昺	1
晁說之	5	服虔	1(1)
游酢(廣平游氏)	5	皇侃	1(1)
侯仲良	4		

104) 이 도표는 陳鐵凡의 「四書章句集注考源」(『論孟論文集』, 黎明文化公司, 1982)의 표를 참조하여 작성하였다.

105) 주자는 『논어집주』에서 程顥, 程頤 두 형제의 설을 인용할 경우, 일률적으로 程子라고 하였다. 후대 주자학파의 한 사람인 金履祥은 『論語集注考證』에서 이 두 형제의 설을 고증하고 나서, 형은 '伯子', 동생은 '叔子'라고 구별하였다. 그리고 두 형제의 논어설을

『논어집주』에서 인용한 35명의 제가들을 분석해 보면, 송대 이전의 인물은 마융(馬融), 복건(服虔), 공안국(孔安國), 양웅(揚雄), 하안(何晏), 황간(皇侃), 육원랑(陸元朗), 조광(趙匡) 등 8명에 불과하며 나머지는 대부분 이정자(二程子)와 정자(程子) 문하의 인물들이다. 즉 인용 인물의 70% 정도가 송대 도학파 계열의 인물이며 실제 그 인용 빈도를 보면 이들의 학설을 인용한 곳이 90%를 상회한다. 특히 이정자와 정문(程門)의 문하생 중 주자가 깊이 인정하는 윤돈(尹焞),[106] 범조우(范祖禹),[107] 양시(楊時),[108] 사량좌(謝良佐),[109] 호인(胡寅)[110] 등의 학설을 많이 인용하고 있다.[111] 이러한 측면에서 보면, 『논어집주』는 송대 도학파의 논어설을 집대성했다고 평가할 수 있다. 그렇기 때문에 그 훈고적 측면을 제외하고 인용자와 인용빈도를 통해 본 『논어집주』는 정자와 정자 문하생들의 논어설을 대량으로 인용했다는 점에서 『논어정의』와 별반 다를 것이 없다고 생각할 수 있다. 그러나 『논어집주』는 송대 도학파의 논어설을 집성해 놓은 의의를 넘어서서 주자 자신의 주장이 그 중심에 놓여 있는 독창적 저술이다.

구분할 수 없는 경우는 '未詳'으로 표기하였다.(표에서는 '程子'라고 하였다) 또한 김이상은, 주자가 '或曰', '舊說' 등으로 人名을 명확하게 제시하지 않은 경우, 고증을 통해 인명을 밝혀 놓고 있다.(표에서 ( )안의 숫자가 이에 해당됨)

106) 『朱子語類』卷101. "和靖主一之功多, 而窮理之功少. 故說經雖簡約, 有益學者."

107) 『朱子語類』卷130. "范淳夫說論語較粗, 要知却有分明好處. 如唐鑑文章, 議論最好."

108) 『朱子語類』卷101. "伊川之門.……楊龜山最老, 其所得亦深."

109) 『朱子語類』卷101. "上蔡語雖不能無過, 然都是確實做工夫來."

110) 『朱子語類』卷101. "胡致堂說道理, 無人及得他. 以他才氣, 甚麽事做不得!"

111) 『논어집주』에 많이 인용된 제가는 대부분 정자의 문하생인데, 유일한 예외가 蘇軾이다. 『朱子語類』卷130에 기록된 소식에 대한 주자의 평가는 대부분 부정적이다. 그런데 소식의 논어설에 대해서만은 긍정적인 부분이 있다고 인정해 주고 있다.(『朱子語類』卷130. "東坡……如論語說, 亦煞有好處.") 『논어집주』에서 소식 논어설의 정채로운 부분을 많이 인용한 것도 이 때문으로 여겨진다. 이는 주자가 '사람은 미워도 그가 한 좋은 말을 폐하지 않는다'는 말을 실천한 좋은 예라고 할 수 있다.

③ 주자학의 이념이 반영된 독창적 저술

『논어집주』 이전의 주자의 『논어』 주석서들은 모두 경학사적 의의가 있음에도 불구하고 독창적 저술이라 하기에는 미흡하다. 기존의 학설을 취사선택하는 것도 자신의 사상 체계에 비추어 하는 것이기에 이 역시 독창성을 인정해 줄 여지는 있지만, 독창성이란 역시 취사선택의 관점을 넘어서서 전 시대 사람과는 다른 자신의 목소리를 내야 함을 의미하기 때문이다. 이런 관점에서 본다면 『논어집주』는 여러 경학가들의 설을 인용하되, 자신의 주장이 중심에 놓여 있는 주석서라는 점에서 그 독창성을 인정해 줄 만하다.

주자가 『논어집주』 내에서 자신의 목소리를 내는 첫걸음은, 가장 존숭해 마지않는 이정자(二程子)의 논어설에 대하여 비판을 하는 것으로부터 시작된다. 주자는 『논어』를 주석함에 있어서 『논어집주』 이전까지는 오로지 이정(二程)만을 높였다. 이 점은 『논어요의(論語要義)』는 이정자의 논어설로만 엮었고, 『논어정의(論語精義)』 또한 이정자의 논어설이 차지하는 비중이 절대적으로 많다는 데서 쉽사리 확인이 된다. 이정자의 이러한 영향력은 곧 주자 사상의 자양분이기도 하지만 주자 스스로 일가를 이루기 위해서는 넘어서지 않으면 안 되는 벽이기도 했다. 그렇기 때문에 주자는 『논어집주』를 저술하면서 이정자만을 전적으로 높이지는 않았다. 우리는 주자의 이러한 의도를 여러 곳에서 감지할 수 있는데 가장 먼저 표면적으로 드러나는 곳은 호칭이다. 즉 주자는 이정자와 동시대인인 주염계(周濂溪), 소강절(邵康節), 장횡거(張橫渠) 등과 윗세대인 동중서(董仲舒), 한유(韓愈) 등을 모두 '선생'(子)이라 칭함으로써 이정자와 동등하게 대우하고 있다. 이는 전대의 학자들을 높이려는 의도도 있지만, 이들을 이정자와 동격에 놓음으로써 주자 자신이 이정자와 객관적 거리를 가지려는 의도가 더욱 짙다고 할 수 있다.[112] 다음으로 주자는 조심스럽게 정자의 견해에 찬동하는 듯하지만, 자신의 주장에 무게를 더 싣는 방법을 통해 자신의 이학적 견해를 『논어집주』 속에 반영해 내었다. 한 예로 정자가 경(經)과 권(權)을 동일시한 데 대하여, 주자는 이 말이 틀린 것은 아니라고 하면서도 경(經)과 권(權)은 분변하는 것이 마땅하다고 말한다.[113] 그리고 유학의 핵심적 가치인 인(仁)에 대해서도 '마음의 덕, 사랑의 이치'(心之德, 愛之理)라고 정의를 내리는 가운데 주자는 정자(程子)와 조심스럽게 견해를 달리하면서 자신의 경학 체계를 공고히 하였다.[114] 이렇게 『논어집주』 내에 반영되어 있는 주자의 견해들은 후일 주자학파의 경학 세계에 지대한 영향을 미치게 된다. 한편 주자는 자신의 이학 체계를 저술 내에서 조심스럽게 표현을 했지만, 저술이 아닌 제자들에게 이야기를 할 때는 보다 직설적으로 정자의 경전 해석에 대하여 비판하기도 하였다.[115]

④ 부단한 개정(改定)을 통한 완성도의 제고

『주자연보(朱子年譜)』를 보면 『논어집주』의 성서(成書) 시기는 주자 나이 48세 때이다. 그러나 이는 그 초고에 불과하고 실제로 이후 20년에 걸쳐 주자는 부단한 개정을 가하였는데,[116] 전면적인 개작은 7차례 정도 하였다고 한다.[117] 이렇게 수십 년에 걸친 부단한 개정의 과정에서 주자는 『논

---

112) 錢穆, 앞의 책, 211면 참조.

113) 『論語集注』, 「子罕」第九. "程子曰: '漢儒以反經合道爲權, 故有權變權術之論, 皆非也. 權只是經也. 自漢以下, 無人識權字.' 愚按: '先儒誤以此章連下文偏其反而爲一章, 故有反經合道之說. 程子非之, 是矣. 然以孟子嫂溺援之以手之義推之, 則權與經亦當有辨.'"

114) 이에 대해서는, 松川健二, 「朱熹 『論語集注』」, 『論語の思想史』, 253~267면 참조.

115) 『朱子語類』卷19. "程先生經解, 理在解語內. 某集注論語, 只是發明其辭, 使人玩味經文, 理皆在經文內. 易傳不看本文, 亦是自成一書."

116) 錢穆, 앞의 책, 222면 참조.

117) 梁紹壬, 『兩般秋雨庵隨筆』. "주자는 『사서집주』 원고를 전후 일곱 차례에 걸쳐서 개작을 하

어집주』의 완성도를 높이기 위하여 훈고와 의리 양 방면에서 모두 고치고 또 고쳐서 그 핵심적 언어만을 추려 내었다. 그랬기 때문에 주자는 자신이 저술한 『논어집주』에는 한 글자도 허투루 들어간 것이 없다고 여겨, 하나의 글자도 더하거나 뺄 수가 없다고 하였다.[118] 그리고 하나의 글자를 저울대로 경중(輕重)을 달듯이 이리 재고 저리 재 본 후에야 채택했기 때문에, 한 글자가 백 개의 글자를 당해 낼 정도로 다듬고 또 다듬었다고 진술하고 있다.[119]

주자는 『논어집주』의 초고를 완성한 1177년에 충분하게 발휘하지 못한 『논어』의 의리를 문답체의 문장을 빌려 개진하고 나서 『논어혹문(論語或問)』이라는 제명(題名)으로 『논어집주』의 자매편에 해당되는 책을 엮었다.[120] 그러나 이 책은 『논어집주』가 수십 년에 걸쳐 부단히 개정되었는데 비해 한번 완성된 후에 주자가 다시 개정을 하지 않았다. 그리하여 비교적 완성도가 떨어지고 또 문답체의 문장이기 때문에, 이것을 보면 학자들의 학문하는 자세가 의론으로 치달아 부박해질 것을 걱정한 주자는 이 책을 세상에 내놓지 않으려 하였다. 그러나 주자 생전에 이미 주자의 경전 주석은 학자들 사이에서 큰 반향을 일으켰기에, 이 초고본 『논어집주』와 『논어혹문』은 주자의 의도에 반하여 세상에 유포되었다. 전자는 친구가 빌려가 무단으로 판각하여 유포하였고, 후자는 책 판매업자가 훔쳐서 간행을 해 버렸던 것이다.[121]

였다."(邱漢生, 『四書集注簡論』, 中國社會科學出版社, 1980, 21면에서 재인용)

118) 『朱子語類』卷19. "只是要人看無一字閑."; "某語孟集注, 添一字不得, 減一字不得."; "不多一箇字, 不少一箇字."

119) 『朱子語類』卷105. "某解經, 每下一字, 直是稱等輕重, 方敢寫出."; 『朱子語類』卷19. "有一字當百字底."

120) 『朱子語類』卷19. "先生旣編次論孟集義, 又作訓蒙口義, 旣而約其精髓妙得本旨者爲集注. 又疏其所以去取之意爲或問.……其後集注删改日益精密, 而或問則不復釐正, 故其去取間有不同者."

121) 『朱子語類』卷19. "論語集注, 蓋某十年前本, 爲朋友間傳去, 鄉人遂不告而刊. 及知覺,

후일 주자의 승인하에 『논어집주』(『사서장구집주』)가 남강(南康)에서 판각(이른바 南康本)[122]되어 세상에 유포되었는데 이때 주자 나이 63세(1192년)였다. 48세에 『논어집주』 초고본을 만들고 15년의 시간 동안 부단히 개정한 뒤에야 주자는 세상에 이 책을 유포한 것이다. 초고본 『논어집주』와 완성도가 떨어지는 『논어혹문』조차도 찾는 사람이 많았던 것을 감안한다면, 이 남강본 『논어집주』가 당시 학인들 사이에서 얼마나 유행했는지 쉽사리 짐작할 수 있다.

후일 주자 나이 67세 되던 해인 1196년에 남송에서는 도학파에 가해진 유명한 사상적 탄압인 위학(僞學)의 금(禁)[123]이 일어났다. 이때 조정에서

則已分裂四出, 而不可收矣." ; 宋時烈, 「論孟或問精義通攷序」, 『論孟或問精義通攷』. "論孟或問, 朱先生, 於淳熙丁酉歲, 與集注一並編定者也. 集注則復加修刪, 益以精密, 而或問則先生慮學者緻繞文義, 轉而趨於薄. 故未嘗出以示人矣. 時有書肆人, 竊取而刊行者, 先生亟請縣官, 追索其板子而不出."

122) 여조겸의 내재로서 주자와 일찍이 면식이 있었던 曾集이 南康 學宮에서 『논어집주』(『사서장구집주』)를 판각하였는데, 주자 생전에 유행했던 『논어집주』는 바로 이 남강본이다.(束景南, 『朱熹年譜長編』卷下, 1066면 참조)

123) 北宋 때 王安石을 중심으로 하는 新法黨과 司馬光을 중심으로 하는 舊法黨은, 南宋에 들어와서는 對金政策을 둘러싸고 신법당는 和議派로 구법당은 主戰派로 그 흐름을 계승한다. 남송 초기 화의파인 秦檜가 정권을 잡은 후, 소흥 14년(1144)에 右正言 何若이 程伊川의 학문을 曲學으로 지목하여 추출해야 된다고 상소하여 황제의 승인을 받았다. 이때부터 진회의 죽음까지 12년간 道學은 공적으로는 시민권을 상실하게 된다. 이 사건은 주자가 젊었을 때 일이었지만, 이때 이미 반도학적 세력은 위세를 떨치고 있었다. 이후 주자 나이 50이 되던 해, 도학을 배척하는 상소가 이부상서 鄭丙과 太府丞 陳賈에 의하여 조정에 올려졌으며, 59세 되던 해(1188년)에는 林栗이 주자의 도학에 대하여 직접적으로 탄핵하는 지경에 이른다. 이때의 탄핵은 당시 황제인 효종에 의하여 묵살되었으나, 영종 때에 명신 한기의 5대손인 한탁주가 신법당을 기반으로 그 반대파인 도학파를 공격함에 이르러서는 주자도 그 화살을 비켜 갈 수가 없었다. 1196년 12월, 주자 나이 67세에 한탁주의 일파인 심계조에 의하여 요술로 후진을 속였으며, 불효자이고, 과다한 수업료를 요구했다는 등의 10가지 죄목으로 탄핵을 당함과 동시에 파면되었다. 이때 주자 문하에 관계된 여러 학자들이 동시에 해를 입었으며, 도학자들의 어록류를 비롯하여 『논어집주』를 포함한 주자의 『사서장구집주』도 '僞學'(세상을 기만하는 학문)의 대표적 서적으로 간주되어 폐기 처분되었다. 그리고 이듬해인 1197년 12월에는 도학파 59명의 블랙리스트인 '僞學의 籍'이 만들어지게 되었다. 이것이 이른바 남송대 도학파에 가해진 사상적 탄압으로 '僞學의 禁'이라 부르며, 이 '위학의 금'은 주자 사후 2년이 지나서야 비로소 풀리게 되었다.(이상의 내용은 三浦國雄, 앞의 책, 230~245면을 참조한 것임)

는 도학파들을 대상으로 한 위학의 적(籍)을 만들고 나서 그들이 지은 저술들을 위학의 대표적 서적으로 간주하여 폐기 처분하였다. 주자의 남강본『논어집주』는 이때 그의 다른 저술들과 함께 소각되는 비운을 겪기도 하였다. 그러나 주자 사후 2년이 지나 위학의 금(禁)이 풀리자『논어집주』는 다시 학인들의 추숭을 받게 되었고, 이후 주자학파의 수많은 인재들이 이 책에 대한 해설서를 짓기도 했다. 그리고 원대에 이르러 과거의 필수 교재가 된 뒤『논어집주』는 현인(賢人)의 전(傳)임에도 불구하고 성인(聖人)의 경(經)에 버금가는 권위를 지니게 되었다.

이상의 논의를 정리해 보기로 하겠다. 주자가 저술한『논어』주석서는 모두 6종이다. 이 중『논어집해(論語集解)』,『논어요의(論語要義)』,『논어훈몽구의(論語訓蒙口義)』등은 모두 주자 나이 40대 이전에 저술한 주석서로서 현재 전해지지 않고 있으며,『논어정의(論語精義)』,『논어집주(論語集注)』,『논어혹문(論語或問)』등은 40대 이후에 저술한『논어』주석서로서 현재 전해지고 있다.

주자의 40대 이전의『논어』저술인『논어집해』의 경우 선종의 영향을 강하게 받았으며,『논어요의』는 이정자(二程子)의 논어설이 그 중심에 있고,『논어훈몽구의』는 훈고학적 방면에 치중한 저술로 추정이 된다. 20~30대 주자 사상의 역정을 살펴보면, 20대에는 선과 유가의 심성론에 몰두하다가 스승인 이동(李侗)을 만난 30대 이후로는 이정자(二程子)를 중심으로 하는 유가의 이념과 경전 훈고학에 치중하였다. 40대 이전의 주자는 이 같은 자신의 사상적 역정의 결과를 그의『논어』저술 속에 고스란히 반영해 내었다.

40대 이후의 주자는 보다 더 자기 학문의 정체성을 심화시켜 가면서 주자학의 틀을 완성해 나갔는데, 그 기반은 단연코 이정자를 중심으로 하는 북송대(北宋代) 도학파(道學派)의 사상이었다. 40대 초반에 저술한『논어정의』가 송대 도학파의 논어설을 중심으로 엮인 것은 바로 이러한 사정을 반영한 것이다. 한편 주자는 40대 후반에 『논어집주』를 저술함에 있어서 다른 어떤 경전 주석들보다 더욱 학문적 역량을 집중시켰기 때문에, 이 저술에는 주자의 경전주석학의 방법과 내용이 전형적으로 잘 구현되어 있다.

이 『논어집주』를 통해 살펴볼 수 있는 주자 주석학의 방법으로 먼저 들 수 있는 것은, 경전을 주석함에 있어서 완성도를 높이기 위한 부단한 개정을 꼽을 수 있다. 『논어집주』의 경우 20년에 걸쳐 7번이나 전면적인 개작을 했으며 『대학장구(大學章句)』의 경우는 세상을 뜨기 3일 전까지 개정을 했다는 데서, 우리는 주자가 자신의 경전 주석의 완성도를 높이기 위해 쏟아부은 정열을 가늠할 수 있다. 다음으로 거론할 수 있는 주자 경학의 특징으로 경전을 주석함에 있어서 도학적 의리를 중심으로 하되 훈고의 정수를 동시에 채록하는 한송겸채(漢宋兼採)의 방식을 들 수 있을 것이다.

한편 주자는 『논어집주』를 저술함에 있어서 그 내용의 대부분을 송대 도학파의 논어설로 채우고 있다. 이는 주자의 『논어집주』가 곧 송대 도학파 『논어』 해석의 집대성이라는 것을 의미한다. 그렇지만 『논어집주』 내용의 핵심은 어디까지나 주자의 독창적 견해로 채워진 부분이라고 할 수 있다. 특히 이 부분은 주자 사상의 정수가 투영되어 있기에 종래 도학파의 견해를 넘어서는 주자학의 사유체계가 고스란히 담겨져 있다는 점에서, 주자의 경학과 사상을 연구하는 데 매우 중요하다.

『논어집주』의 이 같은 주석 방식과 내용은 주자 만년에 완성되었고 그의 학문적 역량이 총집결된 결과물이라는 점에서, 어느 정도 주자 경학의 전체적인 면모로 일반화시킬 여지가 다분하다. 물론 각 경전의 특성에 따른 미세한 부분에서는 주석의 방식과 내용이 다를 수는 있지만, 거시적인 면에서는 『논어집주』에 나타나는 이 같은 주석 방식과 내용을 곧 주자 경학의 특징이라 지적해도 큰 하자가 없을 것이다. 그러면 다음으로 이러한 성서 과정을 거쳐 완성된 『논어집주』의 주석 방식과 후대로의 영향에 대하여 살펴보기로 하겠다.

2. 『논어집주』의 주석 방식과 경학사적 계승

주자(朱子)와 함께 『근사록(近思錄)』의 공동 편자인 여조겸(呂祖謙, 1137~1181)은 젊은 시절 성질이 난폭하여 음식이 입에 맞지 않으면 밥상을 엎어 버렸다고 한다. 그러던 그가 자신의 성품을 다스리는 계기가 된 것은, 병이 들어 한가할 때 『논어』「위령공(衛靈公)」에 나오는 "자신을 책망하기는 두텁게 하고, 남을 책망하기는 적게 한다."(躬自厚而薄責於人)라는 한 구절을 읽고 깨달음이 있어서라고 한다.[124] 한편 송나라 태조 조광윤(趙匡胤)의 명재상이었던 조보(趙普, 922~992)는, 재상으로 재직하던 시절 처결이 어려운 일이 있으면 반드시 서고에 들어갔다가 나와서 다음 날 그 일을 공명정대하게 처리했다고 한다. 그가 죽은 후 그 서고를 조사해 보니 반부(半部)의 『논어』만 있었다고 하는 이야기가 정사에 실려 있다. 이후 "반부의 『논어』로 천하를 다스렸다."(半部論語治天下)라는 고사가 생겨나게 되었다.[125]

이 두 일화를 통해 우리는 『논어』라는 책의 성격을 어느 정도 파악할 수 있다. 즉 『논어』는 저명한 학자의 젊은 시절에는 수기서(修己書)의 역할을 하였고, 명재상의 치국에는 치인보감(治人寶鑑)이었던 셈이다. 수기와 치인, 유학이 공자 이래 다양한 발전을 하였음에도 불구하고 어떤 학

---

124) 『心經附註』卷一(學民文化社 影印本, 1995), 54~55면. "向見呂伯恭說: '少時性氣粗暴, 嫌飮食不如意, 便打破家事. 後日久病, 只將一冊論語, 早晩閑看, 至躬自厚而薄責於人, 忽然覺得意思一時平了, 遂終身無暴怒.' 此可爲變化氣質法."

125) 淸末의 개혁지사 嚴復(1854~1921)도 "從天下事多, 吾以半部論語治之足矣."라고 한 바 있다. '半部論語治天下'에 대한 자세한 소개와 비판은 夏傳才, 『論語趣讀』, 花山文藝出版社, 2000, 16~18면을 참조할 것.

파이든지 간에 이 두 명제를 유학의 골자로 보는 데 이견이 없다. 그렇기 때문에 수기와 치인의 내용을 풍부하게 함유하고 있다고 여겨지는 『논어』에 대해 중국뿐 아니라 한국과 일본의 유학자들도 비상한 관심을 보여 왔다. 고금의 동아시아 유학자들에 의해 저술된 『논어』 주석서가 약 삼천 종으로[126] 다른 어떤 경전주석서보다도 많다는 데서 그 관심의 정도를 확인할 수 있다.

이 중에서도 특히 경학사에서 독보적 위치를 점하고 있는 『논어』 주석서는 주자의 『논어집주』이다. 『논어집주』의 출간 이후 전대 『논어』 주석의 영향력은 현저하게 줄어들었다. 특히 주자가 저술한 경전주석서가 원대(元代) 이래 한중(韓中)에서 과거의 공식교재가 된 후부터 『논어집주』는 후대 『논어』 주석의 전범이 되다시피 하였다. 그렇기 때문에 주자 이후, 주자학자뿐 아니라 탈(반)주자학자라 할지라도 『논어』 주석을 남긴 이들은 『논어집주』의 영향에서 자유롭지 못하였다.

『논어집주』의 중요성이 이와 같기에 『논어』 주석사를 연구함에 있어서 『논어집주』의 경학적 특징과 그 영향관계를 상세하게 규명하는 것은 필수적인 작업이라 할 수 있다. 그러나 현재까지 연구된 『논어집주』의 경학적 특징과 그 경학사적 계승 양상에 대한 규명은 우리나라는 차치하고 경학의 본산인 중국에서조차 질과 양적인 면에서 의외로 부족하다.[127] 이에 『논어집주』의 성서 과정에 이어 그 주석 방식에 대하여 고찰하고, 『논어집주』의 경학적 특징이 경학사에서 어떻게 계승되어 나갔는지에 대하여 살펴보고자 한다.

---

126) 楊伯峻이 조사한 바에 의하면, 林泰輔의 『論語年譜』에 언급된 『논어』 주석서가 삼천종이라고 한다.(楊伯峻, 『論語譯注』, 中華書局, 1992, 37면 참조)

127) 예컨대 林慶彰이 편찬한 『經學研究論著目錄』下冊(漢學研究中心編印, 民國84年)의 '論語研究史' 부분을 보면, 백여 편이 넘는 『논어』 연구사 논문에서 『논어집주』에 관한 논문은 5편 정도뿐이다.

1)『논어집주』의 주석 방식

『논어집주』의 주석 방식은 크게 두 가지 정도로 분류할 수 있다. 첫째는 음주(音注)를 다는 방식이고, 둘째는 훈주(訓注)를 다는 방식이다. 이 두 가지 주석 방식 중에서 먼저 음주(音注)를 다는 방식에 대하여 간략히 살펴보기로 한다. 그러고 나서 한자(어)와 문장의 의미를 풀이한 훈주의 방식에 대하여 상세하게 분류하고 고찰함으로써, 『논어집주』의 경학적 특징에 대하여 규명해 보기로 하겠다.

(1)『논어집주』의 음주(音注) 방식

이재석의 연구에 의하면, 주자는 다음과 같이 14가지 방식을 사용하여 『논어집주』에 음주(音注)를 달아 놓고 있다.[128)]

①'某, 某某反'(즉 反切), ②'某, 某聲'(즉 四聲), ③'某, 與某同', ④'某, 如字', ⑤'某, 某作某', ⑥'某, 讀爲某', ⑦'某, 讀作某', ⑧'某, 當作某', ⑨'某, 亦作某', ⑩'某, 一作某', ⑪'某, 或作某', ⑫'某, 本作某', ⑬'某, 與某通', ⑭'某, 古某字'

위와 같이 세분화된 『논어집주』 음주(특히 反切 音注)는 당대(唐代) 이전의 경전(經典) 음주를 집대성했다고 일컬어지는 육덕명(陸德明)의 『경전석문(經典釋文)』의 음주를 80% 이상 반영하고 있다. 그렇기 때문에 『논어집주』에서 사용된 반절(反切)이나 직음(直音) 등의 음주는 당시의 실제 어음(語音)을 구현했다고 볼 수 없다.[129)] 주자가 『논어집주』에서 이처럼 당대(當代)의 어음으로 음주를 달지 않고, 당대(唐代) 이전의 어음으로 음주를

---

128) 이재석, 「『四書章句集注』 音注의 訓詁學的 硏究」, 성균관대학교 박사논문, 1995.

129) 이재석, 앞의 논문, 4면 참조.

단 것은 음운(音韻) 자체보다 자의(字義)의 변별을 위해서 음주를 필요로 한 때문이다.[130] 그러므로 『논어집주』의 음주는 직접적인 자의 설명과 함께 자의를 변별하는 데 중요한 역할을 하여, 경우에 따라서는 직접 자의를 설명하지 않고 음주만으로 자의의 설명을 대신하는 경우도 있다. 결국 『논어집주』의 음주는 음운보다는 자의의 풀이에 관심을 둔다는 점에서 훈주(訓注)의 또 다른 형태라고 할 수 있을 것이다.

(2) 『논어집주』의 훈주(訓注) 방식

한자(어)와 문장의 의미에 대하여 풀이하는 훈주(訓注)는 경전주석에 있어서 보편적인 방식이다. 이 중 한자와 한자어의 의미를 고전에서 근거를 찾아 풀이하는 것이 훈고학(訓詁學)(漢學)의 주요 분야라면, 문장의 의미에 대하여 자신의 이념을 투영시켜 풀이하는 것은 의리학(義理學)(宋學)의 주된 방법이다. 주자는 경(經)에 주석을 달 때 훈고를 의리 못지않게 중시했다. 그러므로 『논어집주』의 훈주를 달 때에도 그의 이 같은 경학의 특징은 그대로 적용이 되고 있다.

일찍이 일본 학자 대규신량(大槻信良)은 『사서집주』의 훈주 방식을 4가지로 분류한 적이 있다.[131] 그러나 본고에서는 『논어집주』의 훈주 방식을 좀 더 세분화 하여 8가지로 나누어 파악하면서, 그 의미를 분석해 보기로 하겠다. 이에 필자가 분류한 『논어집주』에 나타난 주자의 훈주 방식을 차례대로 살펴보면 다음과 같다.('고'(古)는 송대 이전의 고주(古注), '근'(近)은 송대 성리학자들의 주, '신'(新)은 주자의 신주(新注)임)

---

130) 이 때문에 이재석은, 『사서집주』의 음주를 연구하면서 '음운 자체를 분석의 대상으로 삼지 않고, 훈고학적인 접근을 통해 음주를 분석하였다'라고 하였다.

131) 大槻信良은 『朱子四書集註典據考』(臺灣 學生書局, 民國65年)에서, 『사서집주』의 훈주 방식을 (1)古, (2)近, (3)古+近, (4)古+新 등으로 분류해 놓고 있다.

■ 고(古)–송대(宋代) 이전의 고주(古注)

① 한자(漢字)를 설명할 경우

『논어집주(論語集注)』「학이(學而)」1장의 주: "學之爲言, 效也."

『광아(廣雅)』「석고(釋詁)」: "學, 效也."

② 한자어(漢字語)를 설명할 경우

『논어집주(論語集注)』「학이(學而)」9장의 주: "愼終者, 喪盡其禮. 追遠者, 祭盡其誠. 民德歸厚, 謂下民化之, 其德亦歸於厚."

『논어집해(論語集解)』「학이(學而)」9장의 주: "愼終者, 喪盡其哀. 追遠者, 祭盡其敬. 君能行此二者, 民化其德, 皆歸於厚也."

①에서 보다시피 주자는 한자를 설명할 때는 종종 고주를 그대로 인용하곤 한다. 그러나 ②에서 보듯이 중요한 개념으로 쓰이는 경서 내의 한자어를 설명할 경우에는 고주에 근거하되 변용하는, 이른바 환골탈태(換骨奪胎)의 수법을 사용하였다.[132] 그러므로 얼핏 보면 이 단어들의 고전적 근거가 어디에 있는지 파악하기가 어렵다. 그러나 이처럼 자세히 분석해 보면, 주자는 『논어』의 각 경문마다 한자(어)를 설명할 경우 대부분 고주에서 인용하고 있으며, 그 인용의 범위는 유가의 십삼경(十三經)(의 고주) 뿐 아니라 『설문해자(說文解字)』, 『광아(廣雅)』, 『경전석문(經典釋文)』 같은 문자서(文字書)에서부터 『한서(漢書)』, 『진서(晉書)』, 『수서(隋書)』 같은 역사서, 『문선(文選)』 같은 문학서, 『노자(老子)』 같은 도가류에 이르기까지 매

132) 주자는 위진 시대 경학자들의 경전주석(이른바 古注)의 훈고학적 측면에 대해서는 그 가치를 인정하고 수용하기도 하였다. 예를 들어보면 다음과 같다. 『論語集注』卷十三「子路」, '善人爲邦'章의 注. "勝殘, 化殘暴之人, 使不爲惡也. 去殺, 謂民化於善, 可以不用刑殺也."; 『論語集解』卷十三「子路」, '善人爲邦'章의 王肅注. "勝殘, 殘暴之人, 使不爲惡也. 去殺, 不用刑殺也."

우 광범위하다.[133] 한자(어)의 의미에 대한 풀이로서의 이 같은 고주는 한대(漢代) 이래 훈고학의 주요 성과이다. 그러므로 『논어집주』의 이 부분은 주자 경학의 훈고학적 특징을 여실히 보여주는 지점이라 할 수 있다.

■ 근(近)—송대(宋代) 여러 유학자들

주자가 『논어집주』 내에서 '정자왈'(程子曰), '여씨왈'(呂氏曰), '범씨왈'(范氏曰)이라고 한 학자들의 경설(經說)을 말하는데, 주로 『논어정의』에서 인용한 11명의 도학자들을 가리킨다. 간혹 도학자가 아닌 송대 유학자들의 경설을 채택하기도 하지만, 『논어집주』에는 이들 11명의 도학자들의 논어설이 90% 이상을 차지할 정도로 비중이 크다.[134] 이 때문에 주자의 강력한 비판자였던 모기령(毛奇齡)은 주자의 경전주석서를 가리켜, '유가의 고전에서 그 근거를 구하지 않고 당대 동학들의 말만을 모아 놓았으니, 이는 송유(宋儒)의 서(書)이지 공자(孔子)의 서(書)는 아니다'[135]라고까지 했다.

■ 신(新)—주자의 신해석

『논어집주』를 주자의 독창적 저술로 가능케 하는 것은, 바로 주자의 독창적 해석이 『논어집주』 내에 있기 때문이다. 주자의 새로운 해석은 단어를 설명할 경우에 별다른 표시가 없으나, 문장의 뜻을 풀이할 경우는 '(此)言～', '愚謂(按)～'이라고 하여 주자 자신의 생각임을 분명히 나타내

---

133) 『논어집주』의 인용 전거를 고찰하는 데는 潘衍桐, 『朱子論語集注訓詁考』(『續修四庫全書』157, 經部 四書類, 上海古籍出版社)와 大槻信良의 『朱子四書集註典據考』(臺灣 學生書局, 民國65年)의 『논어집주』 부분이 좋은 참고가 된다.

134) 이에 대해서는 陳鐵凡, 「四書章句集注考源」, 『論孟論文集』, 61～63면을 참조할 것.

135) 毛奇齡, 『論語稽求篇』卷一(『文淵閣四庫全書』210, 經部204 四書類, 臺灣商務印書館), 135면. "宋朱氏註, 則又僅見何氏一書, 別無他據, 旁彙以同時學人之言.……先仲氏嘗曰: '此宋儒之書, 非夫子之書.'"

주고 있다. 주자 이후 주자의 경전 주석에 대하여 존숭을 하는 측이나 비난을 하는 측은 모두 이 주자의 새로운 해석을 문제 삼는 경우가 다반사였다. 예컨대 인(仁)을 주자는 '사랑의 이치, 마음의 덕'(愛之理, 心之德.)[136] 이라고 풀이하였다. 이는 종래 실천적인 사랑(愛) 정도로 풀이되던 '인'(仁)에 형이상학적 의미를 부여하기 위해 리(理)를 덧붙인 것으로, 주자의 이학적(理學的) 체계를 잘 반영해 낸 해석이다.

그러나 주자에 대해 비판적 입장에 서 있는 학자들은 인에 대한 주자의 이 같은 해석은 공맹(孔孟)의 본지가 아니라고 비판하였다. 심지어 이러한 이학적 해석은 선학(禪學)에 경도된 것이며[137] 더 나아가 사람의 정감을 질식시켜 죽음에까지 이르게 한다고 비난하였다.[138]

이러한 비난에 직면하기 전의 주자학자들은 주자의 해석을 가리켜 천고(千古)의 끊어진 학문의 단서를 이은 것이라고 극찬하였다. 그러나 청대(淸代)에 들어와서 주자에 비판적인 일부 학자들이 주자 경설을 이처럼 비판하자, 청대의 주자학자들도 주자에 대한 단순한 존숭에서 탈피하여 주자 경학의 고전적 근거를 찾아서 반박하곤 하였다.[139]

■ 고(古)+고(古)

앞 단락에서 주자는 고주를 인용할 때, 원문대로 인용하는 경우도 있지만 대체로 변용하여 인용한다고 하였다. 고(古)+고(古)는 그 변용의 한

---

136) 『論語集注』, 「學而」2장.

137) 錢大昕, 『十駕齋養新錄』卷3, 江蘇古籍出版社, 2000, 48~49면.

138) 청대 경학가 戴震(1724~1777)은 주자학을 비판하면서, '理로써 사람을 죽인다'(以理殺人)고 하였다.

139) 청말의 경학가인 陳澧은, 주자의 인에 대한 이 같은 해석은 無에서 창조된 것이 아니라, 以經釋經과 類推에 의해서 만들어진 것이라고 하였다.(陳澧, 『東塾讀書記』, 三聯書店, 1998, 29면) 진풍의 이러한 말은 주자의 독창적 주석도 그 근원을 따져 들어가면 반드시 전거가 있다는 의미이다.

방식으로, 다음에 예에서 보듯이 각기 다른 고전에서 원용하여 이를 합해서 한 단어를 설명해 내는 것이다.

『논어집주(論語集注)』「위정(爲政)」4장의 주: "心之所之, 謂之志."

(古) 『설문해자(說文解字)』: "志, 從心, 之聲.".

(古) 『모시(毛詩)』「서문(序文)」: "詩者, 志之所之也. 在心爲志." 朱子據此而修之.[140)]

■ 고(古)+근(近)

고(古)+근(近)은 한 단어를 설명할 때, 당대(唐代) 이전의 고주와 송대(宋代) 유학자들의 주석을 합해서 주석을 다는 방식이다.

『논어집주(論語集注)』「이인(里仁)」5장의 주: "造次, 急遽苟且之時."

(古) 『논어집해(論語集解)』「이인(里仁)」5장의 마융주(馬融注): "造次, 急遽."

(近) 『논어정의(論語精義)』「이인(里仁)」5장의 여대림주(呂大臨注): "造次, 苟且之時." 朱注合之而修[141)]

■ 고(古)+신(新)

고(古)+신(新)은 중요한 개념을 설명할 때, 고주에 근거를 두되 자신의 이학적(理學的) 체계에 의해 변용하여 주석을 다는 방식이다.

『논어집주(論語集注)』「학이(學而)」, '예지용'(禮之用)장의 주: "禮者, 天理之節文, 人事之儀則."

(古) 『예기(禮記)』, 「방기(坊記)」제30: "禮者, 因人之情, 而爲之節文."

(新) 인정(人情)의 절문(節文)으로서의 예(禮)를 고주(古注)에서 인용하

---

140) 大槻信良, 『朱子四書集註典據考』, 19면.

141) 大槻信良, 『朱子四書集註典據考』, 52면.

되, 이를 주자 자신의 이학적(理學的) 사유(天人一理의 사고)에 근거하여 천리(天理)와 연계시켜 설명해 냄.[142)]

■ 근(近)+근(近)

중요한 개념 내지 문장을 설명할 때, 송대 유학자(주로 도학파 계열)들의 경설을 동시에 인용하여 주석을 다는 방식이다.

『논어집주(論語集注)』「팔일(八佾)」5장의 주:

(近) 程子曰: "夷狄, 且有君長, 不如諸夏之僭亂, 反無上下之分也."

(近) 尹氏曰: "孔子傷時之亂而歎之也. 無, 非實無也, 雖有之, 不能盡其道爾."

■ 근(近)+신(新)

앞서 언급했듯이 주자는 『논어집주』 내에서 송대 도학파의 주석을 대거 인용한다. 그런데 그 인용의 방식에 있어서 원문을 그대로 전재하는 경우도 있지만, 중요한 개념일 경우 다음의 예처럼 송대 도학자들의 주석에 의거하되 자신의 이학적 관점을 투영시켜 변용하는 방식을 택한다.

『논어집주(論語集注)』「팔일(八佾)」13장의 주: "天卽理也."

(近) 『논어정의(論語精義)』「팔일(八佾)」13장의 양시주(楊時注): "媚竈非理也. 逆天而動, 則得罪於天矣. 天者, 理之所自出也. 得罪於天, 尙安所禱乎?"

(新) 『논어집주(論語集注)』「팔일(八佾)」13장의 주: "天卽理也, 其尊無對, 非奧竈之可比也. 逆理, 則獲罪於天矣, 豈媚於奧竈所能禱而免乎?"

---

142) 주자는 유학의 본령인 윤리학을 지키면서 본체론과 인성론을 아우르는 혁신적인 해답을 마련하는 데 전력을 쏟았다. 그리고 그 해답을 인간의 문제(심성과 윤리적 가치)를 인간 밖의 전체로서의 본체(天理)와 밀접하게 연결시키는 것에서 찾았다. 이것이 곧 天人一理, 性卽理의 이학적 사유체계이다.(한형조, 『주희에서 정약용으로』, 세계사, 1996, 23~26면)

원시유가에서 하늘은 곧 상제(上帝)를 지칭하며 리(理)는 사물의 조리(條理) 정도의 의미였다. 송대에 와서 이 둘의 결합이 시도되었을 때, 그 처음은 양시(楊時, 1053~1135)의 주장처럼 천은 리(理)를 낳는 원천으로 인식되었다. 어디까지나 천(天)은 생성자이고 리(理)는 피생성자인 수직관계였던 것이다. 그러나 주자에 이르러 이는 동등한 수평관계인 '성즉리'(天卽理)로 재정립된다. 리(理)를 중시하는 주자의 이학적 관점이 이러한 해석을 가능케 했다. 앞서 언급한 주자의 신해석(新解釋)과 이 같은 방식의 주석은 곧 주자학적 이념(의리)의 기저로서 주자 경학의 정수이다. 그러므로 『논어』의 주요 개념에 대한 주자의 신해석이 후대에 반발과 옹호의 소용돌이에 놓였던 것처럼, 송대 도학자들의 주석에 의거하되 주자 자신의 이학적 관점을 투영시켜 변용하는 이러한 방식의 해석 역시 후대에 비판[143]과 그 비판에 대한 역비판[144]을 불러일으키곤 하였다.

이상으로 우리는 주자가 『논어집주』에서 구사한 다양한 방식의 주석 형태를 고찰해 보았다. 그 결과 『논어집주』 내에는 송대 도학파의 『논어』설을 기반으로 한 주자의 이학(理學) 사상–주자학적 의리–이 투영되어 있었으며, 아울러 고주의 훈고가 다양한 방식으로 원용됨을 알 수 있었다. 이는 결국 주자가 의리와 훈고라는 경학의 주석 방식을 『논어집주』 내에서 투철하게 반영해낸 것이라 할 수 있다.

---

143) 錢大昕, 『十駕齋養新錄』卷3, 「天卽理」. "宋儒謂性卽理, 是也. 謂天卽理, 恐未然. '獲罪於天, 無所禱', 謂禱于天也, 豈禱于理乎? 詩云: '敬天之怒, 畏天之威.' 理豈有怒與威乎? 又云: '敬天之渝' 理不可言渝也. 謂理出于天則可, 謂天卽理則不可."

144) 崔述, 『論語餘說』. "按朱子論語集注精實切當, 多得聖人之旨, 遠非漢晋諸儒之所能及.……論語云: '獲罪於天, 無所禱也.' 註云: '天卽理也, 逆理則獲罪於天矣.' 說者云: '天者, 上帝之稱, 以理爲天, 非也.' 按朱子集注, 凡正釋其意者, 皆云: '某, 某也.' 若云: '某則某也, 某猶某也.' 皆非本字之義, 乃推明其意, 使人易曉耳. 蓋天冲漠無朕, 獲罪與否, 無可徵者. 故指理以明之, 但有悖於理, 卽獲罪於天, 非謂理爲天也. 正如今人所云: '心卽神, 神卽心, 若是欺心, 便是欺神'者, 豈遂謂其不必祭神, 但當祭心乎哉! 若以此駁朱子, 則前人之註, 無一非可駁者矣."

그러면 다음으로 주자의 『논어집주』의 이러한 특징이 경학사적으로 어떻게 계승되어 나갔는지에 대하여 살펴보기로 하겠다.

2) 『논어집주』의 경학사적 계승 양상

『논어집주』의 경학사적 계승 양상은 두 방향에서 고찰해야만 할 것이다. 첫째는 주자가 송대 이전 경학자들의 『논어』 주석에서 어떤 면을 비판적으로 계승하고 있는가라는 점이며, 다음은 주자 이후 한중(韓中) 경학사(經學史)에서 『논어집주』의 경학적 특징을 경학자들이 어떻게 계승해 나갔는가라는 점일 것이다. 이 두 가지 고찰이 병행되어야만 『논어집주』의 계왕개래(繼往開來)적 특징이 선명하게 부각될 것이기 때문이다. 그러면 먼저 송대 이전 『논어』 주석에 대한 주자의 비판적 태도와 계승적 측면을 살펴보기로 하겠다.

(1) 송대 이전 『논어』 주석에 대한 주자의 비판과 계승

『논어집주』 이전의 『논어』 주석서는 60여 종을 상회한다.[145] 그러나 대부분 실전되었으며,[146] 비교적 완전한 상태로 남아 전해지는 『논어』 주석서는 6권 정도–정현(鄭玄)의 『논어정씨주(論語鄭氏注)』, 하안(何晏)의 『논어집해(論語集解)』, 황간(皇侃)의 『논어의소(論語義疏)』, 한유(韓愈)의 『논어필해(論語筆解)』, 형병(邢昺)의 『논어주소(論語注疏)』, 진상도(陳祥道)의 『논어전해(論語全解)』–에 불과하다. 주자의 송대 이전 『논어』 주석에 대한 비판과 계승을 살펴보기 위하여, 먼저 이들 주석이 가지고 있는 특징들을 일별해 보기로 하

---

145) 이 숫자는 程樹德, 『論語集釋』四, 「徵引書目表 · 論語類」(中華書局, 1381~1383면)에 근거하였다.

146) 현재 우리는 실전된 『논어』 주석의 흔적을 清代 馬國翰(1794~1857)이 편집한 『玉函山房輯佚書』에서 찾아볼 수 있다.

겠다.

■ 정현(鄭玄)의 『논어정씨주(論語鄭氏注)』

현재 우리가 볼 수 있는 최고(最古)의 『논어』 주석서는 정현(鄭玄, 127~200)의 『논어정씨주(論語鄭氏注)』[147)]이다. 『논어정씨주』의 특징은 첫째 훈고와 명물제도에 대한 해석이 중심[148)]이며, 둘째 초역사적 인물이 아닌 역사 속의 현실적 인간으로서의 공자를 묘사한 데서 찾을 수 있다.[149)] 특히 정현의 문자 훈고를 통한 훈고학적 경전 주석의 방식은 경학사상의 중요한 공헌으로 역대 경학가들의 표준이 되었다.[150)]

■ 하안(何晏)의 『논어집해(論語集解)』

하안(何晏, 193~249)의 『논어집해(論語集解)』는 현재는 찾아볼 수 없는 한대(漢代) 경학가들의 논어설을 대량으로 모아 놓았기 때문에[151)] 십삼경

---

147) 鄭玄의 『論語』 註釋은, 魏晋南北朝 시기에 北朝에서 매우 중요시 되어 광범위하게 유포되었으며, 南朝에서는 何晏의 『論語集解』가 중시되었다. 隋代에 이르러 何晏과 鄭玄의 논어주가 동시에 존중되었는데, 鄭玄의 『論語』 註釋이 보다 더 중시되었다. 그러나 정현의 『논어』 주석은 五代 이후에 사라지기 시작하여, 宋代에는 완전히 실전되었다. 이후 南宋末의 학자인 王應麟에 의해 鄭玄의 『논어』 주석에 대한 輯本이 만들어지기 시작한 이래, 淸代에 이르기까지 정현의 『논어』 주석에 대한 집본은 다양한 형태로 이루어졌다. 그러다가 20세기 초 敦煌의 석굴과 신강성 위구르 지방의 吐魯番 唐墓에서 唐寫本 『論語鄭氏注』 殘卷이 발견됨으로써, 비교적 완정된 형태의 『논어정씨주』가 세상에 다시 빛을 보게 되었다.(오늘날 이 당사본 『논어정씨주』에 대한 교감과 정리, 그리고 연구논문을 보려 한다면 王素, 『唐寫本論語鄭氏注及其硏究』(文物出版社, 1991)가 좋은 참고가 된다.)

148) 錢大昭, "鄭司農, 深通六經 而先明訓詁."(方東樹, 『漢學商兌』卷中之下, 臺灣商務印書館, 民國75年, 98면에서 재인용) ; 金谷治, 「鄭玄與論語」, 『唐寫本論語鄭氏注及其硏究』, 文物出版社, 1991, 219면 참조.

149) 金谷治, 앞의 논문, 227~228면 참조.

150) 嚴正, 「鄭玄經學思想述評」, 『經學今詮續編』, 遼寧教育出版社, 2001, 428면 참조.

151) 하안의 『논어집해』에 인용된 제가의 수는 하안 자신을 포함하여 8명이다. 그 인용 빈도 순에 따라 정리하면 孔安國(473조), 包咸(194조), 馬融(133조), 鄭玄(111조), 王肅(36조), 周生烈(13조), 陳羣(3조), 何晏(136조)이다.(月洞讓, 「關於論語鄭氏注」, 『唐寫本

주소(十三經注疏)의 저본으로 채택될 정도로 『논어』 주석사에서 중요한 저작이다. 그 중요성으로 인해 『논어』 주석사에서는 주자의 『논어집주』를 신주(新注)라 하는 데 비해 『논어집해』를 고주(古注)라 한다. 『논어집해』-하안이 주석한 부분-의 가장 큰 특징은 현학적(玄學的) 경학[152]의 대표적 주석이라는 점이다. 이는 한대의 정현을 대표로 하는 훈고적 경학과는 근본적인 차이가 있으며, 경학사에 있어서 획기적인 변화로 『논어집주』가 나오기 전에 여타의 『논어』 주석에 막대한 영향을 끼쳤다.

■ 황간(皇侃)의 『논어집해의소(論語集解義疏)』

황간(皇侃, 488~545)은 『논어집해의소(論語集解義疏)』에서 한(漢)의 공안국(孔安國)에서 진(晋)의 곽상(郭象)에 이르기까지 30여 가(家)의 논어설을 회집(會集)하였는데, 특히 왕필(王弼, 226~249)과 곽상(郭象, 252~312) 같은 위진 시대 학자들의 주석을 중시하였다. 당연히 황간의 『논어집해의소』는 하안의 『논어집해』에 비해 현학적 경향이 더욱 강화된 점을 그 특징으로 들 수 있다. 한편 『논어집해의소』의 또 다른 중요한 경학적 특징은, 불교의 이념으로 유가의 경전을 설명코자 하는 이불석유(以佛釋儒)의 경향이다.[153] 이는 황간이 유교를 정교(正教)가 아닌 외교(外教)로 파악한다거나, 유교는 현실에 기반을 둔 윤리학을 그 근간으로 하기 때문에 초월

論語鄭氏注及其硏究』, 180~181면 참조)

152) 玄學的 經學이란 유가와 도가를 융합하는 新道家思潮로서, 그 주된 특징은 유가의 경전을 해설할 때 노장사상의 주요 개념을 원용하는 것이다. 그러므로 이들이 유가의 경전을 해석한다는 것은, 유가경전의 의미를 소통시키는 데 중점을 두지 않고 자신들의 현학적 입장을 천명하는 데 있다.(矛鍾鑒, 「魏晉南北朝時期的經學」, 『中國經學史論文選集』上冊, 文史哲出版社, 民國81年, 457~458면) 예컨대 何晏이 道家思想의 중심 개념인 無를 人性과 天道의 본체로 삼아 『논어』의 '天'을 이해하는 것은, 바로 현학적 경학의 대표적 경우라고 할 수 있다.(張文修, 「正始時期經學的玄學化」, 『經學今詮初編』, 遼寧教育出版社, 2000, 452~454면)

153) 孫述圻는 「論皇侃的『論語義疏』」(『中國經學史論文選集』上冊, 612면)라는 논문에서, 이 점을 황간 『논어의소』의 가장 큰 특징으로 들고 있다.

적 세계에 대한 형이상학적 이념이 부재하다고 비판하는 데서 잘 드러난다.[154]

■ 한유(韓愈)의 『논어필해(論語筆解)』

『논어필해(論語筆解)』는 당송팔대가의 한 사람인 한유(韓愈, 768~824)와 그의 제자이자 송대 성리학의 중요 서적인 『복성서(復性書)』의 저자 이고(李翺, 772~841)와의 합작품이다. 『논어필해』는 의리 위주의 주석서로서 성리학의 형이상학적 이념인 성(性)과 천도(天道)의 일리(一理)를 주장하는 내용이 그 해석에 등장하며, 이는 후일 송유들의 『논어』 주석에 일정하게 영향을 미쳤다.[155]

■ 형병(邢昺)의 『논어주소(論語注疏)』

형병(邢昺, 932~1010)의 『논어주소』는 하안(何晏)의 『논어집해(論語集解)』를 그 저본으로 했기 때문에 당연히 현학적 색채를 띠고 있다. 그러나 한편으로 『논어주소』는 이학적(理學的) 경학의 한 형태인 정통(正統)과 이단(異端)을 구분하는 내용[156]을 실어 놓고 있다는 점에서, 위진 시대 『논어』 주석과 송대 『논어』 주석의 가교 역할을 하였다.[157]

■ 진상도(陳祥道)의 『논어전해(論語全解)』

진상도(陳祥道, 1053~1093)의 『논어전해(論語全解)』의 특징은 『논어』를 해

---

154) 『論語義疏』第六, 「先進」11장의 皇侃注. "外教無三世之義, 見乎此句也. 周孔之教, 唯說現在, 不明過去未來."

155) 이에 대한 자세한 분석은, 王明蓀의 「『論語筆解』試探」(『中國經學史論文選集』上冊)과 이기윤의 「『論語筆解』의 解釋學的 理解」(성균관대 석사논문, 1996)를 참고할 것.

156) 『論語注疏』, 「爲政」 '攻乎異端'章. "此章禁人雜學攻治也. 異端謂諸子百家之書也, 言人若不學正經善道, 而治乎異端之書, 斯則爲害之深也."

157) 楊向奎, 「唐宋時代的經學思想」, 『中國經學史論文選集』上冊, 653~655면.

석함에 도가의 설에 의존한 점을 들 수 있는데, 『노자』에 의거하여 『논어』를 해석한 곳이 20여 항목, 『장자』에 의거하여 『논어』를 해석한 곳이 30여 항목이나 된다. 그러므로 『논어전해』 역시 현학적 경향이 강하다고 할 수 있다.[158)]

이상에서 살펴본 『논어』 주석서들의 경학적 특징은 주자의 『논어집주』에 어떤 영향을 미쳤을까? 주자는 송대 도학파의 『논어』 주석에 대해서는 언급을 많이 하고 있지만,[159)] 한당(漢唐) 제유(諸儒)들의 『논어』 주석에 대해서는 그 호오(好惡)를 거의 이야기하지 않았다. 그러나 우리는 한당 유학자들의 학문적 성향에 대한 주자의 평가에서 이들의 『논어』 주석에 대한 주자의 생각이 어떠했는지를 미루어 짐작할 수 있다.

주자의 한당 유학자들에 대한 평가는 양면을 지니고 있다. 우선 주자는 맹자 이후 공맹(孔孟)의 도가 끊어졌다고 말하였다. 이는 한당의 유자들이 유가의 도를 제대로 계승하지 못했다는 비판인데, 그 비판의 핵심은 이들이 공맹의 현실적이고 실천적인 도를 버리고 노장(老莊), 불교(佛敎), 문사(文詞)에 빠졌다는 데 있다. 특히 한 이후의 유자들은 이단인 노장의 설에 매몰된 경향이 심하다고 비판하였다.[160)] 주자의 이러한 비판은 위에서 언급한 『논어』 주석에 대한 간접 비판이라고 할 수 있다. 왜냐하면 위에 언급한 『논어』 주석들은 정현의 『논어정씨주』를 제외하고는 주자의 이 비판에서 벗어날 수 있는 주석이 없기 때문이다. 특히 주자 이전의 대표적인 『논어』 주석인 하안의 『논어집해』는 도가사상을 기반으로 하는

158) 芝木邦夫, 「陳祥道 『論語全解』」, 『論語の思想史』, 汲古書院, 1994, 221～222면.

159) 특히 『주자어류』를 보면, 二程子와 謝良佐의 『論語解』에 대하여 찬탄을 많이 하고 있다.

160) 『朱子語類』卷122. "自孟子後, 聖學不傳, 所謂'軻之死不得其傳'. 如荀卿說得頭緒多了, 都不純一. 至揚雄所說底話, 又多是老莊之說. 至韓退之喚做要說道理, 又一向主於文詞. 至柳子厚却反助釋氏之說. 因言異端之敎, 漢魏以後, 只是老莊之說."

현학적 경학의 대표적 주석서로서, 여타의 『논어』 주석에 심대한 영향을 끼쳤다. 그래서 위 단락에서 언급했다시피 주자 이전의 『논어』 주석서는 정도의 차이는 있을지언정 대부분 현학적 색채를 띠고 있는 것이다. 주자가 한당의 유자들의 학문적 성향을 비판할 때 노장에 물든 사조를 가장 심각하게 비판했음을 상기해 본다면, 현학적 경향을 띠고 있는 이 『논어』 주석들의 내용에 대해서 좋게 생각했을 리가 없다.

그러면 주자의 『논어집주』는 그 이전의 『논어』 주석에서 계승한 것이 전혀 없는가? 주자는 한당 유자들의 『논어』 주석의 내용 즉 의리에 대해서는 매우 비판적이었지만, 그들이 남긴 『논어』 주석서의 음독과 훈고, 명물과 제도에 대한 고찰에 대해서는 매우 긍정하고 가치를 적극적으로 부여하고 있다.[161] 그랬기 때문에 앞에서 고찰했던 것처럼 『논어집주』에서 경문의 음주와 훈주를 달 때 이들이 남긴 주소(注疏)를 적극 원용할 수 있었으며,[162] 한편으로 문하생들에게도 이들이 남긴 주소를 읽으라고 가르칠 수 있었던 것이다.[163] 이처럼 주자의 경학 세계에 있어서 훈고는 그가 내세운 의리 못지않게 중요한 축이라 할 수 있다.[164]

---

161) 朱子曰: "邢昺論語疏, 集漢魏諸儒之說. 其於章句訓詁名物之際, 詳矣. 學者讀是書, 其文義名物之詳, 當求之注疏, 有不可略者."(方東樹, 『漢學商兌』下, 142면에서 재인용)

162) 『朱子語類』卷11. "某所集注論語, 至於訓詁皆子細."

163) 『東塾讀書記』十五, 「朱子書」, 301면. "朱子「論語訓蒙口義序」云: '本之注疏以通其訓詁, 參之釋文以正其音讀. 然後會之於諸老先生之說, 以發其精微.' 「論語要義目錄」序云 ; '其文義名物之詳, 當求之注疏, 有不可略者.'……『朱子語類』云: '今世博學之士, 不讀正當底書, 不看正當注疏.' 朱子自讀注疏, 教人讀注疏, 而深譏不讀注疏者如此. 昔時講學者, 多不讀注疏, 近時讀注疏者, 乃反訾朱子, 皆未知朱子之學也."

164) 주자가 이처럼 『논어정씨주』 이래 사라진 훈고학적 전통을 그의 『논어집주』 내에서 반영해낸 것은 그의 사상과 밀접한 관련이 있다. 주지하다시피 주자 사상의 구성은 尊德性(심성 수양)과 道問學(지식 추구)이라는 두 개의 축으로 이루어져 있는데, 존덕성과 도문학의 공통점은 그 목적이 모두 道體(理, 性)를 찾아 회복하는 데 있다. 그러나 이러한 공통점에도 불구하고, 방법론적인 면에서 차이가 난다. 주자가 『중용장구』27장의 주에서 "尊德性, 所以存心而極乎道體之大也. 道問學, 所以致知而盡乎道體之細也."라고 말했듯이, 존덕성은 심성을 수양하고 보존하는 데서 도체의 본원적인 측면을, 도문학은

결론적으로 주자는 『논어집주』를 저술하면서 한당 제유들의 『논어』 주석 중 그 의리는 비판하고 훈고는 적극 계승하였다. 그리하여 한당의 훈고적 성과에다가 자신의 이학적 체계를 내용으로 하는, 훈고와 의리가 종합된 『논어집주』라는 주석서를 완성할 수 있었다.

⑵ 송대 이후 경학가들의 『논어집주』 계승 양상

주자 이후 『논어집주』에 대한 후대 경학가들의 계승은 다양한 양상을 띠고 있는데, 우선 살펴보아야 될 것은 후기 주자학파의 『논어집주』에 대한 계승 태도일 것이다. 먼저 결론을 말하자면 주자 이후의 주자학파는 『논어집주』의 의리적 측면에만 주목하고 훈고적 면모는 계승하지 못했다. 이렇게 된 것은 주자 이후 중국 유학사의 전개와 깊은 관련이 있다. 주지하다시피 주자 당대에 이미 유학의 내부에 주자학과 대립적 위치에 서 있는 상산학(象山學)이 있었으며, 원(元)을 지나 명대(明代)에 이르면 주자학이 비록 관학(官學)이었지만 사상의 주류는 양명학이었다. 이 육왕학(陸王學)이 주자학과 가장 첨예하게 대립하는 부분은 바로 존덕성과 도문학의 관계 정립에 관한 기준이다. 앞서 언급했듯이 주자학이 양자의

앎을 극진히 하는 것을 통해 도체의 세밀한 부분을 파악하고자 한다. 위진의 사상사조인 도가와 불가, 그리고 육왕학의 경우, 인간 내면의 심성을 중시하는 경향 때문에 '존덕성'을 높이는 반면, 도문학은 상대적으로 경시한다.

그런데 주자는 존덕성만을 중시하는 이러한 일체의 사상이 원시유가의 현실 중시적 태도를 벗어난 것으로 異端에 경도될 가능성이 다분하다고 하여 배격한다. 그리고 나서 상대적으로 경시되었던 도문학을 존덕성과 동등한 위치의 개념으로 격상시켜 중시하게 된다. 이러한 도문학은 사물과 현상에 대한 지식을 추구하기 때문에, 이른바 지식을 중시하는 지식주의의 입장에 가깝다고 할 수 있다. 주자 이전 『논어』 주석들의 내용이 도가와 불가의 영향을 받았음을 상기한다면, 이들 『논어』 주석들은 곧 존덕성의 측면에 치중한 것이다. 주자는 자신의 사상체계에 비추어, 이단으로 흐를 소지가 있는 이러한 『논어』 주석에 심각한 우려를 했다. 그리하여 자신이 저술하는 『논어』 주석에서, 자신의 사상체계에서 도문학을 제고시켰듯이, 도문학적 성향을 불어넣을 필요를 느꼈을 것이다. 그런데 경전 주석에서의 도문학 즉 지식의 추구란 곧 유가 고전의 注疏에 관한 지적인 탐구를 의미하며 이러한 탐구의 구체적 내용은 곧 훈고로 연결된다. 주자의 『논어집주』에서 훈고가 발달하게 된 사상적 기저는 바로 여기에 있다고 할 수 있다.

공존을 꾀하는 반면 육왕학은 존덕성의 우위를 주장한다.[165] 그런데 명대에는 양명학이 융성했던 관계로 주자학도 그 영향권에서 벗어나지 못했기 때문에 심학적(心學的) 성향이 강했다. 더구나 왕양명이 '주자만년정론'(朱子晩年定論)이라는 글을 통해 주자도 말년에는 도문학(道問學)을 버리고 존덕성(尊德性)으로 회귀하였다고 주장하자, 주자학파에서는 '벽이단'(闢異端)의 차원에서 왕양명의 이 주장을 반박-이른바 주륙동이논쟁(朱陸同異論爭)-하기에 힘썼다. 당연히 주자학파에서는 소소한 훈고에 눈을 돌리기보다는 주자학적 의리를 천발(闡發)하는 데 더욱 신경을 쓰게 되었다. 그 결과 명대 주자학파의 『논어집주』에 대한 주소(注疏)인 『논어집주대전(論語集注大全)』, 『논어명유대전정의(論語明儒大全精義)』, 『논어집주천미직해(論語集注闡微直解)』에는 이 같은 사상사적 동태가 그대로 반영되어, 주자가 중시하던 훈고에 대한 탐구는 거의 없고 의리에 대한 천착만이 보인다. 명대 주자학파의 『논어집주』 소학(疏學)이 보여주는 이러한 양상은 청대(清代) 주자학파에도 그대로 지속된다.[166] 그리고 이러한 양상은 오늘날에도 이어져, 중국의 주자 경학 연구자들도 주자 경학을 연구함에 있어서 종종 그 내용(의리) 분석에만 몰두하고 훈고성은 무시하거나 폄하하곤 한다.[167]

이상에서 논했듯이 명청대 주자학파가 『논어집주』의 훈고적 측면을 계승하지 못했다면, 경학사에서 주자의 이러한 훈고 중시의 정신은 사라져 버렸는가? 필자가 고찰하기에 동아시아 경학사에서 적어도 청대 고증학

---

165) 이 때문에 육왕학파는 주자학의 도문학 중시의 경향을 가리켜 '支離'하다고 비판하며, 주자학파는 양명학파의 존덕성 중시의 폐단을 가리켜 '簡易'하다고 비판한다.

166) 淸의 朱子學者 陸隴其(1630~1693)의 『松陽講義(『論語』條)』(『四庫全書』所收)와 王掞(1645~1728)이 편찬한 『朱注發明』(『四庫未收書輯刊』肆輯)을 보면, 『논어집주』의 훈고학적 측면은 방기하고 그 내용적 측면에만 천착하고 있다.

167) 현대 중국의 주자 경학 연구서의 효시인 邱漢生의 『四書集注簡論』(中國社會科學出版社, 1980)을 보면 이 점이 매우 잘 드러나 있다.

자들의 일부, 그리고 조선의 퇴계와 실학파의 일부 학자들은 『논어집주』에 반영된 주자의 훈고 중시의 정신을 계승했다고 여겨진다. 이에 차례대로 그 계승 양상을 살펴보기로 하겠다.

① 청대 고증학자들의 『논어』 주석

주자학과 고증학의 관계가 단절이냐 연속이냐 하는 점에 대해서는 현대의 학자들 사이에 의견이 분분하지만,[168] 주자 자신은 일찍이 고증에 대하여 하나의 공부 방법으로 인정하고 매우 좋아했음을 고백한 적이 있다.[169] 여영시(余英時)의 연구에 의하면, 주자학이 가지고 있는 도문학적(道問學的) 정신-여영시는 이를 지식주의(智識主義)라 한다-이 바로 청대 경전 고증학에 계승되었다고 한다.[170]

앞서 언급했듯이 『논어집주』에서 주자가 제시한 의리적 측면은 후대 주자학파에 의해 계승 발전되었다. 그러나 주자 경학의 훈고학적 측면은 여영시의 주장처럼, 흔히 반주자학파라고 일컬어지는 청대 고증학파 경학가들 중의 일부에 의해 그 정신이 계승되었다고 여겨진다. 이는 방동수(方東樹, 1722~1851)가 청대 염약거(閻若璩, 1636~1704)의 『사서석지(四書釋地)』와 강영(江永, 1681~1762)의 『향당도고(鄕黨圖考)』를 거론하면서, 『논어집주』의 고증학적 측면을 충실하게 계승했다는 점에서 바로 '주자(朱子)의 공신(功臣)'[171]이라고 평가한 데에서도 확인할 수 있다.

---

168) 胡適과 梁啓超는 고증학이 주자학에 대한 전면적인 반동에 의해 일어났다고 주장하며, 錢穆이나 馮友蘭은 고증학은 주자학의 연속선상에 있다고 하였다.

169) 『朱子文集』卷54, 「答孫季和」. "讀書玩理外, 考證又是一種工夫.……向來偶自好之, 固是一病, 然亦不可謂無助."

170) 余英時, 「從宋明儒學的發展論淸代思想史」, 『論戴震與章學誠』, 三聯書店, 2000.(이 글은 정인재 교수에 의해, 「宋明儒學의 主知主義 傳統」(『철학회지』제5집, 영남대 철학과)이라는 제목으로 번역되었음)

171) 方東樹는 『漢學商兌』卷下에서 "按四書釋地, 鄕黨圖考, 誠爲朱子功臣."이라고 하였다.

② **조선전기 퇴계의 『논어석의(論語釋義)』**

현재 기록에 남아 있는 우리나라 최초의 『논어』 주석서는 고려후기 김인존(金仁存)이 지은 『논어신의(論語新義)』이다.[172] 이 책은 이미 조선 전기에 실전되어 서명만 남아 있으며, 이후 퇴계 이황에 이르기까지 『논어』에 대한 독립된 저서는 나타나지 않는다. 그러므로 현존하는 우리나라 최초의 『논어』 주석서는 바로 퇴계(退溪)의 『논어석의(論語釋義)』이다. 석의(釋義)는 구결(口訣)과 언해(諺解)의 중간 단계로서, 중요 단어나 난해 어구에 대한 풀이를 그 주석 내용으로 하고 있다. 때문에 『논어석의』에는 경전의 훈고가 풍부한데 경문(經文), 주자주(朱子注), 소주(小注)에 대한 훈고로 이루어져 있다. 또한 훈고는 국문 풀이, 한문 풀이, 국문과 한문을 혼용한 풀이로 이루어져 있다. 『논어석의』에 나타나는 이 같은 훈고적 성향은 무엇보다도 어구 풀이를 핵심으로 하는 '석의'(釋義)라는 주석 양식 때문일 것이다. 그렇지만 또 한편으로는 당시 조선의 주자학적 경학은 이제 막 걸음마를 시작했기 때문에[173] 퇴계는 경문, 주자주, 소주의 본뜻을 탐구하기 위해서는 훈고의 학문이 요청된다는 사실을 깊이 이해하고 훈고학의 방법을 경전의 석의에 도입한 것이다.[174] 여하튼 주자학파의 경설에 대한 훈고라는 점에서 퇴계의 『논어석의』는 『논어집주』 훈고학의 계승이라 할 만하다.

퇴계의 이러한 훈고 중심의 『논어』 주석은 그의 직전 제자인 이덕홍(李德弘, 1541~1596)이 남긴 『논어질의(論語質疑)』에서도 어느 정도 계승이 되고 있다.[175] 그러다가 조선 후기에 이르러 이러한 훈고학적 논어학은 실

---

172) 金烋, 『海東文獻總錄』, 學文閣 影印本, 1969, 326면.

173) 이는 『한국경학자료집성』 소재 『논어』 주석의 목록을 일별해 보는 것으로 바로 확인이 되는데, 조선의 『논어』 주석은 퇴계와 율곡 이후, 즉 17세기에 들어와서 비약적으로 그 양이 증가한다.

174) 심경호, 「퇴계와 다산」, 『퇴계학과 한국문화』33, 경북대학교 퇴계학연구소, 2003, 110면.

175) 『論語質疑』, 「里仁」, '不仁'장. "樂處, 樂, 卽逸樂之樂, 非眞樂也. 所理, 理謂治也. 死

학파라 칭해지는 일군의 경학자들에 의해 재현되었다.

③ 조선 후기 실학파의『논어』주석

조선 후기 실학파의『논어』주석에서『논어집주』의 훈고적 성향에 주의를 기울인 학자는 이익(李瀷)과 정약용(丁若鏞)이다. 이익은 주자가 전대의 경설을 두루 수집한 것에 주목하였으며,[176] 정약용은 경전의 의리에서 주자와 견해를 달리하는 부분이 있었지만, 경전의 훈고에서는 주자 경설의 훈고적 측면을 수용하였다.『논어』「학이(學而)」15장의 '여절여차(如切如磋), 여탁여마(如琢如磨)'에 대하여 형병(邢昺)은 "동물의 뼈는 '자른다'(切)하고, 상아는 '간다'(磋)하며, 옥은 '쫀다'(琢)하고, 돌은 '간다'(磨)고 한다."고 주를 달았고, 주자는 "뼈와 뿔을 다스리는 자는 이미 절단한 다음 다시 그것을 갈고, 옥(玉)과 보석(寶石)을 다스리는 자는 이미 쪼아 놓은 다음 다시 그것을 가니, 다스림이 이미 정(精)한데 더욱 그 정(精)을 구한다."고 하였다. 이에 대해 정약용은 주를 내기를, "(형병의 글은) 본래『이아(爾雅)』「석기(釋器)」의 글이다. 그러나 뼈는 갈지 않을 수 없고, 뿔도 자르지 않을 수 없다. 옥은 갈지 않으면 비록 쪼았다 하더라도 쓸 수 없고, 돌은 쪼아 내지 않으면 갈려고 해도 할 수 없다.『이아』에서 한 물건에 하나의 명칭을 붙인 것은 본래 그 뜻이 잘못되었다. 정밀하고 거친 것으로 그 뜻을 설명한 것이 주자에서 처음 나왔는데, 그것은 천고에 탁월한 견해이다. 만약에 정추(精麤)의 비유가 아닐 것 같으면 이 경문의 문답은 싱거워서 아무런 의미가 없을뿐더러 마침내는 해석할 수가 없을 것이다."[177]라고 하여, 이 구절에 대한 주자의 훈고가 천고에 탁월한 견해라고

不亡, 斯虛字, 非指心與理也."

176)『論語疾書』,「論語疾書序」. "朱子之爲此註, 其於舊說, 苟可以因, 則因之不苟新也."; 『星湖全書』1책,「答李景祖」. "朱先生註經時, 旁采博求, 務歸至當."

177)『論語古今註』卷之一,「學而」第一. "邢曰: '骨曰切, 象曰磋, 玉曰琢, 石曰磨.' 駁曰: '非

극찬하고 있다.

앞에서 논하였듯이 청대 고증학파는 훈고를 경전 주석의 주된 방법으로 삼았기 때문에 주자 경전 주석의 훈고적 정신을 이을 수 있었다. 그리고 조선 전기 주자학파인 퇴계는 주자 경학에 대한 충실한 이해의 일환으로 훈고에 충실한 『논어석의』를 저술하여 주자 논어학의 훈고적 측면을 계승해 낼 수 있었다. 한편 정약용은 자기 경학의 지향점을 훈고를 통한 의리의 발견에 두었다.[178] 그러므로 비록 의리적 방면에서는 주자와 견해를 달리했지만, 주자 경학의 훈고적 측면에 대해서는 존숭하고 그 정신을 계승할 수 있었던 것이다.

『논어』 주석사에서 후대에 가장 큰 영향을 끼친 『논어』 주석서는 주자가 지은 『논어집주』이다. 그러므로 『논어』의 경학사적 전개를 살펴보고자 한다면 이 『논어집주』의 경학적 특징에 대한 이해가 반드시 선행되어야만 한다. 이에 여기에서 『논어집주』의 성서 과정과 그 주석 방식에 초점을 맞추어 주자 논어학의 특징을 고찰해 보았다. 특히 주자 논어학의 훈고적 특징이 중국과 한국의 일부 경학자들에 의해 계승되는 면모도 아울러 살펴보았다. 뒤에 상술하겠지만 주자의 논어학은 조선의 주자학파들에 의해 수용되는 과정에서 매우 정치한 발전을 이룩하였다. 이 과정에서 중시된 것은 주자 논어학의 의리적 측면 즉 내용에 관한 것이었다. 그러나 주자 논어학의 훈고적 측면도 중한(中韓) 경학사에서 일부 경학자들에 의해 계승되었다는 것은, 주자 논어학의 두 축인 훈고와 의리가 공히 논어학사에서 깊이 영향을 미쳤음을 의미한다고 할 수 있다.

也. 此本『爾雅』「釋器」文. 然骨不能無磋, 象不能無切, 玉不磨, 雖琢無用, 石不琢, 欲磨不得. 『爾雅』一物一名, 本是謬義. 精麤之義, 始發於朱子, 其見卓越千古. 若非精麤之喩, 則此經問答, 泊然無味, 終不可解.'"

178) 『尙書知遠錄』, 「尙書知遠錄序說」. "余惟讀書之法, 必先明詁訓. 詁訓者, 字義也, 字義通而后, 句可解, 句義通而后, 章可析, 章義通而后, 篇之大義斯見,"

한편 주자학과 쌍벽을 이루는 또 다른 사상 체계로 양명학을 들 수 있다. 양명학 또한 중국에서 경학을 기반으로 하여 사상의 입각점을 마련하였다. 그런데 후대에 끼친 영향의 측면에서 보자면, 이탁오(李卓吾)를 중심으로 하는 양명좌파(陽明左派)의 경학이 양명학파 경학의 면모를 약여하게 보여주고 있다. 이에 다음으로 이탁오의 논어학과 그 계승을 고찰하면서 중국 양명학파 논어학의 면모를 규명해 보고자 한다.

Ⅱ. 양명학파의 논어학

1. 이탁오의 논어학

앞서 살펴보았듯이 동아시아 유학사를 살펴보면 새로운 유학, 새로운 지식 체계가 확립될 때는 거의 예외 없이 새로운 경학이 등장하였다. 동아시아의 새로운 유학사조였던 주자학(朱子學), 양명학(陽明學), 고증학(考證學), 실학(實學), 고학(古學)이 항상 새로운 경학의 등장으로 이어진 것이 그 반증이다. 이렇게 유학사와 경학사가 밀접한 관련을 맺는 데는 두 가지 이유가 있다. 첫째로 동아시아 지식인들의 대부분이 유학에서 자양분을 얻어 자기 사상의 근원으로 삼기에, 새로운 유학을 연다 하더라도 어디까지나 유학의 경전에서 이념의 근간을 얻는 경우가 대부분이었다. 때문에 그 새로운 유학의 정립에는 경전에 대한 탐구의 결과물이 그 배면에 항상 있어 왔고, 이것은 바로 새로운 경학의 등장으로 연결되었다. 둘째로 새로운 유학, 새로운 지식 체계의 등장에는 필연적으로 기존 지식 체계에 의한 강력한 비판이 뒤따르게 된다. 중국과 조선의 금서(禁書)와 이단(異端)에 관한 논쟁은 바로 이러한 현상의 대표적 예일 것이다. 때문에 신유학이 등장할 때 이를 주도하는 이는 기존 세력의 반발을 무마하기 위하여 자기 사상의 근원이 유학에 있음을 주장하고, 경전에 의거하여 자신의 주장을 편다. 이른바 전근대 동아시아인의 탁고전통(托古傳統)인 것이다. 그런데 여기서 의거한다는 말은 유가의 경전을 해석, 즉 '주석을 단다'는 의미이다. 새로운 유학을 주창한 대부분의 학자들은 경전에 직접 주석을 달고서, 이 주석이야말로 성인의 본의를 가장 잘 계승하였다고 하였다. 그러나 그 주석 내용의 대부분은 거의 자신의 주의와 주장이었다. 심지어 자신의 주장을 펴기 위해 경전에 주석을 달면서, 서로 배치되는 부분이 있으면 경전의 언어를 개조하는 것조차 개의치 않았다. 그 대표적 인물이 주자로 그는 자신의 주장을 위해 경문을 고치거나 새로 창작하는 것도 마다하지 않았다.

여하간 새로운 유학사상과 새로운 경학의 등장이 항상 맞물려 있기에 주자학, 고증학, 실학, 고학은 바로 주자학적 경학, 고증학적 경학, 실학적 경학, 고학적 경학으로 이어졌다. 경학사적 측면에서 보면, 경전의 동일한 문구에 대하여 현학, 주자학, 양명학, 고증학을 대표하는 학자들이 자신들의 사상적 관점에 비추어서 각기 다르게 해석한 것은 이 때문이었다. 즉 동아시아 사상사에서 새로운 사상이 등장할 때면, 예외 없이 새로운 경전 주석을 동반한 신경학(新經學)이 등장하였던 것이다. 이처럼 동아시아 유학자들이 유가의 경전 해석을 통하여 자신의 사상 체계를 구축하였기에, 유가의 경전에 대한 동아시아 유학자들의 새로운 해석은 바로 동아시아 유학 발전의 내재적 동력이었다고 할 수 있다.[179)]

그런데 최초로 경학사를 통사적 형태로 정리한 피석서(皮錫瑞, 1850~1908)의 『경학역사(經學歷史)』를 들여다보면, 이상한 점을 발견할 수 있다. 그것은 바로 명대의 양명학적 경학에 관한 문제이다.

피석서는 황간(皇侃)이 살았던 육조 시대를 경학의 분립 시대, 주자학이 성행하였던 송대를 경학의 변고(變古) 시대, 고증학이 주류였던 청대

179) 黃俊傑 저, 이영호 역, 『일본논어해석학』, 성균관대학교출판부, 2011, 72면.

를 경학의 부성(復盛) 시대라고 지칭하였다. 그런데 양명학파가 성립되었던 명대를 가리켜서는 경학의 극쇠(極衰) 시대라고 하면서 다음과 같이 평가하였다.

> 송원명(宋元明) 삼대의 경학을 논하자면, 원은 송에 미치지 못하고 명은 또 원에 미치지 못한다.……(『오경대전(五經大全)』은) 기존의 책을 취하여 한 차례 베낌으로써 위로는 조정을 속이고 아래로는 선비들을 속였으니, 당송 때에 이와 같은 일이 있었던가. 경학의 폐기는 실로 이로부터 비롯된 것이다.……그러므로 경학은 명대에 이르러 극쇠 시대가 된다.[180)]

피석서의 주장에 따르면 명대의 경학은 송대나 청대에 비하여 거의 없는 것이나 마찬가지이다. 이 같은 평가는 사상과 경학의 밀접한 관련을 고려할 때 상당히 이례적이라 할 수 있다. 중국사상사(경학사)에서 오직 명대만이 그 사상에 대응되는 경학적 현상이 없기 때문이다. 즉 주자학과 더불어 중국유학사의 양대 축을 이루고 있는 양명학의 등장에 대응하는 신경학이 등장하지 않은 것이다.

『경학역사(經學歷史)』에서 이루어진 이 평가는, 이후 경학사 서술에도 큰 영향을 미쳤다. 마종곽(馬宗霍)의 『중국경학사(中國經學史)』나 유사배(劉師培)의 『경학교과서(經學教科書)』, 범문란(范文瀾, 1893~1969)의 『경학강연록(經學講演錄)』에서도 피석서의 이러한 주장을 그대로 받아들여, 명인(明人)의 학문은 협애하여 오직 사서(『사서대전』을 가리킴)를 알 뿐이었다고 하였다.[181)]

---

180) 皮錫瑞 저, 이홍진 역, 『중국경학사』, 동화출판공사, 1984, 220~228면 참조.

181) 皮錫瑞, 『經學歷史』, 藝文印書館, 民國63年 ; 馬宗霍, 『中國經學史』, 商務印書館, 民國61年 ; 劉師培, 『經學教科書』, 寧武南氏校版影印本 ; 范文瀾, 『經學講演錄』, 社會科學出版社, 1979.

한편 일본에서 쓰인 중국경학사의 명대 부분 서술도 별반 다를 것이 없다. 본전성지(本田成之, 1882~1945)는 『지나경학사론(支那經學史論)』에서 명대 경학은 곧 『사서오경대전(四書五經大全)』이라 하였으며, 안정소태랑(安井小太郞)과 제교철차(諸橋轍次) 등이 저술한 『경학사(經學史)』에서는 명대를 가리켜 중국 경학사상 가장 볼 것이 없는 시대라고 하였다.[182)]

최근에 출간된 경학사를 보면, 이러한 서술의 경향이 더욱 강화되었음을 알 수 있다. 장권재(章權才)는 『송명경학사(宋明經學史)』에서 명대 경학으로 『사서오경대전(四書五經大全)』과 왕양명의 「대학문(大學問)」을 들었으며, 오안남(吳雁南)은 『중국경학사(中國經學史)』에서 양명 심학으로 명대 경학을 설명하면서 이 시기 주요 경전 주석에 관해서 전혀 설명하지 않았다. 심지어 2006년에 발간된 허도훈(許道勛)의 『중국경학사(中國經學史)』에서는 명대 경학 부분을 아예 빼 버렸다.[183)]

피석서 이래 현재까지 명대 경학에 대한 평가는 매우 박하여, 중국경학사에 명대만이 유학과 경학의 상호 조응이 없는 것으로 여겨졌다. 그런데 피석서 이전에 이루어진 『사고전서총목제요(四庫全書總目提要)』의 「경부총서(經部總敍)」를 보면, 명대 경학에 대한 새로운 이해를 가능케 하는 대목을 발견할 수 있다.

> 한대 이후 2,000년 동안 유학은 6번 바뀌었으나,[184)] 그 해석 방식을 놓고 말하자면 송학적 의리와 청학적 고증 두 가지이다.……명나라 정덕(正德), 가정(嘉靖) 이후 그 학문은 심득(心得)을 펼쳤으니, 그 폐단은 방자함에 있다.(예컨대 왕

---

182) 本田成之, 『支那經學史論』, 吉川弘文館, 1927 ; 安井小太郞, 諸橋轍次, 『經學史』, 松雲堂書店, 1933.

183) 章權才, 『宋明經學史』, 廣東人民出版社, 1999 ; 吳雁南, 『中國經學史』, 福建人民出版社, 2000 ; 許道勛, 『中國經學史』, 人民出版社, 2006.

184) 漢學, 魏晉學, 唐學, 宋學, 明學, 淸學을 가리킨다.

수인(王守仁)의 말류들로 모두 광선(狂禪)으로 경을 해석한 부류)[185]

여기서는 송학적 의리와 청학적 고증의 양축의 힐항(頡頏) 작용으로 중국경학사를 개괄하면서, 명대 경학에 대해서는 마음에 획득한 바를 중시하니 그 폐단은 '방자함'(肆)에 있다고 하였다. 그리고 이러한 명대 경학을 대표하는 존재로 양명말류(陽明左派)를 지적하며, 그들 경전 주석의 특징으로 광선(狂禪)으로 경을 해석하는 점을 들었다. 즉『사고전서총목제요』에서 거론한 명대 양명학파 경학의 주요 표지는 양명말류(양명좌파), 심득(心得), 광선해경(狂禪解經)이다. 양명학의 전개에서 이 세 요소를 충족할 수 있는 대표적 인물이 바로 이탁오이다. 이탁오가 양명좌파의 한 부류로 심학을 중시한 것은 일찍이 논의된 것이지만,[186] 그가 선으로 경을 해석하였고 그 영향이 면면하게 이어졌음은 최근에야 그 구체적 양상이 드러났다. 특히 이탁오 경학의 이러한 면모는 그가 지은『사서평(四書評)』에 잘 구현되어 있다. 이에 여기에서는『사서평』가운데『논어평』을 중심으로 이탁오 논어학의 특징을 분석해 보고자 한다. 이러한 분석을 바탕으로 이탁오의 경학이 명대 양명학파 경학을 드러내어 준 신경학(新經學), 즉 새로운 경학 체계로서 작용하였는지에 대하여 살펴보고자 한다. 새로운 경학 체계로 작용했다 함은 첫째 사상사에서 하나의 정체성을 지닌 경학 체계로 규정할 수 있을 정도로 기존 경학과 차별성이 있어야만 할 것이며, 둘째 그 경학적 내용이 이탁오 일개인에게서 그치는 것이 아니라 집단성, 즉 학파적 성격을 띠고 있어야 할 것이다. 이러한 것

---

185)『四庫全書總目提要』,「經部總敍」. "自漢京以後, 垂二千年, 儒者沿波, 學凡六變. …要其歸宿, 則不過漢學宋學兩家互爲勝負. ……自明正德嘉靖以後, 其學各抒心得, 及其弊也肆.(如王守仁之末派, 皆以狂禪解經之類.)"

186) 嵇文甫 저, 이영호 외 공역,『유교의 이단자들』(원제:『左派王學』), 성균관대 출판부, 2015, 161면 참조.

을 염두에 두고 논의를 진행하고자 하는데, 먼저『논어평』의 경학적 특징을 살펴보는 것으로 시작해 보기로 한다.

1)『논어평(論語評)』의 경학적 특징

『논어평』의 경학적 특징은 그 주석의 내용과 형식으로 나누어 살펴볼 수 있다. 결론부터 말하자면『논어평』의 내용과 형식은 '새롭다'라는 평가를 받기에 충분할 정도로 다른 시기의 경전 주석과 차별상을 지니고 있다. 그 차별상은 종래 경전 주석에서는 보기 드문 내용과 형식을 지니고 있을 뿐 아니라, 어느 시대에서도 이러한 경학적 현상이 보이지 않을 정도로 변별성을 지니고 있다. 이에『논어평』에 보이는 주석 내용의 새로운 면을 정리하면 다음과 같다.

(1) 새로운 주석 내용

① 성경(聖經)과 성인(聖人)에 대한 탈성화(脫聖化)

한대에 이르러 유학이 국가 이념이 된 이후, 그 중심 서적인 오경(五經)은 성경(聖經)의 지위를 획득하였으며 이후 송대에 이르러서 그 종수가 13종(十三經)에 달하였다. 이 기간 동안 유가의 성경은 그 정치적 고려에 의하여 매우 특별한 지위를 지니게 되었으며, 아울러 성경의 저자(찬자)인 성인들 또한 세속적 영예와 더불어 유가적 도통의 정점에 서게 되었다. 특히 명대에 이르면 이러한 성경들뿐 아니라 성경을 해설해 놓은 일부 주석서들조차 매우 존숭받는 지위를 획득하게 되면서, 유가 경전에 대한 성경화는 그 정점에 달하게 된다. 그러다 보니 성경을 풀이해 놓은 많은 주석서(賢傳)들은 비록 내용을 달리하는 점이 있다 하더라도, 유가 경전을 성경이라는 전제하에 해석하고 있다는 점에서는 동일한 양상을 보이고 있다. 그런데 이탁오는 기존의 이러한 관념과는 상당히 다른 관점으로 유가 경전을 바라보았다. 『논어』「미자(微子)」를 보면 공자는 주나라의 여덟 명의 어진 선비를 거론하면서 다음과 같이 말하였다.

『논어』「미자(微子)」11장

주나라에는 여덟 명의 어진 선비가 있었으니, 백달(伯達), 백괄(伯适), 중돌(仲突), 중홀(仲忽), 숙야(叔夜), 숙하(叔夏), 계수(季隨), 계와(季騧) 등이었다.[187)]

이 경문에 대하여 이탁오는『논어평』에서 다음과 같이 평하였다.

『논어평(論語評)』「미자(微子)」11장

총괄하여 비평한다. 이「미자(微子)」한 편의 경문을 읽으면 마치 패관소설, 야사, 각국의 역사서를 읽는 듯하여 사람으로 하여금 잠 못 이루게 한다. 이 또한 경전 안의 사서(史書)로다.[188)]

유가 경전은 한대 이후 여타의 서적과 대별되는 독자적 지위를 점유하게 되는데, 그 실상은 앞서 언급했듯이 신성화(神聖化)이다. 유가 경전에 대한 이러한 신성성의 부여는 마침내 청대에 이르러서 전시대 중국 서적을 총망라하여 분류함에 독립된 단위로 분류하게끔 만들었고, 여타 분류의 상위에 위치하게끔 하였다. 이른바 경사자집에서 경부가 바로 이것이다. 그런데 이탁오(李卓吾)는 위의 평어에서 보다시피 경전의 문자를 패관소설(稗官小說), 또는 사서(史書)와 동일시하는 발언을 하였다. 이탁오의 이러한 사유는 선언에 그치지 않았다. 실제 그는 경전에 주석을 달 때, 방비(旁批)와 미비(眉批)를 통해 경문을 문예적 측면에서 파악하여 비

187) 『논어』, 「미자」11장. "周有八士, 伯達, 伯适, 仲突, 仲忽, 叔夜, 叔夏, 季隨, 季騧."

188) 『논어평』, 「미자」11장. "總批. 讀此一篇, 如讀稗官小說, 野史, 國乘, 令人不寐. 其亦經中之史乎?"

평하거나, 엄숙한 경문의 언어를 희화화하곤 하였다.[189]

이처럼 경을 역사서 또는 문학서와 동일하게 여기거나 경문을 희화화하는 것은 경전에 씌워져 있던 신성성의 그물을 거두어 냄과 동시에 경의 주인공인 성인에 대한 평가도 달리하게 만들었다.

공자는 사마천(司馬遷)에 의하여 제후의 지위를 부여받고,[190] 당 현종(玄宗)에 의하여 739년에 문선왕(文宣王)의 시호를 추증받았다. 이로써 공자는 정치적으로 왕의 지위에 올라서게 되었다.[191] 그런데 송대의 주자에 이르러 공자는 도통의 정점에 선 인물로 평가받게 되었다.[192] 즉 송대에 오면 공자는 정치적 방면과 사상사적 측면에서 공히 최고의 위치에 선 인물로 자리매김하게 된다. 당송의 이러한 상황으로 인해 이 시기 공자의 형상은 신성 그 자체였다. 그런데 이탁오는 『논어평』에서 공자에게 덧씌워진 신성한 인간의 형상을 벗기고, 인간 공자를 되찾으려는 의지를 보여주고 있다. 『논어평』에서 몇 가지 예를 살펴보기로 하자.

자신의 정치적 이상을 펴려고 각국을 주유하며 모진 고생을 하던 공자는 만년(魯哀公 11년)에 고국인 노나라로 돌아와서 제자들과 여러 사람들을 가르쳤다. 이때 노나라의 악관이 공자에게 음악을 배워서 당시 노나라의 궁중음악이 다른 나라에 비해 바르게 되었다고 한다.[193] 이 경문은

---

189) 『논어』, 「양화」19장. "子曰: '予欲無言'(旁批 : 그러고도 말씀하시네又說). 子貢曰: '子如不言, 則小子何述焉?'(旁批 : 둔한 놈鈍漢). 子曰: '天何言哉? 四時行焉, 百物生焉. 天何言哉?'"

190) 사마천은 공자를 제후들의 일대기를 다룬 세가에 편입시키고서 「공자세가」를 저술하였다.

191) 이에 대해서는 淺野裕一, 『孔子神話』, 岩波書店, 1997 참조.

192) 주자는 「중용장구서」에서 "自是以來, 聖聖相承, 若成湯文武之爲君, 皐陶伊傅周召之爲臣, 既皆以此, 而接夫道統之傳. 若吾夫子, 則雖不得其位, 而所以繼往聖開來學, 其功, 反有賢於堯舜者."라고 하여, 유가의 도통사에서 공자의 업적이 고대 성왕들보다 앞선다고 주장하였다.

193) 『논어』, 「자한」14장. "子曰: '吾自衛反魯, 然後樂正, 雅頌各得其所.'"

전통적으로 노나라의 음악을 바로잡은 공자의 치적을 가리키는 것으로 이해된다. 그런데 이탁오는 이 경문을 공자의 처지와 연관하여 다음과 같이 말하였다.

『논어평(論語評)』「자한(子罕)」14장

〈노나라의〉 아(雅)와 송(頌)은 제자리에 위치하게 되었지만, 중니는 제자리를 잡지 못함이 심하도다.[194)]

노나라의 음악을 바로잡은 공자의 업적은 이탁오에게 관심사가 아니다. 이탁오의 시선은 그러한 업적에도 불구하고 언제나 주변인으로 서성이는 공자에 집중되어 있다. 종래 많은 주석가들은 공자를 소왕(素王)이라 평하며 공자가 생전에 자신의 이상을 펴 보이지는 못하였지만, 성인의 학문을 계승하여 후학을 육성하고 이를 통해 유학을 정초한 불후의 공을 세웠기에 여한 없는 생을 살아간 것으로 묘사하곤 하였다. 그러나 이탁오가 보기에 공자는 그렇게 자신의 생을 여한 없이 살다 간 현자가 아니었다. 언제나 현실정치에 참여하여 자신의 이상을 펴고자 노력하였고, 그런 기회가 주어지지 않거나 주어지더라도 좌절하게 되었을 때 안타까움에 애를 끓이는 인간, 이것이 이탁오가 파악한 공자였다. 그러기에 이탁오가 보기에 공자는 완성자인 성자가 아니라 실패를 거듭하고 때로 조급해하는 인간이었다.

제자인 자공이 공자에게 "만약 여기에 아름다운 옥이 있다면 상자에 넣어 보관을 하시겠습니까? 아니면 좋은 장사치를 찾아서 파시겠습니까?"라고 질문하니, 공자는 "팔고 말고! 팔고 말고! 나는 장사치를 기다

194) 『논어평』, 「자한」14장. "雅頌得其所, 仲尼不得其所, 極矣."

리고 있느니라."라고 대답한 문답이 『논어』에 나온다.[195] 이 문답에 대한 주자의 주석을 보면, 공자는 자신의 정치적 이상을 펼칠 기회를 줄 위정자를 담담하게 기다리며 초조하게 찾지 않는 것으로 묘사하고 있다.[196] 그렇지만 이탁오는 이 구절에서, 현실에서 자신의 이상을 실현하지 못하여 애타는 인간 공자의 목소리를 듣고자 하였다. 그래서 그는 이 경문이야말로 공자가 한세상 살아감의 다급함을 보인 것이라고 하였다.[197] 세월은 흘러가고 자신의 이상은 실현될 기미가 없음에 애태우는 공자인 것이다. 이탁오의 이러한 공자상은 종래 『논어』에서 파악된 공자의 면모를 매우 다르게 바라보도록 하였다. 이탁오의 공자는 신격화된 존재로서의 공자가 아니라, 대중들과 마찬가지로 인간사의 애환에 울고 웃는 인간 공자이다.[198] 그러하기에 이탁오의 눈에는 제자들과 화락하게 담소를 나누는 공자의 형상도 때로 세상사에 초조해하는 모습으로 비치기도 하였다.[199] 그리고 공자 또한 권세와 이익에 초연할 수 없는, 어쩔 수 없는 인

195) 『논어』, 「자한」12장. "子貢曰: '有美玉於斯, 韞匵而藏諸? 求善賈而沽諸?' 子曰: '沽之哉! 沽之哉! 我待賈者也.'"

196) 『논어집주』, 「자한」12장. "子貢以孔子有道不仕, 故設此二端以問也. 孔子言固當賣之, 但當待賈, 而不當求之耳."

197) 『논어평』, 「자한」12장. "이 경문은 성현들이 모두 한세상 살아감의 급박함을 보인 것이니, 자공이 훌륭한 위정자를 구하고 공자가 이를 기다린다는 내용이 아니다. '팔고 말고! 팔고 말고!'라는 구절을 잘 새겨보면 말씀의 속뜻이 저절로 드러난다."(此見聖賢都急于渡世, 非子貢求而孔子待也. 但玩沽之哉! 沽之哉, 口角自見.)

198) 『논어평』, 「향당」7장. "대중들과 동일한 모습, 바로 이것이 성인의 모습."(與大衆亦只一樣, 所以爲聖人.)

199) 『논어평』, 「선진」25장. "네 제자가 뫼시고 앉았으니, 영재들이 많기도 하다. 이를 보신 공자, 문득 당대의 현실을 바꾸고자 하는 상념이 일어났다. 그런데 때마침 자로의 말에 경세(經世)의 의지가 분명하니 공자께서 희색이 만연하여 연이어 세 제자들에게 물으셨으니, 세상에 쓰이고자 함을 급하게 여겼음을 알 수 있다.……공자께서 비록 이러한 의지와 심사를 직접적으로 말씀하지 않으셨지만, 제자들에게 답하신 내용을 자세히 살펴보면 저절로 알 수 있을 것이다. 어찌하여 종래의 이 구절을 읽는 자들은 그처럼 소경이었던가? 그들은 다만 이 구절을 읽으면서, 공자께서 杏壇 위에서 웃음을 머금고 있는 것으로 생각하였도다."(四子侍坐, 英才濟濟, 孔子勃然動當世之想. 子路言之鑿鑿, 夫子色喜, 所以連問三子, 其急于用世, 可知矣.……夫子雖不直言所以, 玩其答語, 自是了

간 존재라고 파악하기도 하였다.[200]

성경과 공자를 바라보는 이탁오의 이러한 시각은, 그 탈성화(脫聖化)라는 측면에서 보면 유가사상사에서 매우 이례적이다. 이탁오 이전까지는 이렇게 성경을 바라보는 이들이 거의 없었기 때문이다.

그런데 성경과 성인에 대한 탈성화는 필연적으로 이전과는 대별되는 주석 내용과 형식을 요구하게 되었다. 경과 그 중심인물을 보는 관점이 달라지자 자연스레 이를 해설하는 방식에도 차이가 나게 되었는데, 감성적 비평의 주석을 그 첫 번째 특징으로 꼽을 수 있다.

② **감성적 비평**

경전의 주석은 훈고를 지향하거나 아니면 의리를 중심에 두었거나, 이 둘을 적절하게 배합하는 방식이 지배적이다. 그러다 보니 주석의 내용은 고증적 재료의 집적이나 자신의 이념을 경문에 대입시켜 논리적으로 주장하는 경우가 대부분이었다. 이는 경전의 내용을 학문적 탐구의 대상 또는 자기 사상의 검증의 장으로 활용하는 태도로서, 이러한 태도를 견지하는 한 경(經)과 그 경의 주석자와의 사이에는 객관적 거리가 존재할 수밖에 없다. 경의 주석자가 경에 대하여 객관적 거리를 유지하였을 때, 그 학문적 탐구와 자기주장의 엄정성이 확보될 수 있을 것이기 때문이다.

그런데 이탁오는 종래의 이러한 경전 주석의 방식을 탈피하여, 경과 자신의 객관적 거리를 거의 없애고서 주관적 감상으로 경을 해설하였다.

然. 何從來說此書者之瞶瞶也. 特爲拈出, 想夫子亦含笑于杏檀之上矣.)

200) 『道古錄』 권1. "무릇 성인도 사람일 뿐이다. 높고 멀리 날아올라 인간세계를 버릴 수 없다고 한다면, 입고 먹지 않을 수 없으며 곡식 낟알과 지푸라기 옷조차 끊고서 자기 혼자 황야로 도피할 수 없다. 그러므로 성인이라 해도 권세와 이익의 마음이 없다고 할 수는 없다."(미조구찌 유조 저, 김용천 역, 『중국 전근대 사상의 굴절과 전개』, 동과서, 1999, 206면에서 재인용)

이는 앞서 우리가 살펴본 경과 성인에 대한 탈성화의 의식에 기인한 것이라 할 수 있다. 경을 하나의 책, 성인을 우리와 같은 인간으로 보았기에 경의 주인공도 자신의 감성에 직접 와 닿게 이해하였고, 그렇게 이해한 것을 자유롭게 감성적으로 표현해 낼 수 있었던 것이다. 몇 가지 예를 통해 그 실상을 살펴보기로 하겠다.

『논어』「학이(學而)」9장

증자(曾子) : "어버이 상(喪)을 당하여서는 예를 다하며, 먼 조상의 제사에는 추모의 마음을 극진히 한다면, 백성들은 인후(仁厚)한 본성으로 돌아가게 될 것이다."[201]

『논어평』「학이(學而)」9장

'돌아가게 될 것이다'(歸)란 한 글자 오묘하도다. 우리는 이에서 인후한 도덕심이야말로 인간의 근원적 고향임을 볼 수 있다. 마음 각박한 저 소인들, 모두가 타향을 떠도는 인간들이로다. 이 얼마나 가련하고 마음 아픈 일인가![202]

위의 경문에 대한 주자의 주석을 보면 신종(愼終), 추원(追遠), 민덕귀후(民德歸厚)에 대하여 차례대로 평이하게 그 의미만을 풀이하였다.[203] 즉 의미의 정확한 풀이와 전달에 치중하고 주관적 감상은 배제한 것이다. 그런데 이탁오의 평을 보면 의미에 대한 풀이는 전혀 없고 주관적 감상으로만 주석을 달았다. 그는 종래 백성들의 심성이 모두 돈후하게 될 것

201) 『논어』, 「학이」9장. "曾子曰: '愼終追遠, 民德歸厚矣.'"

202) 『논어평』, 「학이」9장. "'歸'字妙, 可見'厚'是故鄕. 今之刻薄小人, 俱是流落他鄕之人. 可憐, 可痛!"

203) 『논어집주』, 「학이」9장. "愼終者, 喪盡其禮, 追遠者, 祭盡其誠, 民德歸厚, 謂下民化之, 其德亦歸於厚. 蓋終者, 人之所易忽也, 而能謹之. 遠者, 人之所易忘也, 而能追之, 厚之道也. 故以此自爲, 則己之德厚, 下民化之, 則其德亦歸於厚也."

이다라는 의미로 풀이된 '귀'자를 전혀 다르게 바라보았다. 이탁오의 심성에 이 경문의 '귀'자는 인간의 근원적 고향인 인후한 도덕심으로 회귀하는 의미로 와 닿았다. 흡사 연어 떼가 모천으로 회귀하듯 인간이라면 누구나 원초적 고향으로 돌아가고자 하는 수구초심을 지니는데, 이 경문의 '귀'자가 바로 인간의 이러한 원초적 회귀의식을 의미한다고 보았다. 그러하기에 이러한 회귀의식을 잃어버린 인간—이탁오는 이러한 인간을 소인(小人)이라 보았다—은 영원한 실향민으로, 가련하고도 애달픈 존재들인 것이다. 이탁오는 자신의 이러한 감성적 『논어』 읽기를 그대로 문자화하여 "마음 각박한 저 소인들, 모두가 타향을 떠도는 인간들이로다. 이 얼마나 가련하고 마음 아픈 일인가!"라고 하였다.

이탁오의 이러한 『논어』 읽기는 『논어평』 곳곳에서 보인다. 당대의 사회질서를 무너뜨리고 백성들을 탄압하는 노나라 대부에 관해서 언급할 때, "울고 싶구나, 계씨(季氏)여!"라고 하거나,[204] "사람들을 죽여 선정을 이루고자 한다면, 계강자(季康子) 그대부터 죽어야 할 것이다."[205]라고 하면서 격한 감정을 그대로 『논어평』의 문면에 드러내었다. 이 밖에도 서글프거나 개탄스러운 마음도 직설적으로 표현하곤 하였다.[206] 『논어』에 관한 이러한 감성적 비평은 이전에도 이후에도 찾아보기 힘든 것으로, 실로 이탁오와 그의 영향하에 있었던 일부 학인들에게서만 보이는 경향이라 할 수 있다. 이처럼 탈성화와 감성적 『논어』 읽기는 이탁오 논어학의 중요한 표지이지만, 그렇다고 이념적 지향이 전혀 없는 것은 아니다. 『논어평』을 관통하는 이념적 지향은 당대 이탁오 사상의 반영으로 바로 유

---

204) 『논어평』, 「팔일」1장. "季氏要哭."

205) 『논어평』, 「안연」19장. "言外有要殺先從子始意."

206) 『논어평』, 「팔일」5장. "서글픈 마음이 드는구나!"(凄然!) ; 『논어평』, 「위정」7장. "내 사는 요즘 세상의 효자는 음식 봉양 잘하는 이조차 없으니, 이 어찌 개탄스럽지 아니한가!"(今之孝者, 并能養, 亦無之矣, 豈不可嘆!)

교와 불교의 회통, 즉 유교적 현상에 대한 불교적 접근, 더 나아가 유교와 불교의 이념을 진리라는 대전제에 이르는 수단적인 측면에서 동일시하는 경향이라 할 것이다.

③ 유불회통(儒佛會通)

> 학문을 닦는다는 것은 두루 자기 생사의 근원을 궁구하여 성명의 종착점을 탐구하는 일입니다. 이런 까닭에 벼슬을 버리며 뒤도 안 돌아보는 자가 있고, 가정을 버리면서 되돌아보지 않는 자가 있으며, 또 자신의 육체가 존재하지 않는 듯이 굶어 먹을 것이 삼씨 한 톨 보리 한 알뿐이며 새가 정수리에 둥지를 틀어도 모르는 자가 있는 것입니다. 다른 이유가 있어서가 아니라 성명에 대한 사랑이 지극하기 때문입니다.……오직 삼교(三教)의 큰 성인만은 이것을 아는 까닭에 평생의 힘을 다 기울여 이 일을 궁구하셨습니다.……오직 진실로 자신을 위해 성명을 탐구하는 자만이 묵묵한 가운데 저절로 그 일을 깨닫는 것이니, 이는 삼교의 성인이 받든 성명의 종지가 똑같을 수밖에 없는 까닭이라 하겠습니다.[207]

김혜경 교수의 설명에 따르면, 이 글은 만력(萬曆) 29년(1601), 이탁오가 죽기 바로 1년 전에 쓰인 것이다.[208] 당시 이탁오는 세상을 호도하고(惑世), 음란을 조장하였다(宣淫)는 유언비어로 인해 조정으로부터 탄압을 받았는데, 특히 유학자로서 승려가 되었으며 선성(先聖)을 모독하는 저술을 한 것이 큰 빌미가 되었다. 이 편지는 자신의 지지자인 마경륜(馬經綸)

---

207) 『續焚書』, 「答馬歷山」. "凡爲學皆爲窮究自己生死根因, 探討自家性命下落. 是故有棄官不顧者, 有棄家不顧者, 又有視其身若無有, 至一麻一麥, 鵲巢其頂而不知者, 無他故焉, 愛性命之極也.……唯三教大聖人知之, 故竭平生之力以窮之.……唯眞實爲己性命者默默自知之, 此三教聖人所以同爲性命之所宗也."(번역은 李贄 저, 김혜경 역, 『속분서』, 한길사, 2007에서 인용하였음)

208) 김혜경, 위의 책, 39면의 주 1번을 참조.

의 부친인 마력산에게 보낸 것으로, 당시의 이러한 세평(世評)에 대한 일종의 자기 변론서이기도 한데, 여기에는 이탁오 만년의 정신적 지향점이 그대로 드러나 있다. 이 편지에서 보듯이 이탁오는 유불선(儒佛仙) 삼교(三敎)의 가르침 자체를 절대시하지 않는다. 그에게 있어 중요한 것은 문자화된 이념이라기보다는 자기 본성의 정체성에 대한 발견과 이를 통한 생사의 근원에 대한 통찰이다. 그러다 보니 삼교의 이념은 자신이 설정한 진리를 체득하는 데 필요한 도구에 불과하게 되었으며, 너무나 뚜렷한 목적의식으로 인해 이 도구의 존엄성 내지 차별성에는 그다지 신경을 쓰지 않게 되었다. 즉 유가적 이념이든 불가적 이념이든 진리에 다가가는 수단으로써만 기능한 것이다. 때문에 이탁오는 유학자라면 누구나 존엄시하는 『논어』의 내용을 해설할 때도, 불교의 용어나 이념을 통해 해석하는 것을 개의치 않았다. 몇 가지 예를 살펴보고서 그 의미를 생각해 보기로 하겠다.

먼저 『논어평』에서 이탁오는 불교의 용어, 특히 선종(禪宗)의 언어를 원용하여 『논어』의 경문을 왕왕 해설하곤 하였다. 공자의 수제자인 자공이 사람들의 장단점을 따져서 잘 비교하자, 공자가 "사(賜)야! 너는 벌써 현자(賢者)가 되었느냐? 나는 남의 장단점을 따질 겨를이 없다."라고 한 대목이 『논어』에 나온다.[209] 이 구절에 대하여 사량좌(謝良佐)는 "성인이 사람을 책망할 때, 말씀은 박절하지 않으면서도 뜻만은 이미 지극함이 이와 같다."[210]라고 하여, 제자의 단점을 온건하게 책망하는 스승의 모습으로 공자를 묘사하고 있다. 그러나 이 경문에 대한 이탁오의 평은 자못 다르다. 이탁오는 이 경문이야말로 제자의 꽉 막힌 부분을 깨부수기 위해 스승인 공자가 벼락치듯 내뱉은 고함의 가르침이라 보았다. 그래서 그

---

209) 『논어』, 「헌문」31장. "子貢方人. 子曰: '賜也賢乎哉? 夫我則不暇.'"

210) 『논어집주』, 「헌문」31장. "謝氏曰: '聖人責人, 辭不迫切而意已獨至如此.'"

는 평어를 달기를, '훌륭하신 방망이이자 고함'[211]이라고 하였다. 주지하다시피 '방망이와 고함'(棒喝)은 선종에서 고승이 제자들을 깨우치기 위하여 상용하는 수단이다. 이처럼 이탁오는 기존의 주석과 다르게 이 경문을 보았을 뿐 아니라, 이 경문에 대한 자신의 생각을 표현함에 있어 선종의 용어를 차용하는 것을 개의치 않았다. 이 밖에도 『논어』의 경문에 관한 자신의 느낌을 표현할 때, '물속에 뜬 달이요, 거울 속에 비친 꽃'(水月鏡花),[212] 대자대비(大慈大悲)[213]와 같은 불교 용어를 수시로 차용하였다.

이처럼 이탁오는 불교 용어를 차용하여 『논어』를 해설하였을 뿐 아니라, 아예 『논어』의 문답이나 내용 전체를 선(禪)의 언어로 이해하기도 하였다. 실례로 한때 공자께서 자공(子貢)에게 "너와 안회(顔回)는 누가 나으냐?"라고 질문한 적이 있었는데, 자공이 "제가 어떻게 감히 안회를 바라보겠습니까? 안회는 하나를 들으면 열을 알고, 저는 하나를 들으면 둘을 압니다."라고 대답하니, 공자께서 "못하도다! 나는 너가 그만 못함을 인정하노라."라고 한 적이 있었다.[214] 대체로 이 경문은 안회의 높은 경지를 칭찬한 것이기도 하지만, 공자가 자공을 인정한 대목에 초점을 맞추어서 이해되어 왔다.[215] 그런데 이탁오는 이러한 전통적 이해를 한참 벗어나서 공자의 마지막 말씀을 위대한 선어(禪語)로 파악하였다.[216] 선사들이 제자들의 업장(業障)의 껍질을 깨뜨려 줄 때 벽력같은 한소리로 탈피

---

211) 『논어평』, 「헌문」31장. "好棒喝."

212) 『논어평』, 「양화」11장. "의미는 말 밖에 있도다. 물속에 뜬 달이요, 거울 속에 비친 꽃이로다. 절묘한 문자로다."(意在言外. 水月鏡花, 是絶妙文字.)

213) 『논어평』, 「위령공」29장. "넓으신 포용력, 대자대비하신 마음."(放條寬路, 大慈大悲.)

214) 『논어』, 「공야장」8장. "子謂子貢曰: '女與回也孰愈?' 對曰: '賜也何敢望回? 回也聞一以知十, 賜也聞一以知二.' 子曰: '弗如也! 吾與女, 弗如也.'"

215) 『논어집주』, 「공야장」8장. "子貢平日, 以己方回, 見其不可企及. 故喩之如此, 夫子以其自知之明, 而又不難於自屈. 故旣然之, 又重許之."

216) 『논어평』, 「공야장」8장. "공자께서 자공을 훈도하는 여기, 바로 선(禪)의 기미(機微)가 서렸도다."(夫子造就子貢處, 大有禪機.)

시켜 주듯, 공자의 '못하도다'라는 한 마디는 이탁오의 심성에 바로 이러한 선사(先師)의 벽력음(霹靂音)과 동일하게 들렸던 것이다. 그래서 그는 이 말씀에 크나큰 선의 기미가 서려 있다고 평하였다. 뒤에 상술하겠지만 이탁오의 『논어』를 바라보는 이러한 시각은 이전에도 드물었고 이후에도 찾아보기 어렵다는 점에서 매우 독특하다. 심지어 그는 『논어』의 어떤 경문의 내용 전체를 선어로 평하고서는 이를 실제적인 일로 여겨 주석을 단 기존의 경학자들을 가리켜 바보라고까지 하였다.[217)]

이처럼 그는 『논어』의 내용 일부를 선어로 보았기에, 공자의 형상이나 심상을 묘사할 때 종종 선사의 그것과 일치시키곤 하였다. 예를 들어 공자는 잠을 잘 때 시신처럼 사지(四肢)를 뻗지 않았고, 평상시 기거(起居)하면서 얼굴을 꾸미지 않았다고 하는데,[218)] 이를 두고 이탁오는 공자의 이 형상은 바로 선사의 좌선(坐禪)과 동일하다고 하였다.[219)] 또 한 예로 『논어』 「자한(子罕)」7장 子曰: "吾有知乎哉? 無知也. 有鄙夫問於我, 空空如也. 我叩其兩端而竭焉"라는 경문의 전통적 해석은, "내가 아는 것이 있는가? 나는 아는 것이 없다. 그러나 어떤 비루한 사람이 나에게 질문하되, 그가 아무리 무식하다 하더라도 나는 그 묻는 내용의 양단(兩端, 양쪽)을 다 말해 준다."이다. 이 해석에 따르면 '공공여야'(空空如也)는 머리가 텅 빈 무식한 질문자의 상태를 형용하는 말이 된다. 그런데 이탁오는 이 구절을 전혀 다르게 보았다. 우선 이 경문은 공자가 자신의 경지를 드러낸 진솔한 이야기로서, 당신의 마음자리를 그대로 드러내어 보여주신 말씀이라 하였다. 이렇게 해석하는 단서를 '공공여야'에서 찾았는데, 이탁오는 '공공여야'를 질문자의 무식한 형상으로 보는 종래의 견해를 무시

---

217) 『논어평』, 「향당」17장. "분명히 일종의 선어(禪語)이다. 만약 이 구절을 실제적인 일로 여긴다면, 참으로 바보이다."(分明一則禪語. 若認作實事, 便是呆子.)

218) 『논어』, 「향당」15장. "寢不尸, 居不容."

219) 『논어평』, 「향당」15장. "방비:좌선."(旁批:打坐.)

하고, 이를 공자가 자기 자신의 마음자리가 공의 상태에 다다랐음을 표현한 언어로 보았다.[220] 이렇게 보면 이 경문은 "나에게는 고착화된 지식이 있는가? 이러한 지식은 없다. 좀 못난 사람이 나에게 질문을 하면, 나의 마음은 공의 상태로 텅 비어 있기에 그가 한 질문을 그대로 받아들여 십분 이해한 바탕 위에서 잘 가르쳐 준다."라고 해석되어, 흡사 선사의 마음자리를 표현한 선서(禪書)의 한 대목을 읽는 듯한 느낌을 준다. 이 외에도 흘러가는 시냇물의 흐름 속에서 생사(生死)를 깨치기 위한 부단한 노력의 자세를 읽어 내는 것[221] 등등, 『논어평』 곳곳에서 유교와 불교의 만남의 장이 펼쳐지고 있음을 확인할 수 있다.[222]

송대에 발흥하여 명대 양명학파의 일부 학인들에게서 정점을 이룬 유불회통의 사조는 이탁오의 시대에 이르러 그 지인들을 중심으로 매우 활발하였다. 이를 행동과 저술을 통해 실천한 대표적 인물이 이탁오였다. 그는 실제 승려 생활을 하기도 하였으며, 『인과록(因果錄)』 같은 불교 저술을 발표하기도 하였다. 그리고 『분서(焚書)』에 들어 있는 여러 글을 통해서도 유불회통의 정신을 유감없이 표현해 내고 있다. 그런데 『논어평』(『사서평』)은 이탁오의 이러한 사유가 유가 경전의 해설을 통해 실증적으로 표출되었다는 점에서 매우 의미가 깊다. 왜냐하면 이탁오 이전에는 유불회통의 사유를 이처럼 직접적으로 경전 해석을 통해 표현한 경우가

220) 『논어평』, 「자한」7장. "이 경문은 공자의 진솔한 이야기로서, 자신의 마음자리를 그대로 드러내어 보여주신 것이다. '마음이 텅 비어있다'는 것은 바로 자신의 마음자리를 말씀하신 것이다."(這是孔子眞話, 亦把自家心體和盤托出矣. 空空如也, 正說自家心體.)

221) 『논어평』, 「자한」16장. "또한 사람들에게 쉬지 않고 노력함을 권하는 내용이다. 이는 도가의 '흐르는 물은 썩지 않는다'는 말과 의미가 동일하다. 밤낮으로 하는 노력을 쉬게 되면, 곧 생사를 깨치지 못할 것이다."(亦勸人不舍也. 與道家流水不腐之語同. 舍晝夜, 便了不得生死.)

222) 한편 미조꾸지 유조는 이탁오가 유불의 경계조차 넘어섰다고 평가하면서 다음과 같이 말하였다. "그 도에 대한 강렬한 갈망으로 초세간적이라고도 할 원대한 식견을 통해 인간의 본질을 파고 들어갔다. 더욱이 유불의 경계조차 떨쳐 버리고 너무나도 리얼하게 '眞空'을 투시하였다."(미조꾸지 유조, 앞의 책, 46면)

거의 없기 때문이다.

이처럼 이탁오는 탈성화와 감성적 비평, 그리고 유불회통에 근거한 경전 해석이라는, 이전에는 없었던 새로운 내용을 중심으로 『논어평』을 저술하였다. 그리고 이러한 내용을 원활하게 표현하기 위하여 주석의 형식적인 측면에서도 새로운 주석 형식을 창출하였다.

⑵ 새로운 주석 형식

중국의 경학사를 송학(宋學)과 청학(淸學)의 양대 산맥으로 규정하는 것은 앞서 보았다시피 청대에 이미 보편적이었다. 그런데 송학과 청학의 성격 규정에 대하여 벤저민 엘먼은 송학을 대화체(對話體), 청학을 차기체(箚記體)로 규정하였다.[223] 아마도 송대에 발달한 어록체(語錄體)와 청학의 고증적 집적물로서의 글쓰기를 염두에 두고 이렇게 명명한 것 같다. 그러나 주자를 중심으로 한 송대 경학 저술의 특징을 대화체라 하는 것은 좀 문제가 있다. 송학의 큰 특징 중 하나는 어록의 발달로 인한 대화체이기는 하지만, 그들의 경학 저술은 새로운 견해(新義)를 논리적으로 주장하고 있다는 점에서 보면 오히려 의론체(議論體)라 명명하는 것이 적당할 듯하다.

그런데 우리가 앞서 살펴본 이탁오의 『논어평』은 이 양자 어디에도 속하지 않는다. 경문에 관한 자신의 생각을 논리적으로 주장하지도 않으며, 고증적 사실들을 집적하여 자신의 주장의 근거로 삼으려 하지도 않는다. 더 나아가 지나치게 객관적이고 논리적인 경문 해석을 가하는 의론체 송학에 대하여 상당히 비판적이다.[224] 그저 경문에 대한 자신의 감

---

223) 벤저민 엘먼 저, 양휘웅 역, 『성리학에서 고증학으로』, 예문서원, 2004, 353면 참조.

224) 『논어평』, 「안연」10장. "이 경문을 살펴보면, 알맞지 않은 구절이 무엇이 있는가. 『시경』의 구절은 공자가 자신의 뜻을 증명하기 위해서 인용한 것이니, 어찌 글자마다 원시(原詩)에 의거하여 명확하게 풀이할 것이 있겠는가? 송유(宋儒)들이 경전을 해석할 때, 그

성적 이해가 생겨나면 이를 금기 없이 툭툭 내뱉는다. 당연히 풍부한 감성이 묻어 나오고 경문과 인물들에 대한 비평적 논조가 강하다. 특히 미비(眉批)와 방비(旁批) 같은 문장 안에서의 곁다리 주석을 덧붙여서 이러한 효과를 극대화하고자 하였다. 하여 필자는 이러한 주석 형식을 감성적 비평이 주조를 이룬다는 점에서 일단 비평체(批評體)라 명명하고자 한다. 그 내용적 특징은 앞서 고찰하였는데, 지금부터 살펴볼 형식적 특징은 이러한 명칭에 더욱 부합하는 듯하다.

① 비평체(批評體) 주석

이탁오는 『논어평(論語評)』에서 경문에 대한 자기 감성의 직접적 접촉을 표현하기 위해서 일체의 설명을 생략하고 간명 직절한 평어를 사용하여 주석을 달았다. 그 비평의 형식을 보면 1자평, 2자평, 3자평, 4자평, 5자평으로 비평하였으며, 문장 사이사이에 방비(傍批)와 미비(尾批)를 넣어서 비평하기도 하였다.

예를 들어 『논어』 「술이(述而)」를 보면 한번은 공자가 병이 위중한 적이 있었는데, 이때 자로가 천지신명께 빌기를 공자에게 청하였다. 그러자 공자가 거절하면서 이런 기도는 내가 평소에 계속하였으니 별도로 할 필요가 없다는 대목이 나온다.[225] 이 경문에 대한 기존의 주석은 자로가 천지신명에게 빌고자 한 행동이 왜 사리에 맞지 않는가? 공자가 평소에 기도를 했다는 것은 무슨 의미인가?라는 의문을 풀어가는 방식으로 설명을 장황하게 늘어놓고 있다. 그런데 이탁오는 이 경문에 주석을 달면서 '오묘하도다'(妙)라는 한 글자로 이 모든 상황에 대한 자신의 이해를 표현하

큰 단점은 너무 명백하게 풀이하고자 하는 데 있다."(就在此處, 有何不好. 引來證其意耳, 何必字字明白? 宋儒解書, 病在太明白.)

225) 『논어』, 「술이」34장. "子疾病, 子路請禱. 子曰: '有諸?' 子路對曰: '有之. 誄曰: 禱爾于上下神祇.' 子曰: '丘之禱久矣.'"

였다. 이러한 1자평의 평어(評語)와 2자평,[226] 3자평,[227] 4자평,[228] 5자평,[229] 그리고 경문 내의 평어인 미비와 방비 등이 있는데, 한결같이 촌철살인의 평어로써 경문에 대한 감회를 표현해 내었다.

이러한 비평체(批評體)의 주석 형태는 송학의 의론체(議論體), 청학의 차기체(箚記體)와 대별되는 하나의 형식이라 할 수 있다. 이탁오와 그의 후학들의 경전 주석에 두드러져 보이는 이러한 형식적 특징은 그들이 견지했던 문예 의식과 긴밀한 관계가 있다.

② 문예학(文藝學)과 경전주석학(經傳注釋學)의 결합

이탁오가 명대(明代) 사상사(思想史)에서 차지하는 위상에 대해서는 이미 많은 논자들이 언급하였다. 특히 사상사적 관점에서 이탁오의 위상을 논하면서 그의 대사상가적 면모에 대하여 많이 논하곤 한다. 그러나 어떤 연구자는 이탁오는 대사상가 이전에 위대한 문인으로서 더욱 높은 위상을 지닌다고 하였다.[230] 명말 주요 문학사조였던 공안파(孔安派)에 결정적 영향을 미친 인물로 이탁오를 꼽고 있기에[231] 이 평가는 상당한 근거가 있다고 할 수 있다. 이탁오 문예학의 특징은 그가 남긴 시문과 여러 비평서를 통해 확인할 수 있다. 특히 이탁오는 경서, 제자서, 역사서, 문집, 소설, 희곡 등 다양한 장르의 서적에 자신의 독특한 견해를 짧은 문구에 담아 비평을 가한 비평서를 다량으로 창작하였다. 이는 문예비평과 여타 장르를 결합시킨 것으로, 그의 경전 주석에도 여실히 반영되었다.

---

226) 『논어평』, 「술이」15장. "참으로 안락한 삶."(受用.)

227) 『논어평』, 「태백」16장. "참으로 알아주기 어려울 것이로다."(眞難知.)

228) 『논어평』, 「술이」21장. "온 세상 곳곳이 나의 선생."(遍地先生.)

229) 『논어평』, 「태백」16장. "순임금과 우임금의 정신세계를 잘 묘사하였도다."(傳舜禹之神.)

230) 陳平原, 『從文人之文到學者之文』, 三聯書店, 2004, 26면.

231) 이에 대한 자세한 내용은 강명관, 『공안파와 조선후기 한문학』, 소명출판, 2007, 제2장 참조.

우리가 앞서 살펴본 평어와 미비, 방비 등이 그 한 예라고 할 수 있다.

한편 이탁오의 문예학과 경학의 결합을 알려주는 또 다른 면이 『논어평』에 보인다. 그것은 바로 문체에 대한 관심의 집중이다. 한 예를 들어 보기로 하겠다.

『논어』「양화(陽貨)」18장

공자 : "나는 자주색이 빨간색을 침탈함을 미워하며, 정나라 음악이 아악(雅樂)을 어지럽힘을 미워하며, 말 잘하는 입을 가진 소인이 나라 뒤엎는 것을 미워한다."[232]

『논어평』「양화(陽貨)」18장

문장의 격조가 매우 오묘하도다! 다만 두 개의 '야'(也)자를 쓰고서 하나의 '자'(者)자를 드러내었으니, 주객(主客)이 선명하게 드러났도다. 후인들이 어찌 이러한 글쓰기를 할 수 있으리오.[233]

이 경문에 대한 종래의 주석을 보면 대체로 경문의 내용 설명에 치중하며 문체에 관하여 언급한 주석은 전무하다고 할 수 있다. 그런데 이탁오는 『논어평』에서 오로지 그 문체만을 문제 삼았다. 『논어평』에서 '야'(也)자와 '자'(者)의 쓰임을 통해 주객이 선명하게 드러났다고 하였는데, 이는 공자 말의 비중이 세 단락 중 마지막 단락에 실려 있다는 의미이다. 특이한 것은 거의 대부분의 주석가들이 논리적 설명을 통해 이를 주장하는 데 비해, 이탁오는 글자의 쓰임이나 문체를 통해 이렇게 주장하는 것이다. 그리고 이러한 형식의 문장은 오늘날 문장가들이 따라잡을 수 없

232) 『논어』, 「양화」18장. "子曰: '惡紫之奪朱也, 惡鄭聲之亂雅樂也, 惡利口之覆邦家者.'"

233) 『논어평』, 「양화」18장. "文格甚妙! 只用二'也'字叫一'者'字, 主客了然. 後人如何有此隨筆?"

는 성인의 글솜씨만이 가능한 고매한 경지라고 하였다.[234] 비록 성인의 글솜씨를 매우 높게 평가한 것이기는 하지만, 이처럼 문예학과 경전주석학을 연계시키는 것은 우리가 살펴본 탈성화(脫聖化)와도 연관이 있다. 이탁오는 공자를 신성시하거나 경문(經文)을 절대시하지 않았기에 경문을 훌륭한 문장의 전범으로 파악한 것이다. 때문에 그가 자신의 문예비평적 관점을 저술에 적응할 때, 경전도 또한 예외가 아닐 수 있었다. 동아시아 경학사에서 단편적으로 경전의 문장에 관심을 기울인 주석가는 있었지만, 이탁오처럼 경문 전체를 문장의 훌륭한 전범으로 인식하고서 그 문체에 관심을 집중한 경학자는 없었다. 이 또한 이탁오의 경학이 성취한 매우 독특한 일면이라 할 것이다.

2)『논어평(論語評)』의 사상사적 위상

우리가 앞서 살펴본『논어평』은 경학사에서 매우 독특하고 의미 있는 저술로서 독자적 위상을 지니고 있다. 이 독자적 위상을 검토해 보는 것은『논어평』이전과 이후의 논어학사를 조망해 보는 데서 보다 선명하게 드러날 것이다.

중국 경학사의 두 축은 한학(漢學)적 고증학(考證學)과 송학(宋學)적 의리학(義理學)이라 하였는데, 가장 이른 시기에 저술된『논어』주석서는 정현(鄭玄)의『논어정씨주(論語鄭氏注)』로서 문자 훈고를 통한 훈고학적 경전 주석의 방식에 충실하였다. 때문에 이 주석서는 이후 훈고학을 위주

234)『논어평』,「헌문」8장. "아들을 사랑하기 때문에 '그를 사랑한다'(愛之)고 하였으며, 자신의 마음가짐이 충심이기에 '충심이라면'(忠焉)이라고 하였다. 한 글자의 다름으로 인해 무한한 변화가 생겨났으니, 성인의 붓끝이 아니라면 어찌 이런 표현이 가능하겠는가!" (愛子, 故曰'愛之'. 自忠, 故曰'忠焉'. 一字之異, 便有無限變化. 非聖筆安得有此!)

로 하는 경학가들의 표준이 되었다.[235] 그런데 정현 이후, 이탁오 이전까지 중요한 『논어』 주석서는 거의 대부분 훈고보다는 의리학을 중심으로 삼았다. 몇 종의 중요한 『논어』 주석서를 살펴보기로 하자.

정현 이후 나타난 가장 중요한 『논어』 주석서는 하안(何晏)의 『논어집해』와 황간(皇侃)의 『논어집해의소』이다. 신주(新注)인 주자의 『논어집주』에 대해 고주(古注)로 불리는 『논어집해』의 특징으로는 유가의 경전을 해설할 때 노장사상의 주요개념을 원용하는 현학적(玄學的) 경학을 들 수 있다.[236] 그리고 『논어집해의소』의 경학적 특징으로는 하안의 『논어집해』에 비해 현학적 경향이 더욱 강화된 점을 들 수 있다.[237] 이처럼 정현 이후 저술된 『논어』 주석서는 노장이나 불학으로 유가의 경전을 해석하려는 의리학적 관점이 매우 뚜렷하였다.

한편 당대(唐代)의 한유(韓愈)와 그의 제자인 이고(李翶)의 공저인 『논어필해(論語筆解)』도 또한 의리 위주의 주석서인데, 성리학의 형이상학적 이념인 본성과 천도의 일리(一理)를 주장하는 내용이 그 해석에 등장하며, 이는 후일 송유들의 『논어』 주석에 일정하게 영향을 미쳤다.[238] 이후 송대에 들어와서는 형병(邢昺)의 『논어주소(論語注疏)』와 진상도(陳祥道)의 『논어전해(論語全解)』가 매우 영향력을 지녔는데, 이 두 주석서는 공히 『논어』를 해석함에 도가의 설에 의지하는 현학적 성향을 강하게 지녔다.[239] 그런데 이 뒤를 이어서 『논어』 주석사에서 가장 큰 영향력을 미

---

235) 嚴正, 「鄭玄經學思想述評」, 『經學今詮續編』, 遼寧敎育出版社, 2001, 428면.

236) 張文修, 「正始時期經學的玄學化」, 『經學今詮初編』, 遼寧敎育出版社, 2000, 452~454면.

237) 孫述圻, 「論皇侃的『論語義疏』」, 『中國經學史論文選集』(上冊), 文史哲出版社, 民國81年, 612면.

238) 이기윤, 「『論語筆解』의 解釋學的 理解」, 성균관대학교 석사논문, 1996.

239) 특히 陳祥道의 『論語全解』에는 『노자』에 의거하여 『논어』를 해석한 곳이 20여 항목, 『장자』에 의거하여 『논어』를 해석한 곳이 30여 항목이나 된다.

친『논어』주석서가 남송 연간에 저술되었다. 바로 주희의『논어집주』이다.[240] 주희의『논어집주』는 훈고도 매우 치밀하지만 그의 성리학적 이념이 잘 투영된 주석서로 더 가치 평가를 받았으며, 이러한 점 때문에 동아시아에서 주자학이 정치적, 학문적 권위를 누리게 되었을 때 이 책은 매우 존중받았다.

이상 한대의 정현에서 남송대의 주자에 이르기까지『논어』주석사를 일별해 보았다. 그 결과 정현의 주석을 제외하곤 대부분의『논어』주석서는 주로 도가와 성리학 등에 근거하여 해석되고 있음을 알 수 있었다. 즉 의리학적 경학이『논어』주석사의 대세였던 것이다. 그리고 주희의『논어집주』가 나타나면서 기존의『논어』주석서들의 영향이 현저히 감소한 것도 하나의 특색이라 할 수 있다.

한편 송대(宋代) 이후 원명대(元明代)는 주희(朱熹)의『논어집주』가 거의 성경의 위치를 누릴 정도로 존숭받았다. 때문에 이후 주자학파의『논어』주석서는 새로운 견해를 드러내기보다는『논어집주』의 의미를 부연설명하는 주자의 주석에 대한 해설집, 즉『논어집주』의 소(疏)를 저술하는 데 치중하였다. 이러한 경향은 명대에 절정을 이루었으며, 그 결과물이 바로 영락제(永樂帝) 때 편집된『논어집주대전(論語集注大全)』이다. 앞서 살펴보았듯이 원명 경학사의 이러한 양상은 주자 주석 일존주의(一尊主義)의 특성을 강화시킨 탓에 경학의 비정상적 발전을 초래하였고, 이 때문에 후대 경학사가들로부터 경학의 쇠퇴시대였다는 평가를 받게 된다.

우리가 앞서 언급한『논어평』은 바로 경학의 쇠퇴시대라고 평가받는 명말(明末)에 출현한 저작이다. 그러면 이탁오의 논어학은 이러한 경학

240) 이 사이에 선학적 관점에서 논어의 중요 주제를 이해하고 이를 한시로 표현한 張九成의『論語百篇詩』와 도가와 불가의 이론으로『논어』의 내용을 증명해 나간 謝良佐의『論語解』가 있지만, 그 영향력이 미미하였다.

사의 흐름에 어디쯤 위치하며 어떠한 위상을 가지고 있는가? 먼저 앞서 살펴본 이탁오 논어학의 특징을 염두에 두고 생각해 보기로 하자. 이탁오 논어학의 주요 특징이 유불회통(儒佛會通)이기에, 이는 고증학보다는 의리학에 가깝다고 할 수 있다. 그러나 그 문체에 대한 집요한 관심, 비평적 주석 달기 등은 또한 이전의 주석서에서 보지 못한 점이다. 때문에 이를 감안하여 의리체(義理體), 고증체(考證體)에 대비되는 비평체(批評體) 경학이라 명명해 보기도 하였다. 즉 이탁오의 논어학은 종래의 의리적 경학의 맥을 이으면서도 창신(昌新)의 면모를 갖추었다. 그런데 이러한 창신의 면모를 갖춘 이탁오의 논어학이 어떠한 위상을 지니려면, 평지돌출이 아니라 경학사에서 자리매김을 하여야만 할 것이다. 이 말은 곧 이탁오의 유불회통을 주요 내용으로 하는 비평체 논어학이 과연 독자적 흐름을 창출할 만큼 경학사에서 영향력을 지녔는가 하는 문제로 연결된다.

그런데 이탁오 이후 그의 영향하에 있거나, 적어도 유사한 경향을 띠고 있는『논어』주석서들이 대량으로 저술되었음을 확인할 수 있었다. 이 중 대표적 저술을 들어 보면 다음과 같다.[241]

이탁오(李卓吾, 1527~1602),『논어평(論語評)』(『四書評』)

① 요순목(姚舜牧, 1543~1623),『논어의문(論語疑問)』(『四書疑問』)
② 녹선계(鹿善繼, 1575~1636),『논어설약(論語說約)』(『四書說約』)
③ 주종건(周宗建, 1582~1626),『논어상(論語商)』
④ 풍몽룡(馮夢龍, 1575~1645),『논어지월(論語指月)』(『四書指月』)

241) 그 상세한 목록은 陳昇輝,「晩明論語學之儒佛會通思想硏究」, 淡江大學 碩士論文, 2002의 부록 참조.

⑤ 장대(張岱, 1597~1865?), 『논어우(論語遇)』(『四書遇』)

⑥ 지욱(智旭, 1599~1655), 『논어점정(論語點睛)』

⑦ 내사행(來斯行, 1607년 진사), 『논어송(論語頌)』, 『논어소참(論語小參)』(『四書小參』)

⑧ 만상열(萬尙烈, 1161년 자서), 『논어측(論語測)』(『四書測』)

⑨ 구신(寇愼, 1616년 진사), 『논어작언(論語酌言)』(『四書酌言』)

⑩ 왕점반(汪漸磐), 『논어종인(論語宗印)』(『四書宗印』)

⑪ 장명헌(張明憲), 『논어참(論語參)』(『四書參』)

⑫ 황헌신(黃獻臣), 『논어벽단(論語闢旦)』(『四書闢旦』)

명말에 지어진 이 『논어』 주석서들의 공통적 특징은 무엇보다도 유불회통의 사유로써 『논어』를 이해하고 있다는 점이다. 그런데 이 주석서들 중 특히 중요한 저술로 장대의 『논어우(論語遇)』와 지욱의 『논어점정(論語點睛)』을 들 수 있다. 뒤에 상술하겠지만 장대의 『논어우』는 유가에서, 지욱의 『논어점정』은 불가에서 이탁오 논어학의 내용과 형식을 직접 또는 간접적으로 계승한 흔적이 매우 뚜렷한 주석서이기 때문이다. 이 두 주석서의 공통된 특징으로 네 가지 정도를 들 수 있는데, 이는 대체로 이탁오의 영향하에 있는 것이다. 그 특징을 차례대로 살펴보면, 첫째 비평체 형식, 둘째 경문 문체에 대한 관심, 셋째 유불회통, 넷째 이탁오 『논어평』의 다수 인용과 부연설명 등이다. 이 중에서 유불회통의 경우, 이탁오 『논어평』에 보이는 유불회통의 형식을 더욱 밀고 나가 유가적 이념을 불가적 이념으로 치환하고자 할 정도로 적극적이었다. 선(禪)으로 경을 해설하는 주석 방식을 극도로 구현하였으니, 『사고전서총목제요(四庫全書總目提要)』에서 언급한 양명학파 경학의 면모를 여실히 보여준 것이다.

한편 명말의 이탁오의 위상은 그의 책에 대한 다양한 상업적 출판과 그의 사상과 언설에 대한 광범위한 지지층의 확보에서 그 대단했음을 짐작할 수 있다. 어느 정도였는가? 그의 글은 당대 사회문제가 될 정도였고, 당시 명망 있던 문장가이자 출판가였던 풍몽룡(馮夢龍)은 "선생의 말이 아니면 말하지 않고, 선생이 읽은 것이 아니면 읽지 않았다."[242]라고 할 정도였다. 명말청초에 걸쳐 『논어평』의 영향을 받은 주석서들이 우후죽순처럼 쏟아져 나온 것은 당시 이러한 학술계의 분위기에 힘입은 바가 크다. 특히 『논어우』와 『논어점정』을 중심으로 유불회통의 이념을 중요한 특징으로 삼는 이 시기 『논어』 주석서들은 이탁오의 논어학에서 영향받은 바가 너무나 뚜렷하다. 그리고 이탁오를 정점으로 하여 그들만의 연계에 의한 집단성과 독특성이 선명하게 보인다. 때문에 이를 하나의 새로운 경학사조로 파악하기에 무리가 없어 보인다. 그 내용과 형식적 측면에서 전시대와 뚜렷이 구별되고, 또한 이러한 새로운 내용과 형식을 계승한 학자군과 저술이 집단으로 존재하기 때문이다. 내면 심성과 감성의 중시, 문예학의 발흥, 유불회통의 추구 등등 당시 사상사와 문학사의 중요 양상을 이탁오를 정점으로 하는 일군의 학자들은 그들의 경학 저술 속에 정확하게 반영해 내었다. 특히 불가(선종)의 이론으로 유학을 이해하고자 하는 시도가 매우 두드러졌기에, "명나라 학자들의 경전을 해설하는 방식은 선사들이 공안을 제시하는 것과 매우 흡사하다."[243]고 할 정도로 독특한 일면을 개척한 것이다.

이상으로 살펴본 이탁오를 정점으로 하는 논어학은 그 차별적 특징과 후대에 미친 영향의 측면에서 보면 신경학(新經學)이라 하기에 부족함이 없다. 실로 의론체(송학, 의리)와 차기체(한학, 청학, 고증)라는 두 축에다 비평체(명학)가 더해져서 중국의 경학사를 더욱 의미 있고도 다채롭게 만들

242) 오오키 야스시 저, 노경희 역, 『명말 강남의 출판문화』, 소명출판, 2004, 146면, 196~197면 참조.

243) 馬浮, 「『四書遇』題記」, 『四書遇』, 浙江古籍出版社, 1984. "明人說經, 大似禪家擧公案."

어 주었다. 더 나아가 사상사적 관점에서 보더라도 유불회통을 근간으로 하는 만명(晩明)의 새로운 지식 형태를 정확하게 반영, 또는 주도한 공헌이 크다고 할 수 있다.

그런데 피석서(皮錫瑞) 이후, 명말의 신경학(新經學)은 왜 경학사에서 거의 사라졌다고 여길 정도로 홀시를 받았는가? 의론체의 송학(宋學)과 차기체의 청학(淸學)이 긴 세월 동안 영향력을 행사했던 데 비해, 비평체의 명학(明學)은 명말청초에 왕성하게 일어났다가 사라져 버렸기 때문이다. 이러한 경학적 현상이 그 큰 의미에도 불구하고 단기간에 소멸된 것은 바로 비평체의 명대 경학이 처한 내우외환에서 비롯되었다.

양명학은 태주학파(泰州學派)를 거치면서 불가의 학설을 적극적으로 수용하였고, 이로 인해 세상에 양명학의 이름을 더욱 떨치게 되었다. 그러나 태주학파에서 이탁오에 이르는 동안 선(禪)으로의 지나친 경도는 사상계 내부의 비판을 초래하였고, 이들에게 양명좌파(陽明左派) 또는 광선파(狂禪派)라는 오명을 얻게 하였다.[244] 황종희가 『명유학안(明儒學案)』에서 지적했던 것처럼 이들로 인해 양명학이 천하를 풍미하였고 이들 때문에 양명학이 쇠미의 길을 걷게 되었다.[245] 이에 만명(晩明)의 지식인들 중 일부는 심성학(心性學)을 버리고 문헌학으로 자신의 학문 영역을 옮겨갔다.[246] 또한 많은 사람들이 명말에 유행했던 이러한 사조의 학문이 도덕적 쇠약과 사상적 혼돈을 가져와 만주족에 의한 왕조의 붕괴와 몰락을

---

244) 嵇文甫, 『晩明思想史論』, 東方出版社, 1996, 58면. "明代思想解放的潮流, 從白沙發端, 及陽明而大盛, 到狂禪派而發展到極端. 於是乎引起各方面的反對, 有的專攻擊狂禪派或陽明左派."

245) 黃宗羲, 『明儒學案』, 里仁書局, 1987, 703면. "陽明先生之學, 有泰州, 龍溪而風行天下, 亦因泰州, 龍溪而漸失其傳. 泰州, 龍溪時時不滿其師說, 益啓瞿曇之秘而歸之師, 蓋躋陽明而爲禪矣."

246) 錢穆, 『中國學術思想史論叢』(七), 蘭臺出版社, 2000, 324~325면. "我們若稱宋明儒心性學, 則晩明儒實已自心性學轉向到文獻學.……若照近代習用語說之, 則可謂宋明是主觀者, 而晩明以下則轉向客觀."

가속시켰다고 비난한 것[247]과 청대에 들어와서 조정에서 적극적으로 문헌학을 지원한 것도 명대 신경학의 쇠락 원인으로 작용하였다.

명대의 신경학은 이렇게 내적 비판과 외적 환경에 대응하지 못하고서 스러져 갔다. 그래도 그 여맥은 실낱같이 이어져서 조선의 허균(許筠)이나 정약용(丁若鏞) 등에 의하여 수용되기도 했다. 마치 거인이 쓰러지듯 명대의 신경학은 단기간에 사라졌지만, 이처럼 시공을 달리하여 조선에서 살아나기도 하였다.

* 이탁오(李卓吾)의 『논어평(論語評)』『사서평(四書評)』은 명대에 위서 논쟁에 휘말린 이후, 20세기에 들어와서도 이 문제에 대하여 치열한 논의가 있었다. 이 논쟁 자체가 이탁오 경학의 성격을 잘 보여주는 것으로, 이에 대하여 하나의 학술적 담론을 형성할 만큼 정밀한 논의가 이루어졌다. 이에 **보론 1**에서는 이탁오 『논어평』『사서평』의 진위논쟁 시말을 정리하여 제시하기로 하겠다.

한편 이탁오에 의해 구축된 명대 신경학은 청대에 큰 영향력을 행사하지 못하였으며, 이러한 사정은 조선에서도 비슷하였다. 그러나 조선의 일군의 학자들은 이탁오의 사상과 논어학을 수용하여 그 명맥을 보존하였다. 이에 **보론 2**에서는 이탁오의 사상과 신경학이 조선으로 전래되어 부활한 양상을 살펴보기로 하겠다.

247) 벤저민 엘먼 저, 양휘웅 역, 앞의 책, 174면.

보론 1 이탁오 『사서평(四書評)』의 진위 논쟁 시말

2000년 중국 사회과학문헌출판사(社會科學文獻出版社)에서 간행된 『이지문집(李贄文集)』을 살펴보면, 이탁오의 경학저술로 『도고록(道古錄)』, 『구정역인(九正易因)』, 『사서평(四書評)』 등이 수록되어 있다. 이 세 종의 경학 저술 중, 이탁오 경학의 특징을 가장 잘 드러내 주면서 후대에 큰 영향을 미친 책은 『사서평』이라 할 수 있다. 앞서 살펴보았다시피 『사서평』은 이탁오의 유학관(儒學觀)과 유불회통적(儒佛會通的) 사유가 잘 표현되어 있으며 문예(文藝)와 경학(經學)이 결합된 독특한 형식의 경전주석서로, 이후 등장하는 이러한 형태의 경학 저술의 효시에 해당되기 때문이다.

그런데 이 『사서평』은 이탁오가 저술한 사서(四書) 주석서라는 주장과 이탁오의 이름을 빙자한 위작(僞作)이라는 두 갈래의 설이 분분한 책이다. 『사서평』에 대한 이러한 진위 논쟁은 명말청초의 학자 주량공(周亮工)에 의해 시작된 이래 근래에 이르기까지 중국, 일본, 대만의 학자들 사이에서 이견이 분분하다. 이 논쟁에는 이탁오 경학, 더 나아가 그의 사상의 특징을 규정하는 상이한 견해들이 반영되어 있기 때문에, 이 논쟁의 시말을 살펴보는 것은 이탁오의 사상과 경학의 특징적 면모를 파악하는 데 유용하다고 할 수 있다.

1. 논쟁의 발단

『사서평』의 진위 논쟁사에서, 최초로 이 책이 이탁오의 이름을 빌린 위서(僞書)라는 설을 제기한 사람은 주량공(周亮工, 1612~1672)이다. 그는 『인수옥서영(因樹屋書影)』에서 다음과 같이 말하였다.

섭문통(葉文通)의 이름은 주(晝)이며 무석(無錫) 사람이다. 독서를 많이 하였으며 재주가 뛰어났고, 이씨(二氏, 불교와 도교)의 학문에 마음을 기울였다. 그런 까닭에 궤이(詭異)한 행동을 많이 하였는데, 그 평생을 살펴보면 하심은(何心隱)과 유사한 면이 많았다. 자칭 금옹(錦翁)이라 하기도 하고, 혹 섭오섭(葉五葉) 또는 섭불야(葉不夜)라 하기도 하였으며, 최후에는 양무지(梁無知)라 자칭하였는데, 이는 양계(梁溪)에 알아줄 만한 사람이 없다고 여겨서이다. 당시에 온릉 이탁오의 『분서』와 『장서』가 유행하였는데, 세간에서 종종 이탁오의 이름을 빌려서 행세하는 자들이 있었다. 예컨대 (이탁오의 저술로 알려진) 『사서제일평(四書第一評)』, 『제이평(第二評)』, 『수호전(水滸傳)』, 『비파(琵琶)』, 『배월(拜月)』과 같은 비평서들은 모두 섭문통의 손에서 지어진 것이다.[248]

주량공은 위의 글에서 당시 이탁오의 이름을 빙자한 위서들이 많이 지어지는 현상에 대하여 언급하고서는, 이탁오의 저서로 알려진 『사서제일평』과 『제이평』의 저자는 실은 섭문통(葉文通)이라고 확언하였다. 주량공의 이러한 견해는 고증적 뒷받침이 없는 주장이었지만, 그의 견해는 『사고전서총목제요(四庫全書總目提要)』에 채택됨으로써 공신력을 획득하게 되었다.[249] 그렇지만 명청대 학자들과 조선의 학자들 사이에서 『사서평』은 진서로 여겨졌다. 그들은 자신들의 저술에 『사서평』을 즐겨 인용하면서, 주량공과 『사고전서총목제요』의 주장에 주목하지 않았다.[250]

주량공의 주장과는 별도로 『사서평』은 이를 진서로 인정하는 학자들에

---

248) 『因樹屋書影』第一卷. "葉文通名晝, 無錫人. 多讀書, 有才情, 留心二氏學, 故爲詭異之行, 迹其生平, 多似何心隱. 或自稱錦翁, 或自稱葉五葉, 或稱葉不夜, 最後名梁無知, 謂梁溪無人知之也. 當溫陵焚藏書盛行時, 坊間種種借溫陵之名以行世者, 如『四書第一評』, 『第二評』, 『水滸傳』, 『琵琶』, 『拜月』諸評, 皆出文通手."

249) 『四庫全書總目提要』권119, 子部29, 雜家類3, 『疑耀』. "相傳坊間所刻贅『四書第一評』, 『第二評』, 皆葉不夜所僞撰."

250) 대표적 인물로 張岱, 智旭禪師, 陸隴其, 丁若鏞 등이 있다.

의하여 꾸준히 인용되어 오다가, 20세기 중엽 중국의 대표적 중국 고전 철학 연구자의 한 사람인 후외려(侯外廬)에 의해서 사상사의 전면에 부상하게 된다. 후외려는 1959년에 저술한 『중국사상통사(中國思想通史)』(제4권 하책), 제24장 「이지의 전투적 성격과 그 혁명성의 사상」에서 이탁오의 저술연표를 정리하면서 제3부에 『사서평(四書評)』을 저록하였다.[251] 그리고 그 하단에 위의 『인수옥서영』과 『사고전서총목제요』의 내용을 전재하고서, 다음과 같이 안설(按說)을 붙였다. "우리들이 본 『사서평』이란 책은 제일평(第一評)이나 제이평(第二評)으로 불린 적이 없다. 그리고 그 정신과 내용, 문자와 풍격(風格)이 이지(李贄)의 다른 저작과 일치한다. 『사고전서총목제요』에서 세간에 전해지는 『사서평』을 섭문통의 위작이라고 하였는데, 이는 주량공의 설에 근거한 것으로 확실한 증거라고 할 수 없다. 이런 여러 정황에 근거하여 『사서평』을 이지의 저작으로 확정하는 바이다."

이처럼 『사서평』을 이탁오의 저작으로 확정한 후외려는, 『사서평』과 이탁오의 기타 저작 사이의 사유의 상동성을 반전통적(反傳統的), 반성교적(反聖敎的), 반도학적(反道學的) 측면에서 고찰하였다. 그리고 이러한 고찰의 바탕 위에서 『사서평』의 일부 내용에 다음과 같은 안설을 붙였다.

① **『논어』「미자(微子)」 전편**(全篇)

이탁오(李卓吾) : 총괄하여 비평한다. 이 「미자(微子)」 한 편의 경문을 읽으면 마치 패관소설, 야사, 각국의 역사서를 읽는 듯하여 사람으로 하여금 잠 못 이루게 한다. 이 또한 경전 안의 사서(史書)로다.(總批. 讀此一篇, 如讀稗官小說, 野史, 國乘, 令人不寐. 其亦經中之史乎.)

후외려(侯外廬) : 경전을 패관소설에 비견하였으니, 그 의도는 경전의 지위를

251) 이하의 내용은 侯外廬, 『中國思想通史』(第四卷 下冊), 人民出版社, 1995, 1048~1050면, 1078~1081면 등에서 요약한 것이다.

존중하지 않는 데 있다.(按: 以經典比之稗官小說, 故意不尊崇其地位.)

② 『논어』「자장(子張)」7장

자하(子夏) : "여러 기술자들은 공장에서 일해야만 그 일을 완수할 수 있고, 군자는 배워야만 그 도를 이룰 수 있다."(子夏曰: "百工居肆以成其事, 君子學以致其道.")

이탁오(李卓吾) : 오늘날 '여러 기술자들이 공장에서 일하여 그 일을 완수하는 경우'는 다반사이지만, 지금 '군자로서 배워서 그 도를 이루는 자' 몇 사람이나 되는가.(今之'百工居肆以成其事'者比比, 今之'君子學以致其道'者幾人哉?)

후외려(侯外廬) : 이 문장을 통해 상공업자들을 높이고, 도학자들을 풍자하였다.(按: 借此以擡高工商業者, 而諷刺道學家.)

후외려는 이탁오가 육경(六經)과 『논어』, 『맹자』 등의 경전에 대하여 경멸적인 태도를 지녔으며, 이 책들을 당시 제자들의 수필 기록에 불과한 것으로 보았다고 하였다. 그리고 이탁오는 성경의 지위뿐 아니라, 당시 지배적 사상사조였던 도학에 대해서도 경멸하는 자세를 지녔다고 평가하였다. 이탁오에 대한 후외려의 이러한 관점은 위의 『사서평』에 붙인 안설에서도 그대로 반영된다. 예문 ①과 ②에서 보듯이 후외려는 이탁오의 『사서평』이 전통적으로 신성불가침으로 인정받는 경전의 지위를 존중하지 않고, 당대 학문의 지배적 위치에 있었던 도학을 풍자하는 내용으로 점철된 책이라고 평가하였다. 후외려의 이러한 관점에서 보자면 『사서평』에 내재된 이탁오 사상의 본령은 반전통(反傳統), 반도학(反道學)을 내용으로 하는 반유가적(反儒家的)이라 할 수 있을 것이다.

2. 논쟁의 전개

『사서평』을 이탁오의 저술로 판정하고 그 내용을 반전통(反傳統), 반유가적으로 파악한 후외려의 관점은 이후 이견 없이 중국 학계에 수용되었다. 그런데 후외려 이후 15년이 지나 중국에서 이탁오 열풍이 불면서, 『사서평』은 다시 한번 학술계와 정치계의 전면에 떠오르게 되는데, 이러한 현상은 문화대혁명(1966~1976)이라는 중국사 초유의 거대한 정치적 실험과 관련이 있다.

주지하다시피 문화대혁명의 와중에 모택동(毛澤東)의 후계자였던 임표(林彪)가 실각하자, 1973년에 비림비공(批林批孔) 운동이 일어났다. 그런데 당시 모택동의 부인이자 사인방(四人幇)의 일인이었던 강청(江靑)은 비공(批孔)의 일환으로 이탁오의 『사서평』을 발굴하여 '이지 전기(前期)의 법가를 존중하고 공자를 반대한 저작'(李贄前期的一部尊法反孔著作)이라 소개하였다. 그리고 더 나아가 1975년에는 『사서평』을 출판하고서 이를 전국 각지에 선전하기도 하였다.[252] 이 시기에 이탁오는 위대한 존법반유(尊法反儒)의 사상가, 혹은 반봉건(反封建)의 반역사상가(反逆思想家)로 성가를 날렸는데,[253] 특히 『사서평』의 분석을 통해 이탁오 사상의 반공성(反孔性)을 강조하는 경우가 종종 있었다. 한 예로 『논어』 「향당(鄕黨)」의 "오직 술만은 한량없이 드셨는데 술주정은 않으셨다."(唯酒無量, 不及亂.)라는 경문에 대하여, 이탁오가 『논어평』에서 "'오직 술만은 한량없이 드셨는데 술주정은 않으셨다'고 하니, 참으로 위대한 성인, 위대한 성인이시다! 나머지 식생활 태도는 모두 일반 대중들과 매한가지이다."(唯酒無量, 不及亂. 大聖人! 大聖人! 其餘都與大衆一般.)라고 평어를 달았다. 그런데 이 평어

252) 崔文印, 「李贄『四書評』眞僞辨」, 『文物』79年 第4期, 1979, 31면 참조.

253) 이는 1975년 福建省晋江地區文物管理委員會에서 편찬한 『李贄思想評介』(자료집)에 들어 있는 논문들에서 확인되고 있다.

에 대하여 1975년 당시 상해의 한 공장의 학습소조에서 발간한 『이지논술전주(李贄論述箋注)』에서는 "성인이 이지의 붓끝에서 배우지도 못하고 기술도 없는 정치 모리배, …… 생을 탐하고 죽음을 겁내는 연골충(軟骨蟲)으로 묘사되었다."[254]라고 해설을 달았다. 이들의 해설에 의하면 이탁오는 『사서평』을 통해 공자를 거의 정치적 사기꾼 내지 해충으로 본 셈이다. 이렇게 평가된 이탁오의 사상은 당시 반전통을 전면에 내건 문화대혁명의 이념에 매우 적합하였기에, 전통학자로서는 드물게 광범위하게 선양되었다.[255]

그런데 1976년 모택동이 죽고 사인방이 체포되자 사정이 좀 바뀌었다. 사인방에 대한 정치적 비판에 덧붙여 강청이 부각시킨 이탁오의 『사서평』도 심각한 비판에 직면하게 된 것이다. 후외려 이후, 진서(眞書)로 인정되었던 『사서평』은 강청에 의해 반공(反孔)의 서적으로 역사의 전면에 부각되었다. 그리고 사인방의 몰락으로 인해 다시 위서로 그 위상이 격하되는 수모를 겪었는데, 이러한 역할을 수행한 학자가 최문인(崔文印)이었다.

강청에 대한 비호감이 강했던 문헌학자 최문인은 1979년과 1980년에 「이지의 『사서평』의 진위에 관한 논변」, 「『사서평』이 이지의 저술이 아니라는 것에 관한 고증」이라는 논문을 연속하여 발표하면서,[256] 『사서평』의 위작설을 중국 학계에 전면적으로 제시하였다. 먼저 그는 1979년에 발표

---

254) 上海冷軋帶鋼廠工人學習理論小組, 『李贄論述淺注』(『李贄思想評介』所收), 福建省晋江地區文物管理委員會, 1975. "可是這介摩登聖人在李贄的筆下, 不過是無學無術的政治騙子, 是官迷心竅的勢勝鬼, 是貪生怕死的軟骨蟲. 至此, 大聖人的尊嚴, 似落葉遇西風, 掃介精光, 先師地位一落千丈, 剩下的只是具巧僞人的僵尸了."

255) 批林批孔運動 당시에 이탁오는 법가사상가로서 문혁의 주체들에 의해 역사의 전면에 등장하였다. 이 정황에 대해서는 신용철, 「'비림비공운동'에서의 이탁오」, 『이탁오』, 지식산업사, 2006, 376~382면 참조.

256) 崔文印, 「李贄『四書評』眞僞辨」, 『文物』79年 第4期, 1979 ; 「『四書評』不是李贄著作的考證」, 『哲學研究』80年 4期, 1980.

한 「이지의 『사서평』의 진위에 관한 논변」에서, 주량공이 『인수옥서영』에서 『사서평』은 섭주(葉晝)가 이탁오의 이름을 가탁하여 지었다는 주장을 그대로 수용하였다. 그리고 여기에 학문적 분석을 더하여 섭주의 스승인 고헌성(顧憲成, 1550~1612)의 학문과 『사서평』의 유사성을 밝혀내고서,[257] 『사서평』은 섭주가 자신의 스승인 고헌성의 말을 철습(掇拾)하여 지은 책에 이탁오의 이름을 저자(著者)의 자리에 붙여 놓은 위작(僞作)이라고 단언하였다. 그리고 자신의 이러한 고증으로 인해 사인방의 반혁명적 의도(?)가 환하게 드러났다고 하였다. 참으로 학술과 정치가 교직(交織)된 결론이라 할 수 있다.

한편 그 이듬해인 1980년에 최문인은 「『사서평』이 이지의 저술이 아니라는 것에 관한 고증」이라는 논문을 통해 이 문제를 다시 거론하면서 논의를 보완하였다. 그는 이 논문에서 보다 더 논의를 진전시켜 『사서평』의 평어들은 경문을 찬미하고 경의를 천발(闡發)하는 내용이 절대적인 부분을 차지하고 있으므로, 이는 반유가적 지향을 지닌 이탁오의 사상과 맞지 않다고 주장하였다. 또한 여기에 덧붙여 주량공이 『인수옥서영』에서 거론한 『사서제일평(四書第一評)』은 바로 『사서평(四書評)』을 가리키며, 『제이평(第二評)』은 양복소(楊復所, 1547~1599)[258]가 지었다고 전해지는 『사서안(四書眼)』을 가리킨다고 하였다. 최문인의 이러한 결론에 의하면 이탁오의 『사서평』과 양복소의 『사서안』은 모두 섭주(葉晝)의 위작이 되는 셈

257) 예컨대 『논어』, 「위정」4장의 "子曰: '吾十有五而志于學.……七十而從心所欲, 不踰矩.'"라는 경문에 대하여 이탁오는 『논어평』에서 "孔子年譜, 後人心訣."이라고 평어를 달았는데, 이는 섭주가 그의 스승인 고헌성이 『논어』의 이 경문을 강론하면서 "這章是吾夫子一生年譜, 亦便是千古作聖妙訣."(『虞山商語』卷中)이라고 한 말을 구절을 바꾸어 인용한 것이라고 최문인은 말하고 있다.

258) 이름은 起元이며, 復所는 그의 호이고, 자는 貞復, 시호는 文懿이며, 羅汝芳을 따라 양명학을 배웠다. 이탁오와 학문적 동지였다고 한다. 저술에 『證學編』, 『楊文懿集』, 『四書眼』 등이 있다.

이다.[259] 이후 『사서평』의 위작설에 찬성하는 이들은 주량공의 『인수옥서영』과 최문인의 상기 두 논문의 주장을 거의 금과옥조로 삼고 있으며 별반 색다른 견해를 보여주지 못하고 있다.[260]

최문인 이후 『사서평』의 위작설을 제시하는 이들이 다른 견해를 내보이지 못하는 것에 비하여, 『사서평』의 이탁오 저작설을 주장하는 학자들의 견해는 다양하면서도 그 고증에 있어서 치밀한 편이다. 이는 이탁오의 사상에 대한 평가의 전환과 『사서평』이 이탁오의 진서임을 주장할 수 있는 방계자료의 출현에 근거한 것으로, 유건국(劉建國)(1983년), 주굉달(朱宏達)(1985년), 나영길(羅永吉)(1997년), 임관문(任冠文)(1999년) 등의 학자들의 주장을 눈여겨볼 만하다. 이를 차례대로 소개하면 다음과 같다.

최문인이 1980년에 『사서평』 위작설을 제시한 이래, 이에 대한 최초의 학술적 반박을 한 학자는 유건국(劉建國)이다. 그는 1983년 「다시 『사서평』의 진위 문제에 관하여 논하다」[261]라는 논문을 통해 우선 주량공의 설은 믿을 만한 증거가 없다고 주장하였다. 즉 주량공이 지은 『인수옥서영』 10권은 대략 10만 자가 넘는데, 이 중 『사서평』의 위작에 관한 글은 220자에 불과할 정도인데다 여기에는 어떠한 논증도 들어 있지 않기 때문이다. 게다가 『인수옥서영』이라는 책은 주량공이 감옥에 있으면서 전해 들은 이야기를 기록해 놓은 것에 불과하여 더욱 그 사실성을 보증할 수 없다는 것이다. 그러니 이 논증 없고 와전(訛傳)에 가까운 소문을 채록한 기록을 선불리 믿고서 근거로 삼아 논리를 전개하는 것은 학문적 태도가 아니라고 하였다.

---

259) 『四書眼』이 위작이 아니라, 楊復所의 저작이라는 논증에 관해서는 劉建國, 「也談『四書評』的眞僞問題」, 『貴州社會科學』第3期, 1983 참조.

260) 예컨대 佐野公治, 『四書學史の硏究』, 創文社, 1988 ; 林海權, 『李贄年譜考略』, 福建人民出版社, 2004 ; 김혜경, 『(譯註) 續焚書』, 한길사, 2007 등에서는 모두 최문인의 상기 논문에 근거하여 별다른 고증 없이 『사서평』을 위작이라고 언급하고 있다.

261) 劉建國, 「也談『四書評』的眞僞問題」, 『貴州社會科學』第3期, 1983.

한편 유건국은 여기에서 한 걸음 더 나아가 『사서평』의 내용 분석을 통해 이 책이 이탁오의 진서임을 논증하고자 하였다. 그는 종래 이탁오의 사상을 반유교(反儒教)로 결정지은 후외려 이후의 중국 학계의 논의를 심각하게 반성하였다. 그는 이탁오의 초기 사상은 비공(批孔), 반도학(反道學)이었으나, 만년의 사상은 공맹(孔孟)을 추숭하고 경문의 의미를 적극적으로 천발(闡發)하고자 하였다고 주장하였다. 그리고 이탁오의 이러한 만년의 사상이 구현된 서적이 바로 『사서평』이라고 하였다. 즉 유건국에 의하면 『사서평』은 만년의 이탁오가 존공사상(尊孔思想)으로 회귀 혹은 퇴보한[262] 후에 완성한 저술이 되는 셈이다. 한편 유건국은 『사서평』의 문체를 분석하고서는 『사서평』의 평어들의 풍격(風格)이 이탁오의 다른 저작들의 문자 풍격과 완전 일치한다는 점에서도 『사서평』이 이탁오의 저작임은 의심할 여지가 없다고 하였다.

후외려 이후 『사서평』의 진위에 대한 견해가 달랐어도, 이탁오가 반유가(反儒家), 비공주의자(批孔主義者)라는 데는 그 견해가 같았다. 그런데 1983년 유건국에 이르러 이탁오 사상의 성격에 관한 규정은 일대 전환을 맞이하게 된다. 즉 이 시기에 이르러 이탁오의 사상은 반공(反孔)에서 존공(尊孔)으로 그 성격 규정이 확연하게 바뀌게 되었다.[263]

한편 『사서평』의 진위 논쟁사에서 주량공의 『인수옥서영』에 대응할 만한, 혹은 더 가치 있는 증거 서적이 발견됨으로써 이 논쟁은 또 다른 국면을 맞이하게 된다. 그것은 바로 양명의 후학이자 이탁오의 신봉자였던 장대(張岱)가 저술한 『사서우(四書遇)』의 발견이었다.

---

262) 劉建國은 상기 논문에서 『사서평』을 가리켜 "是晚年的著作, 是向尊孔思倒退時的著作."이라고 하였다.

263) 물론 이탁오 사상에 관한 이러한 평가는 당시 주류적 관점이 아니었다. 주류는 여전히 이탁오는 반공비유의 철학자라는 견해이다. 그러나 이 시기를 기점으로 이탁오를 유가로 파악하는 관점은 점점 힘을 얻게 되었으며, 이후 대만과 구미의 학계뿐 아니라 중국 학계에서조차 이 견해를 수용하게 된다.

1984년 중국 절강성(浙江省) 도서관에서는 관내에 소장하고 있던 특장초고본(特藏抄稿本) 중의 하나인 『사서우(四書遇)』를 표점 정리하여 절강고적출판사(浙江古籍出版社)를 통해 출판하였다. 이 『사서우』는 명말청초의 저명한 문학자이자 사상가였던 양명학자 장대(張岱)의 저술로, 그동안 제목만 전하고 그 내용이 알려지지 않았던 저술이었다. 그런데 당시 이 책의 출간을 주도하였던 주굉달(朱宏達)은 『사서우』의 내용을 소개하면서, 이탁오의 『사서평』의 진위에 관한 매우 주목할 만한 견해를 1985년에 「장대 『사서우』의 발견과 그 가치」[264]라는 논문을 통해 제출하였다.

주굉달은 장대의 『사서우』에서 인용된 이탁오의 『사서평』 내용 18조목을 찾았다. 그리고 그 내용을 분석하고서, 이 중 12조목은 만력(萬曆) 연간에 간행된 『사서평』–이 책이 현재 우리가 보고 있는 『사서평』이며, 또한 『이지문집(李贄文集)』에 들어 있는 『사서평』이기도 하다–에서 인용된 것이며, 6조목은 만력본 『사서평』에 실려 있지 않은 것이라고 하였다.[265] 그런데 장대는 이 『사서평』을 이탁오의 진서(眞書)로 확신하고서 한 점 의심 없이 인용하고 있는데, 장대의 『사서평』에 대한 이러한 접근 자세는 그 자체로 주량공의 『사서평』 위작설을 뒤집을 만한 것이라고 주굉달은 말하고 있다. 장대는 이탁오와 동시대를 살았던 인물이었을 뿐 아니라, 그 학문적 수준을 비교하더라도 주량공에 비해 뛰어난 학자였으며, 결정적으로 주량공이 『사서평』의 위작자로서 섭주를 지목하였는데 장대는 이들보다 먼저 태어나서 이미 『사서평』을 보고서 인용을 하고 있다는 점을 들고 있다.

그렇다면 이탁오의 『사서평』의 진위를 언급할 때, 왜 주량공의 설만 언급되고 이보다 더 확실한 증거로 제시할 만한 장대의 설은 인용되지 않

264) 朱宏達, 「張岱『四書遇』的發現及其價值」, 『中國經學史論文選集』(下冊), 文史哲出版社, 民國82年, 358~359면.

265) 이 점은 현재 우리가 보고 있는 『四書評』 이외에 다른 판본이 존재했을 것이라는 것을 추정케 하는 것으로, 이에 대해서는 보다 더 자세한 논증이 필요할 듯하다.

았는가? 이에 대하여 주굉달은 주량공의 『인수옥서영』이 『사고전서』에 들어 있는 데 비해, 장대의 『사서우』는 『사고전서』에 들어 있지 않음으로 인해 세상 사람들이 이 책의 이름만 알았지 내용을 보지 못했기 때문이라고 하였다. 그러나 오늘날 이 책의 발견으로 인해 『사서평』의 진위에 관한 가장 이른 그리고 가장 권위 있는 평론서의 자리를 『인수옥서영』이 『사서우』에 내어줄 수밖에 없게 된 셈이다. 이에 주굉달은 『사서우』의 발견으로 인해 『인수옥서영』에서 논의된 『사서평』의 위작설은 붕괴되었다고 결론을 내렸다. 주굉달의 이러한 주장에 힘을 실어 주는 또 하나의 증거가 나왔는데, 그것은 바로 장대와 동시대를 살아간 지욱선사(智旭禪師)의 『논어점정(論語點睛)』의 발굴이었다.

1997년에 대만의 학자 나영길(羅永吉)은 「『논어점정(論語點睛)』 연구」[266] 라는 논문을 발표하면서 지욱선사의 『논어점정』의 내용 분석에 곁들여 이탁오의 『사서평』의 진위 논쟁에 관해서 이전과 다른 견해를 제시하였다. 나영길은 이 논문에서 다음과 같이 주장하였다. 『사서평』은 적어도 만력 39년(1611년) 이전에 판각[267]되었는데, 이는 주량공(周亮工)의 생년 이전이며, 주량공이 『사서평』의 위작자라고 한 그의 친우 섭주(葉晝)는 1599년 전후에 태어났으니, 이들이 활동하기 이전에 이미 『사서평』은 판각되어 읽혀졌다는 것이다. 그러므로 주량공이 섭주의 위작이라고 한 『사서제일평』, 『제이평』은 『사서평』과 동일 서적이라 할 수 없다고 하였다.

또한 지욱선사의 『논어점정』에는 이탁오의 『사서평』에서 94개의 주석을 인용하고 있으며, 심지어는 이탁오의 주석을 설명하는 주석을 달기도 하였다. 즉 지욱선사는 『사서평』을 한 점 의심 없이 이탁오의 저술로 인정하였던 것이다. 『논어점정』의 초고가 쓰여진 해는 대략 1633년에서

266) 羅永吉, 「『論語點睛』研究」, 『中華佛學研究』第1期, 中華佛學研究所, 1997.

267) 佐野公治, 『四書學史の研究』, 269면의 설을 수용한 것임.

1634년(완성된 해는 1647년임)이니, 주량공이 『사서제일평』과 『제이평』이 위작이라고 주장했을 무렵에, 당시의 학자들(장대와 지욱)은 『사서평』이 이탁오의 진서임을 전혀 의심하지 않고 있었다. 때문에 주량공의 말만 가지고 『사서평』을 위작이라 단정할 수 없다는 것이다.

그리고 『사서평』의 내용을 통해 추론해 보더라도 이는 이탁오의 진서임을 의심할 여지가 없다고 나영길은 주장하였다. 예컨대 이탁오는 만년에 쓴 「관음문(觀音問)」에서 "세상 사람들은 다만 죽음이 무섭기 때문에 피와 살로 이루어진 이 육신을 탐내다가 결국은 삶과 죽음 사이를 유랑하기에 겨를이 없다. 성인은 죽음이 너무너무 두려운 까닭에 생사의 원인을 궁구하셨고, 삶이 없음을 깨달은 다음에야 그 일을 그만두셨다. 삶이 없으면 죽음이 없고 죽음이 없으면 두려움도 없는 것이니, 이는 죽음을 억지로 무섭지 않다고 강변한 말이 아니다."[268]라고 하였듯이, 생사 대사를 해결하는 데 치력하였다. 그런데 『논어』「자한(子罕)」16장의 공자께서 시냇가에 앉아 계시다가 말씀하였다 : "흘러가는 것은 이와 같다. 밤낮을 쉬지 않고 부지런히 흘러간다."(子在川上曰: "逝者如斯夫. 不舍晝夜.")라는 경문에 대하여, 이탁오는 『논어평』에서 "또한 사람들에게 쉬지 않고 노력하기를 권하는 내용이다. 이는 도가의 '흐르는 물은 썩지 않는다'라는 말과 의미가 동일하다. 밤낮으로 하는 노력을 쉬게 되면, 곧 생사를 깨치지 못할 것이다."(亦勸人不舍也. 與道家流水不腐之語同. 舍晝夜, 便了不得生死.)라고 평을 달았다. 이러한 이탁오의 평은 바로 생사 대사를 자기 삶의 중심과제로 삼은 그의 정신적 지향이 잘 투영된 비평이라 할 수 있는데, 이는 「관음문」에 보이는 이탁오의 사유의 양상과 매우 유사하다. 때문에 『사서평』은 그 내용적 측면에서 보더라도 이탁오의 정신을 잘 구현하였다는

268) 『焚書』권4, 「觀音問」의 두 번째 글에 나온다. 번역은 김혜경, 『분서』Ⅱ, 한길사, 2004, 119면에서 인용하였다.

점에서 진서라고밖에 할 수 없다는 것이 나영길의 결론이다.

주굉달과 나영길은 각각 『사서우』와 『논어점정』이라는 신자료의 발굴을 통해 『사서평』의 위서설을 부인하였으며, 특히 나영길은 『사서평』의 내용 분석을 통해 생사의 문제를 중시하는 『사서평』의 중심 내용과 이탁오의 정신적 지향의 일치성을 들어서 『사서평』이 이탁오의 저작임을 주장하였다. 이는 이탁오 학문의 유불회통적 사유–생사 대사를 중시하는 불교적 사유로써 유가의 경전을 해설하는 것–를 이탁오 사상의 본령으로 본 것으로, 이러한 유불회통적 사유는 이탁오 경학이 후대에 미친 영향 가운데 가장 큰 부분이기도 하다. 한편 이와는 다른 방향에서 『사서평』을 분석하고서 이탁오 사상의 특징을 규정하고자 한 논의가 1999년 임관문(任冠文)에 의해 이루어졌다.

1999년에 임관문은 「『사서평(四書評)』 변석」[269]이라는 논문을 통해, 주량공의 『인수옥서영』은 그가 감옥에서 전문(傳聞)을 편사한 책이며, 그가 예시한 『사서제일평』, 『제이평』 등은 어떠한 사료에도 기재되어 있지 않기에 신뢰할 수 없다는 기존의 주장을 되풀이하였다. 한편 임관문은 『사서평』과 『분서(焚書)』의 내용을 대비시켜 분석하고서, 그 사상의 상동성을 통해 볼 때 『사서평』은 이탁오의 저술임이 분명하다고 하면서, 이탁오 사상에 대하여 새로운 견해를 제시하였다. 임관문에 의하면 『사서평』은 이탁오의 만년 저작으로, 여기에서 그는 성인과 유가 경전의 신성화와 절대화에 반대하였지, 반유가적인 태도를 지닌 것은 아니었다. 오히려 유가 사상에 진실하게 접근하여 새로운 관점으로 유가를 파악하였다는 것이다. 이는 『사서평』을 이탁오의 진서로 본다는 점에서 후외려와 동일한 입장이나, 이탁오 사상의 본질을 파악하는 것은 완전 반대쪽에 서 있다. 그리고 1983년에 유건국이 이탁오의 만년 사상이 유가로 회귀한 것에 대

269) 任冠文, 「『四書評』辨析」, 『文獻』1期, 1999.

해서 이탁오 사상의 퇴보라고 결론 내린 것에 비해, 임관문은 이탁오 만년의 유가로의 회귀에 긍정적 의미를 부여하고 있다. 이 시점에 이르러 이탁오의 사상의 본질은 반공(反孔)에서 친공(親孔) 내지 존공(尊孔)으로 다르게 파악되었을 뿐 아니라, 그의 이러한 사상 자체에 대해서도 긍정적 의미 부여를 받게 된 셈이다. 실로 이탁오는 1959년에 반유가주의자(反儒家主義者)로 규정된 이래, 40년의 시간이 흐른 뒤 다시 유가로서 위상의 재정립이 이루어진 셈이다.[270)]

3. 논쟁의 결말

주량공이 이탁오의 『사서평』에 대하여 위서설(僞書說)을 제기한 이후 『사고전서총목제요』에 이 위서설이 수용되기도 하였다. 그러나 실제로 『사서평』을 접한 학자들은 『사서평』이 이탁오의 저술이라는 점에 대하여서 의심 없이 받아들였다. 장대(張岱)나 지욱선사(智旭禪師)의 경우는 말할 것도 없고, 청대 주자학자였던 육농기(陸隴其)도 『사서강의곤면록(四書講義困勉錄)』을 지으면서 이탁오의 경설을 종종 인용하곤 하였으며, 조선의 실학자 정약용도 『논어고금주(論語古今註)』에서 『사서평』의 경설을 인용하였다. 이는 주량공의 주장과는 달리 명(明), 청(淸)과 조선의 학자들은 『사서평』을 진서로 인정하였다는 증거이기도 하다.

한편 1959년에 후외려가 『사서평』은 이탁오가 지은 저술이라고 주장하고, 1979년에 최문인이 『사서평』은 섭주(葉晝)의 위작이라고 주장한 이래,

---

270) 물론 아직까지 이탁오 사상의 본령을 반유가로 설정하는 연구자가 있지만, 중국 정치사의 흐름에 따라 이탁오의 사상에 대한 규정은 부침을 거듭한 끝에 오늘날에는 유가로 설정하는 연구자들이 늘어나고 있다. 예컨대 張克偉 교수는 「李卓吾眼中的傳統儒學」(『湖北大學學報』4期, 1996)에서 "이탁오는 유가의 이념으로 불교와 도교의 대의를 섭취하여 三教歸儒說을 주장하였다."라고 하면서, 이탁오가 만년에 『易經』을 연구하여 저술을 남긴 것-『九正易因』을 말함-도 바로 그의 이러한 사상적 귀결에 의한 것이라고 하였다.

이 책의 진위 논쟁은 이탁오 사상의 성격 규정과 더불어 논란이 분분하였다. 그러나 1983년 이후로는 『사서평』이 이탁오의 저술이라는 견해가 중국과 대만에서 연달아 제기되어 학계의 공신력을 얻게 되었으며, 2000년 사회과학문헌출판사에서 발간한 『이지문집』에 『사서평』은 이탁오의 저술로 채록되기에 이르렀다. 그리고 이 시기를 전후해서 이탁오의 사상은 반유가에서 유가로 그 평가의 양상이 달라지기도 하였다. 이처럼 『사서평』에 관한 논쟁은 긴 기간에 걸쳐 진행되면서 점차 이탁오의 진서로 학계의 의견이 모아졌고, 마침내 2008년에 등극명(鄧克銘) 교수는 「이탁오 『사서평』 해석의 특색」[271]이라는 논문을 발표하면서 "이제 『사서평』을 이탁오가 저술했는가 하는 논의는 더 이상 문젯거리로 삼을 필요조차 없다."라고 단언하였다. 그리고 2009년에 당명귀(唐明貴) 교수는 『논어학사(論語學史)』를 집필하면서 이탁오의 『논어평』을 명대 논어학을 대표하는 중요한 주석서로 규정하였다.[272] 이 시기에 이르러 대만과 중국에서 동시에 『사서평』을 진서로 확인함으로써, 『사서평』의 진위에 대한 기나긴 논쟁에 종지부를 찍었다.

---

271) 鄧克銘, 「李卓吾四書評解之特色」, 『文與哲』제13기, 國立中山大學中國文學系, 2008.

272) 唐明貴, 『論語學史』, 中國社會科學出版社, 2009.

보론 2 이탁오와 조선 유학

1. 이탁오의 저술과 조선 학자의 첫 만남

조선 학자가 처음으로 이탁오의 저술을 접한 것은 그의 사후 12년 째 되던 해인 1614년이었다. 이 사실을 기록한 이는 김중청(金中淸, 1566~1629)이라는 조선의 주자학자였으며, 이 기록에 의거해 보면 이탁오의 저술을 처음으로 접한 사람은 허균(許筠, 1569~1618)이었다. 이 정황을 좀 더 자세하게 살펴보기로 하자.

1614년 조선에서는 황태자의 생일을 축하하기 위한 사은사를 명나라로 파견하였는데, 이때 사은사는 허균, 서장관은 김중청이었다. 당시 김중청은 자신의 사행을 기록으로 남겨 놓았는데, 이 기록이 그의 문집인 『구전선생문집(苟全先生文集)』「별집(別集)」에 『조천록(朝天錄)』이란 이름으로 들어 있다.[273] 그런데 이 『조천록』에는 김중청이 지근거리에서 상사(上使)인 허균의 행적을 바라본 기록들이 남겨져 있다. 그리고 당시 있었던 일들에 대한 감회를 읊은 시들이 그의 문집인 『구전선생문집』에 실려 있기도 하다. 그런데 『구전선생문집』의 「상사득이씨장서일부시여 감제이율」의 서문에 매우 흥미로운 기사가 있다. 소개해 보면 다음과 같다.

273) 김중청의 『朝天錄』은 저자가 1614년 4월 21일에 使命을 받들고 서울을 떠나 碧蹄에서 유숙한 기사부터 7월에 北京에 도착하여 玉河館에서 4개월 가량 머물면서 사신으로서의 임무를 마치고, 11월에 北京을 출발하여 1615년 1월 11일에 서울로 돌아와서 임금에게 復命하는 기사까지 日記體로 기록되어 있다.(박현규, 「許筠이 導入한 李贄 著書」, 『中國語文學』46집, 영남중국어문학회, 2005 참조. 이하 허균의 이탁오 수용에 관한 논의는 박현규 교수의 이 논문에서 시사받은 바가 크다. 한편 박교수는 이외에도 이 주제를 중심에 두고서 「김중청의 『조천록』과 부정적인 허균 모습」, 『열상고전연구』22집, 열상고전연구회 2005 ; 「천추 사행 시기 허균의 문헌 관련 활동」, 『동방학지』134집, 연세대학교 국학연구원, 2006 등의 논문을 연속적으로 발표하였다.)

상사(허균)께서 이씨의 『장서(藏書)』 일부를 얻어서는 기이하게 여기고서 나에게 이 책을 보여주었다. 이지는 자신이 제목을 붙여 억지로 전대 군신의 시비(是非)와 여탈(與奪)에 대하여 자신의 편벽한 견해를 따르지 않음이 없었다. 순자를 덕업유신(德業儒臣)의 첫째로 삼고, 우리 맹자를 악극(樂克), 마융(馬融), 정현(鄭玄)의 대열에 낮추어 두었다. 정명도(程明道) 선생은 겨우 그 대열의 끝에 육구연(陸九淵)과 함께 나란히 두었다. 정이천(程伊川)과 주회암(朱晦庵) 두 선생 같은 이는 또 신도가(申屠嘉), 소망지(蕭望之)의 아래에다 두고, 행업유신(行業儒臣)으로 일컬으면서 멋대로 올리고 깎아내림에 조금도 거리낌이 없었다. 내가 보고서 크게 놀라 말하기를, "이런 종류의 책은 차라리 불태워 버려야 하고, 가까이해서는 안 됩니다."라고 하였다.……이른바 이지는 『장서』를 지은 자로서 이단의 학설을 주창하여 그를 따르는 무리 수천 명을 데리고 날마다 주희를 공격하는 것으로 일을 삼다가 마침내 공론의 탄핵을 받아 천자의 영명함 아래에서 죄를 받았다. 요사스러운 말과 괴상한 글 다수와 책판이 일거에 모두 불태워졌다. 아아, 대국에는 임금과 신하가 있도다.[274)]

위의 기록이 현재 확인할 수 있는 이탁오의 저술과 조선 학자가 조우하는 최초의 풍경이다. 허균과 김중청의 조선 사행이 중국에 간 해가 1614년이며, 이탁오의 역사비평서인 『장서』가 출간된 해[275)]는 1599년이

274) 『苟全先生文集』卷一, 「上使得李氏藏書一部以示余, 感題二律」 序文. "上使得李氏藏書一部以爲奇, 示余其書. 自做題目, 勒諸前代君臣其是非予奪, 無不徇其偏見, 以荀卿爲德業儒臣之首, 屈我孟聖於樂克, 馬融, 鄭玄之列, 明道先生僅參其末, 與陸九淵竝肩, 若伊川, 晦庵夫子, 則又下於申屠嘉, 蕭望之, 稱之以行業, 肆加升黜, 少無忌憚. 余見而太駭曰: '此等書寧火之, 不可近.'……所謂贄乃作藏書者, 倡爲異學, 率其徒數千, 日以攻朱爲事, 而卒爲公論所彈, 伏罪於聖明之下, 至以妖談怪筆多少, 梓板一炬而盡燒. 猗歟! 大朝之有君臣也."

275) 『藏書』는 1588년에 초고가 완성된 이후 1597년에 증보 초고가 완성되었으며, 1599년에 李卓吾의 친우 焦竑의 주도하에 『藏書』68권이 南京에서 刻板되었다.(林海權 著, 『李贄年譜考略』, 福建人民出版社, 2004 참조)

니, 『장서』는 출간된 지 15년 만에 조선 학자들과 첫 대면을 한 것이다. 그런데 위의 기록을 보면 이탁오의 저술을 접하는 조선 학자들의 태도는 상당히 상반된다. 상사인 허균은 『장서』를 보고는 '기이하다'(奇)라고 평하고서는 긍정적 호기심을 표한다. 이에 비해 김중청의 『장서』에 대한 평은 거의 비난에 가깝다. 김중청은 선인들에 대한 이탁오의 평가를 집중적으로 비판하는데, 그는 맹자보다 순자를 더 우위에 두고 이정자와 주자를 평가 절하한 『장서』의 내용을 보고는 불태워져 마땅할 책이라 하였다. 한편 이탁오의 학문과 행실에 대한 김중청의 평가는 그의 사행 기록인 『조천록』을 보면 보다 더 분명하다.

> 그의 학문은 처음에는 불교를, 중간에는 도교를, 종국에는 육학(陸學)을 하였다. 문장과 언어에 능통하였으며, 당대를 미혹시키고 속였다. 그를 따르는 무리 수천 명은 서남쪽에 흩어져 살면서 주자학 공격을 일삼는다고 한다.[276)]

김중청은 퇴계의 고제자인 월천(月川) 조목(趙穆), 한강(寒岡) 정구(鄭逑)에게 수학한 조선의 정통 주자학자이다. 그는 주자학을 높이고자 하는 명정학(明正學)과 주자학 이외의 학문체계를 비판하는 벽이단(闢異端)의 사고를 강하게 지닌 유학자였다. 이런 의식의 소유자인 김중청의 눈에 불교, 도교, 육학 등 주자학에서 이단시하는 학문을 넘나들며 주자학의 종주인 주자를 비판하는 이탁오의 학문이 어떻게 비쳤을지는 불문가지이다. 김중청이 이탁오의 서적을 불태워야 한다고 주장하면서, 당시 조정에서 금서로 정하고서 그 책판을 불태운 사실을 확인하고, 이를 행한 천자와 신료들을 극찬하기도 한 것은 그의 사유체계에 비추어 보면 당연

---

276) 『苟全先生文集』別集, 「朝天錄」. "其學始爲佛, 中爲仙, 終爲陸. 能文章言語, 惑誣一世, 其徒數千人, 散處西南, 以攻朱學爲事云."

한 귀결이라 할 것이다.

이처럼 이탁오와 조선 학자들의 첫 만남은 비교적 작은 호의가 있었지만 큰 비난으로 인해 상당히 부정적이었다고 할 수 있다. 이탁오라는 인물과 그의 학문에 관한 이 같은 비호감은 이후 대다수 조선 유학자들의 일반적 견해로 굳어졌다. 그의 저술을 본 학자는 본 대로, 보지 않은 학자들은 또한 소문에 근거하여 비판하곤 하였다. 그러나 조선의 유학자들 중 일부는 그의 인격과 학문을 긍정적으로 수용하기도 하였다.

이탁오를 수용한 최초의 조선 학자는 앞서 『장서』를 보고서 긍정적 호기심을 표한 허균이다. 이후 정약용(丁若鏞), 이건창(李建昌) 같은 이들이 이탁오의 학문을 수용하거나 그의 인물됨을 긍정하기도 하였다.

2. 허균(許筠)의 이탁오 사상 수용

1614년 천추사로 중국을 방문한 허균이 당시 금서였던 이탁오의 『장서(藏書)』를 보고는 상당한 호기심을 표했음은 앞서 살펴보았다. 그런데 그 다음 해인 1615년에 허균은 다시 동지사가 되어 또 한 번 명나라 사행을 가게 된다. 허균은 이 사행 기간 동안의 여러 일들을 기록으로 남겨 『을병조천록(乙丙朝天錄)』이라 이름 붙였는데, 이 책에는 그가 이탁오의 『분서』를 읽고 느낀 시 「독이씨분서(讀李氏焚書)」 3수가 들어 있다. 우리는 이 시를 통해 이탁오에 대한 허균의 생각을 비교적 상세하게 알 수 있는데, 그 전문(全文)을 소개하면 다음과 같다.[277]

조정에서 독옹(禿翁)의 문장을 태우나	清朝焚却禿翁文

277) 박현규 교수가 앞의 논문에서 이 시의 전문을 이미 번역하여 소개하였다. 본고의 번역은 이를 참조하여 수정 가감하였다.

그의 도는 여전히 남아 다 태울 수 없었도다 其道猶存不盡焚
불가와 유가의 도, 깨달음은 하나건만 彼釋此儒同一悟
세상에는 이론(異論)이 분분하구나 世間橫議自紛紛

구후(丘侯)께서 나를 빈객으로 예우하는데 丘侯待我禮如賓
기린과 봉황 같은 고매한 인격, 직접 보니 상쾌도 해라 麟鳳高標快覩親
뒤늦게 탁오의 인물론을 읽어보고서 晩讀卓吾人物論
벌써 책 속에 기록된 인물임을 비로소 알았노라 始知先作卷中人

노자를 먼저 알아 '탁노'라 이름 붙이고 老子先知卓老名
선(禪)의 희열 속에서 평생을 마치고자 하였네 欲將禪悅了平生
『분서』를 완성하였지만 태워지지 않았고 書成縱未遭秦火
세 번이나 탄핵받았어도 그 마음 쾌청했다네 三得臺抨亦快情

『장서』를 처음 접한 허균의 반응은 김중청의 기록에 의하면 약간의 호감을 표하는 정도였다. 그러나 『분서(焚書)』를 접한 허균의 반응은 위의 시에서 보듯이 매우 달랐다. 주지하다시피 『분서』는 『장서』와 달리 이탁오의 사상을 직접적으로 대면할 수 있는 시와 편지글, 그리고 산문으로 구성되어 있기에, 이 『분서』를 통해 이탁오의 사상을 접한 허균은 강렬한 호감을 느꼈다. 특히 위의 시에서 보듯이 유불을 회통하는 이탁오의 사상에 대하여 깊이 이해하고서 공감을 표시하였다. 허균의 시대에 조선의 유학자들 대부분은 도가와 불가의 이념에 대하여 배척하였다. 이러한 시대적 분위기에도 불구하고 허균은 유불의 회통을 주장하는 이탁오의 논지를 십분 긍정하고, 그의 저술이 세상의 탄압 속에서도 소멸되지 않음을 특필하였다.

한편 허균의 이탁오 사상의 수용을 두고서 후대의 학자들은 그 사상의 상동성에 매우 주목하였다. 그들이 주목한 이 두 학자의 상동성의 첫 번째는 위에서 살펴본 유불회통의 사유이다. 그리고 두 번째 상동점은 욕망 또는 정감 긍정의 사유였는데, 이를 좀 더 살펴보기로 하자.

18세기 말엽의 조선의 실학자였던 이덕무(李德懋, 1741~1793)는 『사소절(士小節)』에서 이탁오와 허균의 사상을 비교하면서 욕망을 본성으로 여기는 점을 들었다.[278] 그런데 이덕무의 이러한 평가는 현대 중국과 한국에서 이탁오와 허균의 사상을 연구한 학자들의 결론과 동일하다. 예를 들어 용조조(容肇祖)는 『명대사상사(明代思想史)』에서 이탁오 사상의 특징을 '자유', '해방', '개성의 강조', '적성주의'(適性主義) 등으로 지목하였고,[279] 오늘날 한국의 허균 연구자들은 허균 사상의 가장 큰 특징으로 '자유로운 사유와 인간 욕망의 긍정'을 거론하고 있다. 이덕무에서 오늘날에 이르기까지 이탁오와 허균의 사상의 상동성을 이렇게 지적하였기에, 마침내 작고한 원로 학자 이가원은 이런 점에 근거하여 "허균은 조선의 이지(李贄)이다."[280]라고 단언하기까지 하였다.

이처럼 유불의 회통과 인간 정감의 긍정이라는 두 축을 중심으로 허균은 이탁오의 사상에 깊이 감복하였으며, 이러한 정황을 후대의 연구자들은 상호 비교를 통해 확인해 주었다. 그런데 허균의 이탁오 수용은 이렇게 학문적 사유의 상동성에서뿐만 아니라, 실제적인 인적 교류에서도 확인되고 있다. 그 단서는 「독이씨분서(讀李氏焚書)」 중 두 번째 시이다.

허균은 「독이씨분서」 제2련에서 "구후께서 나를 빈객으로 예우하는데, 기린과 봉황 같은 고매한 인격, 직접 보니 상쾌도 해라."라고 하였는데, 이 시구에 등장하는 구후는 바로 구탄(丘坦, 1564~?)이라는 인물로서 이탁

---

278) 『士小節』(中), 「士典」(三). "其流至於李卓吾, 顔山農, 何心隱, 以慾爲眞性. 東國許筠, 以男女縱淫, 爲天之所命, 我當從天, 而其弊極矣."

279) 容肇祖, 『明代思想史』(民國叢書 第二編 7), 上海書店, 1940, 234면 참조.

280) 李家源, 『儒敎叛徒 許筠』, 연세대 출판부, 2002.

오의 망년지우이다. 구탄은 호방하며 의협심이 강하고 빼어난 용모에 세속의 예에 얽매이지 않는 분방함을 좋아했다고 한다. 이런 구탄을 이탁오는 매우 좋아해서 그에게 종종 편지와 시를 써서 주면서 자신의 마음을 표시하곤 하였다.[281] 그런데 1602년 3월에 이탁오가 감옥에서 죽기 바로 한 달 전에 병이 위중하였는데, 이때 구탄이 문병을 왔다. 당시 구탄은 조선으로 가게 되었는데, 그 준비를 하던 중에 통주(通州)로 이탁오를 방문하였다고 한다.[282] 그러면 구탄은 왜 조선으로 가게 되었는가? 1602년에 명나라 조정은 황태자 책봉 건으로 고천준(顧天埈)과 최정건(崔廷健)을 사신으로 삼아 조선에 보냈다. 이때 구탄은 명 사행의 종사관이 되어 함께 조선으로 들어왔다. 한편 조선에서는 이호민(李好閔)을 명 사신 일행을 맞이할 원접사로 삼았는데, 허균이 종사관으로 따라나섰다. 아마도 이때 허균과 구탄은 처음으로 만나 친교를 맺었던 듯하다.[283] 이후 구탄과 허균은 친교를 지속하여, 허균이 1614년 중국으로 사신 갔을 때는 구탄이 허균을 극진하게 환대하기도 하였다.

이러한 정황들을 보면 허균은 자기 사상의 동일자로서 이탁오의 사상을 접했을 뿐 아니라, 실제 이탁오의 지인을 만나 그를 통해 이탁오라는 인격을 접했기에 더욱 이탁오의 인물됨과 사상에 공감하였을 것이라고 추측할 수 있다. 이렇듯 이탁오라는 인간과 그의 사상은 허균에 의해 깊은 이해의 바탕 위에 수용되었다. 그러나 허균의 이러한 수용보다는 김중청의 매서운 질타가 조선에서 이탁오가 처한 현실이었다. 때문에 오랜 시간 이탁오에 대한 평가는 김중청과 같은 비판적 논조를 벗어나지 못하였다. 그러다가 정약용에 이르러서 이탁오의 사상은 다시 한 번 긍정적

281) 『焚書』권6, 詩歌, 「丘長孺生日」; 『續焚書』권1, 書彙, 「復丘長孺」; 『續焚書』권5, 詩彙, 「丘長孺訪余湖上兼有文玉」, 「和丘長孺醉後別意」.

282) 鄢烈山, 朱健國 著, 홍승직 譯, 『이탁오 평전』, 돌베개, 2005, 522면.

283) 박현규, 앞의 논문, 11면 참조.

으로 평가받게 되는데, 그 중심 내용은 이탁오의 경학(經學)이었다.

3. 정약용(丁若鏞)의 이탁오 경학 수용

정약용의 경전 해석 방식을 보면 기왕의 경설을 종횡으로 인용하고 있다. 이는 기존의 권위적 주석에서 자유로웠음을 의미한다. 그는 양명좌파(陽明左派)라 일컬어지는 왕용계(王龍溪)나 나여방(羅汝芳), 그리고 이탁오의 저술을 자유롭게 그의 경전주석에 인용하였다. 특히 정약용은 조선 실학파 경학의 최고 수준을 보여주는『논어고금주』를 저술하면서 이탁오의『분서』와 그가 지었다고 일컬어지는『논어평』을 선별적으로 인용하였다. 이에 정약용이 인용한 이탁오의 논어설을 살펴보면서 그 의미를 고찰해 보기로 하겠다.

1)『논어고금주』「공야장(公冶長)」19장

[경문]

季文子三思而後行. 子聞之曰: "再, 斯可矣."

[다산주]

이탁오 : 이는 대개 '두 번 생각하는 것도 오히려 할 수 없는데 어떻게 세 번 생각했다고 하는가?'라는 말이다. 가령 그(季文子)가 능히 두 번이라도 생각하였다면 무리를 만들어 찬탈하고 제나라에 뇌물을 바치는 일을 하지 않았을 것이며, 권력을 전횡하여 군사를 일으키고 재물을 취렴하여 자신을 살찌우지 않았을 것이다. 주문공은 삼사(三思)에 대해 제대로 이해하지 못하고 이에 '생각을 세 번까지 한다고 하면 사의(私意)가 일어나 도리어 현혹하게 된다'고 하였다.[이상의 글은 이씨의『분서』에 보인다.-원주]

정약용 : 살펴보건대, 이 설은 진실로 절실하고 명확하며 경문의 뜻에 꼭 들

어맞아 유감이 없는 것이다.[284]

2) 『논어고금주』 「술이(述而)」 28장

[경문]

互鄕難與言, 童子見, 門人惑. 子曰: "與其進也, 不與其退也, 唯何甚? 人潔己以進, 與其潔也, 不保其往也."

[다산주]

정약용 : 이 장에 그 착간이 있다는 것을 보지 못하겠다.

이탁오 : 뒤의 14자는 글이 전도되지 않았으며, 그 문법이 더욱 고풍스럽다.[285]

3) 『논어고금주』 「헌문(憲問)」 17장

[경문]

子路曰: "桓公殺公子糾, 召忽死之, 管仲不死." 曰: "未仁乎?" 子曰: "桓公九合諸侯, 不以兵車, 管仲之力也. 如其仁, 如其仁."

[다산주]

주자 : 관중이 비록 인한 사람은 될 수 없지만, 그 이익이 사람들에게 미쳤으니, 인의 공이 있는 것이다.

정약용 : 살펴보건대, 인이라는 것은 선천적인 본심의 완전한 덕(全德)이 아니라 또한 이는 후천적인 사공(事功)에서 이루어지는 것일 뿐이다. 그렇다면 이

---

284) 『論語古今註』, 「公冶長」 19장. "若曰: '再尙未能, 何以云三思也?' 使能再思, 不黨簒而納賂, 專權而興兵, 封殖以肥己矣. 文公不得其辭, 乃云: '思至于三, 則私意起而反惑.'(見李氏『焚書』)……案, 此說眞切明確, 深中經旨, 無遺憾矣."

285) 『論語古今註』, 「述而」 28장. "此章, 未見其有錯簡. 李卓吾云, 後十四字, 不倒轉, 文法更古."

미 인의 공이 있는데 인한 사람이 될 수 없다는 것은 아마도 이치에 맞지 않는 듯하다.

이탁오 : 자로는 일신(一身)의 죽음으로써 인을 삼았고, 공자는 만민의 삶으로써 인을 삼았으니, 어느 것이 크고 어느 것이 작은 것이겠는가?[286]

정약용이 『논어고금주』에서 인용한 이탁오의 논어설은 정약용 경학의 특징을 보여준다는 점에서 매우 의미 있다. 먼저 위에 인용한 『논어고금주』 경설의 공통적 특징은 주자주에 상반되는 견해를 발표한 것이며, 이러한 견해를 뒷받침하기 위하여 이탁오의 논어설을 인용하고 있다는 점이다.

첫 번째 인용문을 살펴보면, '두 번이면 괜찮다'(再, 斯可矣.)에 대하여 주자는 "두 번 정도 생각하면 이미 살핀 것이다. 생각을 세 번까지 한다고 하면 사의(私意)가 일어나 도리어 현혹하게 된다."[287]라고 해석하였는데, 정약용의 생각은 달랐다. 정약용은 계문자의 행동을 추적해 보고서는 그의 행동이 매우 잘못된 것임을 알았다. 이에 정약용은 이 경문을 "계문자가 두 번만이라도 생각했다면 좋았을 것이다."라고 해석하였다. 그리고 자신의 이러한 경문 이해에 부합되는 글을 이탁오의 『분서』에서 찾아서 그 전문을 적시해 놓고서는, 이탁오의 이러한 해석이야말로 참으로 절실하고 명확하며 경문의 뜻에 꼭 들어맞는 해설이라고 극찬하였다.

한편 두 번째 인용문에서 보듯이 정약용은 경문의 해석뿐 아니라 경문의 문리에 대해서도 주자와 견해를 달리하였다. 종래 주자는 『논어』 「술이(述而)」28장의 경문에 착간이 있다고 하면서 이 경문을 재조정하였

286) 『論語古今註』, 「憲問」17장. "朱子曰: '管仲雖不得爲仁人, 而其利澤及人, 則有仁之功矣.' 案, 仁者, 非本心之全德, 亦事功之所成耳. 然則旣有仁功, 而不得爲仁人, 恐不合理. ……李卓吾云: '子路以一身之死爲仁, 夫子以萬民之生爲仁, 孰大孰小?'"

287) 『論語集注』, 「公冶長」19장. "至於再則已審, 三則私意起而反惑矣."

다.[288] 그런데 정약용은 이 경문은 그대로 완전무결하다고 하면서 자신의 이러한 경문 문리와 동일한 견해를 지닌 이탁오의 경설을 증빙 자료로 인용하였다. 그리고 자신의 이러한 경문 문리를『대학』해석에도 적용시켜 주자의『대학장구(大學章句)』를 반대하고 고본대학에 주석을 달기도 하였다.

정약용 경학의 표지를 알려주는 중요한 주석이 바로 위의 세 번째 인용문이다. 인을 설명하면서 주자는 '사랑의 이치, 마음의 덕'[289]이라 하였다. 주자의 인에 대한 이러한 해석은 '사랑'이 아닌 '사랑의 이치'로서 인을 이해하는 것이다. 이렇게 되면 인은 실천적 행위 그 자체가 아니라 그 행위를 가능하게 하는 추상적 원리에 머무르게 된다. 주자의 이러한 해석은 유학에 형이상학적 추상성을 불어넣는 데는 성공하였지만, 유학 본래의 윤리적 실천성을 약화시키는 결과를 가져오게 하였다.

정약용은 주자의 이러한 주석에 반대하였다. 그는 인을 구체적 개념으로 탈바꿈시키고서는 인이야말로 사람과 사람 사이에서 실천적 덕목을 행할 때 성립되는 개념이라고 하였다.[290] 정약용이 위의 경문을 해석하면서 주자가 관중(管仲)은 인자(仁者)가 아니라고 규정한 데 대하여 반대하고, 인을 실천하였으면 인자(仁者)라고 주장한 것은 바로 그의 이 같은 인관(仁觀)에 근거한 것이다. 이러한 인관은 종래 인에 대한 관점을 뒤집는 상당히 혁신적인 주장이므로, 자기 주장의 정당성을 확보하는 데 기존의 유사한 논의가 있다면 증거로 인용하기에 더없이 좋을 것이다. 이에 정약용은 자로와 공자의 실천적 행위에서 인을 보고자 했던 이탁오의 논어

---

288)『論語集注』,「述而」28장. "疑此章有錯簡, 人潔至往也十四字, 當在與其進也之前."

289)『論語集注』,「學而」2장. "愛之理, 心之德."

290)『論語古今註』,「學而」2장. "仁者, 二人相與也. 事親孝爲仁, 父與子二人也. 事兄悌爲仁, 兄與弟二人也. 事君忠爲仁, 君與臣二人也. 牧民慈爲仁, 牧與民二人也. 以至夫婦朋友, 凡二人之間, 盡其道者皆仁也."

설을 가져다가 자기 경설의 의거처로 인용한 것이다.

그런데 정약용은 이탁오의 논어설을 전부 수용한 것은 아니다. 자신의 『논어』 이해와 다른 부분이 있으면 엄격하게 비판하기도 하였다.[291] 그러나 주자의 견해와 다른 해석을 내세울 때 이탁오의 논어설이 자신의 취지에 맞으면 인용하기를 주저하지 않았으며, 경우에 따라서 매우 극찬하기도 하였다. 이러한 정약용의 태도는 이탁오라는 인격과 그의 학설에 대한 전폭적 지지라기보다는 자신의 이념을 지지할 수 있는 학설-주로 주자에 상반되는 경설-만을 선택적으로 수용하는 자세라고 할 수 있다. 『논어고금주』에 투영되어 있는 정약용의 세계관이 너무도 확고하였기에 어떤 경설이든지 전폭적 수용은 불가능하였을 것이다. 그러나 절대적 존숭을 받는 주자의 주석을 비판하는 데 이탁오의 경설을 인용했다는 것은, 정약용이 이탁오의 사상을 주자학에 대칭되는 것으로 파악하고서 수용하였음을 의미한다고 할 수 있다.

허균의 이탁오에 대한 전폭적 수용이 유불회통과 정감을 중시하는 사상의 상동성에서 비롯되었다면, 정약용의 부분적 수용은 주자학에서 벗어난 경전 해석에서 일치감을 발견할 수 있었기에 가능하였다고 볼 수 있다.

4. 이건창(李建昌)의 이탁오 인품 수용

이건창은 조선말의 명문장가이자 조선양명학파의 대미를 장식한 양명학자이다. 그는 젊은 시절 이탁오를 접하고서 깊이 감명을 받아 「이탁오

291) 『論語古今註』, 「顔淵」2장을 보면, "仲弓問仁, 子曰: '出門如見大賓, 使民如承大祭. 己所不欲, 勿施於人. 在邦無怨, 在家無怨.' 仲弓曰: '雍雖不敏, 請事斯語矣.'"라는 경문에 대하여 李卓吾가 "見賓承祭, 居敬之意也. 不欲勿施, 行簡之義也. 仲弓請事, 眞能請事."라고 하였는데, 이에 대하여 丁若鏞은 "駁曰: '非也. 不欲勿施, 非行簡也.'"라고 반박하였다.

찬(李卓吾贊)」을 저술하였다. 이 글은 조선의 이탁오 수용사에서 거의 유일하다 할 수 있는 이탁오의 인격에 관한 장편 운문이기에 그 전문(全文)을 인용해 보기로 하겠다.[292]

대도의 정수	大道之英
날로 멀어지고 날로 소멸되니	日遠日湮
무엇을 하고자 하는 이	人或有爲
자신의 의지로 하지 않는구나	不自其身
소문과 명성에 의지하여	依聲附響
말과 글을 주워 담고	拾唾取津
여우와 살쾡이처럼 죽은 시체를 뜯어 먹으니	狐狢嘬之
죽더라도 신이 될 수 없으리라	死且不神
위대하도다 탁오여	卓哉卓吾
이 사람이야말로 참되도다	其人也眞
자득을 택하지	寧自得已
구차히 부화뇌동하지 않았네	毋苟同入
지혜를 통해 마음을 안정시키고서	逌慧入定
부패한 것을 변화시켜 새로움을 창출했네	化腐生新
일가를 이룬 그의 말	一家之言
백 년 천 년을 지속하리	百歲千春
성인이 아니면 어찌 의지할 것이며	匪聖曷依
현인이 아니면 어찌 친할 수 있겠는가	匪賢曷親
순종만 하는 아녀자의 태도	婉婉婦寺

292) 이건창의 「이탁오찬」은 김용태 교수의 「李建昌의 「李卓吾贊」에 대하여」, 『東洋漢文學硏究』第26輯, 동양한문학회, 2008라는 논문에서 전문의 번역과 작품의 분석이 이미 이루어졌다. 본고의 「이탁오찬」 번역은 김교수의 번역에서 수정 가감하였다.

순수한 충심이 아니로다　　匪忠之純
의심이 나면 따져 물으며　　起疑發難
마음속의 생각 반드시 표현했다네　　有懷必申
그러나 그가 어찌 알았으리오　　彼夫何知
여러 사람들이 괴이하게 여기고 성낼 줄을　　群怪衆嗔
몸은 옥에 갇히었건만　　身塡牢獄
그 기개 창천에 닿았네　　氣于蒼旻
마음에 감동되어 「이탁오찬」을 지으니　　激而贊之
저 두건 쓴 자 부끄러워야 하리　　愧彼頭巾

4언 28구로 이루어진 「이탁오찬」은 20대 초반의 청년 시절에 이건창이 지은 것으로 추정된다. 「이탁오찬」은 크게 3단락으로 나눌 수 있는데, 이탁오 이전의 사상계 동향을 읊은 1~8구, 이탁오의 사상적 지향과 인격을 칭송한 9~22구, 이탁오의 비장한 죽음을 표출한 23~28구로 구분할 수 있다.[293] 그런데 우리가 「이탁오찬(李卓吾贊)」에서 눈여겨볼 대목은 바로 두 번째 단락의 "자득을 택하지, 구차히 부화뇌동하지 않았네."(寧自得已, 毋苟同人.)라는 시구이다. 이 시구를 보면 이건창이 이탁오를 칭송한 이유가 잘 드러나 있는데, 그것은 바로 기존의 어떤 권위 있는 인물이나 사상에 의지하지 않고 자득을 중시하는 이탁오의 인간됨에 대한 동조이다. 공맹과 같은 성현의 말씀이라 하더라도 그대로 따르지 않고 의심나면 반드시 따져 묻고 치열하게 사고하여 자득을 하고서 그것을 언어화하였기

293) 「李卓吾贊」은 李建昌의 문집인 『明美堂集』의 초고본인 『明美香館初稿』에 실려 있다. 그런데 이 『明美香館初稿』에 기록된 글들의 창작연도는 모두 1867년~1873년의 범위를 넘지 않고 있다. 그렇다면 李建昌의 생애(1852-1898)에 비추어 보면, 이 글들의 대부분은 대략 10대 후반에서 20대 초반에 지어진 것이라 할 수 있다. 이에 「李卓吾贊」은 李建昌이 20대 초반에 창작한 것으로 추정할 수 있다.(「이탁오찬」의 창작연도와 작품분석은 김용태, 앞의 논문 참조)

에 이탁오의 말은 백 년, 천 년을 지속하는 일가지언(一家之言)이 될 수 있었다. 또한 이러하였기에 이탁오는 인격적으로도 진인에 도달할 수 있었던 것이다. 실로 이탁오는 이러한 점 때문에 그의 책이 금서(禁書)가 되고 그 자신은 수많은 이들에게 멸시를 받았건만, 이건창은 이러한 점으로 인해 이탁오를 칭송하고 있다.

왜 청년 이건창은 이탁오의 자득지학(自得之學)-비난하는 측에서 보면 성현(聖賢)을 무시하는 학문-에 심복하고, 이를 수용하였는가? 젊은 시절 이건창은 과거를 포기하고 집안에서 학문에 매진하면서 자신의 삶과 사회에 대하여 깊은 생각에 잠겼다고 한다. 이 과정에서 조선말기의 혼란한 사회상과 갈 길을 찾지 못하고 서책만 대하고 있는 젊은 이건창의 심사는 매우 우울했으리라는 것을 쉽사리 짐작할 수 있다. 그런데 내면의 불안과 울울한 심사를 지녔던 그가 만명(晩明) 학인들의 '기존 권위를 부정하고 감성적이면서도 자득을 지향하는 학문'을 접하고서는 자신의 울적함을 씻을 수 있었다고 고백하였다.[294] 다시 말해 이탁오를 중심으로 한 만명 학인들의 이러한 학문성향은 자아의 정체성을 찾아 방황하는 이건창에게 더할 나위 없는 좌표 역할을 하였던 것이다.

이상으로 우리는 허균에서 정약용으로, 그리고 이건창으로 이어지는 조선 유학자들의 이탁오 수용 양상을 살펴보았다. 허균은 자기 사상의 동일자로서, 정약용은 자기 경학의 의거처로서, 이건창은 내면의 좌표로서 받아들였다. 이처럼 각기 다른 이유에서 다른 양상으로 이탁오를 받아들였지만, 그의 기존 권위를 부정하고 자유로움을 지향하는 사상과 인물됨에 대하여 십분 긍정하고 있다는 점에서는 공통점을 찾을 수 있다.

294) 『明美香館初稿』, 「上靜堂從叔父書」. "姪於晩明諸人, 其實有不可報之恩. 姪自成童以後, 不作應試文字, 閉門深思, 啓發其昏蒙, 而陶寫其悒鬱者, 皆晩明諸人之力也."

5. 조선에서 이탁오 수용의 의미

조선의 유학사조는 크게 주자학(朱子學), 양명학(陽明學), 실학(實學)으로 나눌 수 있다. 이 중 조선의 주자학과 양명학은 중국에서 발생한 유학사조를 수용하여 자기화한 것이며, 실학은 이러한 유학사조에 창발적 견해를 더한 자생적 유학사조라 할 것이다. 조선의 이러한 유학사조는 상호 간의 변별성을 지니면서도 또한 상호 침투에 의한 다양한 교섭 양상을 지니기도 한다.

조선에서 외래사상을 받아들일 때, 어느 정도 시간이 지나면 집단적 수용 형태와 개별적 수용 형태로 그 양상이 나뉜다. 주자학과 양명학은 조선에 들어온 뒤 그 학문적, 사회적 평가와 지위가 달랐지만, 모두 집단적 수용 형태로 받아들여졌다는 점에서는 동일하다. 전근대에 사상이 외부로부터 수용, 확산되어 나갈 때, 집단적 수용 형태를 띠려면 적어도 다음의 세 가지 중 하나 이상의 요소는 있어야만 한다. 그 첫째는 국가 이념이며, 다음은 학파적 전통, 마지막은 가학적 전통이다. 중국에서 조선으로 전래된 주자학은 이 세 가지 요소를 두루 충족하였다. 조선이 개국된 이후 주자학을 국가 이념으로 삼았으며, 조선의 사대부들은 학파를 형성하여 주자학을 발전시켜 나갔고, 가문 단위로도 주자학적 이념을 전수하였기 때문이다.

그런데 조선 양명학의 경우, 국가 이념에서 제외되었을 뿐 학파적 전통과 가학적 전통이 매우 강성했기에 또한 집단적 수용의 형태로 받아들여져서 발전하였다고 볼 수 있다.[295] 때문에 조선의 경우, 양명학도 그 집

295) 조선양명학파의 종주라 할 수 있는 鄭齊斗와 그의 문인인 鄭厚一(鄭齊斗의 아들임), 李光臣, 沈錥, 申大羽, 李匡師, 李匡明, 李匡呂 등이 초기 조선양명학파의 중심인물이다. 이후에 이들의 학문은 가학으로 전승되어, 申大羽의 학문은 그의 아들 申綽, 申絢에게 계승되었다. 李匡師의 학문은 그의 아들 李肯翊과 李令翊에게, 李匡明의 학문은 양자인 李忠翊과 李是遠, 李止遠에게 이어졌다. 李是遠의 학문은 李建昌, 李建昇에게 이어졌으며, 李止遠의 학문은 李建芳, 鄭寅普에게 이어졌으며, 鄭寅普의 제자인 閔泳

단적 수용의 형태라는 점에서 보면 주자학과 별반 다를 바가 없다.

이러한 집단적 수용 형태의 학문은 그 확산의 측면에서 보면 학문종자(學問種子)가 끊어지지 않고 이어지기에 매우 안정적 형태로 지속 발전할 수 있다. 한편 이렇게 안정적 형태로 구축된 학문은 그 지속성과 더불어 다른 학문체계와의 교통성 내지 상호 보완성이 매우 중요한 요소로 작용한다. 어떤 학문체계가 안정성 위에 지속적으로 발전하는 것은 그와 다른, 심지어 대척점에 있는 학문조차도 어느 정도는 받아들여 내적 발전의 자양분으로 삼고, 이를 통해 그 대립각을 마모시킴으로써 상호 공존의 장을 마련하기 때문이다. 오늘날 조선양명학의 이념적 특징을 두고서 주자학적 이념을 많이 받아들여 양명학 본래의 사상적 신선함, 발랄성이 심하게 축소되었다고 평가하는 경우도 있지만, 이는 다르게 보면 조선의 양명학이 그만큼 주자학과의 사상적 교류를 통하여 안정적 기반을 구축하였다고 볼 수 있는 것이다. 그리고 이러한 현상은 조선의 주자학도 마찬가지이다. 조선 주자학은 퇴계에게서부터 이미 양명학적 이념에 대한 어느 정도의 비판적 수용이 이루어졌고, 퇴계학파의 말미를 장식한 한주(寒洲) 이진상(李震相, 1818~1886)의 경우는 심즉리(心卽理)를 주장하여 당시 학계에 파란을 일으키기도 하였다. 퇴계와 이진상의 양명학에 대한 비판적 수용과 심즉리의 주장이 비록 양명학파의 그것과 정확하게 일치되는 것은 아닐지라도 이 또한 양명학과의 교통에서 생겨난 것임은 부인할 수 없다.

그런데 외래사상의 수용은 이렇듯 집단성만을 띠고 있는 것은 아니다. 때로 개별적 수용의 형태도 보이는데, 우리가 앞서 살펴본 이탁오 사상의 수용이 대표적 예라 할 것이다. 개별적 수용은 일개인이 자신이 지닌 문제의식에 접맥되어 있는 사상가를 만났을 때, 이를 전폭적 또는 선별적으

奎에게 이어졌다. 이렇게 조선양명학파의 학문은 學派的 전통에 더하여 家學的 전통으로 이어져서 현재에 이르고 있다.(崔在穆, 李相勳, 「江華陽明學 硏究를 위한 基礎資料 整理」, 『陽明學』제16호, 한국양명학회, 2006 참조)

로 수용하는 것이다. 그러므로 개별적 수용을 택하는 이들은 자신이 속한 사회나 집단의 이념에 대체로 구애받지 않는다. 우리가 앞서 살펴본 허균, 정약용, 이건창의 이탁오 수용은 바로 이 점을 잘 보여주고 있다.

허균의 정감주의와 도불사조에 대한 호의(好意)는 이탁오의 사상과 동일 선상에 있다. 때문에 허균은 당대 중국에서 이단으로 몰려 금서 처분까지 받은 이탁오의 사상을 망설임 없이 수용한 것이다. 또한 정약용은 자신의 탈주자학적 경전 해석의 근거로서 이탁오의 주자학에서 벗어난 경전 해석을 선별적으로 수용하였고, 젊은 이건창은 자기 내면의 고뇌를 밝혀주는 등불로서 이탁오의 자유로운 인격과 자득을 중시하는 학문을 수용하였다. 이들의 공통점은 이탁오라는 인간과 그의 사상을 받아들인 것이 자기가 속한 사회와 가문, 그리고 학파와는 무관하다는 점이다. 허균이 당대 중국과 조선에서 금기시되는 이탁오를 받아들인 것은 그가 자신이 속한 세계의 중심-이는 당대의 중국을 바라보는 조선인의 안목이다-과 조선이라는 나라의 이념에 구애받지 않은 것이다. 즉 허균의 이탁오 수용은 당대 사회의 지배적 이념이나 평가와는 별개였던 것이다. 정약용과 이건창의 경우도 마찬가지이다. 정약용의 가장 큰 지지자는 당대 조선의 군주였던 정조(正祖)이다. 정조는 이탁오에 대하여 "성인을 모독하고 경전을 훼손하였으며 사람들을 오랑캐와 짐승의 상태로 몰아넣었다."[296]라고 혹평하였다. 그러나 정약용은 자신이 가장 신뢰하는 군주의 견해와는 별도로 이탁오의 경전 주석을 매우 신뢰하였다. 한편 이건창은 조선의 양명학파에 속하였기에 이탁오 수용이 어느 정도 학파적 근거를 가지고 있을 법도 하다. 그러나 조선의 양명학파는 이탁오에 대하여 한편 냉담하기도 하였다. 조선 양명학파의 대표적 인물이자 이건창의 고조

---

296) 『弘齋全書』卷百八十二, 羣書標記四, 「朱子書節約」二十卷. "一轉而爲王守仁之頓悟, 再轉而爲李卓吾之狂叫.……而其流之弊, 遂至於非聖誣經, 側僻繆戾, 相率入於夷狄禽獸之域, 可不戒哉."

부였던 이충익(李忠翊, 1744~1816)과 종고조부였던 이영익(李令翊, 1740~?)은 이탁오로 인해 학술이 무너지고 문장이 피폐해졌다고 비난하였다.[297] 사정이 이러하기에 이건창의 이탁오 수용은 가학인 양명학과 무관하다고 볼 수 있다. 그는 오로지 자신의 개별적 문제의식에 의거하여 이탁오를 받아들인 것이다.

한편 집단적으로 수용된 외래사상은 안정성을 띠고서 지속되는 데 비해, 이처럼 개별적으로 수용된 사상은 철저히 개인에게로 한정되기에 안정성도 지속성도 보장받지 못한다. 국가, 사회, 학파, 가문이라는 집단에 포용되지 못하기에 안정적일 수 없고, 개인에 한정되기에 지속성을 지닐 수 없는 것이다. 이렇게 보면 외래사상의 개별적 수용이란 자칫 의미가 없어 보이기도 한다. 그러나 개별적 수용을 한 개인의 위상에 따라 그 의미는 달라진다. 비록 당대의 특정 개인에 한정된 것이기는 하지만, 그 개인이 사상사에서 차지하고 있는 위상이 높다면 이러한 개별적 수용도 그 위상만큼의 의미를 지닌다고 볼 수 있다. 특히 집단적 수용으로만 사상사가 전개된다면 매우 단선적이어서 단조로움을 면할 수 없는데, 이러한 개별적 수용은 사상사에 다채로움을 더해 준다는 점에서 더욱 그 의미가 깊다고 할 수 있다.

이상으로 이탁오라는 인격과 그의 사상이 조선에서 수용되는 양상을 살펴보았다. 비록 조선에서의 이탁오 수용은 개별적 수용에 그쳤지만, 그로 인해 조선의 사상사는 주자학 또는 양명학이라는 단조로움에서 탈피하여 정감의 중시, 유불의 회통, 탈주자학적 사유, 자득적 체험의 중시 등 다채로운 면모를 더할 수 있게 되었다.

297) 『信齋集』冊二, 「與虞臣」. “稽山之學, 再傳而爲顔鈞, 三傳而爲李卓吾, 滔天之弊, 百倍舊學.” ; 『椒園遺藁』冊二, 「答韓生書」. “敎化不醇, 學術壞裂, 文之傾譎至於李贄, 淫靡至於錢謙益, 醜悖至於金人瑞, 而凌遲不可復振矣. 然之三數人者, 皆能讀萬卷書, 作千篇文, 精思獨觀數十年而後, 始能究傾譎淫靡醜悖之致.”

2. 장대의 논어학

앞서 언급하였듯이 명의 유민으로 청초를 살았던 장대(張岱)[298]의 논어학은 이탁오 논어학의 계승 양상을 전형적으로 보여주고 있다. 경학사적 관점에서 명대 경학의 한 양상을 이탁오 논어학이 구현하였을 때, 그 핵심 키워드는 심학(心學), 선해(禪解), 탈성(脫聖), 문예(文藝) 등이었다. 장대의 논어학은 이 지점을 더욱 정치하게 파고들어 명대 경학의 이러한 양상을 확고하게 구축하는 데 중요한 역할을 하였다. 특히 명대 경학의 핵심인 선과 문예로써 경을 해석하는 것에 덧붙여 역사로써 경을 해석하는 관점을 보여주었다. 이 또한 이탁오의 논어학에 보이는 부분이기도 한데, 경과 성인에 대한 신성성의 그물을 벗겼다는 점에서 주목해야 할 것이다. 차례대로 살펴보기로 하겠다.

1) 불교로써 경전을 해석함

앞서 보았듯이 불교로써 경전을 해석하는 경향은 이탁오에게서 비롯되어 장대로 이어진 양명학파 경학의 가장 큰 특징이다. 그런데 이러한 경향은 이탁오에게서 일종의 유심주의 성향을 보이다가 불교로 넘나들고 있는데, 장대 또한 이탁오의 경전 해석 경향과 유사한 노선을 보여주고 있다. 예를 들어 살펴보기로 하자.

■ 격물(格物)에 대한 해석(『大學』 經1章. "欲誠其意者, 先致其知, 致知在格物.")

298) 장대의 일생에 관해서는, 조너선D.스펜스 저, 이준갑 역, 『룽산으로의 귀환』, 이산, 2010 ; 胡益民, 『張岱評傳』, 南京大學出版社, 2002 참조.

서자경(徐子卿)은 말하였다. “내 마음은 하나의 물건이니, 만약 내 마음을 분명하게 궁구해 낸다면, 이 밖에 무슨 물건이 있겠는가.……다만 근심은 주자의 뜻을 잘못 이해하여 진짜로 사물을 대상으로 궁구를 하는 것이다. 요군(饒君)은 지식과 이해가 두루 넓지만 마음에 『이아(爾雅)』 한 책이 있을 뿐이니, 그가 백수가 되도록 고인의 학문에 입문하지 못할 것이 슬플 뿐이다.”[299]

■ 지인(志仁)에 대한 해석(『論語』「里仁」4장. 子曰: “苟志於仁矣, 無惡也.”)

설암상인(雪庵上人)은 말하였다. “수원(水源)이 맑아지면 지류(支流)는 모두 맑아질 것이며, 지혜의 등불을 들면 바위산을 지나더라도 어둡지 않으리라. 공자 문하의 ‘인에 뜻을 두면 악이 없다’는 말의 요지는 바로 이것이다. 마구니가 일어나는 빌미는 모두 주인인 정신이 제 집을 지키지 못하기 때문이다. 이 점을 명심, 또 명심하라.”[300]

주자의 격물학(格物學)은 내 마음도 탐구의 대상으로 삼고 있지만, 외재의 물상에 대한 궁구를 중요한 방법으로 삼고 있다. 그런데 장대는 외재의 물상에 대한 탐구로서의 격물의 의미는 부정하고 오로지 내부의 심에 대한 격물만을 강조하면서, 외부의 물상에 대한 격물학으로는 사전적 지식을 쌓을 수 있을 뿐 유학의 본질에는 들어갈 수 없다고 한다. 때문에 유학의 가장 중요한 이념인 인(仁)도 장대에게는 인간의 내면 정신세계와 밀접하게 닿아 있다. 자신의 정신을 투철하게 지켜내느냐 마느냐 하는 것은 인자(仁者)의 정신경계의 표준으로, 이를 실천해 내지 못하면 바로

---

299) 『四書遇』, 2면. “徐子卿曰: ‘吾心也是一物, 若格得吾心了了, 此外有何物?……但患認朱子意差, 眞個於物上尋討, 饒君偏識博解, 胸中只得一部『爾雅』, 有白首而不得入古人之學, 爲可悲耳.’”

300) 『四書遇』, 118면. “雪庵上人曰: ‘一源旣澄, 萬流皆淸. 揭起慧燈, 千巖不夜. 孔門志仁無惡, 其旨如此. 塵魔作祟, 皆緣主人神不守舍. 念之, 念之.’”

심마(心魔)의 경계에 빠져들게 되는 것이다.

마음의 중요성이 이와 같기에 인간사의 우환(憂患)과 안락(安樂)도 마음의 지점에서 바라보아야만 하며,[301] 이 마음에 대한 투철한 인식을 견지한다면 인간의 일생에 더 이상 해야 할 일이 없어지게 된다.[302] 이는 실상 현실세계와 그곳에서 살아가는 인간들의 관계를 중시하는 유학적 이념에 비추어 볼 때, 일종의 유심주의적 성향의 극대화라고 할 수 있다. 이러한 유심주의적 성향에 근거한 유교경전 해석은 필연적으로 불교의 논리에 근거하여 유교의 경전을 바라보게 하였다. 전근대 동아시아 사상사에서 유심주의(唯心主意) 철학의 최고봉이 바로 불교였기에 이는 당연한 귀결이라 할 것이다. 몇 가지 예를 통해 이 점을 좀 더 정치하게 살펴보기로 하겠다.

■ 절차탁마(切磋琢磨)에 대한 해석(『論語』「學而」15장. 子貢曰: "貧而無諂, 富而無驕, 何如?" 子曰: "可也, 未若貧而樂, 富而好禮者也." 子貢曰: "詩云: '如切如磋, 如琢如磨.' 其斯之謂與?")

일찍이 지학장(志學章)에서 말한 것은 공자의 나아감이 아니고 바로 공자의 버림이었다. 학문이란 수시로 나아가는 것이지만 이것은 또한 수시로 버리는 것이다. 천룡선사가 시동의 손가락을 잘라 버렸을 때, 그 아픔의 순간이 바로 깨달음의 순간이다. 선학(禪學)의 요지는 쓸어버리는 데 있고, 성학인 유학의 요지는 벗어나는 데 있으니, 이 양자는 모두 동일한 가르침이다. 일찍이 정명도(程明道)는 말하였다. "배움이란 더해짐을 없애고 오로지 덜어 내는 것이다. 덜어 냄이 다한 곳, 그곳이 바로 일 없는 경지이다." 이 경문의 절차탁마는 모두 덜어 내는 방법이다.[303]

---

301) 『四書遇』, 531면. "憂患安樂在人, 自心上看, 方得此章秘旨."

302) 『四書遇』, 540면. "認得本心, 一生更無餘事."

303) 『四書遇』, 79면. "嘗言志學章, 非夫子能進, 乃夫子能舍. 學問時時進, 便時時舍. 天龍

■ 지(知)에 대한 해석(『論語』「爲政」17장. 子曰: "由! 誨女知之乎! 知之爲知之, 不知爲不知, 是知也.")

"아는 것을 안다 하고, 모르는 것을 모른다고 한다."라고 하였을 때, 이 알고 모르고를 판단하는 존재는 한시도 어두워지지 않고 영겁 동안 길이 존재하는 것이다. 선가(禪家)에서는 이를 고명(孤明)이라 하고, 우리 유가에서는 이를 독체(獨體)라 한다. 이것은 견문(見聞)에 기대지 않고 또한 사유(思惟)를 필요로 하지도 않는다. 그 자리에서 바로 비추어 다시 한 생각의 일어남도 없다. 이것을 이름하여 앎(知)이라 한다.[304]

■ 절사(絶四)에 대한 해석(『論語』「子罕」4장. 子絶四, 毋意, 毋必, 毋固, 毋我.)

유원성(劉元城)은 말하였다. "공자와 부처의 말은 서로 표리관계를 이룬다. 공자의 무의(毋意), 무필(毋必), 무고(毋固), 무아(毋我)와 부처의 무아상(無我相), 무인상(無人相), 무중생상(無衆生相), 무수자상(無壽者相)은 마치 한 사람의 입에서 나온 듯하다."[305]

『논어』「학이(學而)」15장에 나오는 절차탁마는 문맥 그대로 보면, 자공의 인격의 진보를 의미한다. 주자의 주장대로라면, 이 경문의 절차탁마(切磋琢磨)는 자신의 실질적인 결점을 직시하고서 이를 극복하는 단계의 소성(小成)에서 도의 극치로 꾸준히 나아가는 자공의 인격 성장에 대한 공자의 인정의 언어이다.[306] 때문에 그 진보의 정체가 무엇이든 지속적

截却一指, 痛處卽是悟處. 禪學在掃, 聖學在脫, 總一機鋒. 明道云: '學者無可添, 惟有可減, 減盡便無事.' 切磋琢磨, 俱是減法."

304) 『四書遇』, 92면. "'知之爲知之, 不知爲不知', 息息不昧, 千古長存. 禪家謂之孤明, 吾儒指爲獨體. 旣不倚靠聞見, 亦不假借思維. 當下卽照, 更無轉念, 故曰是知."

305) 『四書遇』, 208면. "劉元城曰: '孔子佛氏之言, 相爲表裏. 孔子言毋意, 毋必, 毋固, 毋我, 而佛言無我, 無人, 無衆生, 無壽者, 其言若出一人.'"

306) 『論語集注』, 「學而」15장. "學者雖不可安於小成, 而不求造道之極致, 亦不可騖於虛遠,

축적을 은연중에 내포하고 있다고 보아야 할 것이다. 그런데 장대(張岱)는 이 경문의 나아감은 축적이 아닌 덜어 냄에 있다고 하면서, 이러한 덜어 냄이야말로 선학(禪學)과 유학의 공통된 가르침이라고 주장한다. 그리고 이 주장을 뒷받침하는 언설로 천룡선사(天龍禪師)의 일화와 정명도(程明道)의 주장을 동시에 제시하고 있다.

한편 공자가 자로에게 '앎'에 대하여 가르쳐 준 경문에 장대는 주석을 달면서, 공자가 제시한 이 앎이야말로 인간 본성의 근원이자 불멸의 존재로서 감각기관과 사유에 의거하지 않는 독자적 위상을 지니고 있다고 주장하였다. 이를 유가와 선가에서는 공히 고명(孤明)과 독체(獨體)라고 이름 붙였는데, 이름만 다를 뿐 그 본질은 동일하다고 하였다. 주자가 이 경문의 '앎'을 단지 감각기관에 의거한 외물의 인식을 통해 얻어지는 지식으로 한정한 것에 비하면,[307] 그 인식의 간극이 매우 크다고 하겠다.

이상에서 보다시피 장대의 유심론적 경전 해석은 『논어』 주석에서 더욱 불교적 논리로 유교를 이해하는 방식으로 발전하였다. 그 방법적 측면에서 보자면, 종래 유가의 실천적이고도 구체적인 개념들을 대개 불교의 유심론으로 대체하여 이해하고자 하였으며, 더 나아가 불교의 교리를 직접적으로 대비하는 가운데 유불(儒佛)의 상통을 주장하는 것이었다. 이러한 양상을 전형적으로 보여주는 대목이 바로 위의 세 번째 인용문이다. 공자의 무의(毋意), 무필(毋必), 무고(毋固), 무아(毋我)를 부처의 무아상(無我相), 무인상(無人相), 무중생상(無衆生相), 무수자상(無壽者相)과 동일시하는 데서 장대는 유불의 상통을 넘어서서 유불의 일치를 주장하고 있는 것이다. 장대의 이러한 주장은 『대학』의 '부끄러워하는 마음'(厭然之

而不察切己之實病也."

307) 『論語集注』, 「爲政」17장. "但所知者則以爲知, 所不知者則以爲不知, 如此則雖或不能盡知, 而無自欺之蔽, 亦不害其爲知矣."

性)이 곧 '불성'이며, 증자(曾子)가 말한 십목(十目)과 십수(十手)[308]가 바로 불가의 천수천안(千手千眼)이라고 하는 데서 더욱 여실하게 증명된다.[309]

장대의 이러한 유불일치론적(儒佛一致論的) 경전 해석은 마침내 유가와 불가의 인물들을 동일시하는 단계로까지 나아간다. 칠보보시(七寶布施)의 자로와 신명보시(身命布施)의 안연, 그리고 부주색상보시(不住色相布施)의 공자를 거론하면서,[310] 자공(子貢)은 보살, 공자는 부처라고 한다.[311] 그리고 보다 나은 세상을 위해 철환천하(轍環天下)하였던 공자를 '지옥이 비지 않으면 맹세컨대 성불하지 않으리라'고 원력을 세웠던 지장보살(地藏菩薩)에 비견하기도 하였다.[312]

선(禪)의 논리로 『논어』를 해석하고 선사와 보살, 부처를 유가의 인물과 동일시하는 장대의 이 같은 경전 해석은 유가경전을 일종의 선가(禪家)의 공안집(公案集)과 유사하게 파악하였다고 할 수 있다.[313] 특히 『논어』의 경우, 공자의 삶의 모습에 대한 어떤 이의 질문에 대하여 "인적 없는 빈산, 물은 흐르고 꽃은 피어나도다."[314]라고 답한 데서 이러한 점이 잘 보인다. 이처럼 유교의 경전을 선의 공안집 내지 깨닫지 못한 자를 위

308) 『大學章句』, 「傳6章」. "小人閒居, 爲不善, 無所不至, 見君子而后, 厭然揜其不善, 而著其善, 人之視己, 如見其肺肝, 然則何益矣. 此謂誠於中, 形於外, 故君子必愼其獨也. 曾子曰: '十目所視, 十手所指, 其嚴乎!'"

309) 『四書遇』, 11면. "張元岵曰: '石沈海底, 火性不滅, 一撲便見, 一現便能燎原. 厭然之性正是佛性. 儒門十目十手, 佛家千手千眼, 所謂獨也.'"

310) 『四書遇』, 147면. "陳道掌云: '子路車裘, 是七寶布施, 顔子捨善勞, 是身命布施, 夫子安信懷, 是不住色相布施.'"

311) 『四書遇』, 366면. "孔子是佛, 子貢是菩薩, 佛有清淨無爲, 而菩薩則神通廣大. 外道見其龍象光明, 未免認是菩薩勝佛. 叔孫之見亦是如此."

312) 『四書遇』, 186면. "地獄不空, 誓不成佛, 聖人何嘗有棄人?"

313) 『馬一浮集』第二冊, 「序跋書啓」, 63면. "一浮題明人張宗子四書遇曰: '明人說經, 大似禪家舉公案, 張宗子亦同此血脈. 卷中這時有雋語, 雖未必得旨, 亦可自喜. 勝於碎義逃難, 味同嚼蠟者遠矣.

314) 『四書遇』, 170면. "或問: '子之燕居, 申申如也, 夭夭如也.' 余曰: '空山無人, 水流花開.'"

한 설법집(說法集)[315]으로 여긴 것은, 종래 이탁오의 논어학에 보이는 불교적 취향을 더욱 심화시킨 것이라고 할 수 있다.[316] 한편 장대 경학의 또 다른 면모는 경전의 내용을 문학을 통해 이해하려 한 지점이다.

2) 문학(수사학)으로써 경전을 해석함

■『삼국지연의(三國志演義)』를 읽을 때, 동탁(董卓)과 조조(曹操)를 미워하였다. 모든 일을 할 때, 동탁과 조조와 같은 경우가 되어야 한다면 나는 단연코 한 건도 하지 않으리라. 이렇다면 동탁과 조조도 바로 나의 스승일 것이다.[317]

■양복소(楊復所)는 말하였다. "'이 인(仁)이 이를 것이다'(斯仁至矣)라는 구절, 매우 오묘하도다! 이는 '하고자 함'이 바로 인(仁)임을 보인 것이다. 만약 이 구절을 바꾸어서 '인(仁)이 이에 이를 것이다'(仁斯至矣)고 말하였다면, 이는 인을 외재하는 것으로 여긴 것이 되어 인이 곧 멀어지게 된다. 문자의 오묘함이 이와 같도다."[318]

문학은 도학자나 경학자들에게 경시되는 일종의 기예였으며, 필요하다 하더라도 진리를 구현하기 위한 도구로 치부되었다. 문학(문장)을 가

---

315) 『四書遇』, 327면. "王龍溪曰: '一部論語爲未悟者說法.'"

316) 한편 장대는 불교의 이념으로 유교를 해석하는 지점을 넘어서서 『맹자』, 「고자 상」8장에 주석을 달면서 "息之一字, 範圍三教之宗. 釋氏謂之反息, 老氏謂之踵息, 蒙莊氏謂之六月息."(『四書遇』, 511면)이라고 하면서 '三教會通'의 이념으로 유교의 경전을 해석하기도 하였다.

317) 『四書遇』, 181면. "述而 三人章. '讀『三國演義』, 恨得董卓, 曹操. 凡事類董卓, 曹操者, 我一件斷然不爲, 則董卓, 曹操便是我師.'"

318) 『四書遇』, 187면. "楊復所曰: '斯仁至矣, 妙甚! 見得欲卽是仁. 若倒一字說仁斯至矣, 仁便在外了, 仁便遠了, 文字之妙如此.'"

리켜 관도지기(貫道之器)니 재도지기(載道之器)니 하는 주장은 바로 이것을 반영하는 이론이다. 때문에 문학 또는 문장 수사학으로써 경전의 이해를 시도하는 경우는 경학자들에게 일반적인 예가 아니다. 경학자들은 경전을 주석할 때, 주로 자기 사상을 투영하거나 아니면 다른 경전의 내용을 끌어다가 주석의 보충자료로 삼는 이경통경(以經通經), 이경증경(以經證經)의 태도를 취하는 것이 일반적이다. 때문에 『논어』「술이(述而)」21장(子曰: "三人行, 必有我師焉, 擇其善者而從之, 其不善者而改之.")을 읽으면서 『삼국지연의(三國志演義)』라는 통속소설의 내용을 주석의 자료로 취하였다는 것은 상당히 이례적인 것이다. 여기에서 『삼국지연의』의 내용이 경문의 내용과 일치하는 지점이 있느냐 없느냐 하는 것은 그렇게 중요하지 않다. 오히려 『삼국지연의』의 내용을 인용함으로써 적어도 이 경문은 문학과 동일 선상에서 읽혀지고 있다는 점에 주목해야 할 것이다.[319] 이는 경전의 위상을 문학으로 끌어내린 것이라 할 수 있는데, 일종의 유가 경전에 대한 탈성화라고 할 것이다.

문학에 대한 인정이 이와 같았기에 장대는 경문을 내용적으로 접근하는 기존의 주석에서 벗어나, 문장 수사학의 관점에서 경문을 분석하기도 하였다. 예컨대 『논어』「술이」29장(子曰: "仁遠乎哉! 我欲仁, 斯仁至矣.")에 대하여, 주자는 『논어집주』에서 "인(仁)이란 마음의 덕이니 밖에 있는 것이 아니다. 놓아 버리고 구하지 않으면 멀다고 여기게 된다. 돌이켜 구하면 바로 여기에 있게 되니, 어찌 멀다 하겠는가."[320]라고 주석을 달았는

319) 소설 뿐 만이 아니라, 한시를 원용해서 경문을 해석하는 경우도 있다. 예컨대 장대는 『大學』「전4장」. "子曰: '聽訟吾猶人也, 必也使無訟乎!' 無情者不得盡其辭, 大畏民志, 此謂知本."에 주석을 달면서, "此處正是'東邊日出西邊雨, 說道無情又有情.' 參破此地, 自透宗本, 千蹊萬逕, 攝歸一處, 何物礙心? 此謂物格, 此謂知之至也."(『四書遇』, 8면)라고 하였는데, 인용한 한시는 바로 劉禹錫의 「竹枝詞」의 일부이다.

320) 『論語集注』, 「述而」29장. "仁者, 心之德, 非在外也. 放而不求, 故有以爲遠者, 反而求之, 則卽此而在矣, 夫豈遠哉?"

데, 이는 인의 본질과 그 추구에 대한 평이한 해석이라 할 수 있다. 그런데 장대는 이 경문의 내용을 그 수사학적(修辭學的) 측면에서 접근하여 이해를 시도하고 있다. 『논어』의 편찬자가 이 경문의 문자를 "내가 인(仁)을 하려 하면, 이 인이 이를 것이다."(我欲仁, 斯仁至矣.)라고 구성한 것은, 바로 인의 내재성을 드러내기 위한 의도적이고도 오묘한 문자 배치라고 하였다. 만약에 이 경문을 "인(仁)이 이에 이를 것이다."(仁斯至矣)라고 하면, 이는 인을 외재적인 것으로 여기는 것이 되며, 이렇게 되면 인에 다가가려는 시도 자체가 인에서 멀어지는 형국을 초래한다고 주장하였다.

문장의 수사학으로 경문을 이해하려는 장대의 이러한 시도는 이외에도 곳곳에서 보인다. 예컨대 『논어』「자한(子罕)」18장(子曰: "譬如爲山, 未成一簣, 止吾止也, 譬如平地, 雖覆一簣, 進吾往也.")을 풀이하면서, "산을 쌓아 올리는 것을 비유할 때, 만약 먼저 나아감을 말하고 나서 뒤에 멈춤을 말했다면, 이는 곧 강궁(强弓)으로 쏜 화살이 끝에 가서 힘을 잃는 것이다. 멈춤을 말하고 뒤이어 나아감을 말하였기에 쇠퇴했다가 다시 일어나고 끊어졌다가 다시 살아나서 무한하게 사람들의 마음을 고무시켜 줌이 있다."[321]라고 하였다. 즉 이 경문에서 '멈춤'(止)을 '나아감'(進) 앞에 놓은 것은 문장의 강약을 조절하여 이를 통해 전달하고자 하는 내용을 강조하기 위한 의도적 수사라는 것이다.

이처럼 문학(수사학)으로 경문을 해석하게 되면 두 가지 효과가 있다. 첫째는 앞서 이탁오의 논어학에서 살펴본 것처럼 경문과 문학을 등치시킴으로써 경문의 신성성을 탈색시키는 효과, 즉 탈성화의 면모가 확연해지는 것이다. 둘째는 문학이 더 이상 경학(사상)의 본질을 구현하기 위한 종속적 도구가 아니게 되는 것이다. 문학은 그 자체로 경문과 대등한 지

---

321) 『四書遇』, 218면. "譬如爲山, 若先說進, 後說止, 便是强弩之末無轉勢. 惟先說止, 隨後說進, 衰而復起, 絶而復生, 有無限鼓舞人意思在."

점을 지니게 되니, 이는 바로 문학에 대한 가치 부여가 특별하였던 양명학파의 이념이 경전 해석에 투영된 결과라고 할 것이다. 이 두 가지는 모두 양명학파 사상의 특징이라는 점에서 장대의 논어학은 양명학적 경학의 면모를 잘 구현하고 있는 셈이다.

한편 양명학파, 특히 장대에 의해 이루어진 경전 주석의 또 다른 특징은 역사로써 경전을 해석하는 측면이다.

3) 역사로써 경전을 해석함

장학성(章學誠, 1738~1801)의 육경개사설(六經皆史說)에 의거하자면, 유교의 경전은 사서적(史書的) 측면이 그 기저로 작용하고 있다.[322] 그러나 실상 이러한 주장은 이미 명대 양명학파에 의해 제기되었으며, 이탁오는 경전 주석에서 이 이론을 적용하기도 하였다.[323] 그런데 장대에 이르러 역사로써 경전을 해석하는 경향은 더욱 심화되었다. 그 양상을 구체적으로 살펴보면 다음과 같다.

■ 이 장은 춘추(春秋)의 처음과 끝을 완비하였다. '예악(禮樂)과 정벌이 천자로부터 나왔다'는 말은 춘추시대 이전의 일이며, '제후로부터 나왔다'는 것은 춘추시대 은공(隱公), 환공(桓公), 장공(莊公), 민공(閔公) 시대의 일이다. '대부로부터 나왔다'는 것은 춘추시대 희공(僖公), 문공(文公), 선공(宣公), 성공(成公) 시대의 일이며, '배신이 나라의 명을 잡았다'는 것은 춘추시대 양공(襄公), 소공

---

322) 余英時 저, 조병한 역, 「장학성의 육경개사설」, 『중국의 역사인식』(하), 창작과비평사, 1985 참조.

323) 이탁오는 『논어』, 「미자」11장. "周有八士, 伯達, 伯适, 仲突, 仲忽, 叔夜, 叔夏, 季隨, 季騧."을 주석하면서, "總批. 讀此一篇, 如讀稗官小說, 野史, 國乘, 令人不寐. 其亦經中之史乎?"라고 하였다.(李卓吾 저, 이영호 역, 『이탁오의 논어평』, 성균관대 출판부, 2009, 375면 참조)

(昭公), 정공(定公), 애공(哀公) 시대의 일이다.[324)]

■ 왕손가(王孫賈)의 어머니가 말하였다. "네가 아침에 나가서 저녁에 들어오면 나는 문에 기대어 너를 바라보았고, 저녁에 나가 돌아오지 않으면 나는 마을 어귀에서 기다렸다." 이는 모자의 지극한 정리이니, 공자의 말씀은 바로 이러한 의미이다.[325)]

위의 첫 번째 언급은 『논어』「계씨(季氏)」2장(孔子曰: "天下有道, 則禮樂征伐, 自天子出. 天下無道, 則禮樂征伐, 自諸侯出. 自諸侯出, 蓋十世希不失矣, 自大夫出, 五世希不失矣, 陪臣執國命, 三世希不失矣.")에 대한 장대의 주석이다. 주자가 이 경문에 대하여 다만, "이 장은 천하의 대세를 논하였을 뿐이다."[326)]라고만 하였음에 비하여 장대는 이 장의 각 부분은 춘추시대 노나라 제후 때의 구체적 정치 행태였음을 지적하고 있다. 이는 기본적으로 『논어』의 이 구절을 명확하게 역사적 사실로 파악하여 주석한 것인데, 장대는 이러한 경전 주석의 자세로 『논어』의 경문을 해설할 때 사서(史書)에서 그 내용을 취하여 설명하기도 하였다. 두 번째 인용문은 『논어』「이인(里仁)」19장(子曰: "父母在, 不遠遊, 遊必有方.")에 대한 장대의 주석으로, 그 인용문은 『전국책(戰國策)』「제책(齊策)」에 나오는 이야기이다. 이 이야기는 전국시대의 혼란상에 휩싸여 누란지경에 놓여 있는 아들 왕손가에 대한 그 어머니의 절절한 심정을 표현한 것인데, 이를 인용하면서 부모의 자식 걱정하는 마음이라는 측면에서 보면 『논어』「이인」4장의 의미는

---

324) 『四書遇』, 329면. "此章備春秋之始終. '禮樂征伐, 自天子出.', 是春秋以前事, '自諸侯出', 隱, 桓, 莊, 閔之春秋也. '自大夫出', 僖, 文, 宣, 成之春秋也. '陪臣執國命', 襄, 昭, 定, 哀之春秋也."

325) 『四書遇』, 127면. "王孫賈母曰: '汝朝出而晩來, 吾倚門而望汝, 暮出而不還, 吾倚閭而望.' 自是母子至情. 夫子之言, 只是此意."

326) 『論語集注』, 「季氏」2장. "此章通論天下之勢."

바로 이 기사와 동일하다고 하였다.

한편 장대의 역사로써 경전을 해석하는 경향은 또 다른 측면을 보여주고 있다.

■『사기(史記)』를 지은 사마천(司馬遷)은 대대로 태사의 벼슬을 하여, 역대 왕조의 전고에 익숙하였기에, '많이 들었다'(多聞)라고 할 만하다. 그는 도읍지와 명산대천을 두루 다녔는데, 회계산을 오르기도 하였으며 우임금의 근거지를 탐방하기도 하였고 성현들의 유적지를 방문하기도 하였다. 이는 이른바 '많이 보았다'(多見)라고 할 것이다. 이를 바탕으로 책을 저술하여 자신의 주장을 담아 일가(一家)를 이루었으니, 거의 '알지 못하면서 저술하는 자'(不知而作之者)를 면하였다고 할 것이다.[327]

■나는 난세를 만나서 오랑캐들에게 임금이 있는 것이 중국의 처지에 비교해서 보니 훨씬 나음을 알겠도다. 여진에서 종친을 없애고 공신을 주륙(誅戮)한 것이 열에 아홉이었지만, 고요하게 움직임이 일어나지 않았다. 우리 명나라에서는 초기에 건문제(建文帝)가 종친인 번왕(藩王)들을 탄압하다가 정난병(靖難兵)이 일어나게 되었으니, 오랑캐들에 비해 부끄러운 점이 많다.[328]

장대는『논어』의 구절을 역사적 사실로 파악하거나 사서(史書)의 기록에 의거하여 해석하는 것을 넘어서서 역사가에 대하여 경전의 중심인물과 대등한 가치를 부여하고자 한다. 특히 역사학의 고전인『사기(史記)』의

---

327)『四書遇』, 185면. "司馬遷作『史記』, 世爲太師, 熟於歷朝之典故, 方謂之多聞. 歷盡通都大邑, 名山大川, 上會稽, 探禹穴, 訪問聖賢故里遺蹟, 方謂之多見. 以此而著書立言, 自成一家, 庶幾免乎不知而作之者矣."

328)『四書遇』, 100면. "余遭亂世, 見夷狄之有君, 較之中華更甚. 如女眞之芟夷宗黨, 誅戮功臣, 十停去九, 而寂不敢動. 如吾明建文之稍虐宗藩, 而靖難兵起, 有媿於夷狄多矣!"

작자, 사마천(司馬遷)을 '술이부작'(述而不作)한 공자의 경지를 구현한 인물로 평가하였다. 그리고 자신이 살고 있는 시대의 역사적 사실에 근거하여 『논어』의 구절을 해설하기도 하였다. 두 번째 인용문은 『논어』「팔일(八佾)」5장(子曰: "夷狄之有君, 不如諸夏之亡也.")에 대한 장대의 주석인데, 대체로 기존의 주석서에서는 이 구절을 공자가 당시 춘추시대의 혼란상에 대하여 탄식한 말씀으로 파악하고 있다.[329] 그런데 장대는 이 경문을 자신이 살고 있는 시대의 역사적 사실과 연계하여 이해하고 있다. 명대 초기 2대 황제였던 건문제(建文帝)는 어린 나이에 즉위하여 강성한 숙부들을 제압하고자 번왕(藩王)들을 탄압하는 정책을 펼쳤다. 이에 숙부인 연왕(燕王)이 정난(靖難)을 일으켜 건문제를 내쫓고 황위를 차지하여 영락제(永樂帝)로 등극하였다. 명대 초기의 이러한 역사적 사실을 두고 장대는 여진은 혼란상에도 불구하고 시역(弑逆)의 참화가 없었건만, 중화(中華)인 명에서는 숙부가 조카를 내쫓은 시역의 변란이 일어났으니 "오랑캐 땅에 임금이 있는 것이 중국에 임금이 없는 듯 혼란한 상황보다 낫다."는 『논어』의 말에 부합한 상황이라고 하였다. 경전의 언어를 당대의 역사적 사실과 등치하여 이해하는 장대의 이러한 주석은 종래 주석학자들에 의해 부여된 경전의 신성성에 대한 일종의 변혁이라 할 만하며, 육경개사설(六經皆史說)의 실질적 적용 사례라고 평가할 수 있다.

4) 장대 논어학의 경학사적 위상

이상으로 우리는 장대 논어학의 특징을 불교, 문학, 역사로써 경전을 해석하는 지점에서 규명해 보았다. 장대의 이 같은 경서 해석은 중국경

---

329) 『論語集注』, 「八佾」5장. "尹氏曰: '孔子傷時之亂而歎之也. 無, 非實無也. 雖有之, 不能盡其道爾.'"

학사의 주축이었던 한학(漢學), 송학(宋學), 고증학파(考證學派)의 경학에서는 거의 찾아보기 어려운 특징들이다. 그런데 장대 논어학의 이러한 특징들이 장대만의 것이었다면, 우리는 이를 명대 경학의 한 전형으로 지목할 수 없을 것이다. 장대 논어학에 나타난 위의 세 가지 요소는 이탁오에 의해 이미 그 연원이 마련되었다. 이탁오의 논어학에는 유불회통(儒佛會通)의 요소, 문예학과 경전주석학의 결합, 그리고 경전의 내용을 역사로 인식하는 지점 등이 중요 특징으로 자리하고 있었다.

그런데 앞서 고찰하였듯이 이탁오의 이러한 경학은 그의 사후, 상당히 광범위한 영향력을 미치면서 하나의 경학사조를 형성하였다. 이 경학사조의 특징은 종래 경학유파에서 거의 볼 수 없다는 점에서 일단 독립적 위상을 부여할 수 있다. 그리고 경학은 사상과 밀접한 연관을 맺으면서 등장한다는 점에서도, 이 경학사조는 보편적 특징을 지니고 있다. 이탁오에게서 장대로 이어진 양명학파(특히 양명좌파) 경학은 양명학파의 사상과 밀접한 관련을 맺고 있기 때문이다. 명말 양명학파의 불교 경도, 여타의 유학자들에게서 볼 수 없었던 문예 취향, 그리고 역사에 대한 독자적 인식과 풍부한 저술 등이 그들의 경학에 중요 특징으로 고스란히 반영되었다. 이에 그 영향력의 측면 및 사상과 경학의 관련 양상이라는 경학사의 일반적 특징에 비추어 보면, 명대 후기 양명학파의 경학은 하나의 경학유파로 평가하기에 손색이 없을 것 같다.

한편 송대 주자학파 경학은 북송대부터 시작되었지만, 그 집결은 주자에 와서야 『사서집주』라는 저술을 통해 이루어졌다. 주자는 『사서집주』에서 종래 전수된 경전 주석을 거의 폐기하고 자기 선배들인 북송대 도학자들의 주석을 집중적으로 반영하였다. 이는 명백히 주자학파 경학의 정체성을 드러낸 지점이라고 할 것이다. 그런데 양명학파의 경학에 있어서 이러한 역할을 담당한 경학자가 바로 장대였다. 장대는 『사서우(四書遇)』에서 무려 190여 명의 경학자들의 경설을 광범위하게 인용하고 있다. 이는 주자의 주석에 인용된 주석가들의 숫자를 훨씬 상회하는 것이다. 그런데 이 중 5회 이상 인용된 주석가 25명의 면면을 살펴보면, 장대 경학의 경향을 보다 선명하게 살펴볼 수 있을 것이다. 이들의 면면을 그 인용빈도(괄호 안의 횟수가 바로 『사서우』에서 인용된 빈도수임)에 의거하여 정리하면 다음과 같다.

장동초(張侗初, 53회, 생몰년 미상, 이름은 鼐, 명대 양명학자)

양복소(楊復所, 41회, 1547~1599, 이름은 起元, 명대 양명학자)

서자경(徐子卿, 26회, 미상)

한구중(韓求仲, 20회, 1580~?, 명대 학자로 이름은 敬, 불학에 경도됨)

이탁오(李卓吾, 18회, 1527~1602, 이름은 贄, 명대 양명학자)

왕양명(王陽明, 16회, 1472~1528, 이름은 守仁, 명대 양명학의 창시자)

소동파(蘇東坡, 16회, 1037~1101, 이름은 軾, 북송대 유학자)

심무회(沈無回, 15회, 1572~1623, 이름은 守正, 명대, 그림과 시문에 뛰어남)

주자(朱子, 14회, 1130~1200, 이름은 熹, 송대 주자학의 창시자)

정자(程子, 13회, 북송 도학자인 二程子)

고경양(顧涇陽, 13회, 1550~1612, 이름은 憲成, 명대 유학자로서 주자학과 육왕학을 조화시키려함)

탕곽림(湯霍林, 11회, 1568~?, 이름은 賓尹, 명대 유학자)

애천자(艾千子, 10회, 1583~1646, 이름은 南英, 명대 문장가이자 역사학자)

왕용계(王龍溪, 10회, 1498~1583, 이름은 畿, 명대 양명학자)

장원호(張元岵, 10회, 생몰년 미상, 이름은 次仲, 명말 청초의 유학자)

관증지(管登之, 7회, 1536~1608, 이름은 志道, 명대 양명학자)

구모백(丘毛伯, 7회, 1572~1629, 이름은 兆麟, 명대 유학자)

서자명(徐自溟, 9회, 1560?~1642, 이름은 奮鵬, 명대 학자)

양승암(楊升庵, 7회, 1488~1559, 이름은 愼, 명대 학자)

왕엄주(王弇州, 9회, 1526~1590, 이름은 世貞, 명대 시인)

원요범(袁了凡, 9회, 1533~1606, 이름은 黃, 명대사상가, 불학에 경도됨)

이공동(李崆峒, 6회, 이름은 獻吉, 명대 문장가)

주계후(周季侯, 6회, 1582~1626, 이름은 宗建, 명대 양명학자)

주해문(周海門, 9회, 1547~1629, 이름은 汝登, 명대 양명학자)

초의원(焦漪園, 5회, 1540~1620, 이름은 竑, 명대 양명학자)

5회 이상 인용된 학자 25명을 분석해 보면, 명대 학자가 21명인데 이 중에 양명학자가 9명이며 문장가가 2명, 불학에 경도된 유학자가 2명이다. 명대 이전의 학자로는 정자와 주자, 그리고 소동파(蘇東坡)가 있을 뿐이다. 이 단순한 통계를 통해서 우리는 장대가 양명학파를 중심으로 명대 학자들의 주석을 통해 사서(四書)를 이해하고 있음을 알 수 있다.[330] 양명학자가 아닌 경우라 하더라도 문장가와 불학에 경도된 학자들의 해석을 인용함으로써 장대는 자기 경학의 지향을 선명하게 보여주고 있다.

주자가 자기 학맥의 선배들의 경설을 집록하여『사서집주』를 완성하였던 것처럼, 장대 또한 자기 학파의 선배와 동학들의 경설을 집록하여『사서우』를 집필하였다. 또한 주자가 성리설을 중심에 두고 선배들의 경설을 집록하였음에 비하여, 장대는 불학, 문장학, 사학을 중심으로 선배들의 경설을 집록하였다. 이에 우리는 북송대 이래 전승된 주자학파 경학의 결집을 주자의『사서집주』에서 확인할 수 있듯이, 이탁오 이래로 전승되어온 양명학파 경학의 결집을 장대에게서 확인할 수 있다. 실로 장대의 사서학은 명대 양명학파 경학의 특징을 전형적으로 보여줄 뿐 아니

330) 이외에도 耿楚侗(2회, 1524~1596, 이름은 定向), 季彭山(2회, 1485~1563, 이름은 本), 羅近溪(3회, 1515~1588, 이름은 汝芳), 陶石簣(2회, 1562~1609, 이름은 望齡), 登定宇(1542~1599, 이름은 以讚), 薛方山(3회, 생몰년 미상, 이름은 應旂), 錢緒山(1496~1574, 이름은 寬), 鄒東廓(1491~1562, 이름은 守益)과 같은 명대 양명학자들의 경설을 두루 인용하고 있다.

라, 그 종점에서 이를 집성해 내었다는 점에서 의의가 크다고 할 것이다.

Ⅲ. 유불교섭의 논어학

동아시아 사상사에서 서로 다른 사상 혹은 종교 간의 교섭은 시대와 지역을 막론하고 존재하였다. 이러한 교섭을 통하여 외래사상은 본토의 사상과 상호 삼투를 하면서 정착 혹은 변모를 겪었으며, 본토의 사상은 외래사상의 일부를 흡수하여 그 내면을 풍성하게 만들어 갔다. 동아시아 사상사에서 이질적 사상과 종교의 교섭은 일찍이 불교(佛敎)와 노장(老莊) 사상의 상호 교섭, 그리고 후대의 기독교와 유교의 상호 교섭이 큰 축을 이루었다. 전자는 격의불교(格義佛敎)라는 형태로서 존재하였다. 인도에서 발생한 불교가 중국에 들어왔을 때, 중국의 지식인들은 이질적인 불교 사상을 이해하기 위하여 그들 나름의 독자적인 방법을 고안해 내기에 이르렀다. 그들은 당시에 유행하던 노장사상을 원용하여 불교의 중요한 개념이나 사상을 해석하였다. 주지하다시피 이 방법이 격의(格義)이다.

한편 후자는 마테오 리치(Matteo Ricci, 1552~1610)와 제임스 레게(James Legge, 1815~1897)라는 걸출한 수도사에 의해 수행되었다. 마테오 리치는 『천주실의(天主實義)』라는 명저를 통해, 제임스 레게는 사서오경(四書五經)을 위시한 중국 고전의 영역(英譯)을 통해 기독교와 유교의 상호 소통을 이룩하였다. 노장과 불교, 유교와 기독교의 이러한 상호 교섭은 사상사적으로 매우 중요한 의미를 지니고 있다. 이러한 교섭 양상은 서로 다른 문명권에서 발생한 이질적 사유가 어떻게 융화를 이룰 수 있는지 잘 보여줄 뿐 아니라, 학술사를 넘어 정치사 혹은 사회사적으로도 동아시아에 많은 영향을 미쳤기 때문이다.

한편 중국, 한국, 일본의 사상의 중심축은 유교와 불교라고 할 수 있다. 노장과 불교, 기독교와 유교가 상호 교섭을 거쳤다면, 유교는 불교를 만나 새로운 유학으로 거듭났으며, 불교 또한 유교를 만나 중국화된 불교를 탄생시켰다. 이 과정에서 두 사상은 상호 삼투를 거듭하면서, 공자와 부처라는 두 성인의 만남의 장을 펼쳐 보였다. 그런데 이 과정은 상호 동일성이 있는가 하면, 상호 차별성도 존재한다. 필자는 『논어』에 대한 주석사를 일별하면서 이 두 사상이 서로 어떻게 삼투되어 나갔는지를 고찰해 보고자 한다. 특히 유교에서 불교로 다가서는 면에서는 황간(皇侃), 사량좌(謝良佐), 주자(朱子), 이탁오(李卓吾), 장대(張岱)의 『논어학』을 중심으로 그 양상을 고찰하며, 불교에서 유교로 접근하는 면모에 관해서는 지욱선사(智旭先師)의 논어설을 중심으로 그 특징을 살펴보기로 하겠다.

1. 유(儒)에서 불(佛)로

『논어』를 중심으로 유교에서 불교로 접근한 흔적을 찾아보면, 그 최초에 황간(皇侃)의 『논어집해의소(論語集解義疏)』가 있음을 알 수 있다. 앞에서 상론하였듯이 수많은 『논어』 주석서들 중 송대 이전의 대표적 주석서는 정현(鄭玄)의 『논어정씨주(論語鄭氏注)』, 하안(何晏)의 『논어집해(論語集解)』, 황간의 『논어집해의소』, 한유(韓愈)의 『논어필해(論語筆解)』, 형병(邢昺)의 『논어주소(論語注疏)』 등이다. 이 중 정현의 『논어정씨주』는 훈고와 명물제도에 대한 주석이 특징이고, 하안의 『논어집해』와 형병의 『논어주소』는 노장사상에 침습된 현학적 경학이 특징이라 할 수 있으며, 한유와 이고(李翶)의 공저인 『논어필해』는 성리학의 이념인 성(性)과 천도(天道)의 일리(一理)를 주장하는 내용이 그 해석에 등장함으로써 후대 주자학적 『논어』 주석의 선하(先河)가 되었다. 즉 송대 이전 『논어』 주석서는 어찌 보면 각기 당대 사상사조의 일면을 반영해 낸 것이 그 주된 특징이라 할 것이다. 이는 경전의 주석자가 자기 시대의 이념을 체인하거나 혹은 그 시대를 대표하는 새로운 이념을 창출하는 과정에서 이를 경전의 주석 내로 반영하였기에 가능한 현상이다. 그러면 황간의 『논어집해의소』는 당대 사상의 어떠한 면의 반영이었기에 다른 『논어』 주석서에 비해 불교적 색채가 있는 것인가? 『논어』 「공야장」1장[331]에 대하여 황간이 주석한 다음의 내용에서 우리는 그 일단을 살펴볼 수 있다. 조금 긴 내용이지만 『논어』 주석사에서 처음으로 등장하는 유불교섭의 형태이기에 그 전문을 소개해 보기로 하겠다.

어떤 한 책인 『논석(論釋)』에 다음과 같은 기사가 실려 있다.

공야장(公冶長)이 위나라에서 노나라로 돌아올 때 두 나라 국경에 이르렀다.

이때 새들이 서로 지저귀며

"청계(淸溪)로 가서 죽은 사람의 고기를 먹자."고 하였다.

잠시 뒤 어떤 노파가 길을 막고 앉아 통곡하고 있었다.

이를 본 공야장이 왜 우느냐고 물으니, 노파가

"우리 아들이 얼마 전에 먼 길을 떠나 아직까지 돌아오지 않으니, 이미 죽은 것으로 생각되는데 그 시신이 어디 있는지 모른다오."라고 하였다.

이에 공야장이

"조금 전에 새들이 서로 지저귀며 '청계로 가서 죽은 사람의 고기를 먹자'고 하는데, 죽은 사람이 아마도 노파의 아들인 성싶소."라고 하였다.

---

331) 『論語』, 「公冶長」1장. "子謂公冶長, 可妻也, 雖在縲絏之中, 非其罪也, 以其子妻之."

이 말을 들은 노파가 청계로 가서 그 아들을 찾았는데, 이미 죽어 있었다.

노파가 즉시 촌장(村長)에게 가서 아뢰니, 촌장이 어떻게 아들이 죽은 곳을 알았느냐고 묻자 노파가

"공야장을 만났는데 그가 그렇게 말하였습니다."고 하였다.

이에 촌장이

"공야장이 사람을 죽이지 않았다면 어떻게 이러한 사실을 알았겠는가!"라고 하고서는 공야장을 구속하여 옥관(獄官)에게 넘겼다.

옥관이 공야장에게

"어째서 사람을 죽였느냐?"라고 물었다.

공야장이

"나는 새의 말을 알아들었을 뿐이지, 내가 사람을 죽인 것은 아닙니다."라고 대답하였다. 그러자 옥관이

"시험해 보고서 만약 새의 말을 알아듣는다면 즉시 석방하겠지만, 만약 새의 말을 알아듣지 못한다면 법에 따라 죽일 것이다."고 하고서, 60일을 기한으로 정해 공야장을 옥에 가두었다. 60일이 되는 날에 참새가 옥사(獄舍)의 난간에 앉아 서로 지저귀니 공야장이 빙그레 웃었다. 이를 본 옥리(獄吏)가 옥관에게

"공야장이 참새의 말에 웃었으니 새들의 말을 아는 것 같습니다."라고 하니, 옥관이 옥리를 시켜 공야장에게 참새들이 무슨 말을 하였기에 웃은 것인지 묻게 하였다.

공야장이

"참새들이 짹짹거리며 백련수(白蓮水) 가에 곡식을 싣고 가던 수레가 뒤집혀서 황소는 뿔이 부러졌다. 곡식을 다 수습하지 않았으니 가서 쪼아 먹자고 서로 부르고 있습니다."

라고 대답하였다.

옥관은 믿지 않고서 사람을 보내어 가서 살펴보게 하니, 과연 그의 말대로였다. 뒤에 다시 돼지와 제비의 말을 누차 알아듣자 이에 공야장을 방면하였다.

이상과 같은 공야장의 기사는 잡서(雜書)에서 나와 다 믿을 수는 없으나, 고서에 전하기를 "공야장은 새의 말을 알아들었다."고 하기에, 우선 기록해 둔다.[332)]

공자는 감옥에 갇혀 있는 공야장이란 인물을 '죄가 없는데 잡혀 있다'고 하고서는 그를 사위로 삼았다. 여기서 공야장이 투옥된 연유가 전혀 나오지 않는다. 그런데 황간은 공야장이 투옥된 이유를 찾다가 잡서(雜書)라 치부된 『논석(論釋)』에서 그 자세한 정황을 알게 된다. 말미의 기록을 보면, 황간도 이 기사의 진위 여부에 대하여 확신하지 못함을 알 수 있다. 그럼에도 불구하고 황간은 이 기록을 전면 수용하여 자신의 『논어집해의소』에서 다른 주석에 비하여 비교적 장황하게 수록하고 있다. 황간의 이러한 주석 태도는 적어도 명대 이전 『논어』 주석사에서는 매우 이질적이다. 황간 『논어』 주석의 모태가 된 하안의 『논어집해』에도 없는 내용일뿐더러, 명대 이전까지 『논어』 주석의 체계에서 이러한 소설적 형태의 이야기 구조는 삽입된 적이 거의 없기 때문이다.

황간 이후 처음으로 하안의 『논어집해』에 소(疏)를 단 형병은 『논어주소』에서 황간의 이 주석에 대하여 다음과 같이 비판하였다.

구설(舊說)에 "공야장이 새의 말을 알아들은 까닭에 묶여 감옥에 갔다."고 하

332) 『論語集解義疏』卷第三, 「公冶長」1장. "別有一書, 名之爲『論釋』云: '公冶長從衛還魯, 行至二堺上, 聞鳥相呼, 往清溪食死人肉. 須臾, 見一老嫗, 當道而哭. 冶長問之, 嫗曰, 兒前日出行, 于今不反. 當是已死亡, 不知所在. 冶長曰, 向聞鳥相呼, 往清溪食肉, 恐是嫗兒也. 嫗往看, 卽得其兒也, 已死. 卽嫗告村司, 村司問嫗從何得知之, 嫗曰, 見冶長道如此. 村司曰, 冶長不殺人, 何緣知之. 因錄冶長付獄. 主曰, 當試之, 若必解鳥語, 便相放也. 若不解, 當令償死. 駐冶長在獄十六日. 卒日有雀子緣獄柵上, 相呼嘖嘖口雀口雀, 冶長含笑, 吏啓主冶長笑雀語, 是似解鳥語. 主敎問冶長, 雀何所道而笑之. 冶長曰, 雀鳴嘖嘖口雀口雀, 白蓮水邊, 有車翻覆黍粟, 牡牛折角, 收斂不盡, 相呼往啄. 獄主未信, 遣人往看, 果如其言, 後又解猪及燕語屢驗, 於是得放.' 然此語乃出雜書, 未必可信, 亦古書相傳云: '冶長解鳥語.' 故聊記之."

였는데, 이는 불경(不經)한 말이기에 여기에서는 취하지 않는다.[333]

형병이 말하는 구설(舊說)이란, 바로 황간의 소(疏)에 인용된 위의 기사를 말한다. 그런데 형병은 이 기사를 두고서 불경(不經)한 말이기에 경전의 주소로 인정할 수 없다고 평가하면서 자신의 소에서 배제하였다. 형병의 이러한 견해는 이후 『논어』 주석사에 큰 영향을 미쳤다. 형병 이후 등장하는 완비된 『논어』 주석서인 진상도(陳祥道)의 『논어전해(論語全解)』에서는 공야장의 이 기사를 싣지 않고 있다. 진상도는 공야장이 죄가 될 만한 행동을 한 적이 없다고 하면서, 『공자가어(孔子家語)』의 말을 인용하여 "공야장은 치욕을 잘 참았다."[334]라고만 하였다. 그리고 주자는 『논어집주』에서 아예 "공야장의 행적은 고찰할 수가 없다."[335]라고 단정하였다. 진상도와 주자의 이러한 견해는 비록 형병의 말을 직접 인용하지는 않았지만, 형병이 '불경지어'(不經之語)라고 평가한 황간의 소에 대한 견해를 그대로 수용한 것이라 할 수 있다.

황간의 이러한 소는 왜 '불경'한 말로 치부되어 『논어』 주석사에서 배제되었을까? 우리는 이 질문에 대한 답을 정수덕(程樹德, 1877~1944)과 진인각(陳寅恪, 1890~1969)의 다음과 같은 언급에서 찾을 수 있다.

정수덕(程樹德), 『논어집석(論語集釋)』「공야장(公冶長)」1장

『주례(周禮)』「추관(秋官)」에 이례(夷隸)의 직은 새와 더불어 말하는 것을 맡고, 맥례(貉隸)의 직은 짐승과 더불어 말하는 것을 맡는다.……새나 짐승과 말을 통하는 것은 예로부터 방법이 있었으니, 어찌 경답지 않음이 있다고 하겠는

333) 『論語注疏』, 「公冶長」1장. "舊說 '冶長解禽語, 故繫之縲絏.' 以其不經, 今不取也."

334) 『論語全解』, 「公冶長」1장. "公冶長能爲不可罪之行, 而不能必免於縲紲.……家語曰: '公冶長能忍恥.'"

335) 『論語集注』, 「公冶長」1장. "長之爲人, 無所考."

가.……공야장의 이 이야기는 이러한 경전에 의거하여 전해진 것으로, 비록 잡서에 연계되어 있으나 바로 한위(漢魏)의 소설체(小說體)로서 더욱 보배롭고 귀한 것이다. 형병이 『논어주소』에서 불경(不經)한 말이기에 취하지 않는다고 하였는데, 형병처럼 한다면 고서의 망실됨이 더욱 많아질 것이다. 이것이 바로 형병의 소가 황간의 소에 미치지 못하는 이유이다.[336)]

진인각(陳寅恪), 『논어소증(論語疏證)』「논어소증서(論語疏證序)」

인도의 불교는 논장(論藏) 외에 별도로 한 부류가 있으니, 바로 비유의 경장이나 여러 종파의 율장이 이것이다. 이것은 널리 성인과 범인의 행사를 인용하여 부처의 설을 증명하거나 해석한다. 그런데 그 문체는 대체로 신화적 이야기이니, 이는 중국에서 경전을 해석하는 방식과는 크게 달랐다.……남북조시대 불교가 크게 중국에서 퍼져 나가자 사대부들의 학문하는 방법도 또한 여기에 영향을 받게 되었다.……오직 황간의 『논어의소(論語義疏)』에서 『논석(論釋)』의 내용을 인용하여 「공야장」1장을 이해한 것은 인도의 비유경(譬喩經)의 문체와 매우 같다. 아마도 육조시대 유학자들이 불교에 점점 물든 것이 매우 심하여, 불교의 문법을 습용(襲用)하여 공자의 서적을 해석한 때문일 것이다.[337)]

정수덕과 진인각이 밝힌 황간 소(疏)의 '불경'(不經)의 본질은 두 가지이다. 정수덕에 의하면 황간의 이 소는 바로 한위(漢魏)의 소설체의 전통을 수용한 것이며, 진인각에 의하면 황간의 이 기록은 황간 당시 유행한 불

336) 『論語集釋』, 「公冶長」1장. "『周禮』「秋官」. 夷隸掌與鳥言, 貉隸掌與獸言.……通鳥獸語者, 古有是術, 何不經之有?……公冶逸事賴此而傳, 雖係雜書, 終是漢魏小說, 彌可寶貴. 邢疏以其不經不取, 如是則古書之亡佚多矣. 此邢疏所以不及皇疏也."

337) 『論語疏證』, 「論語疏證序」. "天竺佛教, 其論藏別爲一類外, 如譬喩之經, 諸宗之律, 雖廣引聖凡行事, 以證釋佛說. 然其文大抵爲神話物語, 與此土詁經之法大異.……南北朝佛教大行於中國, 士大夫治學之法亦有受其薰習者……惟皇侃『論語義疏』引『論釋』以解「公冶長」章, 殊類天竺譬喩經之體, 殆六朝儒學之士漸染於佛教者至深, 亦嘗襲用其法, 以詁孔氏之書耶?"

교 경전의 문체를 습용한 것이다. 경전 주석자의 입장에서 보자면, 소설은 그야말로 잡설로 경의 언어에 비교할 수 없는 것이다. 그리고 불교의 설은 이단의 그것이기에 이 또한 유교 경문의 해설로는 부적합한 것이다. 즉 형병이 말한 '불경'의 정체는 바로 소설체와 불교에 침습된 내용인 것이다.[338)]

여기서 우리의 관심을 끄는 것은 진인각이 진단한 후자이다. 진인각의 설명대로라면, 황간의 이러한 주석은 『논어』 주석사에 처음으로 나타나는 유교와 불교의 접촉, 공자와 부처의 만남의 현장인 것이다. 왜 황간은 이렇게 유교의 경전에 슬그머니 불교의 문체를 넣어서, 공자와 부처의 손잡음을 시도하였을까? 이는 다분히 황간이 살아갔던 시대의 사상적 분위기와 큰 관계가 있다. 양나라의 황간이 살았던 시기는 바로 육조불교의 전성시대였다. 최고통치자인 양무제는 포고문을 통하여 대규모로 불사를 일으켜, '가람(伽藍)과 정사(精舍)와 사찰이 서로를 마주 보는 불교의 성세'를 이루었다. 이에 영향을 받은 문인과 학사들도 불학과 유학을 소통시키고자 하였고, 이러한 사상적 성향은 그 시대의 사조가 되었다. 황간은 『논어집해의소』에서 바로 이러한 시대의 사조를 자신의 경설에 반영해 낸 것이었다.[339)]

한편 황간에 의해 시도된 유교와 불교의 만남의 장으로서의 『논어』 해

338) 한편 漢魏시대의 사상과 문학 간의 관계를 고려해 보면, 당시의 지괴소설과 불교는 전혀 동떨어진 현상이 아니었다고 할 수 있다. 노신은 『중국소설사략』에서 한위시대 소설과 불교의 관계를 다음과 같이 논하였다. "中國本信巫, 秦漢以來, 神仙之說盛行, 漢末又大暢巫風, 而鬼道愈熾. 會小乘佛教亦入中土, 漸見流傳. 凡此皆張皇鬼神, 稱道靈異, 故自晉訖隋, 特多鬼神志怪之書."(魯迅, 『中國小說史略』, 上海古籍出版社, 2001, 24면) 즉 노신에 의하면 중국에 전통적으로 있었던 무격과 신선 신앙에 한말에 유입되어 위진에 성행한 불교의 신이담이 결합되어, 위진 시대 귀신지괴소설이 성립된 것이다. 그렇다면 황간의 『논어』 「공야장」1장의 疏는 당시의 이러한 시대적 풍조의 반영이라고 할 수 있을 것이다.

339) 孫述圻, 「論皇侃的『論語義疏』」, 『中國經學史論文選集』(上冊), 文史哲出版社, 民國81年, 612면 참조.

석은, 앞서 언급하였듯이 형병에 의해 비판을 받다가 송대에 이르러 부활하였다. 이른바 선불교적 성향을 지닌 성리학자, 혹은 불교를 비판하면서도 그 영향을 일정하게 받은 성리학자에 의해 유불은 다시 만나게 된다. 전자의 대표적 인물은 북송의 사량좌(謝良佐, 1050~1103)이며, 후자는 남송의 주자이다.

사량좌의 『논어』 주석서는 현재 전해지지 않고 있지만, 주자의 『논어집주』, 『논어혹문』, 『논어정의(論語精義)』 등에서 주석서 한 권을 구성할 만큼 사량좌의 논어설을 많이 인용해 놓았다.[340] 그러면 사량좌의 『논어』 해석에 나타난 공자와 부처의 만남으로서의 유불의 교섭이 어떠했는지를 주자의 비판을 통해서 살펴보기로 하겠다.

『논어』 「위령공(衛靈公)」8장[341]에 대하여, 사량좌는 다음과 같이 말하였다.

> 인인(仁人)은 죽음과 삶을 가리는 것이 없으며, 지사(志士)는 죽음과 삶의 때에 의를 취할 뿐이다. 바야흐로 그 삶을 버리고 의를 취할 때 외물(外物)은 또한 끼어들 틈이 없게 된다. 때문에 이루는 것이 인(仁)이 된다.[342]

일견하기에 사량좌의 '지사인인'(志士仁人)에 관한 해석은 크게 무리가 없어 보인다. 그런데 주자는 사량좌의 이러한 해석이 두 가지 지점에서 유교의 울타리를 벗어나 불교의 문으로 들어섰다고 비판하였다. 첫째는 인인(仁人)은 죽음과 삶을 가리는 것이 없다는 언급이다. 사량좌의 말대

---

340) 陳來 교수는 주자의 논어설에 남아 있는 사량좌의 논어설을 수합하여 『謝上蔡『論語解』集錄』이라는 제목으로 정리해 놓았다.(陳來, 『早期道學話語的形成與演變』附錄 三, 安徽敎育出版社, 2007 참조)

341) 『論語』, 「衛靈公」8장. "子曰: '志士仁人, 無求生而害人, 有殺身而成仁.'"

342) 『論語或問精義通攷』, 「衛靈公」8장. "(『精義』)謝氏曰: '仁人之死生無擇也, 志士於死生取義也. 方其舍生取義, 外物亦不足以間之. 故所成者仁.'"

로라면 인인은 죽음과 삶을 가리는 것 없이 자연에 맡겨 버리는 것이니, 바로 불가의 생사관에 다름 아닌 것이다. 둘째는 지사가 삶을 버리고 의를 취할 때 외물은 또한 끼어들 틈이 없다는 언급이다. 만약 사량좌의 말대로라면, 이는 인(仁)을 오로지 심(心)의 측면에서만 언급하고 사(事)의 측면은 버린 것이기에 이 또한 불가의 설에 다름 아닌 것이다.[343] 사량좌의 『논어』 해석에는 이처럼 불가의 사생일여설(死生一如說)과 일체유심조(一切唯心造)가 그 바탕에 깔려 있는 것이다. 이는 인간 최고경계를 묘사하면서 대상세계의 초월을 강조한 것으로, 이러한 현실과 동떨어진 초월성의 강조는 주자에 의해 불교에 탐닉한 것이라 호되게 비판을 받았다. 특히 사량좌는 직접적으로 무아(無我)의 논리를 『논어』 해석에 대입함으로써 주자의 이러한 비판을 더욱 불러일으켰다.[344] 사량좌의 논어설에 대한 주자의 이러한 비판에서 우리는 역설적으로 유교와 불교의 만남의 지점을 명료하게 확인할 수 있다. 그러면 사량좌의 논어설을 불교에 물든 것이라 비판한 주자의 경설은 과연 불교와의 지점에서 살펴보면 어느 만큼의 단절 혹은 연속을 지니고 있는 것일까? 『논어』에 나오는 경(敬)에 관한 주자의 주석을 통하여 이 점을 규명해 보기로 하겠다.

주자는 『논어』 「학이(學而)」 5장[345]의 경(敬)에 대한 주석을 달면서, "경(敬)이란 하나를 주로 하여 옮겨감이 없음을 이른다."[346]라고 하였다. 그리고 이어서 "진(秦)나라 이래로 사람들이 경(敬)이란 글자를 알지 못하였

---

343) 『論語或問精義通攷』, 「衛靈公」 8장. "(『或問』)其曰仁人於死生無擇云者, 蓋以仁人惟仁之安, 而於死生不見, 其有苦樂之異, 當死則死, 非不得已而捨生以取義也. 然但曰死生無擇, 則似以仁人之於死生, 都無所擇, 而聽其自然耳. 如此則與釋氏之說無異, 而於聖人此章之旨, 正相反矣. 又謂外物亦不足以間之者, 則亦有專以心言仁, 而不兼於事之弊. 若如此言, 則老釋之學, 亦有外物不足以間之者, 而遽以彼爲仁可乎哉!"

344) 이에 대한 자세한 논의는 진래, 앞의 책, 133~134면 참조.

345) 『論語』, 「學而」 5장. "子曰: '道千乘之國, 敬事而信, 節用而愛人, 使民以時.'"

346) 『論語集注』, 「學而」 5장. "敬者, 主一無適之謂."

다. 정자(程子)에 이르러 바야흐로 말씀이 친절하였다. 이에 여기에 합하여 말하였다."[347]라고 하였다. 주자의 언급에 의하면 경(敬)은 진(秦)에서 송(宋)에 이르기까지 유학자들이 그 본래의 의미를 망각하고 주목하지 않았는데, 정자에 이르러 이 글자는 그 가치를 회복하였으며 자신 또한 정자의 주석에 의거하여 새롭게 이 글자를 위와 같이 정의하였다는 것이다. 주자의 이 말은 곧 경(敬)에 대한 정자와 자신의 의미 부여가 종래와는 판이하게 다르다는 주장이다. 그러면 주자의 경(敬)에 대한 이해의 새로운 면모를 고주와 대비하면서 살펴보기로 하자.

고주(古注)인 하안(何晏)의 『논어집해(論語集解)』에서는 경(敬)을 다만 '경신'(敬愼)[348]이라고만 풀이하고 일체의 설명을 더 이상 하지 않고 있다. 즉 하안은 경을 단지 '신중함'(愼)이라는 의미로만 이해한 것이다. 여기서 신중함이란 구체적인 일을 할 때의 신중한 자세, 바로 '경사'(敬事)를 의미한다. 하안의 경에 대한 이러한 이해는 한대(漢代) 정현(鄭玄)의 설을 그대로 계승한 것인데, 이는 이후 황간을 거쳐[349] 형병에 이르기까지 그대로 계승된다.[350] 즉 한대에서 북송에 이르기까지 경은 단순히 일을 대할 때의 신중함 그 이상도 그 이하도 아니었다. 때문에 '경(敬)'자는 전혀 주목을 받지 못하였다. 그 결과 『논어』 「학이」5장에 관한 고주의 서술은 대부분 위정자의 정치론에 집중되어 있고, 경에 관한 논의도 이와 연관해서 짤막하게 언급되었을 뿐이다. 주자학파의 수양론의 중심축이 경임을 감안한다면, 고주(古注)의 이러한 주석 양상은 주자의 말대로 경에 대한 무지(無知)라고 할 수 있을 것이다. 주자가 '천 년 동안 이 경(敬)자의 의미를

347) 『論語集注大全』, 「學而」5장. "自秦以來, 無人識敬字. 至程子, 方說得親切. 故此合而言之."

348) 『論語集解』, 「學而」5장. "擧事必敬愼."

349) 『毛詩』 周頌, 「閔予小子」의 鄭箋. "敬, 愼也." ; 『孝經』의 疏에 인용된 皇侃의 말. "敬者, 心多貌少."(이상은 모두 阮元의 『經籍纂詁』에서 인용한 것임)

350) 형병은 『논어주소』에서 『논어집해』의 설을 그대로 인용하고 있다.

아는 이가 없었다'라고 한 말의 함의는 바로 여기에 있는 것이다.

그러면 주자가 '주일무적'(主一無適)이라는 성어로 경을 개념 규정하였을 때, 고주와 결정적으로 다른 지점은 무엇인가? 경을 고주처럼 '신중'(愼重)이라고만 하면 이는 구체적 일(현상)을 대하는 실천적 자세를 의미한다. 반면 경을 신주처럼 '주일무적'이라 하면 구체적 일과 추상적 심성을 막론하고 모든 것을 대할 때 항상 간직해야 할 마음 자세로서의 오롯한 집중을 의미한다. 그리고 여기서 중시되는 것은 그 집중하는 인식자의 인식인 것이다. 즉 인식의 객체도 중시되지만, 그보다는 인식의 주체에 대한 발견으로서의 의미가 더 큰 것이다.

『논어』 주석사의 측면에서 보자면, 경에 관한 해석은 주자 이전에는 구체적 행동 양상이 중심이었다면, 주자 이후에는 확연하게 추상적 내면의 의식으로 그 초점이 전환된 것이었다. 그러면 이렇게 전환된 경(敬), 주자의 표현을 빌리자면 진(秦)나라 이래로 수많은 유학자들이 홀시하였다가 정자에 이르러 주목받고 자신에 의해 완전히 새롭게 이해된 경은 불교와 어떤 관계가 있는 것인가? 일찍이 주자의 고제(高弟)인 진순(陳淳)은 다음과 같이 말한 적이 있다.

> 승가는 고행하는 일이 아주 많다. 종일토록 면벽좌선(面壁坐禪)해서 마음을 맑게 하고 정말로 상제(上帝)를 대하듯이 하여 완전히 사념과 망상이 없는 것은 분명히 지경(持敬)의 공부이다. 하지만 그 경이라는 것은 비록 행위는 같아도 실상은 다르다.[351]

정주(程朱)에서 발원한 경(敬)을 주자학의 적전인 진순은 불교의 좌선

351) 『北溪大全集』卷三十, 「答王迪甫 二」. "僧家煞有苦行, 終日面壁, 兀坐澄心, 眞如對越上帝, 全無邪念妄想者, 分明是有持敬工夫. 然其所以爲敬, 其實又却同行而異情."

의 행위와 매우 유사하다고 진단한다. 비록 그 실상은 다르다는 단서를 달았지만 말이다. 진순의 이러한 진단은 실상 그의 독창적 해석이 아니다. 진나라 이래로 그 의미를 밝혀낸 이가 없었던 경을 새롭게 세상에 그 의미를 부각한 정자와 주자가 이미 한 말의 재판이다. 정자와 주자는 자신들이 새로이 규정한 경에 대하여 이렇게 말하였다.

【정자】

저 석씨의 학은 경(敬)으로써 안을 곧게 하는 일을 두고 말하면 이러한 측면이 있다. 그러나 의(義)로써 바깥을 방정하게 하는 일을 두고 말하면 결코 이러한 측면이 없다.[352)]

【주자】

석(釋), 노(老) 등의 사람들이 도리어 경(敬)을 잘 지킨다. 그러나 저쪽은 다만 저 상단(上段)의 일을 알 뿐 하단(下段)의 일은 모른다.[353)]

위의 글을 읽어보면, 정자, 주자가 말하는 경과 불교의 공부법 사이의 동이가 분명하게 드러난다. 공부의 방법(과정)에서 보자면 양자는 동일한 지점이 엄연히 존재한다. 그것은 바로 추상적 내면으로의 집중을 의미한다. 그리고 이 양자의 차이는 정주에 의하면 불교의 그것이 내면적 심성으로만 초점이 맞추어지는 데(상단의 일) 비하여, 유학은 그 의식의 초점이 내면적 심성과 외재적 사물(하단의 일)에 동시에 맞추어진다는 점이다. 주자는 경을 중심에 두고 불교의 공부법과의 유사성을 인식하는 가운데,

---

352) 『二程遺書』卷四, 「游定夫所錄」. "彼釋氏之學, 於敬以直內則有之矣, 義以方外則未之有也."

353) 『朱子語類』卷12. "如釋老等人, 却是能持敬. 但是它只知得那上面一截事, 却沒下面一截事."

불교의 공부법이 지닌 현실세계에 대한 관심의 결여를 맹렬하게 비판한다. 이러한 현상을 두고서 황목견오(荒木見悟)는 "(불교의 공부법은) 객관계의 정리(定理)를 허심탄회하게 꿰뚫어 가는 용의와 공부를 결여하게 된다. 그러므로 거기서는 '확연하고 대공(大公)한' 공리를 세울 수 없을 뿐만 아니라 객관계를 나의 자태나 의지에 적합하게끔 변형하거나 지워 없앨 위험을 품고 있다."[354]라고 하면서 일견하기에 주자의 손을 들어주고 있다. 그러나 앞서 살펴본 것처럼, 『논어』 주석사의 관점에서 경의 해석사를 살펴보면 이렇게만 말할 수 없다. 정주 이전까지 경은 어디까지나 구체적 현실에 대한 실천적 자세 즉 하단(하학)의 일이었다면, 정주에 와서 경은 하학의 공부에 덧붙여 추상적 심성에 대한 의식의 집중 즉 상단(상학)의 공부가 그 기저에 자리 잡게 된 것이다. 그 상단의 공부로서의 경의 의미를 진(秦)나라 이후 1,000년 세월이 흐르는 동안 다른 유학자들이 알지 못했는데, 정주가 이를 밝혀낸 것이다.

그러면 정주가 어떻게 이것을 밝혀내었을까? 나는 그 답을 정주 스스로가 이미 하였다고 생각한다. 위의 두 언급에서 보듯이 정주는 이미 자신들이 밝힌 경의 의미가 불교의 그것과 유사하다고 하였다. 실제 경을 해석하는 과정에서 주자를 위시한 주자학파는 경을 불교의 용어인 '성성법'(惺惺法) 혹은 '주인옹(主人翁)을 부르는 방법' 등으로 해설하는데, 여기서 이는 더욱 자명해진다. 경을 중심에 두고서 지금까지의 논의를 도식화하면 다음과 같다.

하학(下學)【정주(程朱) 이전】→ 하학+상학【정주(程朱)】←상학(上學)【불교】

공맹유학의 근간이 실천윤리학으로서의 하학(下學)임은 자명하다. 앞

---

354) 荒木見悟 著, 심경호 역, 『불교와 유교』, 예문서원, 2000, 370면.

서 정주 이전까지의 경에 대한 해석이 실천론적 하학으로 구성된 것은 바로 이 지점을 정확하게 반영해낸 것이다. 그러므로 주자가 지난 1,000여 년간 유학자들이 경의 의미를 제대로 밝혀내지 못하였다고 한 것은 오늘날의 관점에서 보자면 지나친 비판이라 할 것이다. 주자 자신이 "젊은 시절 선학(禪學)에 골몰하였다."[355]라고 고백하였던 것처럼, 주자학파의 내면에 흐르는 불학의 면면한 기운이 경에 대한 새로운 해석을 가능케 했다고 여겨진다. 즉 주자학파는 불교의 상학(上學)적 공부법에서 단서를 찾아 이를 자신들의 경(敬) 해석 안으로 수용하여 경의 의미를 '하학'과 '상학'의 결합체로 새로이 구성하였던 것이다. 때문에 오늘날의 관점에서 보자면, 송대 이전 유학자들의 경에 관한 견해가 저열하거나 오류였다기보다는, 주자학자들이 불교에서 새로운 요소를 원용하여 이를 종래의 경 개념에 보입함으로써 그들이 말하는 '주일무적'(主一無適)으로서의 하학과 상학을 결합한 경 개념이 탄생한 것이다. 이렇게 보면 주자학에 있어 불교는 일종의 역린이라 할 것이다. 불교적 요소가 엄연히 있음에도 이를 인정한다면 유학의 정체성, 더 나아가 그들이 소리 높여 외치는 도통의 정통성에서 어긋나기 때문이다.

바로 이 때문에 주자와 후대 주자학파는 자신들이 재구성한 유학의 이러한 지점에 대하여 극도로 경계하였다. 그리하여 지나치게 예민할 정도로 유학에 잠재된 불교적 요소에 비판적이었다. 그러나 이는 그 불교적 영향의 역설적 표현이라고 볼 여지가 다분하다.

불교가 중국에 들어와 확산되는 초기에 유교는 불교에 넌지시 손을 내밀어 맞잡았다. 비록 드러내 놓고 수용하지는 않았지만, 공자는 부처와 『논어』라는 서물을 두고서 마주한 셈이었다. 『논어』 주석사에서 보자면, 황간이 바로 이 역할을 수행한 것이다. 한편 불교의 이론을 좀 더 정치

---

355) 『十駕齋養新錄』, 「引儒入釋」. "朱文公「答孫敬甫書」, 少時喜讀禪學文字."

한 형태로 『논어』 주석에 수용한 것은 사량좌였으며, 정주에 와서는 불교의 공부법이 보다 크게 영향을 미쳐 새로운 형태로의 유학을 가능케 하였다. 그러나 여기에 이르러 불교는 유교에 의해 크게 비판을 받게 된다. 주자학은 자기 탄생의 결정적 일조를 해 준 불교와 냉혹한 결별을 선택한 것이다. 이는 주자학이 지닌 자기 정체성의 확립, 혹은 유교 정통성의 확보로서의 도통의 정신을 생각한다면 불가피한 선택이었다고 보여진다.

한편 주자 이후 유학은 불교와의 관련성에서 두 가지 양상을 지니게 된다. 첫째는 불교적 흐름을 배면에 두고서 불교를 비판(혹은 비난)하는 주자의 이러한 노선을 그대로 답습하는 것이었으며, 둘째는 드러내 놓고 불교를 유교의 내부로 적극 수용하는 노선이었다. 첫째는 주자학파의 일부가 해당되며, 둘째는 양명좌파에 의해 적극적으로 발휘되었다. 청대의 학자 전대흔(錢大昕, 1728~1804)은 이 상황을 이렇게 표현하였다.

> 남송 이후 우리 도(유교)의 안에 두 갈래가 생겨났다. 그 뒤로 점차 석씨(釋氏)의 정수를 취하면서 겉으로만 우리 도에 붙는 부류가 나타났으며, 더 뒤에는 아예 석씨의 도를 높이면서 우리 도의 밖으로 두드러지게 솟아난 이들이 생겨났다.[356]

남송에서 명말청초까지의 유학사에 대한 전대흔의 이러한 인식은 유교와 불교의 상호 소통의 양상을 정확하게 설명해 내고 있다. 불교와의 관련성을 놓고 볼 때, 첫 번째 갈래는 골수 주자학자라고 평가되는 유학자들에게서도 흔히 나타나곤 하였다. 그 실례를 명대 주자학자 오여필(吳

---

356) 『十駕齋養新錄』, 「引儒入釋」. "自南宋以來, 于吾道之中, 自分兩岐. 又其後則取釋氏之精蘊, 而陽附于吾道之內, 又其後則尊釋氏之名法, 而顯出于吾道之外."

與弼, 1391~1469)의 일화를 통해 살펴보기로 하겠다.

(오여필 선생이) 하루는 벼를 베다가 낫에 손가락을 다쳤다. 이에 선생은 아픔을 도외시하고서, "어찌 외물에 휘둘리는 바가 되겠는가!"하고서는 태연하게 아무 일 없었던 것처럼 벼를 베었다.[357]

오여필은 황종희(黃宗羲)가 『명유학안(明儒學案)』에서 "강재(康齋, 오여필)가 아니었다면, 어찌 후대(명대)에 유학을 연구하는 성황이 있었겠는가!"[358]라고 말할 정도로 명대 사상사에 큰 영향을 미친 주자학자였다. 이러한 오여필이 지녔던 학문의 자세는 정관(靜觀)을 통한 마음의 탐구를 중시하는 것으로 명대 양명학의 기풍을 열어주었다. 위의 일화는 그의 이러한 학문의 자세를 극명하게 보여준다. 신체의 일부가 훼손되었을 때, '외물에 휘둘릴 수 없다'(외적인 신체 절단의 고통에 동요할 수 없다)며 태연자약하게 벼 베는 일을 계속하였다는 것을 유학자의 자세라 할 수 있는가? 『효경(孝經)』의 신체발부(身體髮膚)는 부모에게서 받은 것이니, 훼상하지 않는 것이 효의 시작이라는 말이나, 『논어』의 부모는 오직 자식의 병을 근심한다[359]는 대목을 고려한다면, 신체의 훼손은 바로 유가적 가치의 훼손이다. 오여필은 환관과 불교를 제거하지 않으면 천하는 다스려지기 어려울 것이라고 할 정도로 불교에 비판적이었다. 그러나 위에서 보듯이 신체의 절단조차 마음으로 귀속하여 다스리고자 한 오여필의 정신적 지향은 유교보다는 불교의 그것에 더욱 가깝게 느껴진다. 이렇게 보면 오여필이 명대 양명학의 선하(先河)가 된 것도 결코 우연한 일은 아니

357) 『明儒學案』, 「崇仁學案」. "一日刈禾鎌傷厥指. 先生負痛曰: '何可爲物所勝.' 竟刈如初."

358) 『明儒學案』, 「崇仁學案」. "微康齋, 焉得有後時之盛哉!"

359) 『論語』, 「爲政」6장. "孟懿子問孝, 子曰: '父母唯其疾之憂!'"

었다.[360)]

오여필 이후, 왕양명에 이르기까지 주자학자와 양명학자들은 불교 배척의 기치를 들었지만 그들의 이면에는 공자와 부처가 만나는 형국을 지녔다. 그런데 왕양명 사후, 이른바 양명좌파라 일컬어지는 일단의 유학자들이 나오면서 유교와 불교의 교섭은 전혀 다른 형국으로 들어서게 된다. 바로 전대흔이 말한 '아예 석씨의 도를 높이면서 우리 도의 밖으로 두드러지게 솟아난 이들'이 바로 그들이다. 이들은 황종희가 『명유학안』에서 '불교에 침잠하고 선으로 흘러들어갔다'[361)]라고 평가할 정도로 유교에서 불교로 다가감에 적극적이었다.

『논어』 주석사의 전개에서 보자면, 이탁오를 정점에 두고 명말청초에 이루어진 양명좌파의 『논어』 주석에는 유불의 교섭이 매우 노골적이고도 적극적으로 이루어졌다. 앞서 고찰하였듯이 특히 이탁오의 『논어평(論語評)』(『사서평(四書評)』)에 영향을 받은 장대(張岱)의 『논어우(論語遇)』(『사서우(四書遇)』)는 명말청초 양명좌파 경학에서의 유불 교섭을 반영한 대표적 『논어』 주석서라 할 것이다.

이탁오와 장대 『논어』 주석의 공통적 특징은 종래 유불의 교섭 양상으로 우리가 앞에서 거론했던 몇 가지 요소를 반영해 내었을 뿐 아니라, 더욱 불교로 달려가 공자와 부처의 이념을 동일 선상에 놓고서 논의를 진행하는 데 있다. 먼저 이탁오의 예를 살펴보기로 하자.

---

360) 오여필은 朱子學에 가깝지만 朱陸을 겸채한 학자로 평가받기도 한다. 그러나 분명한 사실은 그가 고원한 이기론에 힘쓰기보다는 내면의 심을 중심으로 하는 실천에 치우쳤기에, 뒤에 명대 양명학을 열었다고 평가받는 陳獻章이 그의 아래에서 나올 수 있었다. 이렇게 보면 명대 양명학의 씨앗은 이미 오여필에게서 시작되었다고 평가할 수 있을 것이다.(이에 관한 자세한 논의는 張學智, 『明代哲學史』, 北京大學出版社, 2000, 26~29면 참조)

361) 『明儒學案』, 「泰州學案」. "陽明先生之學, 有泰州, 龍溪而風行天下, 亦因泰州, 龍溪而漸失其傳. 泰州, 龍溪時時不滿其師說, 益啓瞿曇之秘而歸之師, 蓋躋陽明而爲禪矣."

❶『논어』「자한(子罕)」16장. 子在川上曰: "逝者如斯夫! 不舍晝夜."

『논어평(論語評)』, 「자한(子罕)」16장. 또한 사람들에게 쉬지 않고 노력함을 권하는 내용이다. 이는 도가의 '흐르는 물은 썩지 않는다'는 말과 의미가 동일하다. 밤낮으로 하는 노력을 쉬게 되면, 곧 생사를 깨치지 못할 것이다.[362)]

❷『논어』「위령공(衛靈公)」29장. 子曰: "過而不改, 是謂過矣."

『논어평』, 「위령공(衛靈公)」29장. 넓으신 포용력, 대자대비하신 마음.[363)]

❸『논어』「향당(鄕黨)」17장. 色斯擧矣, 翔而後集. 曰: "山梁雌雉, 時哉! 時哉!" 子路共之, 三嗅而作.

『논어평』「향당(鄕黨)」17장. 분명히 일종의 선어(禪語)이다. 만약 이 구절을 실제적인 일로 여긴다면, 참으로 바보이다.[364)]

앞서 상론하였듯이『논어』「자한(子罕)」16장은 일명 '천상탄'이라 불리는 장이다. 이 장의 물의 흐름이 지니는 의미에 대하여 한중일 삼국 경학가들은 자신들이 담지한 사상에 의거하여 다르게 해석하곤 하였다. 앞 장에서 살펴보았듯이 대체로 주자는 우주적 원리(도체)의 유동으로, 왕양명은 활발발한 심성의 현시(顯示)로 이해하였다. 그런데 이탁오는 물의 흐름을 인간의 쉼 없는 노력의 표상으로 이해하면서, 인간은 이러한 노력을 하여야만 생사대사(生死大事)를 깨칠 수 있다고 하였다. 즉 이탁오에 따르면 공자가 흘러가는 물을 통해 제자들에게 보이고자 하는 가르침은 부단한 노력을 통한 생사대사의 해결인 것이다. 공맹유학에서 공자가 중

---

362) 『論語評』, 「子罕」16장. "亦勸人不舍也. 與道家流水不腐之語同. 舍晝夜, 便了不得生死."

363) 『論語評』, 「衛靈公」29장. "放條寬路, 大慈大悲."

364) 『論語評』, 「鄕黨」17장. "分明一則禪語. 若認作實事, 便是呆子."

시한 인간과 인간 관계의 기준인 예와 비교할 때, 이탁오의 이러한 해설은 확연히 불교에 맞닿아 있다. 한편 ❷에서 보듯이 이탁오는 『논어』를 해설하면서 대자대비(大慈大悲)라는 불교 용어를 그대로 차용하거나, ❸에서 보듯이 『논어』의 한 구절을 '선어'(禪語)로 이해하는데, 여기서 그의 『논어평』에서 이루어지는 유교와 불교의 소통, 공자와 부처의 만남의 장을 확인할 수 있다.

명말청초 이탁오의 영향하에 있었던 문인이자 경학가였던 장대의 논어학은 유가에서 불가로 손을 맞잡은 지점이 더욱 분명하고도 많다. 다음 예문을 통하여 그 실상을 보기로 하겠다.

① 『논어』「이인(里仁)」4장. 子曰: "苟志於仁矣, 無惡也."

『논어우(論語遇)』「이인(里仁)」4장. 설암상인(雪庵上人)은 말하였다. "수원(水源)이 맑아지면 지류(支流)는 모두 맑아질 것이며, 지혜의 등불을 들면 바위산을 지나더라도 어둡지 않으리라. 공자 문하의 '인(仁)에 뜻을 두면 악(惡)이 없다'는 말의 요지는 바로 이것이다. 마구니가 일어나는 빌미는 모두 주인인 정신이 제 집을 지키지 못하기 때문이다. 이 점을 명심, 또 명심하라."[365]

② 『논어』「자장(子張)」23장. 叔孫武叔語大夫於朝曰: "子貢賢於仲尼."(下略)

『논어우』「자장(子張)」23장. 공자는 부처이고 자공은 보살이다. 부처는 청정무위(清淨無爲)하고 보살은 신통광대(神通廣大)하다. 외도들은 그 용상(龍象)의 광명(光明)만을 보고서 보살이 부처보다 수승하다는 인식을 면치 못한다. 숙손(叔孫)의 견해도 또한 이와 같은 것이다.[366]

---

365) 『論語遇』, 「里仁」4장. "雪庵上人曰: '一源旣澄, 萬流皆淸. 揭起慧燈, 千巖不夜. 孔門志仁無惡, 其旨如此. 塵魔作祟, 皆緣主人神不守舍. 念之, 念之.'"

366) 『論語遇』, 「子張」23장. "孔子是佛, 子貢是菩薩, 佛有淸淨無爲, 而菩薩則神通廣大. 外道見其龍象光明, 未免認是菩薩勝佛. 叔孫之見亦是如此."

①에서 보듯이 장대는 인(仁)을 의식의 본원으로서의 지혜로 보며 이를 주인으로 비유하고 있다. 이는 선종에서 내면의 불성을 환기하기 위하여 주인옹(主人翁)을 부르는 수행법에 견주어 보면, 확연하게 불성으로 인(仁)을 이해하고 있음을 알 수 있다. 즉 장대에 의하면, 『논어』의 인은 선종의 주인옹과 동일한 개념으로, 이는 인식을 가능케 하는 궁극적 실체로서의 불성의 다른 이름에 불과한 것이다. 이처럼 유교와 불교의 핵심이념의 상호 소통을 『논어』를 통해 제시한 장대는, ②에서 보듯이 유교와 불교의 창시자인 공자와 부처를 동일시하게 된다. 공자는 바로 청정무위한 부처의 화신인 것이다. 또한 보다 나은 세상을 위해 철환천하(轍環天下)하였던 공자는 '지옥이 비지 않으면 맹세컨대 성불하지 않으리라'고 원력을 세웠던 지장보살(地藏菩薩)의 다른 이름인 것이다.[367)]

한편 장대는 유교에서 불교로 다가감에 『논어』를 통해 기왕의 전통을 계승하기도 하였다. 그것은 바로 황간의 『논어집해의소』에서 차용하였던 불교 경전 문체의 하나인 소설체를 『논어우』의 주석에서 상당 부분 원용하였던 것이다. 하나의 예를 들어보자.

『논어』「공야장(公冶長)」22장. 子曰: "伯夷叔齊, 不念舊惡, 怨是用希."

『논어우(論語遇)』「공야장(公冶長)」22장. 정명도(程明道)와 정이천(程伊川), 두 형제가 어떤 벗의 집에서 함께 술을 마셨는데, 그 자리에 기녀가 있었다. 형인 명도는 마음을 가다듬고 자세를 지켰으나 동생인 이천은 기녀와 더불어 농담하면서 노니, 명도가 자못 마음이 좋지 않았다. 다른 날 명도가 가르침을 내려주자, 이천은 다음과 같이 말하였다. "그날 그 자리에 기녀가 있었지만 저는 애초(마음에) 기녀가 있음을 보지 못하였습니다. 오늘은 기녀도 없는데 형님의 마음에는 기녀가 있으니, 이 어찌 된 일입니까?" 이 대목에서 백이와 숙제의 (옛일을

367) 『論語遇』, 「述而」 28장. "地獄不空, 誓不成佛, 聖人何嘗有棄人?"

마음에 담아두지 않는) 마음을 볼 수 있다.[368]

공자는 백이와 숙제가 예전에 저지른 악을 염두에 두지 않았기에 세상에서 그들을 원망하는 이가 드물었다고 하였다. '악(惡)을 염두에 두지 않음'을 설명하기 위하여 장대는 이정자(二程子) 형제의 위와 같은 흥미로운 일화를 소개하였다. 그런데 이 이야기는 기왕의 필기소설에서 전해 내려오던 것을 장대가 약간의 각색을 하여 그대로 전재한 것이다.[369] 또한 장대는 『논어』「이인(里仁)」 19장[370]에 주석을 달면서, "증자(曾子)의 어머니가 (아들이 보고픈 마음에) 팔을 깨물었는데, 멀리 나가 있던 증삼이 이를 즉시 알았다. 여기에서 보듯 자식된 자, 어찌 부모를 떠나 멀리 나갈 수 있으랴!"[371]라고 주석을 달았는데, 이 또한 필기소설집인 『수신기(搜神記)』의 기록을 토대로 한 것이었다.[372]

이상에서 보듯이 장대는 『논어』를 해석하면서 공자의 사상을 불교의 이념과 등치시켰으며, 더 나아가 공자와 부처를 동일한 지향과 성격을

---

368) 『論語遇』, 「公冶長」22장. "程明道與伊川同飲一友家, 座上有妓, 明道着意矜持, 伊川故與諧謔, 明道不悅. 異日規訓之, 伊川曰: '前日席上有妓, 弟原不見有妓. 今日無妓, 老兄胸中還存一妓, 何耶?' 即此可想夷齊胸次."

369) 淸나라 徐士鸞이 편찬한 筆記小說인 『宋艶』에 이 이야기가 이렇게 실려 있다. "어느 날 두 정 선생이 사대부의 집에 가서 술을 마셨다. 좌중에서 붉은색 치마를 입은 두 기녀가 술을 따르고 있었다. (동생인) 정이천은 기녀를 보자 곧바로 옷소매를 뿌리치고 자리를 일어났다. (형인) 정명도는 다른 손님과 함께 즐겁게 마시고 술자리를 파하였다. 다음 날 아침 명도는 이천의 서재에 가서 어제의 일을 이야기하였는데, 이천은 여전히 노여운 마음이 가시지 않았다. 명도는 웃으면서 '내가 저들과 함께 술을 마실 때, 그 자리에 기녀는 있었지만 마음속에는 본디 기녀가 없었다. 우리 동생이 오늘 서재에 틀어박혀 있다. 서재 속에는 본디 기녀가 없지만 마음속에는 도리어 기녀가 있구나!'라고 하였다. 이천은 자기도 모르게 부끄러워하였다."(정태섭, 『성 역사와 문화』, 동국대학교출판부, 2002, 297면에서 재인용)

370) 『論語』, 「里仁」19장. "子曰: '父母在, 不遠遊, 遊必有方.'"

371) 『論語遇』, 「里仁」19장. "母嚙臂, 曾參卽知. 爲人子者, 豈可遠離!"

372) 『搜神記』卷11. "曾子從仲尼在楚而心動, 辭歸問母. 母曰: '思爾齧指.' 孔子曰: '曾參之孝, 精感萬里.'"

지닌 성인으로 파악하였다. 또한 종래 불교의 영향하에 잡기소설체를 경전 해석에 인용하던 전통도 자신의 『논어』 주석에 흡수하여 재현해 놓았다.

황간(皇侃)에서 시작된 『논어』를 중심에 둔 공자와 부처의 만남, 유교와 불교의 접점은 그 처음에는 문체의 답습에서 시작하여 불교적 이념을 차용하여 유교를 이해하는 데로, 종래는 유교와 불교적 이념의 완벽한 상호 소통성 내지 동가성을 확인하는 데까지 이르렀다. 황간과 장대의 시간적 차이가 거의 천년임을 고려한다면, 유교는 이처럼 긴 시간에 걸쳐 불교에 손을 내밀었고, 장대에 이르러 그 결실을 맺게 된 것이다. 그러면 유교가 이렇게 불교에 다가가려 할 때, 불교에서는 어떻게 유교와 손을 잡으려고 시도를 하였을까? 여기에는 지욱(智旭)이라는 명대의 걸출한 승려가 있어, 그에 의해 불유(佛儒)의 만남이 이루어졌다.

2. 불(佛)에서 유(儒)로

지욱선사(智旭禪師, 1599~1655)는 명나라 말기의 사대 고승 중의 한 분이다. 기록에 의하면, 10대에는 유학을 열심히 공부하였으나, 20세에 『지장본원경(地藏本願經)』을 읽고서는 발심을 하였으며, 23세에 『대불정수능엄경(大佛頂首楞嚴經)』을 듣고서는 드디어 출가를 결행하였다. 24세에 명대 사대 고승의 한 분인 감산선사(憨山先師)의 제자인 설령(雪嶺) 스님을 은사로 모시고서 지욱(智旭)이라고 이름하였다. 이후 천태종(天台宗)의 교리를 깊이 연구하면서, 중국 각지를 다니며 강론과 저술을 하다가 1655년에 입적하였으니, 세상에서는 영봉우익대사(靈峰藕益大師)라고 칭하였다. 지욱선사는 법상종(法相宗), 선종(禪宗), 율종(律宗), 천태종(天台宗), 선종(禪宗) 등을 두루 공부하였는데, 특히 천태종을 중시하였다. 당시 불교계는 문호의 분기에 따른 대립이 극심하였기에, 지욱선사는 선종, 교종, 율종 삼학의 조화와 통일을 주장하였다. 그리고 유교, 불교, 도교의 삼교일치(三教一致)를 주장하기도 하였다. 이에 『영봉종론(靈峰宗論)』, 『유식심요(唯識心要)』 등을 위시한 많은 저술을 남겼는데, 특히 유교와 불교의 회통의 입장에서 불교의 교리로 유교의 경전을 해설한 『논어점정(論語點睛)』, 『주역선해(周易禪解)』 등은 동아시아 유불교섭사에서 매우 중요한 저작이라 할 수 있다.

지욱선사는 35~36세 때 제자인 철인(徹因)을 가르치는 과정에서 제자가 불교의 교리를 깨우치지 못하자, 불교의 근원적 진리를 드러내는 데 도움을 받고자 사서(四書) 해석을 시도하였다. 그 후 13~14년이 지나서 당시에 집필했던 원고를 수정하고 보완하여 자신만의 독특한 사서(四書) 주석서인 『대학직지(大學直指)』, 『중용직지(中庸直指)』, 『논어점정(論語點睛)』, 『맹자택유(孟子擇乳)』(현재 망실)를 저술하게 되었다. 지욱선사는 자신의 『논어』 주석서에 '점정'(點睛)이라는 제목을 붙임으로써, 남조(南朝) 양(梁)나라의 화가 장승요(張僧繇)가 남경 안락사(安樂寺)에 네 마리의 백룡(白龍)을 그리다가 마지막에 눈동자를 그려 넣었더니 용이 살아서 하늘로 날아갔다는 화룡점정(畵龍點睛)의 고사처럼, 『논어』의 핵심 정신을 불교적 이념에 근거하여 밝혀 놓았음을 드러내었다. 이후 이 책은 불교의 입장에서 유교를 바라보는 전적에서 중요한 위상을 지니게 되었다.

삼백여 년의 시간이 지나서 강겸(江謙, 1876~1942)[373]이라는 걸출한 거사

373) 江謙의 자는 易園이며, 호는 陽復으로 安徽省 婺源縣 사람이다. 어려서는 유학과 문자학을 공부하였으며, 17세에 童子試에 응시하여 博士弟子員이 되기도 하였다. 이후 張季直의 문하로 들어가 계속 학업에 정진하다가 27세 되던 1902년에 과거가 폐지되자, 장계직과 더불어 南通師範學堂을 창건하고는 초대 교장이 되었다. 이후 10여 년간 남통사범학교에서 왕양명의 知行合一의 가르침에 의거하여 학생들을 교육시키면서 많은 인재들을 육성하였다. 한편 이 시기에 安徽省教育會 會長과 衆議院議員을 지내면서, 中央大學(현재 대만 국립중앙대학)의 전신인 南京高等師範學校 校長을 역임하였다. 1919년 모든 공직을 사직하고서 佛學 연구에 매진하였는데, 당시 고승이었던 諦閑, 印

가 나와서, 『논어점정』에 보주(補註)를 달았다. 그리하여 현재는 원주자(原註者) 지욱과 보주자(補註者) 강겸의 주석이 합쳐진 『논어점정보주(論語點睛補註)』가 통행본이 되었다. 이에 『논어점정보주』의 주석을 통하여 불교에서 유교로 다가감은 어떤 양상을 띠고 있는지 알아보기로 하겠다.

㉮ 『논어』「위정(爲政)」4장. 子曰: "吾十有五而志于學, 三十而立, 四十而不惑, 五十而知天命, 六十而耳順, 七十而從心所欲, 不踰矩."

『논어점정(論語點睛)』「위정(爲政)」4장. '학'(學)이란 한 글자, 관통하고 있도다. 배움이란 깨닫는 것이다. 생각, 생각 속진을 등지고 깨달음에 합치되고자 함을 '지'(志)라 하고, 깨달아서 흔들리는 마음에 의해 동요되지 않음을 '입'(立)이라 하며, 깨달아서 미세한 의심 덩어리를 깨뜨림을 '불혹'(不惑)이라 한다. 깨달아서 진망(眞妄)의 관문을 투시함을 '지천명'(知天命)이라 하고, 깨달아서 육근(六根)이 모두 여래장(如來藏)이 됨을 '이순'(耳順)이라 하며, 깨달아서 육식(六識)이 모두 여래장이 됨을 '종심소욕불유구'(從心所欲不踰矩)라 하니, 이것이 바로 마음의 자재(自在)한 경지이다. 만약 법(法)이 자재한 경지에 이르고자 한다면 반드시 80, 90에 이르러야만 비로소 미칠 수 있다. 그러므로 "성인과 인자의 경지를 내 어찌 바랄 수 있으리오."[374]라고 하신 공자의 말씀은 바로 진실된 말씀이자 실제를 반영하신 말씀이다. 만약 이를 공자의 겸손하신 말씀으로 해석한다면 위대

光 두 법사를 사사하였다. 그리고 연구에 그치지 않고 佛光社를 설립하여 재가 불교운동을 일으키기도 하였다. 1923년에 홍일법사의 권유로 지욱선사의 저술인 『靈峰宗論』을 읽고서는 지욱선사의 佛儒合一論에 깊이 심복하였다. 후일 강겸은 이 공부를 바탕으로 靈峰學社를 열고자 하였으나, 중일 전쟁의 발발로 이루지 못하였다. 1942년 4월 10일 상해에서 세상을 뜨니 향년 67세였다. 강겸은 약 17종의 저술을 남겼는데, 지욱선사의 영향 아래 유불합일론을 내용으로 삼는 『佛儒經頌』, 『儒佛合一救劫篇』, 『靈峰儒釋一宗記』, 『儒佛一宗主要課講義』 등의 불학 저작을 많이 남겼다. 특히 지욱선사가 주석을 한 『논어점정』에 補註를 달았는데, 이 『論語點睛補註』는 이후 지욱선사의 유불회통의 학문 성향을 연구하는 이들에게 중요한 지침서 역할을 하였다.

374) 『論語』, 「述而」33장. "子曰: '若聖與仁, 則吾豈敢?'"

한 성인의 일생의 고심을 저버리는 것이다.[375)]

㉯『논어』「위정(爲政)」1장. 子曰: "爲政以德, 譬如北辰居其所, 而衆星共之."

『논어점정(論語點睛)』「위정(爲政)」 1장. '위정이덕'(爲政以德)은 덕으로써 정치를 하는 것이 아니니, 모름지기 이 말의 문맥을 깊이 체득해 보아야만 한다. 대체로 자신을 바르게 하여 남을 바르게 하는 것을 이름하여 '정치'라고 한다. '덕으로써 한다'(以德)는 것은, '일심삼관'(一心三觀)[376)]으로 '일경삼제'(一境三諦)[377)]를 관찰하면 본성에 삼덕(三德)[378)]이 갖추어져 있음을 안다는 것이다. 본성은 삼덕이 은밀하게 감추어져 있는 창고이고 만법(萬法)의 근본이며, 부동(不動)의 도량(道場)으로 만법이 함께 모이는 곳이므로 북극성이 머무는 곳에 비유한 것이다.[379)]

【보주(補註)】

요임금, 순임금, 우임금으로 전수된 '유정유일, 윤집궐중'(惟精惟一, 允執厥中)[380)]의 심법(心法)도 바로 이 '삼관'(三觀)이니, '유일'(唯一)은 '공관'(空觀)이요, '유정'(惟精)은 '가관'(假觀)이요, '윤집궐중'(允執厥中)은 '공관'과 '가관'을 함께 비추는 '중관'(中觀)인 것이다. 그러므로 이 '삼관'을 성취하신 요임금, 순임금, 우

---

375) 『論語點睛』, 「爲政」4장. "只一學字到底, 學者, 覺也. 念念背塵合覺, 謂之志, 覺不被迷情所動, 謂之立, 覺能破微細疑網, 謂之不惑, 覺能透眞妄關頭, 謂之知天命, 覺六根皆如來藏, 謂之耳順, 覺六識皆如來藏, 謂之從心所欲不踰矩, 此是得心自在. 若欲得法自在, 須至八十九十, 始可幾之. 故云: '若聖與仁, 則吾豈敢?' 此孔子之眞語實語, 若作謙詞解釋, 冤卻大聖一生苦心."

376) 天台宗의 智者大師가 확립한 天台三觀인 空觀, 假觀, 中觀을 가리킨다.

377) 眞諦(空諦), 俗諦(假諦), 中諦(中道第一義諦)를 가리킨다.

378) 法身德, 般若德, 解脫德을 가리킨다.

379) 『論語點睛』, 「爲政」1장. "爲政以德, 不是以德爲政, 須深體此語脈. 蓋自正正他, 皆名爲政. 以德者, 以一心三觀, 觀於一境三諦, 知是性具三德也. 三德秘藏, 萬法之宗, 不動道場, 萬法同會, 故譬之以北辰之居所."

380) 『書經』「虞書, 大禹謨」15장에 나오는 말로 원문은 다음과 같다. "人心惟危, 道心惟微, 惟精惟一, 允執厥中."

임금은 옷자락을 드리우고 있기만 하여도 천하는 다스려졌던 것이다.[381]

㉰ 『논어』 「학이(學而)」2장. 有子曰: "其爲人也孝弟, 而好犯上者鮮矣. 不好犯上, 而好作亂者未之有也. 君子務本, 本立而道生, 孝弟也者, 其爲仁之本與!"

『논어점정(論語點睛)』 「학이(學而)」2장. 인(仁)을 행해야만 바로 사람인 것이니, 불인(不仁)하다면 사람이라 할 수 없다. 난리를 일으키는 것의 근본은 윗사람에게 대들기를 좋아하는 데서 비롯되고, 윗사람에게 대드는 것의 근본은 효도와 공손을 실천하지 않는 데서 비롯되며, 효도와 공손을 실천하지 않는 것은 기꺼이 짐승이 되고자 하는 데서 비롯되는 것이다. 만약 의관을 걸친 짐승이 되지 않으려 한다면, 반드시 '효도'와 '공손함'으로써 사람답고자 해야 할 것이다. 사람답다는 것 바로 인의예지(仁義禮智)를 두루 갖추는 것인데, 효도와 공손함은 이 인의예지의 근본이다. 또한 효도와 공손함은 천부적인 양지(良知)와 양능(良能)인데, 이 양지와 양능은 만사와 만물의 본원(本源)이다.[382]

㉮의 『논어』 「위정(爲政)」4장에 대한 지욱의 주석을 보면, 유교와 불교의 등가를 주장하였던 장대의 주석과 별반 차이가 없다. 그러나 좀 더 살펴보면, 미묘한 차이가 보인다. 장대가 공자와 부처의 일체성을 제시하면서 동등한 지위의 성인으로 본 반면, 지욱은 공자보다 부처를 더 높은 경지에 두고서 논의를 전개하고 있다. 즉 공자가 도달한 최고의 경지인 '종심'(從心)은 육식(六識)이 모두 여래장(如來藏)인 '심자재'(心自在)의 경지로서, 이는 부처가 도달한 '법자재'(法自在)의 경지에는 미치지 못한다는

---

381) 『論語點睛補註』, 「爲政」1장. "堯舜禹授受, '惟精惟一, 允執厥中'之心法, 亦卽此三觀, 惟一卽空觀, 惟精卽假觀, 允執厥中卽空假雙照之中觀也, 故堯舜垂衣裳而天下治."

382) 『論語點睛』, 「學而」2장. "爲仁, 正是爲人, 不仁, 便不可爲人矣. 作亂之本, 由於好犯上, 犯上之本, 由於不孝弟, 不孝弟, 由於甘心爲禽獸. 若不肯做衣冠禽獸, 必孝弟以爲人. 爲人, 卽仁義禮智, 皆具足. 故孝弟是仁義禮智之本. 蓋孝弟, 是良知, 良能. 良知, 良能, 是萬事萬物之本源也."

것이다. 성인인 점에서는 두 분이 같으나 그 경지의 심천(深淺)을 논하자면, 공자보다는 부처가 위라는 지극히 종교인다운 발언인 셈이다. 그러나 지욱은 『논어점정』에서 빈번하게 유교와 불교의 소통성 내지 공자와 부처의 만남을 주선하고 있다.

㉯에서 보듯이, 『논어』「위정(爲政)」1장에 대한 지욱의 해석은 이를 잘 보여주고 있다. 지욱은 '덕으로써 하는' 정치를 해석하면서, 본성을 끌어내고 그 본성에 갖추어진 삼덕(三德)을 논하고 이 삼덕이 구비된 본성이야말로 만법(萬法)의 근본이며, 부동(不動)의 도량(道場)이라고 하였다. 그리고 강겸은 여기에 보주를 달면서, 주자학의 핵심인 『서경(書經)』의 '유정유일, 윤집궐중'(惟精惟一, 允執厥中)의 심법을 천태종의 '삼관'(三觀)으로 등치시켜 이해하고 있다. 이러한 예는 『논어점정』에 무수히 나온다. 비록 지욱이 부처를 공자의 윗길에 두었지만, 공자와 부처의 대등한 국면을 빈번하게 제시하였다는 점에서 불교와 유교의 소통성을 명료하게 보여주었다고 평가할 수 있다.

그런데 지욱은 이러한 상호 소통성에서 좀 더 나아가 유교의 논리에 치우치기도 하였다. 예컨대 ㉰ 『논어』「학이(學而)」2장에 대한 해석에서 보듯이, 지욱은 현세를 살아가는 인간들의 윤리도덕을 매우 강조하고 있다. 출세간의 법을 견지한 그가 현세간의 법인 효도와 공손이야말로 사람다움의 근본이라고 하는 데서, 우리는 중국화된 혹은 유교에 영향받은 불교의 모습을 보게 된다.

강겸 또한 지욱의 이러한 사상적 경사를 잘 이해하였다. 강겸은 『논어점정보주』에서 "배움이란 깨달음이라 하였는데, 단지 내재적 심성(心性)을 깨닫기만 하고 외재적 사물에서 추구함이 없어도 이룰 수 있습니까?"라는 물음에 대하여, "원만 융통하게 깨달은 사람은 천하의 일체 사물(事物)이 모두 내 마음의 일임을 안다.……어찌 사물을 도외시하고 공허한 내면만을 탐구하겠는가! 외적 사물을 도외시하고 공허한 내면만을 탐구하는 것은 깨달은 자의 자세가 아니다."[383]라고 답하였다. 강겸의 이러한 주석은 유가의 구체적 외물을 중시하는 이념에 깊이 공감하는 모습을 잘 보여주고 있다.

『논어』를 사이에 둔 공자와 부처의 만남, 유교와 불교의 상호 소통은 유교에서 불교로 다가가는 것과 불교에서 유교로 접근해 가는 양상이 같고도 다른 점이 있었다.

유교에서 불교로 감은 긴 시간에 걸쳐 수용과 비판의 양상 속에 행해지다가 장대에 이르러 상호 동질성의 사유구조로 이해되었다. 이 시점에서 유교는 불교의 이념에 심정적 경사를 넘어 드러내 놓고 확연하게 쏠림을 보여주었다. 후대 유학자들이 이탁오에서 장대에 이르는 양명좌파를 '광선'(狂禪)이라 평가한 것이 바로 그 한 증거이다.

한편 불교에서 유교로 다가섬은 그 상호 동질성의 면모는 같았을지라도 어디까지나 부처는 공자보다 고매한 인격을 성취한 성인이라는 점에서 차이가 난다. 그러나 불교 또한 유교의 구체적 외물 중시의 사유를 적극적으로 받아들였다는 점에서 보면, 중국의 유불의 상호 소통성은 진정 상대를 이해하고자 하는 정신이 매우 강하였다고 평가할 수 있을 것이다.

3. 유불교섭과 양명학파 경학

동아시아 사상사에서 유교와 불교의 교섭은 노장과 불교, 유교와 기독교에 비견할 만큼 유구하고도 깊은 함의를 지니고 있다. 특히 유불의 교섭은 『논어』를 사이에 두고서 상호 다가섬의 양상이 학술적으로 매우 장

383) 『論語點睛補註』, 「學而」2장. "或問: '學者, 覺也, 但覺悟心性, 不求之事物, 有濟乎?' 曰: '圓覺之人, 知天下一切事物, 皆吾心也.……安有棄物蹈空之弊乎! 棄物蹈空, 非覺者也.'"

구하고도 정치하게 전개되었다. 그 결과 명대에 이르러 유학의 일파였던 양명좌파는 유교와 불교를 상호 소통시키면서 양자의 벽을 제거하기에 이른다. 이른바 공자와 부처의 만남 이후, 양명좌파에 이르러 공자와 부처는 한 몸의 다른 이름이 되어 버린 것이다. 경학사(논어학사)의 측면에서 보자면, 이러한 양상은 위진 시대로부터 시작되어 송명대를 거치면서 유학사 내부에 잠존(潛存)하였다가 명말 이탁오(李卓吾)에 이르러 극대화되었다. 이탁오는 『논어평(論語評)』이라는 경전주석서를 통하여 경전주석에서의 유불회통을 이룩하였으며, 『분서(焚書)』라는 문집에서도 이러한 유불교섭의 양상을 곳곳에 드러내었다. 그리고 이러한 이탁오의 유불회통적 사유는 후대에 지대한 영향을 미쳤다. 특히 이탁오의 『논어평』은 장대와 지욱선사에 의해 직접 인용되면서 그 영향관계가 선명하였다. 결론적으로 공자와 부처의 만남, 즉 유불교섭의 양상은 이탁오를 중심으로 하는 양명후학에 의하여 절정을 이루었다. 이는 경학사에서 소외되었던 양명학파 경학의 면모를 확인시켜 주었다는 점에서 일차적으로 의미가 있다. 그리고 사상사적으로 이질적 사상의 상호 교섭의 면모를 약여하게 드러내어 주었다는 점에서도 의의를 찾을 수 있을 것이다.

이상으로 중국의 사상사를 양분한 주자학과 양명학의 『논어』 해석을 고찰해 보았다. 이 과정에서 특히 주자의 『논어』 해석의 성립 양상을 통해 고증에서 사상으로 그의 『논어』 주석이 변모하는 양상을 살펴보았으며, 양명학파의 『논어』 해석에 대한 고찰을 통해서는 유교와 불교가 상호 소통되는 문명의 통섭을 엿볼 수 있었다. 조선에서는 간혹 양명학파의 『논어』 해석도 수용되곤 하였지만, 주자의 『논어』 해석이 주류를 점하였다. 이에 다음으로 조선 논어학의 전개를 일별한 다음, 그 구체적 양상을 조선주자학의 연원인 퇴계의 논어학과 실학파의 논어학에 대한 고찰을 통해 살펴보기로 하겠다.

4장

조선의 논어학

Ⅰ. 조선 논어학의 전개와 회집
Ⅱ. 퇴계학파의 논어학
Ⅲ. 실학파의 논어학

Ⅰ. 조선 논어학의 전개와 회집

1. 조선 논어학의 전개

1) 조선 논어학 전사(前史)

① 삼국과 고려의 논어학

『논어』는 삼국시대에 유교의 동전(東傳)과 더불어 한국으로 전해진 것으로 추정된다. 그러나 『구당서(舊唐書)』「동이열전(東夷列傳)」 '고구려' 조를 보면, 『논어』는 동전의 초기에 다른 경전에 비해 특별히 중시된 서적은 아니었다.[384] 삼국시대는 한대(漢代) 유교의 영향으로 오경(五經) 중심의 유학이 근간을 이루었기 때문이다.[385]

그런데 백제의 경우, 두 나라에 비해 『논어』를 보다 더 중시하였다. 백제의 근초고왕(近肖古王, ?~375)은 일본에 왕인(王仁)을 보내어 유교를 전수하였는데, 이때 왕인은 『천자문』과 더불어 『논어』10권을 가져갔다고 한

384) 『舊唐書』권199, 「東夷列傳」上, 「列傳」第149上, 東夷, '高句麗'條. "俗愛書籍, 至於衡門廝養之家, 各於街衢造大屋, 謂之扃堂, 子弟未婚之前, 晝夜於此讀書習射. 其書有五經及史記, 漢書, 范曄後漢書, 三國志, 孫盛晉春秋, 玉篇, 字統, 字林. 又有文選, 尤愛重之."

385) 삼국시대 유교의 이러한 특징에 대해서는 김충열, 『高麗儒學史』, 고려대학교출판부, 1984 참조.

다. 한국의 역사에 『논어』가 중요하게 등장하는 첫 장면이다. 이때 왕인이 가지고 간 『논어』는 지금은 실전된 정현(鄭玄) 주석본 『논어』라는 연구가 있다.[386] 이 논문을 신뢰한다면, 삼국시대에 한국으로 전래된 『논어』는 경문뿐 아니라 주석본도 있었음을 추측해 볼 수 있다.

통일신라에 이르면 『논어』는 삼국시대에 비해 중요한 경전으로 인식된다. 통일신라의 제31대 왕인 신문왕(神文王, ?~692)은 682년에 국립대학인 국학을 설치하였는데, 그 교과과정에서 『논어』와 『효경』을 필수과목으로 지정하였기 때문이다.[387] 이는 일차적으로 『논어』와 『효경』을 중요시한 당(唐)의 교육제도의 영향 때문이라 할 수 있다.[388] 그러나 『논어』를 중시하게 된 보다 직접적 원인은, 통일신라의 국가적 이념인 불교의 탈세속적 성향에 대한 보완의 차원에서 유교적 윤리가 요청된 데서 찾을 수 있을 것이다. 유교윤리의 근간인 효와 충의 이념은 『논어』에 풍부하게 내포되어 있기 때문이다.

한편 이 시기에는 『논어』를 중심으로 유교적 윤리를 습득하였기에, 문자 활동을 하는 대부분의 사람들은 『논어』를 학문과 실생활의 영역에서 자연스럽게 응용하곤 하였다. 그 예로 통일신라 최고의 지식인이었던 최치원은 당대의 고승인 진감국사(眞鑑國師)의 비명(碑銘)을 지으면서 『논어』의 구절을 적절하게 인용하였으며, 무인들도 전쟁터에서 결사의 의지를 다지면서 『논어』의 구절을 인용할 정도였다.[389] 『논어』에 대한 중요도

---

386) 島田重禮, 「百濟所獻論語考」, 『論語書目』, 孔子祭典會, 大正二年四月.

387) 『三國史記』권38, 「志」. "國學, 屬禮部, 神文王二年置.……敎授之法, 以周易, 尙書, 毛詩, 禮記, 春秋左氏傳, 文選, 分而爲之業. 博士若助敎一人, 或以禮記, 周易, 論語, 孝經. 或以春秋左氏傳, 毛詩, 論語, 孝經. 或以尙書, 論語, 孝經, 文選, 敎授之."

388) 『唐六典』. "國子監……習孝經, 論語, 限一年業成, 尙書, 春秋, 穀梁, 公羊, 各一年半, 周易, 毛詩, 周禮, 儀禮, 各二年, 禮記, 左氏春秋, 各三年."(柳詒徵 編著, 『中國文化史』下, 東方出版中心, 1988, 445면에서 재인용)

389) 이러한 여러 정황들을 사료에서 수집하여 일목요연하게 정리해 놓은 서적으로, 林泰輔가 편찬한 『論語年譜』(國書刊行會, 昭和51年)가 좋은 참고가 된다.

가 이와 같았기에, 당시에 『논어』는 목간(木簡)으로 출간되어 전국에서 읽혀질 정도로 보급되기도 하였다.[390)]

고려시대에 들어와서도 『논어』는 여전히 중요한 경전으로 인식되었다. 통일신라시대와 동일하게 고려 전기에도 국립대학인 국자감에서 『논어』와 『효경』을 필수교과목으로 채택하였기 때문이다.[391)] 이러한 영향으로 조야를 막론하고 당시 『논어』에 대한 학습과 이해의 정도는 매우 높은 수준이었다. 실례로 고려 전기 저명한 정치가이자 지식인이었던 최승로(崔承老, 927~989)는 「상시무소(上時務疏)」라는 장문의 상소문을 고려 성종(成宗)에게 올렸는데, 이 상소에서 "非其鬼而祭之, 諂也."(「위정(爲政)」24장), "君使臣以禮, 臣事君以忠."(「팔일(八佾)」19장), "無爲而治者, 其舜也與! 夫何爲哉? 恭己正南面而已矣."(「위령공(衛靈公)」4장) 등의 구절을 자유롭게 인용하고 있다.

이처럼 고려 전기의 지식인들은 『논어』를 익숙하게 읽어서 일상의 생활이나 저술 활동에 자유로이 인용할 정도로 『논어』에 대한 이해가 깊었다. 이러한 분위기 속에 『논어』 주석서가 저술되었으며, 몇 종의 『논어』가 간행되기도 하였는데, 그 내용을 살펴보면 다음과 같다.

한국 최초의 『논어』 주석서를 저술한 이는 김인존(金仁存, ?~1127)이다. 그는 약 1105년경에 예종(睿宗, 1079~1122)에게 『논어』를 진강하면서 『논어신의(論語新義)』를 저술하였다고 한다. 이 책은 한국 최초의 『논어』 주석서로 그 내용이 매우 궁금하지만, 아쉽게도 현재 전해지지 않고 있다.

---

390) 현재 金海와 仁川에서 통일신라시대에 출간된 목간의 잔편을 확인할 수 있다. 이에 대한 자세한 연구로는, 橋本繁, 「金海出土『論語』木簡と新羅社會」, 『朝鮮學報』193, 朝鮮學會, 2004 참조.

391) 『高麗史』卷74, 「志」28, '選擧'二. "凡經周易, 尙書, 周禮, 禮記, 毛詩, 春秋左氏傳, 公羊傳, 穀梁傳, 各爲一經, 孝經, 論語, 必令兼通. 諸學生課業, 孝經, 論語, 共限一年, 尙書, 公羊傳, 穀梁傳, 各限二年半, 周易, 毛詩, 周禮, 儀禮, 各二年, 禮記, 左傳, 各三年, 皆先讀孝經, 論語, 次讀諸經."

삼국시대에서 고려 전기에 이르기까지 한국의 『논어』 수용사를 보면, 때로 『논어』의 주석본이 읽힌 흔적이 있기도 하지만, 근본적으로 경문 중심이었다고 할 수 있다. 우리는 이 점을 『논어』의 경문을 응용한 여러 종류의 문필 활동과 일상사에서 『논어』의 경문을 자연스럽게 되새기는 데서 알 수 있다. 그런데 이 같은 경문 중심의 『논어』 수용 국면은 주자학의 동전과 더불어 『논어』 주석서 중심의 수용으로 변화가 일어나게 된다.

송에서 원으로의 왕조 교체는 고려의 정치와 사회, 그리고 학술에도 많은 영향을 미쳤다. 이 중 학술사적 측면에서 보면 주자학의 전수를 들 수 있다. 고려는 원의 학술을 수용하면서 주로 정이에서 주희로 이어지는 주자학을 받아들였다. 그런데 주자학의 수용 과정에서 중요한 역할을 한 서적이 바로 주자가 저술한 『사서집주』이다. 『사서집주』는 이제현(李齊賢, 1287~1367)이 쓴 『역옹패설』에 의하면 적어도 고려 중기 무렵 한반도에 들어온 것으로 추정된다.[392] 그리고 『사서집주』는 권부(權溥, 1262~1346)에 의해 간행된 뒤 고려 조야의 지식인들에 의해 광범위하게 읽혀졌다.

특히 고려 후기 주자학을 이념으로 삼고자 한 일군의 학자들이 존숭했던 이색(李穡, 1328~1396)은 『논어집주』를 매우 중시하였다. 이색의 시문집인 『목은시고(牧隱詩藁)』에는 왕에게 진강을 마치고 나서 그 소회를 읊은 한시가 있다. 이 한시의 내용을 보면 이색의 『논어』 이해가 주자의 『논어집주』에 근거하고 있음을 알 수 있다. 예컨대 『논어』 「태백」4장[393]의 강의를 마치고 쓴 시에서, 이색은 "도체(道體)는 널리 퍼져 절로 드러나는 법이니, 신심(身心)과 기수(器數)를 빠짐없이 포함하네. 엄한 말 바른 의리는

392) 李齊賢은 『櫟翁稗說』에서, "神孝寺 住持 正文은 나이 80세로 『論語』, 『孟子』, 『詩經』, 『書經』을 잘 講論하였는데, 儒者인 安社俊에게 배웠다고 한다.……그런데 『논어』, 『맹자』, 『서경』의 해설은 모두 朱子의 『四書集注』나 蔡沈의 『書經集傳』과 합치되는 것이었다."라고 하였다.

393) 『論語』, 「泰伯」4장. "君子所貴乎道者三, 動容貌, 斯遠暴慢矣, 正顔色, 斯近信矣, 出辭氣, 斯遠鄙倍矣, 籩豆之事則有司存."

춘추의 법칙이요, 순한 기운 화한 얼굴은 일월의 운행이로다. 격물치지(格物致知) 제가평천하(齊家平天下)는 순서가 있거니와, 마음의 조존 성찰은 반드시 유정유일(惟精惟一) 해야지. 단표(簞瓢)의 누추한 거리엔 꽃다운 풀이 나고, 일관(一貫)의 도 전한 곳엔 성인의 도리가 밝아졌도다."[394] 라고 하였다. 『논어』 「태백」4장의 주자 주석[395]과 이색의 시를 비교해 보면, 이색의 시에서 도체(道體), 기수(器數), 조존성찰(操存省察) 등의 시어는 주자의 주석에서 차용한 것임을 알 수 있다.[396]

앞서 살펴보았듯이 고려 전기까지 『논어』 수용의 양상은 『논어』의 원문을 익숙하게 인용하거나 일상에서 활용하는 정도에 그쳤지, 『논어』의 주석에 근거하여 『논어』를 해석하지는 않았다. 그런데 주자학을 받아들인 후 이색에 이르러 주자의 『논어집주』에 근거하여 『논어』를 이해하고 풀이하였다. 이색 이후 이러한 학문적 태도는 여러 학자들 사이에서 유행하여 『논어집주』에 대한 이해가 점점 깊어져 갔다. 이에 따라 고려의 학자들은 『논어집주』(『사서집주』)를 해설해 놓은 호병문(胡炳文)의 『논어통(論語通)』(『四書通』) 같은 경전주석서도 수입하여 공부하였다. 이러한 학자들 가운데 대표적 인물이 정몽주(鄭夢周)이다. 정몽주는 주자의 경설을 근간으로 『논어』를 강론하는 데 탁월하였다고 한다.[397]

---

394) 『牧隱詩藁』卷之十六, 「書筵, 進講君子所貴乎道者三, 至有司存, 退而志之」. "道體周流自露呈, 身心器數盡包幷. 辭嚴義正春秋法, 氣順顏和日月行. 致格齊平終有序, 操存省察要須精. 簞瓢陋巷生芳草, 一貫傳來聖道明."

395) 주자는 『論語集注』, 「泰伯」4장에 대하여, "言道雖無所不在, 然君子所重者, 在此三事而已. 是皆脩身之要, 爲政之本, 學者所當操存省察, 而不可有造次顚沛之違者也. 若夫籩豆之事, 器數之末, 道之全體固無不該. 然其分則有司之守, 而非君子之所重矣." 라고 주를 달았다.

396) 이색의 『논어』 해석과 주자의 『논어집주』의 상관성에 대한 상세한 고찰은 도현철, 「李穡의 書筵講義」, 『歷史와 現實』62, 한국역사연구회, 2006 참조.

397) 『高麗史』卷117, 「鄭夢周列傳」. "時經書至東方者, 唯朱子集註耳. 夢周講說發越超出人意, 聞者頗疑. 及得胡炳文四書通, 無不脗合. 諸儒尤加嘆服. 李穡亟稱之曰: '夢周論理橫說竪說無非當理.' 推爲東方理學之祖."

한편 이색과 정몽주를 위시한 고려 후기 일군의 학자들은 이후 학문적 공동체를 형성하고 더 나아가 이를 바탕으로 단일한 정치세력을 형성하였는데, 오늘날 이들을 가리켜 신흥사대부(新興士大夫)라 한다. 이 신흥사대부들의 『논어』 해석은 종래 한국의 『논어』 수용 양상을 획기적으로 바꾸었다는 데에서 그 경학사적 의의가 매우 크다. 이들 이전의 『논어』 수용 양상이 경문 중심이었다면, 이들 이후 우리나라 『논어』 수용의 역사는 주석서-주로 주자학파의 『논어』 주석서-중심으로 변모되었기 때문이다.

후일 조선왕조의 건국 여부를 놓고 신흥사대부는 찬성파와 반대파로 대립하였으나, 양자 모두 주자학을 공통된 이념적 근간으로 삼았다. 조선이 건국되자 건국의 주체였던 신흥사대부들은 주자학을 국시로 정하였다. 그리고 주자학의 집대성자인 주자의 『논어집주』를 대대적으로 간행하고, 한글이 창제되자 이를 국어로 번역하는 작업(諺解)을 진행하게 된다.

② 조선 전기 『논어』 간행과 언해

고려 후기 인쇄술의 발달과 원으로부터의 주자학의 수입은 주자의 『사서집주』를 간행케 한 중요 동인이었다. 조선이 건국되었을 때, 조선 건국의 주체는 고려 후기에 『사서집주』를 통해 주자학을 학습하고 이를 이념적 기반으로 삼은 신흥사대부였다.

고려 후기에 이미 『사서집주』를 간행한 경험이 있었던 이들은, 조선시대에 들어와서 주자와 주자학파의 경전주석서를 대량으로 간행하였다. 그리고 이들에 의해 간행된 주자학파의 경전주석서들은 신속하고 광범위하게 조선 전역으로 퍼져 나갔다. 조선왕조에서는 국가적 이념을 주자학으로 확정하고, 과거시험에서 주자학파의 경전 해석을 모범답안으로 삼았기 때문이다. 특히 『논어』는 주자학파의 논어설을 집성해 놓은 『논어집주대전』을 중심으로 간행이 빈번하게 이루어졌으며, 다양한 판본이 유통되었다.

오늘날 남아 있는 『논어』의 판본은 금속활자본 11종, 목활자본 5종, 목판본 34종으로 총 50종이며, 한성뿐 아니라 지방 각지에서도 간행되었다. 그리고 간행된 『논어』의 종류는 『논어』 경문, 『논어집주』, 『논어집주대전』 등으로 다양하였는데, 특히 영락대전본 『사서오경대전』에 들어 있는 『논어집주대전』이 가장 많이 간행되었다.[398]

명 성조 영락 13년(1415)에 편찬된 『논어집주대전』(『사서오경대전』)은, 송원대 주자학파의 『논어집주』에 관한 해설을 모아 놓은 『논어』 주석서이다. 이 주석서는 간행된 지 4년이 지난 1419년(세종 원년)에 조선으로 수입되었다. 당시 성조는 조선에서 사신으로 온 태종의 제일서자 비(裶)에게 『오경사서대전』을 하사하면서 "그대의 아버지와 형이 모두 왕이고, 그대는 걱정 없는 처지에 있으니, 평소에 힘쓰는 바가 없어서는 아니 될 것이다. 학문을 하든가, 활쏘기를 하든가, 자중하고 근신하면서 글을 읽어야 될 것이다."고 당부하였다고 한다.[399] 『논어집주대전』은 수입된 그 다음 해인 1420년에 금속활자로 간행되었으며, 1429년에는 목판본으로 간행되었다. 1429년에 간행된 목판본 『논어집주대전』은 10행 22자본으로 모두 20권 7책이다.[400] 이 후 이 책을 저본으로 하여 한성의 성균관, 함경도 감영, 경상도 감영 등에서 『논어집주대전』이 여러 차례 중간되었다. 『논어

---

398) 안현주, 「朝鮮時代에 刊行된 漢文本 『論語』의 板本에 관한 硏究」, 『서지학연구』24집, 서지학회, 2002 참조.

399) 『世宗實錄』 元年 12月 7日 세 번째 기사. "敬寧君裶, 贊成鄭易, 刑曹參判洪汝方等回自北京.……皇帝待裶甚厚, 命禮部照依世子禔朝見時例接待. 一日, 詔裶陞殿上, 帝降御座, 臨立裶所跪處, 一手脫帽, 一手摩髻曰: '汝父汝兄皆王, 汝居無憂之地, 平居不可無所用心 業學乎? 業射乎? 宜自敬愼讀書.' 特賜御製序新修性理大全, 四書五經大全及黃金一百兩, 白金五百兩, 色段羅彩絹各五十匹, 生絹五百匹, 馬十二匹, 羊五百頭以寵異之."

400) 이 시기를 전후하여 『五經四書大全』은 慶尙道, 全羅道, 江原道 等 세 地方의 監營에서 모두 刊行되었다. 『周易』, 『書傳』, 『春秋』의 大全은 慶尙道 監營에서, 『詩傳』, 『禮記』의 大全은 全羅道 監營에서, 『四書』의 大全은 江原道 監營에서 刊行되었다.

집주대전』의 간행은 주로 한성과 지방의 관아에서 간행한 관판본이 주를 이루었지만, 전주에서는 사판본『논어집주대전』이 간행되기도 하였다.

『논어』는 유교의 기본 경전이었기에 조선시대에 그 수요가 끊이질 않았으며, 특히 조선은 주자학을 국시로 삼는 나라였기에 주자학파의 논어설을 집성해 놓은『논어집주대전』에 대한 수요가 지속적으로 존재하였다. 때문에 조선왕조 전시기에 걸쳐『논어집주대전』의 간행은 금속활자와 목판본의 형태로 중앙 관아와 지방 관아에서 계속되었으며, 심지어 일제 강점기인 20세기 초에도 간행되곤 하였다.

유교가 한국에 전래된 이후, 고려와 조선에서는 유교의 기본 경전인『논어』를 간행하여 학습의 교재로 삼았다. 특히 주자학파 논어설을 집성한『논어집주대전』은 거의 500년 동안 꾸준히 간행되고 읽혀졌다.

그리고『논어』의 간행, 학습과 더불어『논어』를 국어로 읽고자 하는 노력이 일찍부터 있어 왔다. 한문과 국어는 그 어순과 문법이 다르기에 이 같은 노력은 매우 긴 시간 동안 다양한 형태로 그 방법이 모색되었다. 특히 조선시대에 들어와 국어인 한글이 창제되고 나서 이러한 작업은 한층 활기를 띠게 되었다. 유교의 경전을 국어로 완역한 것을 일컬어 언해(諺解)라고 하는데, 언해에 도달하기 이전 단계로서 구결(口訣)과 석의(釋義)가 있었다.[401] 구결, 석의, 언해는 모두 조선 논어학의 전사(前史)에 해당됨과 동시에 조선 논어학의 단초를 제공하였다. 왜냐하면 이것의 적합성 여부에 대한 검토가 조선 논어학의 출발점에 위치하면서 조선 후기에 이르기까지 문제시되었기 때문이다. 이에 구결과 석의, 그리고 언해의 내용과 그 의미를 차례대로 살펴보기로 하겠다.

---

401) 이충구,「經書諺解硏究」, 성균관대 박사논문, 1990.

❶ 구결(口訣)

구결은 달리 토(吐)라고도 하는데, 한문을 독해할 때 구두처에 한자의 음(音)과 훈(訓)을 이용하여 조사나 어미 등을 첨가한 것이다. 이 구결은 생소한 외국어인 한문을 한국식 한문으로 뿌리를 내리게 하는 데 매우 중요한 매개 역할을 하였다. 국어가 창제되기 이전의 구결은 주로 한자의 필획을 이용하였으나, 국어가 창제된 이후에는 국어를 이용하여 구결을 달았다.

삼국시대에 구결이 만들어졌다는 주장이 있기도 하지만,[402] 『논어』(사서오경)의 구결은 조선시대 세종 때 왕명으로 처음 만들어지기 시작한 이래[403] 세조 14년(1468)에 완성되었다. 이때 『논어』의 구결은 이석형(李石亨, 1415~1477)이 완성하였다. 동시에 사서오경의 구결도 당대의 명유들에 의해 이 시점에 완성되었다.[404] 조선 전기에 구결이 만들어진 후, 조선조 500년간 경전을 공부하는 거의 모든 이들은 이 구결을 이용하였다. 그리고 현재도 유교경전을 전문적으로 공부하는 이들은 이 구결을 붙여서 학습하는 것이 대체적인 추세이니, 구결은 만들어진 그날부터 오늘날에 이르기까지 생명력을 지속하고 있다고 할 수 있다.

---

402) 『三國史記』卷46, 「薛聰列傳」. “以方言, 讀九經.”

403) 『四佳文集』補遺一, 「崔文靖公碑銘」. “英陵命臣金汶, 金鉤及公等, 定小學, 四書, 五經口訣. 居正亦與其後.”

404) 『太虛亭文集』卷之二, 「經書小學口訣跋」. “恭惟我殿下萬機餘間, 暫定口訣, 四聖之旨, 炳如指掌. 又以小學尤切於學者入道之門, 亦自定訣, 詩則命河東君臣鄭麟趾, 書則蓬原君臣鄭昌孫, 禮則高靈君臣申叔舟, 論語則漢城府尹臣李石亨, 孟子則吏曹判書臣成任, 大學則中樞府同知事臣洪應, 中庸則刑曹判書臣姜希孟訣之. 旣訖, 又命中樞府知事臣丘從直, 同知事臣金禮蒙, 工曹參判臣鄭自英, 吏曹參議臣李永垠, 戶曹參議臣金壽寧, 前右承旨臣朴楗等, 論難校正. 每遇肯綮, 悉稟睿斷, 迺命典校署, 印而頒之. 唯易則正經之下, 幷附程朱之傳印之.” ; 『世祖實錄』 12年 2月 辛巳日. “又召諸書口訣校正郞官, 講論.……先是, 分命宰樞, 出四書, 五經, 及左傳口訣, 又使諸儒臣校正.”

❷ 석의(釋義)

석의는 경전의 난해한 구절을 국어로 설명한 것이다. 언해가 경전의 전문(全文)을 국어로 번역하는 데 비해, 석의는 난해한 구절을 국어로 설명한다. 언해가 완전 번역이라면, 석의는 일종의 부분 번역으로 언해의 전단계라 할 수 있다.

『논어』에 관한 석의 중 가장 저명한 저술은 퇴계의 『논어석의』(『사서삼경석의』)이다. 퇴계는 『논어석의』에서 『논어』 경문의 본의를 정확하게 파악하려는 의도에서, 『논어』의 난해한 경문에 대하여 일언일자(一言一字)를 정밀하게 고찰하였다. 이 고찰의 과정에서 퇴계는 『논어』 경문에 관한 다양한 해석들을 국어로 소개하면서 가장 적절한 국어 번역을 모색하였다. 때문에 『논어석의』에는 퇴계의 『논어』에 대한 학문적 탐색의 흔적이 고스란히 스며들어 있다. 다양한 번역의 모색이라는 점에서, 석의는 하나의 경문에 하나의 국어 번역만이 존재하는 언해에 비해 그 학술적 가치가 오히려 높다고 할 수 있다.

❸ 언해(諺解)

언해는 유교경전의 국어 완역을 의미한다. 『논어』 언해는 『논어』 경문 전체에 대한 국어 직역본으로서, 한 구절의 경문에 오직 하나의 번역만이 존재한다.

『논어』(사서)를 언해하려는 시도는 세종 때부터 있었는데, 세조 때에 『논어』의 구결이 완성된 뒤 언해의 기틀이 마련되었다. 이후 선조대에 이르러 국가에서 『논어』의 언해에 대한 공식적인 논의가 있었다. 당시 국왕인 선조는 율곡 이이에게 명하여 『논어』(사서)를 언해하게 하였다. 그러나 율곡이 미처 완성하지 못하고 1584년에 세상을 뜨자, 그 해에 교정청을 설립하여 『논어』를 비롯한 경전을 언해하게 하였다. 이후 4년의 시간 동안 국가에서 집중적으로 학술적 역량을 투입하여 1588년에 『논어』를 비롯한 사서삼경의 언해를 완성하고, 1590년에 이를 간행하였다. 이를 교정청본 『논어언해』라고 한다. 교정청본 『논어언해』의 대본은 『논어집주대전』이었으며, 퇴계 『논어석의』의 번역이 많이 채택되었다.

한편 교정청본 『논어언해』 외에 율곡의 율곡본 『논어언해』가 있다. 율곡본 『논어언해』는 율곡 생전에 완성된 것으로 교정청본 『논어언해』보다 먼저 완성되었지만, 간행은 1749년에 와서야 이루어졌다. 그러나 『논어언해』는 율곡본보다 교정청본이 많이 사용되었으며, 경향 각지에서도 주로 교정청본이 간행되었다. 이후 조선 말기까지 교정청본 『논어언해』는 『논어』의 표준 국어번역본으로 많은 학자들과 학생들의 『논어』 교과서 역할을 하였다.

이상에서 살펴보았다시피, 한국으로 전래된 『논어』는 구결, 석의의 단계를 거쳐, 1588년에 국어 완역인 『논어언해』가 이루어졌다. 『논어』 국역의 가장 이른 단계인 구결은 현재에 이르기까지 『논어』 공부법의 유용한 방법으로 이용되고 있다. 그리고 『논어석의』는 다양한 해석의 모색을 국어로 표현해 놓았다는 점에서 그 학술적 가치가 높으며, 『논어언해』는 『논어』의 표준 국어완역본으로 『논어』를 학습할 때 교과서 역할을 하였다는 점에서 그 의의를 찾을 수 있다.

2) 조선 논어학의 형성과 전개 양상

삼국시대 이래, 우리나라는 오랜 시간에 걸쳐 유교경전을 학습하였다. 그 과정에서 학습의 편의를 위해 유교경전을 간행하고 또한 이를 국어로 번역하는 작업을 꾸준히 진행하였다. 『논어』의 경우, 고려시대 후기부터 『논어집주』가 간행되기 시작하여 조선시대에 들어와서는 『논어집주대전』을 중심으로 『논어』 경문, 『논어집주』 등이 금속활자 또는 목판본으로 경향 각지에서 간행되었다.

그리고 『논어』를 국어로 이해하고자 하는 노력도 삼국시대부터 시작되어 구결, 석의 등의 단계를 거쳐 조선 전기에 『논어』 국역의 완역본인 『논어언해』가 완성되었다. 그러나 이러한 작업은 『논어』의 경문, 또는 주자와 주자학파의 『논어』 주석을 학습하려는 노력의 결과물이다. 이 과정에서 『논어석의』 같은 학술적 의의가 있는 책들이 발간되기도 하였지만, 이 밖에는 대체로 단순한 간행 또는 번역인 까닭에 그 학술적 의의가 미미하다고 할 수 있다.

한국 논어학사에서 학술적 의미가 있는 『논어』 주석서의 출현은 고려 후기 김인존의 『논어신의』에서 찾아야 할 것이다. 그러나 이 책은 현재 전해지지 않고 있으며, 이후 매우 오랜 기간 동안 한국에서는 『논어』에 관한 주석서가 저술되지 않았다. 조선 전기 퇴계의 『논어석의』에 이르러서야 비로소 『논어』 주석에 관한 학술적 검토 내지 새로운 견해가 제시되었다.

퇴계의 『논어석의』를 기점으로 조선에서는 『논어』에 관한 주석서가 대량으로 저술되었는데, 17세기에서 19세기 중엽까지 저술된 『논어』 주석서가 전체의 90%를 차지하고 있다. 이는 16세기에 들어와서야 조선의 논어학이 개화하였으며, 17세기에서 19세기 중엽까지가 조선 논어학의 전성기였고, 19세기 후반부터는 퇴조기였음을 알려주고 있다.[405] 현재 필자가 확인한 바에 의하면 조선시대에 『논어』 관련 저술을 남긴 학자는 100여 명을 상회하며, 그들이 남긴 『논어』에 관한 경설은 130여 종에 가깝다. 이 중 경학사에서 유의미하거나, 비교적 완정된 형태의 『논어』 주석서를 남긴 경학자들과 그들의 저술을 정선하여 시대별로 나열해 보면 다음과

405) 이에 대한 자세한 분석은 이영호, 「『한국경학자료집성』의 자료적 특징과 그 보완 및 연구의 방향-『한국경학자료집성』 소재 『논어』 주석을 중심으로-」, 『대동문화연구』49집, 성균관대 대동문화연구원, 2005 참조.

같다.

❶ 16세기

이황(李滉, 1501~1570) 『논어석의(論語釋義)』

이덕홍(李德弘, 1541~1596) 『논어질의(論語質疑)』

❷ 17세기

김장생(金長生, 1548~1631) 『논어변의(論語辨疑)』

권득기(權得己, 1570~1622) 『논어참의(論語僭疑)』

조익(趙翼, 1579~1655) 『논어천설(論語淺說)』

이유태(李惟泰, 1607~1684) 『논어답문(論語答問)』

송시열(宋時烈, 1607~1689) 『퇴계논어질의의의(退溪論語質疑疑義)』,

『논어혹문정의통고(論語或問精義通攷)』

박세당(朴世堂, 1629~1703) 『논어사변록(論語思辨錄)』

임영(林泳, 1649~1696) 『논어차록(論語箚錄)』

권상하(權尙夏, 1641~1721) 『논어집의(論語輯疑)』

김창협(金昌協, 1651~1708) 『농암잡지(農巖雜識)-내편(內篇)』(論語說)

❸ 18세기

정제두(鄭齊斗, 1649~1736) 『논어설(論語說)』

이만부(李萬敷, 1664~1732) 『논어강목(論語講目)』

어유봉(魚有鳳, 1672~1744) 『논어상설(論語詳說)』

최좌해(崔左海, 1738~1799) 『논어고금주소강의합찬(論語古今注疏講義合纂)』

유장원(柳長源, 1724~1796) 『논어찬주증보(論語纂註增補)』

유건휴(柳健休, 1768~1834) 『동유논어해집평(東儒論語解集評)』

이익(李瀷, 1681~1763) 『논어질서(論語疾書)』

위백규(魏伯珪, 1727~1798) 『논어차의(論語箚義)』

홍대용(洪大容, 1731~1783) 『논어문의(論語問疑)』

❹ 19세기

정약용(丁若鏞, 1762~1836) 『논어고금주(論語古今註)』

심대윤(沈大允, 1806~1872) 『논어(論語)』

이진상(李震相, 1818~1886) 『논어차의(論語箚義)』

전우(田愚, 1841~1922) 『독논어(讀論語)』

박문호(朴文鎬, 1846~1918) 『논어집주상설(論語集註詳說)』

곽종석(郭鍾錫, 1846~1919) 『다전경의답문(茶田經義答問)-논어(論語)』

이해익(李海翼, ?~?) 『경의유집(經疑類輯)-논어(論語)』

이상에서 나열한 조선 경학자들의 『논어』 주석서는 조선 논어학의 정수라 해도 과언이 아니다. 이 중에서 더욱 획기적인 의미를 지닌 주석서를 선별하여, 이를 통해 각 시기별 『논어』 해석의 양상을 살펴보면 다음과 같다. 각 시기의 중심이 되는 경학자들의 『논어』 해석에 관한 상세한 분석이 아래 장에서 이어지기 때문에, 여기서는 논의에 필요한 면모를 간략하게 제시하기로 하겠다.

① 16세기-이황, 이덕홍

조선의 주자학은 퇴계 이황에게서 발원했다고 해도 과언이 아니다. 퇴계는 이전부터 부분적으로 연구되어 온 주자학의 이론 탐색을 집대성하였으며, 이후 조선 주자학파의 정치하고도 광대한 이론 논쟁의 정점에 서 있기 때문이다. 이런 점에서 보면, 구한말의 유학자 회봉(晦峯) 하겸진(河謙鎭, 1870~1946)이 퇴계의 학문을 두고서 한국유학사의 대일통학안(大一統學案)이라고 평가한 것이 지나치다고 할 수 없다.[406] 그런데 퇴계의 이러한 위상은 조선 유학사에서뿐 아니라, 조선 논어학사(경학사)에서도 동일한 위상을 가진다고 할 수 있다. 현재 확인할 수 있는 최초의 『논어』 주석서를 남긴 이도 퇴계이며, 그 영향력의 측면에서 보아도 결코 소홀히 여길 수 없는 것이 그가 남긴 『논어석의』이기 때문이다.

퇴계의 『논어석의』는 그가 남긴 『사서삼경석의』의 일부로서, 난해구에 대한 한글 번역과 해석의 검토가 주된 내용을 이루고 있다. 먼저 이 책의 번역학적 측면을 살펴보자.

훈민정음이 창제된 후 일찍부터 조선 학자들에 의해 『논어』는 부분적으로 번역되었다. 이른 시기에 번역된 이러한 『논어』 번역서 중 현전하는 것은 없지만, 우리는 그 흔적을 퇴계의 『논어석의』에서 찾아볼 수 있다. 이는 퇴계 이전에 있었던 다양한 『논어』 번역의 흔적을 찾아볼 수 있게 한다는 점에서 이 책의 첫 번째로 꼽을 수 있는 가치라 할 수 있다.[407] 그런데 『논어석의』에 인용된 조선 학자들의 『논어』 번역을 살펴보면, 동일한 경문에 대하여 다소 통일되지 않은 형태의 번역이 존재하고 있다. 퇴계는 선배들의 다양한 번역을 소개하면서 이를 수용하는 경우도 있지만, 대체로 비판적으로 검토하고서 이러한 검토의 바탕 위에 자신의 견해를 분명하게 밝혀 놓았다.

한편 퇴계는 주자의 『논어집주』를 정밀하게 읽고서 이를 바탕으로 『논어』의 경문을 번역하기도 하였는데, 이 부분이 『논어석의』에서 가장 많이 보인다. 이는 곧 퇴계가 주자의 충실한 계승자임을 보여주는 대목이

406) 『東儒學案』上編三, 「陶山學案」. "自有吾東儒學以來, 經術德行之備, 無如退陶. 自有吾東儒學以來, 授受淵源之盛, 無如退陶.……乃吾東上下一千年儒學大一統之學案也."

407) 『四書栗谷先生諺解』, 「跋」. "經書之有諺解, 厥惟久矣, 而諸家互有同異. 至退溪李先生, 合成釋義而乃定."

라 할 것이다. 이처럼 퇴계의 『논어』 번역의 토대는 주자의 『논어집주』이지만, 한편으로 퇴계는 경문 자체를 정밀하게 읽고 주자주에서 밝혀내지 못한 의미가 있다고 생각되면 그것을 찾아서 자신의 『논어』 번역에 채택하곤 하였다. 이는 기본적으로는 주자주를 번역의 기준으로 삼고 있지만, 때로 독자적인 경문 문리에 의거하여 『논어』를 번역하기도 했다는 의미이다. 퇴계의 이러한 『논어』 번역 자세는 경에 대한 활간(活看)을 중시하는 태도로서, 그 기저에는 경문의 본지에 대한 탐구의식이 깔려 있다고 할 수 있다.

한편 퇴계의 『논어』 해석학은 그의 번역학과 연계되는 것으로서, 다음과 같은 세 가지 점을 특징으로 들 수 있다. 첫째, 퇴계 『논어』 해석학의 근간은 주자의 『논어집주』인데, 그 내용을 살펴보면 주자와 주자학파의 『논어』 해석-『논어집주대전』의 소주-에 대한 분석과 부연설명을 들 수 있다. 둘째, 『논어』와 『논어집주』에 나오는 한자의 음과 훈에 대한 해설을 들 수 있는데, 이는 기본적으로 경전의 훈고에 대한 학문적 관심을 의미한다고 할 수 있다. 셋째, 자신의 경문 문리에 의거하여 독자적으로 경문의 본지를 탐구하는 해석 자세로, 비록 많은 부분은 아니지만 퇴계 『논어』 해석학의 매우 중요한 일면이라 할 수 있다. 이에 대한 자세한 분석은 후술하겠다.

이상에서 살펴본 퇴계의 논어학은 조선 경학사의 장을 열었을 뿐 아니라, 후대에 심대한 영향을 미쳤다는 점에서 그 의의는 아무리 강조해도 지나치지 않을 듯하다. 우선 퇴계의 『논어』 번역은 교정청본 『논어언해』에 대거 채입됨으로써[408] 이후 조선왕조뿐 아니라 오늘에 이르기까지 『논

---

408) 예를 한 가지만 들어보기로 하자. 『논어』, 「선진」25장의 "赤爾何如? 對曰: "非曰能之,……"에서 '非曰能之'의 번역을 살펴보면, 퇴계 이전에는 '잘하지 못합니다'(能티몯ᄒᆞ디라)라고 하고서는 '曰'자를 번역하지 않았다. 그런데 퇴계는 이 번역에 반대하고서, '曰'자를 풀이해야만 원문의 의미에 더 적합하다고 하면서, '잘한다고 말하는 것이 아니라'(能ᄒᆞ노라니ᄅᆞ논디아니라)라고 번역하였다.(『論語釋義』, 「先進」25장. "非曰能之, 能

어』 번역의 표준으로 활용되었다. 또한 퇴계의 『논어』 해석학은 영남퇴계학파에 의해서 계승되었고, 그 『논어』 경문의 본지 추구는 송시열을 위시한 우암학파에 의해서 심각한 비판을 받았다. 그런데 이러한 비판을 통해 우암학파의 논어학의 정체성의 일단이 마련되었으니, 이는 또 다른 측면에서 영향관계를 논할 수 있다고 보여진다. 이렇게 본다면 퇴계의 논어학은 영남퇴계학파뿐 아니라, 우암학파에도 영향을 미쳤다고 할 수 있다.

퇴계의 논어학은 주자학파의 논어학에 대한 심층적 이해와 독자적 설경(說經)이라는 양대 축으로 구성되어 있는데, 이 중 전자를 계승한 대표적 인물이 바로 퇴계의 말년 애제자인 간재 이덕홍(1541~1596)이다. 유심춘(柳尋春)이 쓴 『간재집(艮齋集)』 발문에 의하면, 이덕홍은 어린 나이 때부터 퇴계 선생의 문하에서 학업을 전수받았는데, 조석(朝夕)으로 책을 들고 가서 질의를 했다고 한다. 『논어질의』는 바로 이 과정에서 나온 경학 저술로, 퇴계 선생에게 질의한 내용과 벗들 간에 강론한 내용으로 구성되어 있기 때문에, 공문(孔門)의 『논어』에 비견되는 평가를 받기도 하였다.[409] 이 『논어질의』의 가장 큰 특징은 퇴계의 논어설에 대한 계승이라 할 수 있다.

특히 주목할 만한 점으로는 첫째, 『논어』 경문과 주자주의 한자(어)에 대한 훈주와 음주를 단 점을 들 수 있는데,[410] 이는 퇴계 논어학의 직접적

티몯ᄒᆞ디라. 曰字不釋也. 今按, 此說非也, 此正謙辭, 云非敢自謂能之也. 當云能ᄒᆞ노라니ᄅᆞ논디아니라. 若不釋曰字, 則但自以不能, 而願學焉, 意便短.") 교정청본 『논어언해』에는 퇴계의 이 번역을 수용하여 '잘한다고 말하는 것이 아니라'(能ᄒᆞ노라닐ᄋᆞ논줄이 아니라)라고 번역하였다.

409) 『艮齋集』續集, 「跋文」. "艮齋李先生, 自童丱時, 受業於退陶老先生至門.……朝夕函丈, 持書質疑, 不得不措.……孔門高弟, 盖多魯人, 而魯論一書, 皆出於當時門人之所記.……今觀於先生遺集.……直與魯論同其功.……至於質疑註解諸篇, 乃師友間講論就正之作, 而有疑必問, 有得必書, 精粗本末, 咸備而無遺."

410) 훈주의 예→『論語質疑』, 「里仁」. "樂處, 樂, 卽逸樂之樂, 非眞樂也. 所理, 理, 謂治也.

계승 양상이라 할 수 있다. 다음으로 주자학의 이기심성론의 경학적 반영[411]과 주자 언론(言論)의 동이(同異)에 대한 경학적 관심[412]을 중요 특징으로 들 수 있다. 이덕홍의 논어설이 퇴계 논어설의 연장선에 있다는 것은 기본적으로 사설(師說)의 계승이라고 할 수 있는 것으로, 이는 조선 주자학파의 경설의 특징적 지점으로 자리하게 된다.[413] 또한 조선 주자학의 중심과제인 이기심성론과 주자설의 이동에 대한 탐구를『논어』주석에서 반영한 것은 주자학적 의리의 경학적 투사로, 이 또한 후일 조선 주자학파 논어학의 중심과제로 자리하게 된다.

이상으로 퇴계와 그의 제자인 이덕홍의 논어학을 살펴보았다. 퇴계에 의해 정립된 조선 논어학의 첫 모습은 주자와 주자학파의 논어학–『논어집주대전』–에 대한 정밀한 분석과 충실한 부연설명이 그 주조를 이루고 있다고 할 수 있다. 그리고 이것에 덧붙여 경문의 본지에 대한 탐색도 중요한 특징으로 거론할 수 있다. 한편 퇴계의 제자인 이덕홍은 스승의 논어설을 충실하게 계승하였으며, 주자학파의 이기심성론으로『논어』를 해설하려는 자세를 보여주었다. 이덕홍의『논어』해석에 있어서 이 같은 사설의 계승이나『논어』를 해설하면서 주자학파의 이기심성론에 대하여 분석하는 경향도 조선 주자학파의 논어학사에서 전형적 형상의 창조라고 할 수 있다. 즉 16세기 조선의 논어학은 퇴계학파에 의해 조선 주자학파 논어학의 전형이 창출된 시기라고 할 수 있는데, 그 핵심은 주자학파의

斯不亡, 斯, 虛字, 非指心與理也.” ; 음주의 예→『論語質疑』, 「公冶長」. “縲絏. 縲音尼, 俗云縲, 非也. 反切雖曰力追. 然追字, 吾亦不曰累而曰尼. 縲與追二字, 俱見於支韻, 可知縲字尼音也. 若累云則固不在於支字無疑也. 此時俗音韻之不能分辨處也.”

411) 『論語質疑』, 「陽貨」. “性兼氣質. 性非有二, 只是不雜乎氣質而言, 則爲本然之性. 就氣質而言, 則爲氣質之性.”

412) 『論語質疑』, 「爲政」. “退而省. 延平先生說, 以退爲夫子退也. 朱子初從其說, 故小註朱說, 有與延平同者. 其後改之, 故曰非夫子退也.”

413) 이에 대한 보다 더 자세한 예시와 분석은 이영호, 「퇴계『논어』해석의 경학적 특징과 그 계승양상」, 『퇴계학과 한국문화』36집, 경북대 퇴계연구소, 2005, 224~226면 참조.

논어학-『논어집주대전』-에 대한 심층적 이해와 정치한 분석(또는 비판), 그리고 주자의 이기심성론(理氣心性論)과 논어학의 접맥, 마지막으로 제자로서 선생의 경설을 수용하는 자세, 즉 사설의 계승이라고 지적할 수 있다. 이외에도 퇴계에 의한 독자적 경전 해석의 지향점이 보이는데, 이는 19세기에 와서 이진상에 의해 그 맥이 이어진다.

② 17세기-송시열, 김창협, 박세당

16세기 조선의 논어학을 주도한 이들이 퇴계학파였다면, 17세기 조선의 논어학은 우암 송시열을 중심으로 하는 우암학파의 논어학이 그 자리를 대신하였다. 물론 송시열 이전에 김장생의 『논어변의(論語辨疑)』와 이유태의 『논어답문(論語答問)』이 있다. 이 중 김장생은 『논어집주대전』의 소주에 대한 변석과 스승인 이이의 논어설을 자신의 해석에 적극 반영하는 자세를 견지하였고, 이유태도 또한 소주에 대한 비판적 안목을 가졌으며 『논어혹문』을 자신의 『논어』 해석에 반영하기도 하였다.[414] 이처럼 소주의 변석과 사설의 계승은 앞 시기 영남퇴계학파에서 보이는 그것과 별반 차이가 없다. 그런데 송시열에 와서 율곡학파의 논어학은 일종의 전범을 마련한다. 그 전범은 퇴계의 논어학에 대한 강력한 비판과 주자의 논어학에 대한 절대적 존숭으로, 이는 주자의 『논어』 해석에서 벗어난(혹은 반하는) 해석에 대한 배척과 주자의 『논어』 해석에 대한 절대적 존숭의 방안으로서의 주자의 『논어』 주석서들에 대한 세심한 정리와 정밀한 독해를 의미한다. 이러한 전범은 송시열의 학통을 이은 학자들에게 큰 영향을 미쳤기에, 조선 논어학사에서 퇴계에 비견할 만한 위치를 송시열이 지녔다고 평가할 수 있다.

주자학이 조선에 전래된 이래, 수많은 주자학도들이 있었지만 그 민

414) 전재동, 「17세기 율곡학파의 『논어』 주석 연구」, 경북대학교 박사학위논문, 2007 참조.

음과 실천의 측면에서 송시열을 따라갈 이는 많지 않다. 송시열은 유가의 도통에서 주자의 등장은 하늘이 점지해 준 축복이며, 주자에 의해 확립된 주자학의 의리는 세상의 모든 이치를 드러내 주었고, 주자의 경전 주석은 경전의 내밀한 의미를 낱낱이 밝혀 주었다고 주장한다. 한마디로 말해 유가의 전통, 유학의 이념, 경의의 천발에 있어서 주자에 비견될 존재는 아무도 없다는 것이다. 송시열의 주자에 대한 이러한 평가는 생각으로 그치지 않고 그의 일생을 통해 실천으로 연결되었다. 특히 주자학에 반하는 견해를 내었다고 생각되는 학자들에 대해서는 가차 없는 비판을 가하기도 하였다. 윤휴의 경전주석을 두고 사문난적으로 몰아가는 송시열의 비판은 그의 이러한 의식을 대표하는 예라고 할 수 있다. 그런데 이렇게 두드러지는 예를 제외하고서도 송시열은 주자학에서 벗어난 주장을 하거나 주자의 견해를 제대로 이해하지 못하였다고 생각되는 학자들의 주장에 대해서도 냉엄하게 비판을 하였다. 이러한 비판에는 선대의 명현이라 하더라도 예외는 아니었는데, 특히 퇴계의 논어설(경설)에 대한 송시열의 비판은 그 대표적 예라 할 것이다.[415)]

송시열은 1677년에 『퇴계사서질의의의(退溪四書質疑疑義)』[416)]라는 책을 저술한다. 송시열의 『퇴계사서질의의의』는 『송자대전』133권, 「잡저」에 총 3권으로 수록되어 있는데, 『논어』58조목, 『맹자』7조목, 『대학』5조목, 『중용』4조목 등 총 27조목으로 이루어져 있다.[417)] 송시열은 젊은 시절부터 퇴계의 경설이 들어 있는 『퇴계발명(退溪發明)』, 『퇴계질의(退溪質疑)』 등의

415) 이에 대한 보다 더 자세한 예시와 분석은 이영호, 「퇴계 경학과 경세학의 일면」, 『태동고전연구』25, 한림대 태동고전연구소, 2009 참조.

416) 『退溪四書質疑疑義』의 주 내용은 퇴계의 고제인 이덕홍이 지은 『사서질의』에 들어 있는 퇴계의 경설을 조목조목 비판한 것으로 이루어져 있다.

417) 이에 대한 보다 더 자세한 분석은 전재동, 「宋時烈과 朴世采의 退溪說 批判」, 『한국한문학연구』42, 한국한문학회, 2008 참조.

책을 보면서 퇴계의 경설에 의심을 가지고 있었다.[418] 그러다가 1670년부터 박세채(朴世采)와 서신을 교환하면서 이 문제를 집중 거론하는 과정에서 『퇴계사서질의의의』를 저술하였는데, 여기서 송시열은 퇴계의 주자주에 대한 이해를 집중 비판하였다. 그러면 『퇴계사서질의의의』 중 가장 많은 분량을 차지하고 있는 『퇴계논어질의의의』의 몇 대목을 분석하는 것으로써 송시열의 퇴계 논어설 비판의 요지를 살펴보기로 하겠다.

❶ 『퇴계논어질의의의』 「학이」12장. "[朱注]蓋禮之爲體, 雖嚴, 而皆出於自然之理, 故其爲用, 必從容而不迫, 乃爲可貴."

퇴계 : "체(體)는 '체용'(體用)의 체가 아니니, 곧 '형체'(形體)의 체이다."

송시열 : "'예지위체'(禮之爲體)는 아래의 '기위용'(其爲用)과 서로 대를 이루니, 그렇다면 여기서의 체는 '체용'(體用)의 체(體)인 듯합니다."[419]

❷ 『퇴계논어질의의의』 「학이」11장. "[朱注]游氏曰, 三年無改, 亦謂在所當改而可以未改者耳."

퇴계 : "개(改)할 바에 재(在)하되 가(可)히 써 개(改)하지 아니하여(고쳐야 할 점이 있으되, 아직 고치지 아니하여) 세속의 '동으로 갈 수도, 서로 갈 수도 있다.'는 말의 뜻과 같다."

송시열 : "'재소당개'(在所當改)의 아래 '가이미개'(可以未改) 네 글자가 빠진 듯하니, 퇴계의 주에 '동으로 갈 수도, 서로 갈 수도 있다'는 말을 보면 알 수 있습니다. 그러나 이 주석은 주자의 설과 다릅니다. 주자는 '이는 마땅히 고쳐야

418) 『宋子大全』卷一百三十一, 雜著, 「看書雜錄」. "自兒時見所謂退溪發明, 中年得見別件則改名退溪質疑, 頗有可疑. 曾以問於玄石, 則所見或有異同, ……故問於玄石, 三次往復, 最後以愚見爲得云矣."

419) 『退溪論語質疑疑義』, 「學而」2장. "禮之爲體. 〈質疑〉體非體用之體, 卽形體之體. 〈宋子〉禮之爲體, 與下其爲用相對, 則恐是體用之體."

할 일이지만 3년 동안은 마음에 차마 고치지 못하는 것일 뿐이다'고 하였으니, 이 설명은 '동으로 갈 수도, 서로 갈 수도 있다'는 것과는 본래 다릅니다. 의심하는 것이 지나친 것은 아닌지 잘 모르겠습니다."[420]

❸ 『퇴계논어질의의의』「위정」16장. "[朱注]程子曰, 佛氏之言, 比之楊墨, 尤爲近理, 所以其害爲尤甚."

퇴계 : "불자(佛者)들의 학설은 현묘하고 허무하여 가장 이치에 가까운 듯하기 때문에 거기에 빠지는 자가 항상 많다. 양주와 묵적의 설은 천근하고 이치에 맞지 않기 때문에 그것에 미혹되는 사람이 항상 적다. 그러므로 불자들에게서 오는 해가 양주와 묵적에 비해 더욱 심하다고 한 것이다. 정자가 말하기를, '저들과 우리가 구구절절 같고 사사건건 똑같은 것 같아도 사실은 같지 않다'라고 하였는데, 주자가 이 말을 인용하면서 다음과 같이 말했다. '내가 일찍이 불자의 책을 보니 참으로 이 말씀과 같았다. 만일 전적으로 공부하고자 하면 반드시 그 한가운데 빠지게 될 것이니, 비유하자면 깊은 연못이 저쪽에 있어서 빠지면 반드시 죽게 되는 것과 같아서 피하지 않아서는 안 된다.'"

송시열 : "불자의 설이 현묘하고 허무하다는 것은 꼭 맞는 표현이 아닌 듯합니다. 대개 옛날에 불교를 말하는 자들은 자비나 윤회에 대해 말할 뿐이었는데, 달마 이후로 성과 심에 대해 말하는 것이 유자들과 매우 비슷했기 때문에, 더욱 이치에 가깝다고 한 것입니다. 만약 불교가 현묘하다면 어찌 이치에 가까울 뿐이겠습니까. 무릇 이런 의심이 망령된 죄를 범하는 것이나 아닌지, 매우 두렵습니다."[421]

---

420) 『退溪論語質疑疑義』, 「學而」11장. "在所當改. 改홀바애在호되, 可히뻐곰改티아니ᄒᆞ야, 猶俗云可以東可以西之意. 〈宋子〉在所當改下, 疑脫可以未改四字, 以註說可東可西觀之可見. 然此註與朱子說不同, 朱子曰, 謂此事當改, 但三年之間, 心有所未忍改耳. 疑與此說可以東可以西者自別, 未知所疑不妄否."

421) 『退溪論語質疑疑義』, 「爲政」16장. "〈退溪〉佛者之說, 玄虛而〈最〉似是[近理], 故溺者〈常〉多. 楊墨之說, 淺近而無理, 故惑者〈常〉少. 故曰〈比之楊墨〉其害尤甚. 程子曰, 彼

❶과 ❷의 인용문은 퇴계가 주자의 주석을 잘못 이해한 데 관한 송시열의 비판이다. ❶은 퇴계가 주자주의 문리를 잘못 파악하여 오독을 하였다는 것이다. 이 비판은 송시열이 주자주를 세밀하게 읽고서 생겨난 자신만의 문리를 바탕으로 퇴계의 주자주 독법이 틀렸음을 지적한 것이다. 한편 ❷에서 보듯이 송시열의 퇴계 문리 비판의 또 다른 중요한 준거는 주자의 견해이다. 주자주를 읽을 때 주자의 또 다른 글에서 그 보충논리를 찾아서 이해하고자 하는 송시열의 이러한 태도는 퇴계의 주자주 오독에 대한 신빙성 있는 증거를 제시함으로써 퇴계의 경설이 주자주에 대한 불철저한 이해에서 비롯되었음을 지적하고 있는 것이다. 이는 결국 퇴계의 주자학에 대한 이해가 부족했음을 지적하는 것이며, 이러한 지적은 퇴계가 구축한 주자학적 체계-이기호발론-에 대한 비판의 단서로 작용했으리라는 것은 미루어 추측할 수 있다. 그런데 퇴계의 주자주 독법에 대한 송시열의 비판 중에서 ❷에 해당되는 부분이 가장 많다. 때문에 송시열은 퇴계가 주자주의 문장을 잘못 읽었음을 빈번하게 비판하고, 더 나아가 주자주의 훈고적 측면도 퇴계가 잘못 알고 있는 부분이 많다고 비판하였다.[422] 송시열의 비판대로라면 퇴계의 주자주 독법은 그 문장의 내용 파악에서뿐 아니라 훈고에서도 오류가 적지 않은 셈이다.

그런데 퇴계의 주자주에 대한 이러한 오독은 전적으로 주자의 글을 면밀하게 이해하지 못한 데서 비롯되었다는 것이 송시열의 주장이다. 과연

與吾, 句句同, 事事同, 然而不同. 朱先生引此說曰, 吾嘗見佛者之書, 果若此. 如欲專治, 必陷於其中, 譬如深淵在彼, 溺則必死, 不可不避.……〈宋子〉佛者說玄虛, 恐不襯著. 蓋古之爲佛說者, 不過慈悲輪回而已, 及達摩以後則說性說心, 酷似儒者, 故云尤爲近理. 若是玄虛則豈近理也. 凡此所疑, 恐犯僭妄之罪, 皇悚皇悚."(『남계집』에도 이 구절이 인용되어 있는데, '多'와 '少' 앞에 '常'이 있고 '似是'가 '最近理'로 되어 있으며, '其害尤甚' 앞에 '比之楊墨'이 있다.)

422) 『退溪論語質疑疑義』, 「述而」1장. "[朱注]然當是時, 作者略備, 夫子蓋集群聖之大成而折衷之. 折衷. 〈質疑〉折半而取其中也. 〈宋子〉朱子謂三摺而取其中也, 豈退溪偶未之見耶."

퇴계의 경설을 주자주에 대한 오독으로만 치부할 수 있을까? 송시열의 속내는 어쩌면 퇴계가 주자주의 범위를 벗어난 경설을 주장하는 데서 오는 불편함을 이렇게 오독으로 치부한 것은 아닌가 하는 생각도 든다.

❸의 예문에서 송시열의 이러한 불편함의 정체가 그 모습을 드러내는데, 바로 이단에 대한 유연한 사고를 지향하는 퇴계의 의식에 대한 못마땅함이다. 송시열은 주자에 대한 강렬한 존숭이 있었기에 주자학에서 벗어난 사상 체계에 대한 배척의 강도가 심하였다. 당시 송시열에 의해 이루어진 사문난적 논쟁은 바로 그 대표적인 예이다. 송시열이 보기에 퇴계의 『논어』 해석은 주자의 해석에서 이탈하는 경향이 있었다. 이에 송시열은 퇴계의 이러한 경전 해석의 근저에 주자학과 다른 이단적 사상에 대하여 가치를 부여하는 의도가 있다고 의심한 것이다.

주자주에서 벗어난 내용에 대한 강력한 비판이 송시열의 주자학 세우기의 양대 축 중 하나라면, 나머지는 주자학의 본질을 밝혀 그 우수성에 대한 입증을 통해 주자학을 선양하는 것이다. 전자가 벽이단(闢異端)이라면 후자는 명정학(明正學)으로서, 이는 서인 노론 측이 중심이 된 조선 주자학파의 중요 명제이다. 앞서 우리가 살펴본 송시열의 퇴계설 비판은 바로 그의 주자학 세우기의 한 축인 벽이단적 정신의 발로라고 할 수 있다.

한편 송시열의 명정학으로서의 또 다른 측면이 존재하니, 그것은 바로 주자학의 본의에 대한 정치한 탐색이다. 주자학의 본의를 탐색함에 있어서 송시열이 택한 방식은 주자의 글에 대한 정밀한 독해로, 그 첫 번째는 주자의 문집에 대한 정밀한 독서이며, 두 번째는 주자의 논맹주석서(論孟註釋書)에 대한 세밀한 글 읽기이다. 전자의 결과물이 바로 동아시아에서 유일한 주자문집사전인 『주자대전차의집보(朱子大全箚疑輯補)』의 원형인 『주자대전차의』이며, 후자의 결과물이 『논맹혹문정의통고(論孟或問精義通攷)』이다. 『논어』 주석과 관련하여 주자가 남긴 서적 가운데 『논어집주』와

『논어혹문』은 조선 유학자들에게 일찍부터 읽혀졌지만, 적어도 1687년에 이르기까지 조선 유학자들은 『논어정의』를 보지 못하였던 듯하다. 『논어혹문』의 논평 대상이 되는 여러 학자의 학설은 『논어정의』에 수록되어 있다. 따라서 주자의 『논어』 주석학에 대하여 정확하게 읽어 내기 위해서는 『논어정의』가 꼭 필요하였다. 이에 누구보다 간절히 『논어정의』를 찾았던 이가 바로 송시열이었다. 약 40년의 바람 끝에 송시열이 『논어정의』를 손에 넣게 된 것은 세상을 떠나기 두 해 전인 1687년이었다. 연행사였던 이선(李選)이 북경에서 이 책을 구득한 덕분이었다.[423] 1689년 유배지에서 송시열은 『논어정의』에 수록된 여러 학자의 학설을 『논어혹문』의 해당 조목에다 옮기는 작업을 하여, 사사받기 두 달 전에 『논맹혹문정의통고』의 완성을 보았다. 그야말로 이 책은 송시열 최후의 공력이 들어간 편집서로서, 주자 논어학의 본의를 파악하고자 한 노력의 소산이었다.

이상에서 살펴본 것처럼, 송시열의 논어학은 그 자신이 일생 동안 견지한 주자학에 대한 신념의 투영이라 할 만하다. 송시열의 퇴계 논어설에 대한 정치한 비판은 이후 우암학파에서 주자 논어설의 절대적 존숭과 사설 준수의 형태로 이어졌으며, 『논맹혹문정의통고』의 편찬은 이후 우암학파에서 주자 논어설의 본의를 파악하기 위한 노력으로 계승되었다. 그런데 후자의 측면에서 송시열의 논어학을 충실하게 계승해 낸 학자가 있었으니, 바로 농암 김창협이다.

김창협은 송시열의 유지를 받들어 주자의 『논어』 주석서를 정밀하게 탐독하여 그 본의를 규명하려 하였다. 이에 그가 택한 주자(학파)의 『논어』 주석서는 『논어집주』, 『논어정의』, 『논어혹문』, 『논어집주대전』이었다. 김창협은 이 네 종의 주자학파의 주석서를 읽으면서, 궁극적으로 주자의

423) 『論孟或問精義通攷』, 「序文」 참조.

『논어』 해석의 본의를 찾는 데 치력하였다. 그리고 그 결과를 『농암잡지-내편』(논어설 부분)을 통해 남겨 놓았다.[424]

그런데 이 네 종의 『논어』 주석서에서 견해가 다른 부분이 충돌할 경우, 김창협은 항상 그 준거를 『논어집주』에서 찾았다. 이는 주자 논어학 중 그 핵심을 『논어집주』에 두는 자세로서, 특히 후대 주자학파 논어설의 집성서인 『논어집주대전』의 소주를 읽을 때 이 점을 더욱 분명히 하였다. 김창협은 『논어집주대전』의 소주에 대하여 주자의 정설과 어긋나는 부분이 많다고 하면서 이 책을 통해 주자 논어설의 정수를 파악하기는 어렵다고 하였다.[425] 때문에 김창협은 비판적 관점에서 소주를 독해하였는데,[426] 그 양상이 설선(薛瑄)이나 고염무(顧炎武)가 대전본 소주를 비판한 것과 비슷하나 실제 비판의 수준을 따져 보면 그 완성도가 훨씬 높다고 할 수 있다.[427]

김창협의 이 같은 논어학의 본령은 주자 논어설의 본의를 명징하게 밝히는 것이다. 그 과정에서 『논어정의』와 『논어혹문』을 보충서로 삼았고 『논어집주대전』의 소주를 명석하게 비판하기도 하였는데, 본의 확립의 기준서적은 항상 『논어집주』였다고 할 수 있다.

이상으로 17세기 우암학파 논어학의 특징을 송시열과 그의 제자인 김창협의 논어설을 통해 살펴보았다. 그 결과, 우리는 우암학파 논어학의 특징이 주자 논어학의 절대적 지위를 확보하는 데 있음을 알 수 있었다.

---

424) 이에 대한 자세한 분석은 류준필, 이영호, 「농암 김창협의 논어학과 그 경학사적 위상」, 『한문학보』19집, 우리한문학회, 2008 참조.

425) 『農巖雜識』, 「內篇」. "四書小註所載諸說, 頗有與朱夫子定說相戾者. 雖其大旨不悖, 而語意有病, 曲折可疑者, 又不翅多焉. 蓋此書, 本出永樂諸儒臣, 承命編輯, 當時儒者於此學, 旣少實得. 又設局編書, 例易汗漫鹵莽, 故其間如節略大全語類及或問等說, 章句離絶, 亦多差錯, 所引先儒姓氏, 亦有誤者. 則其於精義微旨, 固不能致詳也."

426) 그 자세한 정황에 대해서는 류준필, 이영호의 앞의 논문, 참조.

427) 전재동, 「17세기 율곡학파의 『논어』 주석 연구」, 147면 참조.

그 방법으로 이들이 내세운 것은, 주자의 논어학을 벗어난 논어설에 대한 배척과 주자 논어설의 본의를 명징하게 드러내는 것이었다. 전자는 송시열이 퇴계의 논어설에 대한 비판을 통해 이룩하였으며, 후자는 『논어혹문정의통고』의 편찬을 통해 수행하였다고 할 수 있다. 한편 김창협은 주자의 『논어』 관련 주석서인 『논어혹문』, 『논어정의』, 『논어집주』, 『논어집주대전』을 상호 대교하면서 정독하는 가운데 주자 논어설의 본의를 확정하고자 하였다. 이 과정에서 김창협은 소주에 대하여 철저히 비판하고 『논어집주』를 기준으로 주자 논어설의 본의를 확정하였다.

송시열과 김창협의 이러한 논어학은 학문적 논의를 바탕으로 주자 논어학의 위상을 정립하고자 한 대표적 사례라 할 것이다. 그러나 이들이 이렇게 주자 논어학 일존주의(一尊主義)로 논어학을 정립하고자 한 데에는, 주자학을 이념적 근간으로 삼아서 조선을 통치하고자 하는 서인 노론의 정치적 의도와 연관이 전혀 없다고 할 수 없을 것이다.

이처럼 17세기는 우암학파에 의해 주자의 『논어』 주석의 권위가 확립된 시기였는데, 한편에서는 주자의 논어학에 대한 비판적 의식이 싹터 올랐다. 이러한 양상을 보여준 대표적 경학자가 바로 박세당이었다.

박세당은 그의 나이 60세 되던 1688년에 『논어사변록』을 저술하였다. 이 책은 조선 논어학사에서 특기할 만한 주석서이다. 왜냐하면 주자 논어학의 비판에 있어 역대 어떤 『논어』 주석서보다 그 비판의 정도가 선명하고 강렬했기 때문이다. 이는 박세당이 주자의 논어설에 대하여 '의심된다', '미안하다', '너무 지나치다', '알 수 없는 바이다', '타당하지 못하다', '실수를 면치 못한 것이다', '탄식을 금치 못하겠다' 등의 비평어를 사용한 것에서 우선 쉽사리 확인된다.

한편 박세당은 경을 해석할 때는 반드시 성인의 말씀하신 본지를 찾고자 해야지, 자신의 표준을 세우고서 경의 의미를 그 표준의 가운데로 몰아넣는 것은 옳지 못한 태도라고 질타하였다.[428] 박세당의 이러한 주장은 크게 두 가지 점에서 주목할 만하다. 우선 박세당의 설경(說經)의 근간이 경문 중심임을 알 수 있다. 이는 조선 주자학파의 논어학의 근간이 주자의 주석임에 대비되는 중요한 특징이라 할 수 있다. 다음으로 선배 경학자들의 경설에 대하여 자신의 견해를 중심에 두고 억지 해석을 한다고 비판한 점을 주목해야 할 것이다. 이는 곧 조선 주자학파 경학자들의 경설이 주자의 이기심성론으로 채색된 것에 대한 비판인 것이다. 이에 박세당은 주석에 의거하지 않고 경문에 나아가 『논어』를 해석하고 있다. 『논어사변록』에서 예를 살펴보기로 하자.

❶ 『논어』 「위정(爲政)」16장. 子曰: "攻乎異端, 斯害也已."

범씨(范氏)는 말하기를, "공(攻)은 오로지 다룬다는 뜻이니, '이단을 오로지 다루면 해로움이 심하다.'"라고 하였는데, 주자의 주석에서도 이 말을 따랐다. 어떤 이는 말하기를, "공(攻)은 치는 것이요, 이(已)는 그치는 것이니, 이단을 치면 해로움을 그치게 할 수 있다는 것이다."라고 하였다. 두 해설이 같지 않으나 모두 천루한 병폐가 있다. 대개 이단을 다루면 해가 된다는 것과, 이단을 치면 해로움이 그친다는 것은 설명할 필요도 없이 어리석은 사람도 알 일인데, 성인이 어찌 이렇게 말을 했겠는가. 또 누가 이단인 줄을 알면서도 오로지 다룰 자가 있겠는가. 공자께서 일찍이 말씀하시기를, "사람으로서 어질지 못한 자를 너무 미워하면 난리가 일어난다."고 하였으니, 나의 생각으로도 아마 이 글의 뜻이 그 말과 같을 듯하다. 비록 이단이라 할지라도 이를 공격하는 것이 너무 지나치면 도리어 해가 되는 수도 있을 것이다.[429]

---

428) 『論語思辨錄』, 「學而」5장. "然學者於聖人之言, 必先求所以言之旨, 虛心遜志, 以深體之.……若先自立標準, 盡驅經義納於其中, 恐未可也."

429) 『論語思辨錄』, 「爲政」16장. "范氏謂攻, 專治也. 專治異端, 爲害甚矣, 註從之. 或謂攻, 伐也, 已, 止也. 攻伐異端, 害可以止. 二說不同而皆病於淺陋. 夫治異端而爲害. 與

❷『논어』「향당(鄕黨)」12장. 廐焚, 子退朝曰: "傷人乎不?" 問馬.

선유(先儒)들은 모두 사람이 다쳤을까 두려워한 마음에 말에 대해 물을 겨를이 없었던 것이니, 이는 사람은 귀하고 짐승은 천하기 때문이라고들 말하였다. 그러나 혹 어떤 사람은, "사람이 다쳤는가? 다치지 않았는가?"(傷人乎不)라고 '불'(不)자까지 구절을 띄는 것이 옳다고 하였으니, 대개 먼저 사람을 물은 뒤에 말을 물었다는 주석이다. 지금 이치를 따져 본다면, 혹자의 말이 옳을 것이다. 마구간이 탔으면 말도 묻는 것이 인정상 당연한 이치요, 성인이 먼저 사람을 묻고 뒤에 말을 물었다고 하면 사람이 상했을까 두려워한 뜻이 많은 것으로, 사람과 짐승의 귀하고 천한 것이 각각 이치에 마땅한 것임을 알 수 있다. 만일 말에 대해 묻지 아니했다면 자못 사람의 떳떳한 정도 아니며, 사리에도 온전하지 못한 것이다. 말이 비록 천한 짐승이라 할지라도 군자는 진실로 해진 휘장이라도 주어 죽은 것을 덮어 주기를 잊어버리지 아니한다고 하였는데, 하물며 마구간이 탔는데도 말의 죽고 사는 것까지 묻지 않았다면 옳겠는가.[430]

먼저 ❶의『논어』「위정」16장(子曰: "攻乎異端, 斯害也已.")에 대하여 주자는 범씨의 견해를 받아들여 "이단을 전공하면 해로울 뿐이다."라고 해석하였다. 그런데 박세당은 주자의 이러한 해석에 대하여 이단을 전공하면 해로운 것은 설명할 필요도 없이 어리석은 사람도 아는 일인데 성인이 이런 것을 말했을 리는 없다고 하였다. 그러고서『논어』「태백」10장의 "사람으로서 어질지 못한 자를 너무 미워하면 난리가 일어난다."(子曰: "人而

伐異端而害止, 不待費說, 愚夫猶知, 聖人何爲於此. 且孰有知其爲異端而欲專治之者乎? 夫子嘗曰人而不仁, 疾之已甚, 亂也. 愚意恐此章之義, 亦如此, 雖異端而若攻擊之太過, 則或反爲害也. 然亦不敢自信其必然耳."

430)『論語思辨錄』, 「鄕黨」12장. "先儒皆以爲恐傷人之意多故未暇問馬, 是得貴人賤畜之理. 或人又謂傷人乎不, 當爲一句, 蓋先問人而後問馬也. 今以理求之, 恐或說爲得, 蓋廐焚而問馬, 人情之常而理亦當然, 聖人先問人而後問馬, 此可見恐傷人之意多而人畜貴賤各當其理矣. 若曰遂不問馬則殆非人之常情, 其於理亦未爲盡. 馬雖賤畜, 君子固不忘弊帷之施, 況於廐焚而不問其死生, 可乎?"

不仁, 疾之已甚, 亂也.")라는 경문을 근거로 삼아서, 이 경문은 "이단이라 할지라도 이를 공격하는 것이 너무 지나치면 도리어 해가 된다."라고 해석하였다. 이 경문에서 주자는 '공'(攻)을 '전공하다'로 본 반면, 박세당은 '공'(攻)을 '공격하다'라고 파악한 것이다. 그리고 자신의 이러한 주장을 뒷받침하기 위해서 『논어』의 다른 구절을 증거로 삼기도 하였다.

다음으로 ❷의 『논어』「향당」12장(廐焚, 子退朝曰: "傷人乎不?" 問馬.)에 대한 박세당의 해석을 살펴보자. 종래 주자는 이 경문을 "廐焚, 子退朝曰: '傷人乎?' 不問馬."라고 끊어 읽었는데, 이렇게 구두를 하면 "마구간이 불탔거늘, 공자께서 조정에서 퇴근하셔서 '사람이 다쳤느냐?'라고 물으시고는, 말에 대해서는 묻지 않으셨다."라고 해석된다. 그런데 박세당은 이 경문을 "廐焚, 子退朝曰: '傷人乎不?' 問馬."라고 끊어 읽었다. 이렇게 구두를 하여 읽으면 "마구간이 불탔거늘, 공자께서 조정에서 퇴근하셔서 '사람이 다쳤느냐? 다치지 않았느냐?'라고 물으시고는, 말에 대해서도 물으셨다."라고 해석된다. 그러면 왜 주자와 다르게 위와 같이 해석하였는가? 박세당은 인간의 심리상, 마구간이 불탔으면 사람의 안부를 문의하고 나서 말이 다쳤는지 여부를 묻는 것이 일반적이라는 것이다.

한편 박세당의 이처럼 주자와 궤를 달리하는 『논어』 해석은, 『논어』의 중요 개념인 학(學), 경(敬), 사무사(思無邪), 무위(無爲), 충서(忠恕) 등에 대한 파악에 있어서도 주자와 견해를 달리하게 만들었다. 이 중 학(學)에 대한 박세당의 견해를 살펴보기로 하자.

■ 학(學)의 개념

『논어』「학이」1장. 子曰: "學而時習之, 不亦說乎!"

주자 : 학(學)이란 본받는다는 뜻이다. 사람의 본성은 모두 선(善)하나 이것을 앎에는 먼저 하고 뒤에 함이 있으니, 뒤에 깨닫는 자는 반드시 선각자들의 하는

바를 본받아야 선을 밝게 알아서 그 최초의 모습을 회복할 수 있는 것이다.[431)]

박세당 : 사람이 스승에게서 글을 배워 질문하고 강구하여, 처신하는 것과 사물을 처리하는 방법을 알려고 하는 것을 '학'이라 한다.……배운다 함은 본받는 것이라고 해석할 수도 있으나, 단지 본받는다고만 말하면 스승에게서 전해 받고 강구하며 질문한다는 뜻이 완전히 표시되지 못한 점이 있다.[432)]

『논어집주』「학이」1장의 주자주를 읽어보면, 주자에게 있어서 '학'이란 특정한 구체적 대상을 필요로 하는 것 같지는 않다. 지식과 지혜를 추구하는 행위 뿐 아니라, 좌여시(坐如尸), 입여제(立如齊), 곧 앉고 서고 하는 일상적인 행위도 모두 학의 대상인 것이다. 그리고 학(學)의 방법은 선각자가 하는 모든 것을 본받는 것이다. 그런데 주자의 이러한 학에 대한 개념은 학의 범주를 확장한 면이 없지 않지만, 그 확장으로 인해 구체성이 결여된 점도 있다. 즉 모든 것을 본받고 배운다는 것은, 구체적으로 무엇을 배워야 할 것인가에 대한 방향성을 결여하게 만든다. 이에 박세당은 '학'을 주자식으로 설명하면 배움이란 단어에 분명하게 내재되어 있는 구체적 특징을 상실하게 된다고 보고서, 구체적이고 실천적인 개념으로 '학'을 재규정한다. 바로 스승에게서 글을 배워 질문하고 궁리하여 이를 삶에 적용시키는 것으로 말이다.

이상에서 살펴본 박세당의 『논어』 해석은 조선 논어학사에서 매우 독특한 지위를 지닌다. 우선 ❶에서 보듯이 당대까지의 『논어』 해석의 절대적 준거였던 주자의 『논어』 해석에서 탈피하여, 다른 경문으로 해당 경문을 해석하고자 한 이경증경(以經證經)의 해석 방법을 보여준다는 점에서

431) 『論語集注』, 「學而」1장. "學之爲言, 效也. 人性皆善, 而覺有先後, 後覺者必效先覺之所爲, 乃可以明善而復其初也."

432) 『論語思辨錄』, 「學而」1장. "人從師讀書質問講究, 求知行己處物之方, 是謂之學.……學雖可訓爲效, 但只言效則恐於傳受講質之義或有未備."

주목할 만하다. 또한 ❷에서 보듯이 자신의 독자적인 경문 이해에 근거하여 어느 누구의 주석에도 의지하지 않고 『논어』를 해석해 내는 대목도 조선 논어학사에서는 보기 드문 태도라고 할 수 있다.

그런데 그의 이러한 『논어』 해석은 『논어』의 '학'의 개념을 재규정하는 데서 보듯, 주자학파 논어학의 중심주제인 추상적 이기심성론에서 탈피하여 구체적 실천을 강조하는 것이 그 기저를 이루고 있다. 당시 주자학의 절대적 존신의 풍조에 비추어 본다면, 박세당의 이러한 『논어』 해석 태도는 주자학자들에 의해 '사문난적'이라는 지목을 받을 여지가 다분했다고 할 수 있다.

이상으로 우리는 17세기 조선 논어학의 중요 지점을 송시열, 김창협, 박세당의 『논어』 해석을 통하여 살펴보았다. 17세기는 조선 논어학사에서 서인 노론 계열의 일군의 학자들에 의해 주자의 『논어』 주석의 권위가 확립되는 시기였다. 여기에는 16세기 퇴계의 논어학에 대한 비판이 한 축을 이루었고, 주자의 『논어』 주석서들에 대한 정리와 정치한 분석이 또 다른 한 축을 이루었다고 할 수 있다. 17세기 조선 논어학의 이 같은 주된 기류에 반해, 『논어』 경문의 독자적 해석을 추구하거나 『논어』 이해의 중심을 주자학의 형이상학적 맥락이 아닌 현실에서의 구체적 실천에서 찾고자 하는 해석의 경향도 발생하였다. 권득기의 『논어참의』나 조익의 『논어천설』이 그 단초를 열었다면, 박세당의 『논어사변록』은 이러한 경향을 대표하는 『논어』 주석서라고 할 수 있다. 조선의 논어학사를 시기적 구분이 아닌 학파적 구분으로 나누어서 파악한다면, 박세당의 이러한 『논어』 해석은 실학파 논어학의 가장 선명한 모습을 보여주는 최초의 실례라고 할 수 있을 것이다. 그리고 또 하나 이 시기 『논어』 해석에서 특기할 만한 것은 퇴계학통에 속하는 경학자들의 완정된 『논어』 주석서가 거의 보이지 않는다는 점이다.

③ 18세기-유장원, 유건휴, 이익

17세기 조선의 논어학이 서인 노론인 우암학파에 의해 주도되면서 이에 대응할 만한 실학파 논어학의 단초가 마련되었다면, 18세기 조선의 논어학은 보다 더 풍부한 양상을 보여주고 있다. 우선 조선 양명학파 논어학의 출발점인 정제두의 『논어설』이 등장하였으며, 17세기에는 보이지 않던 퇴계학파의 논어학이 유장원과 유건휴에 의해 재등장하였다. 그리고 어유봉과 최좌해에 의해 우암학통의 논어학이 계승되기도 하였다. 또한 이익에 의하여 조선 실학파 논어학의 또 다른 전형이 제시되었으며, 위백규와 홍대용의 논어학도 주자학파의 논어학과는 다른 성향을 보여주었다.

18세기 조선의 논어학사에서 획기적 의미를 지닌 『논어』 주석서를 들라면, 퇴계학맥에 속하는 유장원의 『논어찬주증보』와 유건휴의 『동유논어해집평』, 그리고 실학파 『논어』 주석의 또 다른 전형을 창출했다고 평가받을 수 있는 이익의 『논어질서』를 들 수 있겠다. 이에 그 내용을 차례대로 고찰하고서 의미를 살펴보기로 하겠다.

퇴계의 수제자인 이덕홍 이후 영남의 퇴계학파에서는 거의 한 세기 동안 완정된 형태의 『논어』 주석서가 나오지 않았다. 그러다가 유장원과 유건휴에 이르러 조선 논어학사에서 특기할 만한 『논어』 주석서인 『논어찬주증보』와 『동유논어해집평』이 지어졌다.

유장원은 대산(大山) 이상정(李象靖, 1711~1781)의 문인으로 이종수(李宗洙), 김종덕(金宗德) 등과 함께 호문삼로(湖門三老)로 불렸던 인물이다.[433] 『사서찬주증보』는 그가 57세 되던 1780년에 편집한 책으로, 『논어찬주증보』는 이 중에 하나이다. 유장원이 이 책의 범례에서 "정주의 학설을 위

---

433) 이하 『論語纂註增補』의 내용에 관한 서술은 주로 안병걸 교수의 「동암 유장원의 경학사상」(『퇴계학』창간호, 안동대학교 퇴계학연구소, 1989)에 근거하여 정리하였다.

주로 하여 정의, 집략, 대전, 혹문, 어류 등 오서(五書)에서 인용한 것을 정행으로 기록하고 나머지는 쌍주로 하였다."라고 하였듯이, 『논어찬주증보』는 기본적으로 중국 주자학파의 『논어』 주석을 『논어집주』를 중심으로 광범위하게 채록하여 놓은 책이다. 특히 쌍주로 처리해 놓은 부분은 원명대 주자학파의 『논어』 주석이 다수를 차지하며, 조선 학자들의 견해도 소수 실려 있는데 퇴계의 논어설이 10조목으로 가장 많다. 한편 『논어찬주증보』 본문의 위에 첨주로 기록된 유장원의 안설(按說)은 45조목으로 그 내용은 주자의 학설을 『논어집주』의 기사와 관련시켜 검토한 것이 대부분이며, 주로 『논어집주』와 주자의 여타 『논어』 해석과의 상이함을 지적하는 내용들로 채워져 있다. 그러나 유장원은 이 내용상의 모순만을 지적했을 뿐이지, 그 중에 어떤 것이 정론이라고 단안을 내리지는 않았다.

이에 『논어찬주증보』의 기본적 성격을 『논어집주』를 중심으로 한 중국 주자학파 논어설의 집성이라 규정할 수 있을 것이다. 한편 이 책은 주자 언론(言論)의 동이(同異)에 관한 자료를 정리해 놓았는데, 이는 역시 주자 논어설의 본지에 대한 탐색의 일환이라 할 것이다. 이렇게 보면 유장원의 『논어찬주증보』는 중국 주자학파의 논어설을 집성해 놓은 의의를 넘어서, 퇴계에서 비롯되어 이덕홍에게로 이어졌던 주자의 『논어』 주석학에 대한 정치한 탐구의 결실이라고 평가할 수 있을 것이다. 한편 유장원의 제자 중에 유건휴라는 걸출한 경학가가 나와서, 그의 스승과는 또 다른 방향에서 퇴계학파의 『논어』 주석사에 의미 있는 저술을 남겼다.

유건휴는 유장원을 사사하여 경학 연구의 일가를 이룬 학자이다. 그가 지은 『동유논어해집평』(『동유사서해집평』)은 16세기에서 19세기 초반까지 조선 학자들의 논어설만을 집성해 놓은 책으로, 조선 논어학사 연구에 있어서 상당히 중요한 『논어』 주석서이다. 그러면 『동유논어해집평』의 경학적 특징을 살펴보기 위하여, 『동유논어해집평』에 인용된 인물과 인

용 빈도를 학파에 따라 분류해 보면 다음과 같다.[434)]

퇴계학파 : 이상정(1711~1781) 61조목. 퇴계(1501~1570) 25조목. 유장원(1724~1796) 14조목. 이재(1657~1730) 10조목. 권병(權炳, 1723~1772) 9조목. 유범휴(柳範休, 1744~1823) 5조목. 배상열(裵相說, 1759~1789) 4조목. 정경세(1563~1633) 3조목. 김종덕(1724~1797) 3조목. 조목(1524~1606) 2조목. 김낙행(金樂行, 1708~1766) 2조목. 이휘일(1619~1672) 2조목. 권구(1672~1749) 1조목. 이현일(1627~1704) 1조목. 김성탁(1684~1747) 1조목.

율곡학파 : 박세채(1631~1695) 45조목. 김창협(1651~1708) 17조목. 송시열(1607~1689) 4조목. 이이(1536~1584) 1조목. 김장생(1548~1631) 1조목.

미상 : 조술도(趙述道) 1조목. 이기주(李箕疇) 1조목.

위의 분류에 의거하면, 유건휴는 『동유논어해집평』에서 총22인의 조선 학자들의 『논어』 주석서에서 213조목을 인용하고 있다. 그리고 그 인용범위는 퇴계학파와 율곡학파에 걸쳐 있다. 여기서 우리는 유건휴가 특정학파의 논어설만이 아닌, 16세기에서 19세기 전반까지의 조선 경학가들의 논어설의 핵심을 수집하려고 노력했음을 알 수 있다. 그런 점에서 이 책은 조선 경학자들의 논어설의 보고라고 할 수 있다. 또한 『동유논어해집평』은 현재는 볼 수 없는 조선 경학자들의 논어설도 수집해 놓았다는 점에서 그 자료적 가치가 적지 않다고 할 수 있다.

그러나 그 인용 빈도에서 보듯이 『동유논어해집평』은 기본적으로 영남퇴계학파 논어설의 집성이라 할 수 있다. 특히 그의 스승의 스승인 이상정과 퇴계학파의 비조인 퇴계의 논어설을 집중적으로 채록해 놓았다는

434) 이에 대한 상세한 분석은 이영호, 「퇴계 『논어』 해석의 경학적 특징과 그 계승양상」, 228~229면 참조.

데서, 유장원 논어학의 중요한 특징이 사설(師說)의 준수임을 알 수 있다. 한편 이 책의 내용에는 조선 주자학의 중심과제인 이기심성론과 수양론에 관한 조선 학자들의 언설이 그 핵심에 자리하고 있다. 때문에 우리는 유장원 논어학의 또 다른 중요한 특징으로 주자학의 이기심성론과 논어학의 접맥 양상을 들 수 있다. 이에 관한 자세한 분석은 후술하겠다.

앞서 살펴보았듯이 16세기 퇴계와 이덕홍의 논어학의 기본적 지향은 주자학파의 논어학에 대한 정치한 분석, 주자의 이기심성론과 논어학의 접맥, 사설의 계승이었다. 그러므로 이상에서 정리한 18세기 경학자였던 유장원과 유건휴의 논어학은 기본적으로 퇴계학파 논어학의 계승이라 할 수 있다. 특히 유장원은 중국 주자학파의 논어설에 대한 정리를 통해서, 유건휴는 주자의 이기심성론과 논어학의 접맥 그리고 퇴계학파의 논어설을 중심으로 한 조선 주자학파의 논어설에 대한 정리를 통해서 퇴계학파의 논어학을 충실하게 계승해 내었다고 할 수 있다.

이처럼 퇴계학파의 논어학은 18세기에 이르러 영남퇴계학통에 속하는 유장원과 유건휴라는 걸출한 경학자들에 의해 계승이 되었다. 그러나 이들의 논어학에서 우리는 퇴계의 논어학이 지녔던 경문의 본지에 관한 독자적 해석의 추구를 찾아볼 수가 없다. 이 점은 아무래도 조선 실학파의 종장으로 평가받는 이익에 의해 구현되었다고 할 수 있다.

이익은 『논어집주』를 중시하였지만, 주자의 논어설에 얽매이지 않고 『논어』를 자득적으로 이해하여 그 본지를 파악하려고 하였다. 이른바 경문의 본지 추구인 셈이다. 그런데 이러한 『논어』 경문의 본지를 추구함에 있어서 이익이 선택한 방법론은 또한 조선 실학파 경학의 중요한 지점을 확보하고 있다. 바로 이사증경(以史證經)의 자세이다. 이익은 『논어』를 해석할 때, 특히 『춘추좌씨전』을 중요 논거로 들고 있다. 주자와 다른 해석을 할 때나, 『논어』 경문의 의미를 보다 더 구체적으로 드러낼 필요가 있다고 여겨질 때, 거의 대부분 『춘추좌씨전』을 비롯한 오경의 기록에 의거

하여『논어』 경문의 본의와 그 이면적 정황을 세밀하게 추적해 나갔다.[435)]

이익의 이 같은 '이사증경'의 주석은 박세당의 독자적 해석의 추구와 더불어 조선 논어학사에서 특기할 만한 경설이라고 할 수 있다. 한편 이익의 『논어』 해석의 또 다른 특징으로 『논어』의 중요 개념에 대한 새로운 견해를 들 수 있다. 그는 인(仁), 리(利), 사무사(思無邪), 성인(聖人) 등에 관해서 다소 새로운 견해를 내놓았다. 이 중에서 이익의 인과 리에 대한 해석을 살펴보면, 인에 있어서의 현실적 사랑(감정)의 중시, 공적인 이익 추구의 정당화 등, 종래 주자학파의 『논어』 해석의 내용이 주로 주자의 견해에 매몰되어 있음에 비해 현실과 이윤을 중시하는 이른바 실학파의 사상적 특징을 경학에도 적용시키고 있다. 이에 관한 상세한 분석은 후술하기로 하겠다.

이상으로 우리는 18세기 조선의 논어학을 살펴보았다. 18세기는 양명학파, 퇴계학파, 우암학파, 실학파 등 조선 논어학의 가장 다채로운 양상을 보여준 시기라고 할 수 있다. 그러나 경학사적 관점에서 본다면, 퇴계학파와 실학파의 종장인 이익의 논어학이 매우 유의미하다고 할 수 있다. 퇴계학파의 논어학은 한 세기를 걸러 등장하여 그 일신된 면모를 보여주었으며, 이익의 논어학은 실학파 논어학의 또 다른 전형을 드러내어 주었기 때문이다. 이 시기 퇴계학파 유장원의 논어학은 중국 주자학파의 논어학을 집성하고 이를 통해 주자 논어학의 본의를 찾고자 하였으며, 유건휴의 논어학은 퇴계학파의 논어설을 중심으로 조선 경학자들의 논어설을 집록하여 놓은 것으로 주자의 이기심성론과 논어학의 접맥, 그리고 사설의 준수라는 측면을 통해서 퇴계학파의 논어학을 계승하였다고 할 수 있다. 한편 이익은 주로 역사서-『춘추좌씨전』-를 보조 자료로 삼

435) 예를 들어『國譯 星湖疾書-論語』, 「학이」13장을 보면『춘추좌씨전』, 『공자가어』, 『예기』, 『의례』 등을 방증자료로 삼아 경문의 본의를 파악하려 하였다.

아 『논어』 경문의 본의를 탐색하거나 『논어』 경문의 의미를 천발하는 '이사증경'의 방식을 『논어』 해석에 도입하여, 실학파 논어학의 또 다른 일면을 보여주었다.

④ 19**세기-정약용, 이진상, 박문호**

19세기 조선의 논어학은 18세기 논어학의 양상을 계승하면서, 조선 논어학의 대미가 어떠했는지를 보여주고 있다. 이 시기에 이진상과 곽종석은 퇴계학파 논어학의 독자적 위상을 보여주었으며 전우, 박문호, 이해익은 우암학파 논어학의 계승적 면모를 잘 보여주었다. 그리고 정약용과 심대윤은 조선 실학파 논어학의 전형을 보여주었다. 여기에서는 퇴계학파의 이진상, 율곡학파의 박문호, 실학파의 정약용의 『논어』 해석 양상을 살펴봄으로써, 19세기 조선 논어학의 특징을 고찰해 보고자 한다.

정약용이 저술한 『논어고금주』는 조선 실학파 『논어』 주석의 일신된 면모를 보여줄 뿐 아니라, 그 광대하고도 정치한 고증으로 인해 조선 논어학의 지평을 한 단계 제고시킨 『논어』 주석서이다. 일찍이 김영호 교수는 『논어고금주』에 등장하는 여러 항목들을 타가의존해석법(他家依存解釋法), 자가독창해석법(自家獨創解釋法)으로 나누어서 파악하고, 다음과 같이 설명을 붙였다.[436]

❶ 타가의존해석법

① 인증(引證) : 『논어』를 제외한 기타 경서와 주석, 사서, 문집 등에서 근거를 찾아 『논어』 원문 해석의 증거로 삼는 경우.

② 고이(考異) : 『논어』 원문의 이동(異同)에 대한 것으로, 『논어』의 여러 판본은 물론 석경과 다양한 주석까지 참조하여 『논어』의 원형을 복원하려는 경우.

436) 김영호, 「정다산의 『논어』 해석에 관한 연구」, 성균관대 박사논문, 1993, 43~44면 참조.

③ 사실(事實) : 『논어』 원문이 그 성격상 어떤 사실의 전후관계를 생략한 채 결과만 서술한 것이 많으므로 사건의 전말을 여러 서적에서 인용하여 증거로 제시하는 법.

❷ 자가독창해석법

① 보왈(補曰) : 단어, 어구, 내용에 대한 기존의 해석이 부족하거나 미진한 경우에 보충해서 재해석 한경우.

② 박왈(駁曰) : 기존 해석의 오류에 대하여 정면으로 반박하고 자신의 견해를 표출한 경우.

③ 안(按) : 기존의 경설에 대하여 단안을 내리거나, 기존의 경설을 자신의 주장으로 유도하는 방법

④ 질의(質疑) : 어떤 중요한 개념이나 문제에 대하여 기존 해석의 오류를 지적하고 자신의 견해를 주장하는 방법.

위의 ❶ 타가의존해석법에서 '인증'과 ❷ 자가독창해석법에서 '질의'는, 정약용 논어학의 특징을 잘 드러내 주는 부분이다.

먼저 '인증' 항목을 살펴보면, 정약용은 자기 『논어』 해석의 근거로 한중일의 경사자집 서적을 종횡으로 인용하고 있다. 실례로 『논어고금주』 「학이」에서 인용한 서목을 분석해 보면 약 30여 종의 서적을 인용하고 있는데,[437] 중국의 경우 한대에서 청대에 이르기까지 여러 학자들의 전적을 참고하였다. 또한 일본의 에도 시대 사상가들의 경설과 조선의 당대

437) 인용서적을 예시하면 다음과 같다. 『주역』, 『시경』, 『서경』, 『예기』, 『이아』, 『대대예기』, 『효경』, 『춘추좌씨전』, 『춘추공양전』, 『맹자』, 『설문해자』, 『논어집해』, 『논어집해의소』, 『논어정의』, 『상서정의』, 『경전석문』, 『논어집주』, 『四書賸言』, 『四書困勉錄』, 『論語古訓外傳』, 『사기』, 『한서』, 『후한서』, 『陳書』, 『순자』, 『신서』, 『관자』, 『여씨춘추』, 『공자가어』, 『困學紀聞』, 『주자어류』, 『徐氏筆精』.

학자들의 경설도 광범위하게 채집하여 자기 논어설의 증거로 삼았다.[438] 정약용이 이렇게 광범위하게 여러 학자들의 경설을 인용하여 자기 경설의 참고 자료로 삼았다는 것은, 그 형식적 면에서 보자면 주자학을 비교적 덜 의식하는 지점에서 『논어고금주』를 저술하였음을 의미한다고 할 수 있다. 왜냐하면 기존의 『논어』 주석서들은 주자의 『논어』 주석에 찬동하든 비판하든 거의 대부분 주자 논어학의 자장에 머물면서, 주자학파의 논어설을 분석의 대상으로 삼고 있기 때문이다.

한편 『논어고금주』의 내용적 특징을 잘 드러내 주는 부분을 우리는 '질의'에서 찾을 수 있다. '질의'는 어떤 중요한 개념이나 문제에 대하여 기존 해석의 오류를 지적하고 자신의 견해를 주장하는 방법으로, 정약용의 사상이 가장 선명하게 『논어』 주석서 내로 투영된 부분이기 때문이다. 실례로 인(仁)의 개념에 대한 정약용의 독창적 주장은 '질의'를 통해 구현되고 있는데, 이 점을 좀 더 살펴보기로 하자.

주지하다시피 주자는 『논어집주』에서 '인'에 대한 정의를 '사랑의 이치, 마음의 덕'(愛之理, 心之德)이라고 내렸다.[439] 즉 주자의 인은 사랑이나 마음과 같은 구체적 정감이 아니고 그것을 가능케 하는 원리 또는 천부적인 덕성이다. 그런데 정약용은 주자의 이 같은 정의에 대하여 견해를 달리한다. 정약용이 생각하는 인은 본심에 내재되어 있는 천부적이고 완전한 덕성이 아니다. 이것은 현실에서의 다양한 인간관계 속에서, 자식은 자식의 자리에서, 부모는 부모의 위치에서, 신하는 신하의 자리에서, 임금은 임금의 위치에서 상대방에게 온 애정을 쏟으면서 자신의 역할을 다

438) 일본 학자들의 설은 伊藤維禎-3회(반대3), 荻生雙松-50회(지지6, 소개8, 반대36), 太宰純-148회(지지23, 소개75, 반대50)로 인용하였으며, 조선 학자들의 설은 權哲身-2회, 李森煥-1회, 李秉休-2회, 丁若銓-1회, 李綱會-9회(제자임)로 인용하고 있다.(김영호, 앞의 논문, 210면~222면 참조)

439) 『論語集注』, 「學而」2장. "仁者, 愛之理, 心之德也."

했을 때만이 성립되는 명칭이다.[440] 즉 인은 내재적 리가 아닌 현실에서 실천했을 때만이 성립 가능한 개념인 것이다. 이처럼 인에서 천부론적 측면을 탈각시키고 실천론적 개념을 도입시킨 정약용의 인(仁) 해석은 조선의 『논어』 주석사에서 실로 전무후무하다고 할 수 있다.

이상에서 살펴본 정약용의 논어학은 조선에서는 보기 드물게 주자학적 자장에서 자유롭다. 형식적 측면에서 보면 주자학파의 『논어』 주석서들에 매몰되지 않았으며, 내용적 측면에서 보면 주자가 구축한 유학의 핵심적 이념-예컨대 '인'-과 견해를 달리하였기 때문이다. 이는 조선 주자학파의 논어학의 핵심 내용이 주자학파의 『논어』 주석에 대한 정치한 분석과 그 이기심성론에 대한 탐구로 이루어져 있음을 상기해 본다면, 상당한 변별적 요소라 하겠다. 그리고 정약용 논어학의 이러한 변별적 요소들은 그 자체로 조선 실학파 논어학의 한 지점을 선명하게 보여 준다고 할 수 있다. 그러나 정약용의 이러한 논어학이 주자학과 완전하게 대척점에 서 있는가 하는 문제는 별도의 고찰을 요한다. 이는 조선의 실학파 경학과 주자학파 경학의 연속 혹은 단절의 층위를 다루는 것으로, 이러한 연구는 기본적으로 실학의 성격 규정에도 의미 있게 작용할 수 있다. 이에 대해서는 후술하기로 하겠다.

19세기에 들어와 정약용의 논어학이 조선 논어학사에서 특기할 만한 봉우리를 이루었다면, 이 시기 퇴계학파의 거두였던 이진상은 또 다른 측면에서 조선 논어학사에서 주목을 요하는 학자이다.

이진상(1818~1886)은 영남퇴계학파의 주류가 기거하고 있던 안동 지역에서 조금 떨어진 성주에 살면서 활동한 조선 후기의 저명한 주자학자로

440) 『論語古今註』, 「顔淵」1장. "[質疑] 『集注』曰: '仁者, 本心之全德.' 案, 仁者, 人也. 二人爲仁, 父子而盡其分則仁也. 君臣而盡其分則仁也. 夫婦而盡其分則仁也. 仁之名, 必生於二人之間. 近而五敎, 遠而至於天下萬姓, 凡人與人盡其分, 斯謂之仁.……從來仁字, 宜從事爲上看.(非在內之理.)"

서, 그 혈통과 당파 그리고 사승 관계에 있어서는 영남퇴계학파에 속한다고 할 수 있다. '조선 이학의 육대가'의 한 사람으로 평가받기도 하는 이진상은 성리사상에서뿐 아니라, 조선 『논어』 주석사에서도 매우 특기할 만한 주석서인 『논어차의』를 44세에 저술하였다.

『논어차의』에는 주자의 주석을 세밀하게 풀이하는 곳이 있는가 하면, 주자주를 원용하는 글쓰기의 흔적이 곳곳에 보인다. 이렇게 본다면 이진상의 논어학은 조선 주자학파의 논어학과 별반 차이가 없다. 그런데 좀 더 세밀하게 『논어차의』를 읽어보면, 조선 주자학파의 『논어』 독법과 차이가 나는 지점을 발견할 수 있다. 우선 이진상은 『논어집주대전』의 소주에 대해서 무관심하다. 그리고 주자주라 하더라도 절대시하지 않고 활간을 해야 한다고 주장한다.[441] 활간의 독법은 기존의 주석을 객관화시켜 볼 수 있는 관점을 제시할 수 있기에, 이진상은 비록 주자학의 범주 내에서이기는 하지만, 주자주에 대한 비판적 관점을 제시하기도 하였다. 그리고 종내는 주자주와 소주라는 가교 없이 경문으로 직접 다가가서 자신이 견지하는 주리론적 이념으로 경문을 새롭게 이해하곤 하였다. 이처럼 주자주와 소주라는 가교 없이 경문으로 직접 다가가서 자신이 견지한 주리론적 사유에 의거하여 『논어』를 해석하는 이진상의 설경 자세는 퇴계학파의 『논어』 주석 전통에서 매우 의미 있는 일이다. 앞서 살펴보았듯이 퇴계의 논어학은 주자학파 논어학에 대한 심층적 이해와 독자적 설경이라는 양대 축으로 구성되어 있었는데, 퇴계의 후학들은 전자만을 계승하고 후자는 계승하지 못했다. 오히려 퇴계 논어학의 후자적 요소는 근기퇴계학파라 불리는 실학파의 이익과 정약용에 의해 그 정신이 계승되었다고 볼 수 있다. 그런데 19세기 이진상에 이르러 퇴계 논어학의 독자적

441) 『論語箚義』, '顔子好學章'. "朱子言聖人無怒, 何待於不遷, 當活看. 聖人非無怒, 但不有其怒, 怒在物而不在己."

설경의 정신이 계승되었다고 할 수 있다. 이런 점에서 보면 퇴계 논어학의 독자적인 설경 정신은 그 시작과 끝 지점에서 빛을 발하였다고 할 수 있는데, 바로 이진상의 논어학이 있음으로 인해서 가능했던 것이다. 이진상 논어학의 이러한 특징에 관해서는 아래 장에서 상술하기로 한다.

퇴계학파에서 이진상이 나와 퇴계 논어학의 끊어졌던 전통을 계승하였는 데 반해, 우암학파에서는 이 시기에 이만한 의미를 지닌 『논어』 주석서가 저술되지 않았다. 그렇지만 이 시기에 지어진 박문호의 『논어집주상설』은 눈여겨볼 만하다.

박문호는 평생 관직에 나아가지 않고 학문 연구로 일생을 마쳤는데, 『사서집주상설』 외에 수많은 경학 관련 저술을 남겼다. 『논어집주상설』은 바로 이 『사서집주상설』의 일부로, 그 체제를 살펴보면, 먼저 『논어』의 경문과 거기에 해당하는 주자의 『논어집주』를 제시하고 그 사이에 작은 글자로 자세한 설명을 가하는 방식을 취하였다. 설명은 먼저 『논어집주대전』의 소주에서 필요한 것을 골라 주자주에 맞추어 끼워 넣고, 다음에 중국의 역대 주자학자에서부터 조선의 선현들에 이르기까지의 논어설 가운데 도움이 될 만한 해석을 취하였으며, 간간이 자신의 의견을 보충하는 식으로 되어 있다. 『논어집주상설』의 이러한 체제는, 실상 『논어집주』의 사전적 구성으로서의 의미를 가진다고 할 수 있다. 실제로 『논어집주상설』을 읽어보면, 『논어』 해석에서 새로운 의미의 발양은 드물고, 『논어집주』의 난해한 글자나 구절에 대한 의문을 간명하고도 명쾌하게 해결해주는 방식으로 책이 구성되어 있기 때문이다. 그런데 『논어집주상설』의 이 같은 특징은 우암학파에서 상당한 의미를 지닌다.

주지하다시피 송시열이 『주자대전차의』의 집필을 시작한 이래, 이항로에 이르러 『주자대전차의집보』라는 이름으로 완성되었는데, 이 책의 기본적 성격은 주자문집사전이라 할 수 있다. 한편 송시열의 후학인 이의철(李宜哲, 1703~1778)은 『주자어류고문해의(朱子語類考文解義)』를 저술하였는데, 이 책은 일종의 주자어류사전이다. 주자학의 세 축이 주자의 문집과 어류, 그리고 경학이라고 할 때, 우암학파에 의해서 동아시아에서 최초로 주자의 문집과 어류의 사전이 만들어졌다. 그리고 박문호에 와서 『사서집주상설』이 저술됨으로써, 주자 경학에 관한 사전이 만들어졌다고 할 수 있다. 이로써 우암학파에 의해서 주자의 문집, 어류, 경학의 사전이 완성되었으니, 가히 주자의 학문에 대한 정리와 정치한 분석의 최고의 형태라고 할 것이다. 오늘날에 이르기까지 주자학에 관한 사전으로 우암학파에 의해 이루어진 저술들이 유일하다는 사실은 그 가치를 더해주고 있다.

한편 『논어집주상설』에서는 적지만 김장생, 한원진, 송시열, 김창협 등의 논어설을 소개하고 있는데, 특히 김창협의 논어설이 적은 가운데서도 인용 빈도가 높다. 이는 『논어집주상설』이 기본적으로 조선 주자학파 경학의 중요 특징인 사설의 계승에 충실한 주석서라는 의미이다.

이상으로 우리는 19세기 조선 논어학의 특징적 국면을 정약용, 이진상, 박문호 등의 논어설을 통해 살펴보았다. 그 결과 19세기 논어학은 실학파인 정약용에 의해 조선 논어학의 정점을 보여주는 『논어고금주』가 저술되었는데, 그 특징은 다양한 주석서들의 섭렵 및 현실과 실천을 중시하는 논어학이라 할 수 있다. 그리고 이진상에 의하여 퇴계에게서 보이는 독자적 경문 해석의 성향이 되살아났으며, 박문호에 의해서 우암학파의 주자 경학에 대한 사전적 정리가 완결되었다고 평가할 수 있다.

3) 조선 논어학의 특징

삼국시대와 고려시대 『논어』의 수용은 주로 경문 위주로 활발하였는데, 고려 후기에 이르러 주자의 『논어집주』가 동전됨에 비로소 『논어』 주석서로 그 관심이 옮겨 갔다. 조선에 들어와서 주자학파의 『논어』 주석서인 『논어집주대전』이 경향 각지에서 간행되고, 또 『논어』 원문이 한글로 번역됨에 따라 『논어』에 대한 학문적 연구의 토대가 마련되었다.

그러다가 16세기 조선의 대학자인 퇴계의 『논어석의』에 이르러 조선의 논어학은 진정한 학문의 영역으로 들어서게 되었다. 이에 각 시기별로 조선 논어학의 전개 양상을 살펴보면, 16세기는 퇴계와 이덕홍을 중심으로 하는 퇴계학파의 논어학이 성립된 시기이자, 이들에 의해 조선 주자학파의 논어학의 한 전형이 창출된 시기였다. 이 시기 조선의 논어학은 주자학파 논어학에 대한 심층적 이해와 정치한 분석, 그리고 주자의 이기심성론의 경학적 투사, 사설의 준수 등을 핵심 내용으로 하고 있다.

한편 17세기는 조선 논어학사에서 서인 노론 계열의 학자인 송시열, 김창협에 의해 주자의 『논어』 주석의 권위가 확립되는 시기였다. 여기에는 16세기 퇴계의 논어학에 대한 비판이 한 축을 이루었고, 주자의 『논어』 주석서들에 대한 정리와 정치한 분석이 또 다른 한 축을 이루었다고 할 수 있다. 17세기 조선 논어학의 이 같은 주된 기류에 반해, 『논어』 경문의 독자적 해석을 추구하거나 『논어』 이해의 중심을 주자학의 형이상학적 맥락이 아닌 현실에서의 구체적 실천에서 찾고자 하는 해석의 경향도 발생하였다. 박세당의 『논어사변록』은 이러한 경향을 대표하는 『논어』 주석서라고 할 수 있다. 한편 이 시기에 퇴계학파의 논어학 저술이 보이지 않는 것도 한 특색으로 들 수 있다.

18세기에는 양명학파, 퇴계학파, 우암학파, 실학파 등에서 『논어』 주석서가 발간됨으로써, 조선 논어학의 가장 다채로운 양상을 볼 수 있는 시기였다. 특히 퇴계학파의 논어학은 한 세기를 걸러 재등장하여 그 일신된 면모를 보여주고 있으며, 이익의 논어학은 실학파 논어학의 또 다른 전형을 드러내 주었다. 이 시기 퇴계학파 유장원의 논어학은 중국 주자학파의 논어학을 집성하고 이를 통해 주자 논어학의 본의를 찾고자 하였으며, 유건휴의 논어학은 퇴계학파의 논어설을 중심으로 조선 경학자들의 논어설을 집성한 것으로 주자의 이기심성론과 논어학의 접맥, 그리고 사설의 준수라는 측면을 통해서 퇴계학파의 논어학을 계승하였다고 할 수 있다. 한편 이익은 역사서–『춘추좌씨전』–를 보조 자료로 삼아 『논어』 경문의 본의를 탐색하거나 『논어』 경문의 의미를 천발하는 이사증경(以史證經)의 방식을 경전 해석에 도입하여, 실학파 논어학의 또 다른 일면을 보여주었다.

19세기 논어학은 실학파인 정약용에 의해 조선 논어학의 정점을 보여주는 『논어고금주』가 저술되었는데, 그 특징은 다양한 주석서들의 섭렵 및 현실과 실천을 지향하는 논어학이라 할 수 있다. 그리고 이진상에 의하여 퇴계에게서 보이는 독자적 경문 해석의 성향이 되살아났으며, 박문호에 의해서 우암학파의 주자 경학에 대한 사전적 정리 작업이 완결되었다.

이상에서 우리는 16세기에서 19세기에 이르는 조선의 논어학을 일별해 보았다. 각 시기마다 조선의 논어학은 독특한 특징이 있었다. 먼저 학파별로 분류해 보면 16세기는 퇴계학파가, 17세기는 우암학파의 논어학이 우세하였다. 그리고 18세기, 19세기에 들어와서는 조선의 유학사조인 주자학파, 실학파, 양명학파 등에서 모두 『논어』 주석서를 출간하였다.

한편 『논어』 주석서의 내용을 들여다보면 차별성과 동질성이 공존하고 있는데, 먼저 그 차별적 측면을 보면 조선의 주자학파 중 퇴계학파의 논어학은 비교적 그 범주가 넓어서 주자의 논어학과 『논어』 경문 자체에 대한 탐색이 공존하는 반면, 우암학파는 주자의 논어학 일존으로 흐른 감이 있다. 그리고 실학파의 논어학을 보면 박세당은 독자적 『논어』 해석을 추구하고, 이익은 역사서에 근거한 『논어』 경문의 본지를 탐색하였으며, 정약용은 다양한 주석의 섭렵 위에 실천적 지향을 『논어』 해석에 투영시켜 놓았다.

또한 조선의 논어학을 주자학파의 논어학과 실학파의 논어학으로 대별하여 살펴보면 다음과 같은 구분선이 생김을 알 수 있다. 조선 주자학파의 논어학은 이기심성론을 주제로 하는 철학적 해석학이라면, 조선 실학파의 논어학은 현실과 실천을 주제로 하는 정치학적 해석학이라 할 것이다. 그리고 전자가 대체로 주자의 경설에 대한 절대적 존숭을 그 특징으로 삼는다면, 후자는 주자의 경설에 대한 상대적 존숭의 자세를 가진다는 차이점이 있다. 마지막으로 조선의 주자학파는 『논어』를 해석함에 사설(師說)을 존숭했다면, 조선의 실학파는 비교적 경문을 중심으로 『논어』를 해석하고자 하는 지향을 지녔다는 점을 지적할 수 있다.[442)]

이렇게 다양한 특징을 구비한 조선의 논어학은 조선 중기에서 현재에 이르기까지 여러 번 회집을 거쳐서 집성되곤 하였다.

2. 조선 논어학의 회집

1) 조선 경설 회집의 양상

조선 논어학의 회집은 독자적으로 이루어진 경우도 있지만, 대체로 4서 혹은 4서5경의 회집의 일부로 이루어졌다. 때문에 조선 논어학 회집의 양상은 조선 경설의 회집 양상의 일부로 기술할 수밖에 없을 것이다.

중국에서 발원한 조선의 경학은 자국화 과정을 거치면서 주자학, 실학, 양명학(江華學), 금문학(今文學) 등의 다양한 색채를 지니게 되었다. 때문에 조선 경학은 그 다변의 측면에서 보자면 이러한 경학적 현상들을 각기 하나의 학맥으로 분류하여 그 양상을 조명할 수도 있다. 그러나 그 원류의 측면에서 보자면 단연 주자학파 경학, 그 가운데서도 퇴계의 경

442) 이에 대한 자세한 분석은, 이영호, 「『한국경학자료집성』의 자료적 특징과 그 보완 및 연구의 방향–『한국경학자료집성』 소재 『논어』 주석을 중심으로–」, 『대동문화연구』49집, 성균관대 대동문화연구원, 2005 참조.

학이 원두에 위치하고 있다. 한편 퇴계의 경학을 원천으로 하여 조선의 주자학파 경학은 퇴계학파와 율곡학파를 두 축으로 연면하게 이어져서 이른바 조선 경학의 면모를 약여하게 보여주고 있다.

그런데 퇴율학파의 일부 경학자들은 18세기와 20세기 초엽에 각기 자기 학파의 논어설 혹은 경설을 회집하여 정리하였다. 그리고 20세기 후반에 조선 경학의 경설을 망라한 경설 회집을 이룩하였으며, 이후 이를 DB화함으로써 조선의 주자학파 경설을 중심으로 여타 경설의 대부분을 정리할 수 있게 되었다.

2) 전근대 조선 주자학파 경설의 회집

조선에서 경전주석서의 목록을 정리해 놓은 최초의 서적은 조선 전기 김휴(金烋, 1597~1638)의 『해동문헌총록(海東文獻總錄)』「경서류(經書類)」이다. 이 책에서는 고려 말에서 조선 전기 이이(李珥)에 이르기까지의 경서류들을 집록하고 나서 해제를 달았는데, 단행본으로 발간된 경전 주석서뿐만 아니라, 경전 해석에 관한 짧은 산문, 또는 경전의 의미를 드러내주었다고 여겨지는 성리학적 논변까지도 모두 수록하고 있다. 그러나 이 책은 한국의 경설을 제목을 중심으로 집록하였기에, 내용 집록은 더 후대에 가서야 이루어지게 된다.

김휴 이후, 조선에서는 자국의 경설을 4번에 걸쳐 회집하였다. 조선 후기에 퇴계학파에서 2번, 율곡학파에서 2번에 걸쳐 진행하였다. 그리고 1980년대에 들어와서야 조선의 경설을 망라한 『한국경학자료집성(韓國經學資料集成)』이 편찬되었다.

조선시대 퇴계학파와 율곡학파에서 경전주석의 회집을 시도한 학자들로는 조선 후기에 권상하(權尙夏)와 유건휴(柳健休)가, 조선 말기에 서석화(徐錫華)와 이해익(李海翼)이 있다. 유건휴, 서석화는 퇴계학파에, 권상하, 이해익은 율곡학파에 속한다. 이에 차례대로 그 회집의 양상을 살펴보기로 하겠다.

권상하는 『삼서집의(三書輯疑)』라는 경전주석회집서를 저술하였다. 이 책에서 권상하는 『논어』, 『맹자』, 『중용』에 관한 중국 주자학자들의 설도 회집하였으나, 주로 조선 주자학자들의 경설–퇴계, 김장생, 송시열–을 회집해 놓고 자신의 안설(按說)을 붙였다. 권상하는 송시열의 고제였음에도 불구하고 퇴계의 경설을 이 책에서 가장 많이 회집하였다.[443] 이는 권상하 당대까지의 조선 주자학파 경학의 종주가 퇴계임을 율곡학파에서도 인정한 것이라 할 수 있다. 그리고 주자의 집주에 관한 조선 학자들의 해석을 회집한 것이 가장 많으며, 다음으로 경문 해석, 소주 해석 순으로 회집을 하였다.[444] 이는 주자의 경전주석에 대한 조선 주자학자들의 경사를 보여주는 대목이다.

유건휴는 『동유사서해집평(東儒四書解集評)』이라는 경전주석회집서를 저술하였다. 앞서 언급하였다시피, 이 책에서 유건휴는 주로 조선 주자학자들의 경설을 회집하였는데, 자신의 학통이 퇴계학통임에도 불구하고 율곡학통에 속하는 경학자들의 설을 다수 회집하였다. 앞서 상론하였듯이 그 분포를 『논어』에 한정하여 살펴보면, 퇴계학통에서는 이상정과 퇴계의 논어설이 인용 빈도가 가장 높으며, 율곡학통에서는 박세채와 김창협의 경설을 많이 인용하고 있다. 이외에도 퇴계학통에서는 이재, 유장원, 배상열, 정경세 등의 경설을, 율곡학통에서는 이이, 김장생, 송시열 등의 경설을 회집하였다. 유건휴의 시기에 오면 퇴계의 절대적 영향

443) 『論語輯疑』에 인용된 경학자들과 그 빈도는 퇴계의 설이 355조로 압도적으로 많으며, 김장생의 설이 23조, 송시열의 설이 11조목이다.(박희선, 「遂菴 權尙夏의 『三書輯疑·論語』譯註」, 고려대학교 고전번역협동과정 석사논문, 2015, 5면)

444) 『論語輯疑』에 인용된 내용을 보면, 『논어집주』에 관한 해석이 462조목, 경문 218조목, 소주 18조목, 안설 395조목이다.(박희선, 앞의 논문, 4면)

아래에서 퇴계학파에서는 이상정이, 율곡학파에서는 박세채와 김창협이 조선 주자학파 경학의 대표적 존재로 인식됨을 알 수 있다.

한편 20세기에 접어들어 퇴계학파에 속하는 청석(淸石) 서석화(徐錫華, 1860~1924)는 『경설유편(經說類編)』이라는 경전주석회집서를 저술하였다. 『경설유편』에서 서석화는 퇴계를 위시하여 퇴계학파의 적전인 이현일(李玄逸), 이상정(李象靖), 유치명(柳致明) 등 네 분의 사서삼경(七書)에 관한 경설을 회집해 놓고 있다. 때문에 이 책은 『사선생경설유편(四先生經說類編)』으로 불리기도 한다. 특히 그 인용 빈도를 보면 이상정의 경설이 다른 세 분에 비하여 많음을 알 수 있으며, 주자주와 경문에 대한 해석의 인용 빈도가 비슷하게 높고 소주는 낮다. 여기서 우리는 20세기 퇴계학파에서 정리한 자파의 경전 주석의 면모를 살펴볼 수 있는데, 그 특징은 이상정이 퇴계에 이어 퇴계학파 경학의 또 다른 한 축으로 평가받는다는 것이다.

서석화와 비슷한 시기에 용강(蓉江) 이해익(李海翼, ?~?)은 『경의유집(經疑類輯)』이라는 경전주석회집서를 저술하였다. 이해익의 생몰년은 아직 알 수 없으나, 그의 스승이 운창(芸窓) 박성양(朴性陽, 1809~1890)임을 감안한다면, 19세기 후반에서 20세기 초반을 살았음을 짐작할 수 있다. 박성양이 율곡학통에 속하기에 이해익이 남긴 『경의유집』도 당연히 율곡학파 경설의 회집서이다. 이해익은 이 책에서 사서삼경과 『소학』, 『근사록』, 『심경』 등에 관한 조선 주자학자들의 설을 회집하였다. 그 회집의 범위는 조광조, 이언적, 퇴계, 김인후, 이이, 성혼, 김장생, 송시열, 송준길, 이단상, 권상하, 이희조, 김창협 등이다. 이 중 조광조, 이언적, 퇴계, 김인후를 제외하고는 모두 율곡학파이다. 특히 김창협의 경설을 많이 회집하였다.

이해익은 『경의유집』에서 퇴율 이후는 모두 율곡학파에 속하는 학자들의 경설만을 회집하였다. 서석화의 『경설유편』이 퇴계학파에 속하는 학자들의 경설만을 회집하였음을 상기한다면, 20세기 초에 들어와 퇴율학파의 끝자락에 위치한 이 두 경학자는 모두 자파 선학들의 경설을 회집함으로써 면면이 이어져 온 조선 주자학파의 경학을 정리한 것이다.

그 양상을 다시 한 번 정리해보면, 퇴율 양 학파에서 중시한 경학자는 퇴계였다. 퇴계의 경설은 그의 제자들뿐 아니라, 율곡학파의 대유인 송시열과 박세채에 의하여 비판적으로 수용되었고, 이후 18세기에서 20세기 초까지 이어진 조선 주자학파 경설의 회집에 단연 주인공으로 등장한다. 한편 퇴계 이후, 퇴계학파에서는 이상정이, 율곡학파에서는 김창협이 자파를 대표하는 경학자로 부상하였음을 위의 조선 주자학파의 경전 주석회집을 통하여 알 수 있다. 퇴계에서 발원한 퇴계와 율곡 학파의 경학은 20세기 초까지 자파의 경설을 계승하여 회집하였다는 점에서, 우리는 이를 두고 곧 조선적 경학의 탄생과 성장이라 평가할 수 있을 것이다. 그러면 조선적 경학의 탄생이라 평가받는 퇴율학파 경설 회집의 양상은 어떠하였는지에 대하여 살펴보기로 하겠다.

퇴율학파의 경학은 그들 사상의 근간인 주자학에 경학의 근원을 두고 있다. 때문에 자연스럽게 퇴율학통의 경학의 대부분은 주자와 후대 주자학파의 경설을 대상으로 하고 있다. 조선에서 특히 주목을 받은 중국 주자학파 경설의 교본은 바로 1415년 성조 영락 13년에 찬집된 영락대전본 『사서오경대전』이다. 이 『사서오경대전』은 편찬된 지 4년 만인 세종 원년(1418년)에 조선으로 수입되었으며, 이후 조선에서 간행되어 전국으로 퍼져 나가게 된다. 특히 이 가운데 칠서에 해당하는 『사서삼경대전』이 조선 주자학파 경학의 바이블이 되었다. 『칠서대전』은 경문, 주자의 주(다만 『서경』은 채침의 주석, 『역경』은 정자와 주자의 주석임), 후대 주자학파의 소(이른바 소주)로 이루어져 있다. 때문에 퇴율학파에 의해 이루어진 조선 주자학파 경설도 경문, 주자주, 주자학파의 소에 대한 주석으로 구성되어 있다. 이에 위에 열거한 퇴율학파의 경설회집서 가운데 20세기에 들어와 이루어진 서석화의 『경설유편』을 분석하여, 그 경설의 양상을 간략하게 살펴보기로 하겠다.

『경설유편』의 주석 양상을 살펴보면 사서삼경의 경문 분석, 주자주 분석, 소주 분석으로 나눌 수 있다. 이는 위에 언급한 영락대전본 『사서오경대전』의 구성과 일치한다. 다만 조선에서는 칠서가 중시되었기에, 『경설유편』에서는 사서와 삼경만을 다루고 있다. 먼저 주석의 분포를 보면 경문과 주자주에 대한 분석의 비중이 높고, 소주는 상대적으로 낮다.

다음으로 『경설유편』 소재 경문, 주자주, 소주에 관한 주석 양상을 간략하게 고찰해보기로 하겠다. 이 중 먼저 경문에 대한 주석을 살펴보기로 하겠다. 경문에 대한 주석은 대체로 3가지 양상을 보이고 있는데, '체험 혹은 사리에 의거한 해석', '주자주에 의거한 해석', '독자적 해석'이다. 이 중 가장 빈번하게 나타나는 해석 유형은 '체험 혹은 사리에 의거한 해석'이다. 이러한 해석 방식은 경문에 대한 감상과 유사한 것으로, 경전을 일종의 자기 체험 혹은 보편타당성에 근거하여 읽고 있는 것이다. 즉 고증학적 경전 읽기가 아니라 삶의 좌표로써 경전을 읽고 그 감동을 주석을 통해 구현해 내는 방식이다. 주자학을 자기 삶의 근거로 삼은 조선 주자학자들은 경전 읽기에서도 이를 그대로 투영시켜 놓고 있는 것이다. 때문에 경문을 이렇게 읽는 것은 퇴율학파에서 시종일관 지니는 태도이다.

한편 『경설유편』 소재 주자주에 관한 해석은 대체로 2가지 양상을 보이고 있는데, '주자주 보완' 혹은 드물게 보이는 '주자주 비판'이다. 주자의 경학은 퇴율학파 어느 누구에게나 절대적 좌표였다. 때로는 경문을 넘어서는 영향력을 미쳤다. 퇴율학파 모두 주자의 경전 주석을 존신하였고, 주자학은 조선의 조야에 절대적 영향력을 행사하였기 때문이다. 『경설유편』을 보면, 『사서집주』를 중심에 두고서 주자의 문집, 어류, 혹문 등을 대교하여 원의를 추구하기도 하였으며, 주자주의 내용이 간략한 경우

이에 대한 보완을 하기도 하였다. 이는 비단 『경설유편』뿐 아니라, 퇴율 학파의 경전 주석에 빈번하게 나타나는 현상이다. 한편 드물기는 하지만 주자주에 대한 비판도 간혹 보이는데, 이는 조선의 주자학파가 주자의 주석을 묵수한 것만이 아니라는 것을 보여주고 있다.

마지막으로 『경설유편』 소재 소주에 대한 주석은 대체로 2가지 양상을 보이고 있는데, '소주 옹호' 또는 '소주 비판'이다. 앞서 주자의 주석에 대해서는 원의의 추구와 보완이 주를 이루고, 비판이 아주 드물게 나타났다면, 소주에 대한 주석 양상은 반대이다. 소주 옹호는 드물고, 소주에 대한 비판은 매우 치밀하였다. 특히 소주의 내용 중, 후기 주자학파의 주석에 대해서는 빈번하게 그리고 심각하게 비판하였다. 영락대전본 『사서오경대전』은 경문과 주자(학파)의 주석 아래에 주자의 문집이나 어록에서 경설을 채집하고, 다시 그 아래에 북송, 남송, 원대 100여 명의 주자학자들의 경설을 채집하여 소자쌍행(小字雙行)으로 채록해 놓은 경전주석서이다. 그러나 조정에서 비교적 성급하게 목적성을 가지고 편찬한 관찬서였기에 뚜렷한 한계가 있었다. 주자학파의 소를 채집함에 경문이나 주자주에 대한 해설로 부적당한 것이 수용되곤 하였기 때문이다. 이러한 연유로 이 책은 중국에서 고염무에 의해 비판을 받기도 하였다. 그리고 조선에서는 퇴계에서부터 비판적 검토가 이루어졌으며, 이는 조선 말기 서석화의 『경설유편』에 이르기까지 지속되었다. 그리고 이러한 비판은 율곡학통에 있어서도 동일한 양상으로 나타나는데, 특히 김창협의 경우 매우 치밀하고도 엄정한 비판을 가하였다.

3) 성균관대 대동문화연구원의 경설 회집과 DB화

성균관대학교 대동문화연구원에서 1988년부터 1998년까지 10년에 걸쳐, 조선조에 이루어졌던 한국경학자료를 회집하여 『한국경학자료집성

(韓國經學資料集成)』이라는 명칭으로 출간하였다. 조선시대 406명의 경학자의 1,234종의 저술들을 145책[445]의 규모로 회집해 놓은 『한국경학자료집성』은 한국 경전주석서 회집에 있어서 거대한 역사였다. 이 『한국경학자료집성』을 보면, 조선시대 경학자료 중 단행본과 문집 내의 경학주석서들을 회집하고 나서 해제를 달아 놓았다. 이러한 『한국경학자료집성』의 발간으로 한국의 경학저술은 어느 정도 집성이 되었다고 할 수 있으며, 또한 한국 경학에 대한 체계적 연구의 기초가 마련되었다고 평가할 수 있다. 앞서 살펴본 전근대 4종의 조선 경학 회집서들이 퇴율학파의 경설을 회집한 반면, 『한국경학자료집성』은 조선 주자학파의 경설을 중심으로 조선의 실학, 양명학, 금문학적 경설을 망라하여 회집하였기 때문이다. 이로 인해 『한국경학자료집성』은 국내외적으로 상당한 인지도를 획득하였는데, 특히 국내적으로는 이 총서의 가치를 인정받아 정부의 지원으로 DB를 구축하게 되었다.

대한민국 정부는 2000년 1월 28일에 법률 제6232호인 지식정보자원관리법[446]을 공포하였다. 이 법에 의거하여 정부기관인 정보통신부는 국가적으로 보존가치와 자료가치가 높은 지식정보자원을 디지털화하여 인터넷을 통해 대국민 서비스를 하는 것을 목적으로 하는 지식정보자원관리사업을 마련하고서, 각 지역의 연구기관에서 신청을 받았다.

한편 2004년 초, 성균관대학교 동아시아학술원 존경각(尊經閣)에서는 『한국경학자료집성』을 DB화하는 것에 대하여 논의하였다. 그 결과 이 자

445) 『韓國經學資料集成』 145책은 『대학』 8책, 『중용』 9책, 『논어』 17책, 『맹자』 14책, 『서경』 22책, 『시경』 16책, 『역경』 37책, 『예기』 10책, 『춘추』 12책으로 구성되어 있다.

446) 지식정보자원관리법은 지식정보자원의 관리 및 활용에 관한 사항을 규정하여 지식정보자원의 개발을 촉진하고 그 효용을 높여 지속적인 이용을 도모함으로써 국가경쟁력을 향상하고 국민경제의 발전에 기여함을 목적으로 한다. 이 법에서 '지식정보자원'이라 함은 국가적으로 보존 및 이용가치가 있고 학술, 문화 또는 과학기술 등에 관한 디지털화된 자료 또는 디지털화의 필요성이 인정되는 자료를 말한다.

료의 DB화는 국가의 중요 지식정보자원이 될 것이라는 것에 의견의 일치를 보았다. 이에 『한국경학자료집성』의 DB화를 실현시키기 위하여, 정보통신부에서 내려온 '2004년도 지식정보자원 지정신청 안내'에 따라 '한국경학자료 DB구축사업'이라는 사업명으로 사업계획서를 제출하였고, 이해에 사업권을 획득하여 사업을 시작하였다. 이때부터 『한국경학자료집성』의 DB화를 진행하여 '한국경학자료시스템'(http://koco.skku.edu/)이라는 명칭의 사이트를 개설하였고, 현재 『한국경학자료집성』 DB화를 완료하였다. 덧붙여 『논어』 자료의 경우, 『한국경학자료집성』에 포함되지 않은 보유 자료까지 DB화하여 국내외에 무료로 제공하고 있다.

이 같은 과정을 거쳐 구축된 한국경학자료시스템(http://koco.skku.edu/)은 분류별 검색, 주석별 검색, 저자별 검색, 서명별 검색 등 다양한 방식의 검색을 통해 한국의 경학자료에 대한 접근을 용이하게 하고 있다. 이 중에서 특히 주석별(注釋別) 검색은 특정 경문에 대한 조선 경학자들의 주석을 한 번에 볼 수 있는 검색 기능으로, 이는 조선 경전주석서들의 대부분이 주자의 편장구분에 의거하여 분장이 가능하기 때문에 만들 수 있었던 검색 기능이다. 『논어』「위정」1장을 예로 들어 이 주석별 검색 기능을 살펴보기로 하자.

『논어』「위정」1장의 경문인 "子曰: '爲政以德, 譬如北辰, 居其所, 而衆星共之.'"에 대한 조선 경학자들의 주석을 보고자 할 경우, '한국경학자료시스템'의 분류별, 저자별, 서명별 검색에서도 가능하다. '한국경학자료시스템'에서는 텍스트를 구현하는 최종 단위를 경전의 장으로 했기 때문이다. 그러나 위의 세 종류의 검색은 모두 『논어』「위정」 1장에 대한 한 개의 주석만을 보여주기 때문에, 다른 경학자 혹은 다른 『논어』 주석서의 『논어』「위정」1장에 대한 주석을 보려고 한다면 계속 재검색을 해야만 한다. 재검색을 한다 하더라도 검색 과정에서 누락되는 주석을 피할 수 없을 것이다.

그런데 주석별 검색에서는 한 번의 검색으로 조선 경학자들의 『논어』「위정」1장에 대한 주석 전체를 볼 수 있는데, 총 59종의 주석들이 검색된다. 한편 '한국경학자료시스템'의 주석별 검색을 통해 『논어』「위정」1장에 대한 조선 경학자들의 전체 주석을 검색했을 경우, 보여지는 총 59종의 주석은 두 가지 형태로 구현된다. 첫 번째는 경전주석서별 구현으로, 『논어』「위정」1장에 대한 주석이 들어 있는 주석서를 시대별로 정렬해 놓은 것이다. 여기에서는 검색자가 보고 싶은 주석서 또는 주석가를 찾아 클릭하면, 해당 경문에 대한 주석이 구현된다. 두 번째는 화면 우측 상단에 있는 전체주석보기 기능이다. 이 전체주석보기 항목을 클릭하면, 『논어』「위정」1장에 대한 조선 경학자들의 주석 59종 전체가 일시에 화면에 구현된다.

'한국경학자료시스템'의 주석별 검색은 국내외의 한국학과 동양학을 연구하는 학자들이 조선 경학자들의 경전의 대한 견해를 동시에 비교하면서 볼 수 있는 편리성을 제공해 주고 있다. 때문에 이러한 주석별 검색은 그 검색의 편리성의 측면에서 보자면 진일보한 검색 기능이라고 평가할 수 있다.

4) 조선 경설 회집의 의미와 과제

퇴율(退栗) 두 학파의 경학자들은 퇴계 경학을 원두에 두고서 자파의 경설을 회집하는 작업을 하게 되니, 이는 조선적 경학의 전통이 확립됨을 의미한다고 볼 수 있다. 그 양상을 보면, 먼저 18세기에 율곡학파에서는 권상하가, 퇴계학파에서는 유건휴가 나타나 각기 조선 주자학자들의 경설을 회집하였다. 특히 권상하는 퇴계의 설을, 유건휴는 이상정과 박세채, 김창협의 경설을 많이 회집하였다. 그리고 20세기에 퇴계학통에 속하는 서석화와 율곡학통에 위치한 이해익도 전대에 이어 자파에 속하는 경학자들의 경설을 회집하였는데, 특히 서석화는 이상정의 경설을, 이해익은 김창협의 경설을 중심으로 회집하였다.

그리고 그 경설의 회집 양상을 서석화의 『경설유편』을 통해 고찰한 결과 경문, 주자주, 소주에 걸쳐 다양한 주석을 가하고 있었다. 경문에 대한 주석의 경우, 체험적 혹은 보편적 관점에서 경문을 주체적으로 읽고자 하였으며, 주자주는 긍정적 수용하에 보완 작업을 주로 하였고, 소주는 비판이 주조를 이루고 있었다. 서석화의 이러한 주석 태도는 율곡학파에도 별반 차이가 없기에, 우리는 이를 퇴율학파의 공통되는 경전주석 태도라고 평가할 수 있을 것이다.

결론적으로 4종의 조선시대 경설회집서를 연구한 결과, 퇴계의 경설은 조선 말기까지 이어진 조선 주자학파 경설의 회집에 주인공으로 등장하였다. 그리고 퇴계 이후, 퇴계학파에서는 이상정이, 율곡학파에서는 김창협이 자파를 대표하는 경학자로 부상하였음을 알 수 있었다. 또한 경문과 주자주가 소주에 비하여 중시되어 집중적으로 분석되었다. 조선 경설회집의 이러한 양상은 바로 조선 주자학파 경학의 특징적 면모라 할 것이다.

그러나 여기에는 조선의 실학과 양명학, 금문학적 경학은 누락되었다. 1998년에 145책 규모로 완간된 『한국경학자료집성』에 이르러서야 조선의 경설 전반에 걸친 회집이 이루어졌다. 그리고 『한국경학자료집성』은 '한국경학자료시스템'으로 DB화됨에 이르러, 국내외 한국학 연구자들에게 편리한 연구의 기반을 제공할 수 있게 되었다. 한편 2000년대에 들어와 성균관대학교 동아시아학술원에서는 『한국경학자료집성』에서 누락된 경학자료를 수집하는 작업을 꾸준히 진행한 결과, 현재 201종 24책 규모의 신자료를 보유로 집성할 수 있었다. 조선 경학의 이 신자료들은 아직 출판되지 않았다. 이 자료들이 『한국경학자료집성 · 보유』로 출간되고 DB화된다면, 조선 경학에 관한 연구의 기반은 더욱 확고하게 구축될 것이다.

이상으로 살펴보았다시피 조선의 논어학은 한국에 경학이 전래된 이래로 그 수용, 연구, 회집의 역사가 유구하다. 그 영향과 후대의 회집 양상을 보면, 퇴계의 논어학을 원천으로 삼을 수 있을 것이다. 한편 영향의 측면에서는 미미하지만, 그 내용의 광대함과 새로운 경설의 발휘의 측면에서 보자면 실학파의 논어학, 그 중에서도 이익과 정약용의 논어설을 거론할 수 있을 것이다. 이에 조선 주자학파의 논어학을 퇴계의 경설을 중심으로 고찰하고, 조선 실학파의 논어학을 이익과 정약용의 경설을 통해 살펴보기로 하겠다.

Ⅱ. 퇴계학파의 논어학

1. 퇴계의 논어학

외국어는 그 의미가 모국어로 환치된 뒤에라야 이해할 수 있다. 그러므로 한국인은 한문을 국어로 환치해야 이해된다. 이 환치의 필요는 한자, 한문의 전래와 동시에 일어났을 것이다. 신라 때 설총(薛聰)이 방언으로 구경(九經)을 읽어 후생을 가르쳤다는 기록은 유교경전 문자의 국어 환치를 말하는 것이다. 이에 대한 구체적 상황이 어떻게 전개되었는지는 알기 어려우나, 경전에 쓰인 한자와 국어의 환치가 신라 때부터 이루어졌음을 확인할 수 있다. 이처럼 한문의 국어 표현은 일찍부터 진행되었으나, 그것이 표기에 나타나 보존된 것은 보다 후대의 일로, 세종에 의해 1446년에 국어인 훈민정음(訓民正音)이 반포되고 나서부터이다. 훈민정음은 창제 이후 언문(諺文)이라 불렸기에, 훈민정음에 의한 한문의 국역을 언해라 하고, 그 국역본을 가리켜 언해본(諺解本)이라 한다.

훈민정음이 창제된 뒤, 조선에서는 불경, 한시 등을 비롯한 여러 한문 서적을 언해하였는데, 유교경전의 국역인 경서언해 또한 활발하게 진행되었다. 동시에 이 시기를 기점으로 조선에서는 한문으로 쓰인 유교경전 주석서들이 대량으로 저술되기 시작하였다. 유교경전을 모국어로 번역하면서, 유교경전의 해석에 대한 지적욕구도 동시에 촉발된 것이었다.

그런데 훈민정음 창제 이후 저술된 퇴계(退溪)의 『사서삼경석의(四書三經釋義)』[447]는 한국 경학사에서 매우 특별한 위상을 지닌다. 이 경전 주석서는 한국 유교경전 번역사와 한국 유교경전 해석사의 시발점에 위치한 책이면서 동시에 후대에 깊은 영향을 미친 책이기 때문이다. 이 『사서삼경석의』는 퇴계가 이전 시대 학자들의 사서삼경에 대한 훈석(訓釋)을 수집하여 바로잡고, 문인들이 질문했던 내용을 연구하여 모두 직접 기록한 것이다. 이 수택본(手澤本)은 임진왜란 때 망실되었는데 1608년 겨울 최관(崔瓘)이 출간자금을 대고 금응훈(琴應壎) 등이 교정을 해서 1609년 봄에 재출간하였다.[448]

이 『사서삼경석의』 중 『논어석의(論語釋義)』에는 퇴계의 『논어』 번역학과 해석학의 입장이 충실하게 반영되어 있다. 본고에서는 『논어석의』를 중심으로 퇴계의 『논어』 번역학과 해석학의 특징을 고찰해 보기로 하겠다. 그러고 나서 퇴계의 『논어』 번역학과 해석학이 한국 논어학사에 미친 영향과 의미를 살펴보기로 하겠다. 퇴계의 논어학에 대한 이러한 고찰은 한국 논어학의 시원을 탐색하는 것과 동시에 한국 논어학사의 전개를 조망해 보는 의의를 지니게 될 것이다.

---

447) 『四書三經釋義』는 『經書釋義』라 부르기도 하며, 四書 부분만을 가리켜 『四書釋義』, 三經 부분만을 가리켜 『三經釋義』라고도 한다.

448) 『四書釋義』, 「後識」. "右經書釋義, 惟我退溪先生, 裒取諸家訓釋而證訂之, 又因門人所嘗問辨者而硏究之, 皆先生手自淨錄者也. 壬辰兵燹之慘, 手本亦失, 後學益爲之悵悵然. 戊申冬, 崔監司瓘, 來至陶山, 展謁祠宇, 唯以釋義傳後之意, 丁寧反復, 而又送餉工之資. 於是, 求索士友間傳寫之本, 略加讎校而刊之, 始役於己酉之春, 三閱月而就緖."

1) 퇴계의 『논어』 번역학

훈민정음 창제 이후, 선조대(宣祖代)에 이르러 사서삼경이 완역되었다. 그런데 사서삼경의 완역은 단번에 이루어지지 않고, 그 전단계로 구결(口訣)과 부분역인 석의(釋義)의 과정을 거쳤다. 여기서 조선시대 유교경전 번역 중 현전하는 최초의 번역이자 이후 유교경전 완역의 산파역을 한 부분역이 바로 퇴계의 『사서삼경석의』이다. 우리는 먼저 『사서삼경석의』 중 『논어석의(論語釋義)』를 중심으로 퇴계의 『논어』 번역학의 대강을 살펴 보기로 하겠다.

『논어석의』의 체제를 살펴보면, 먼저 『논어』 경문을 번역 또는 해석하고, 이어서 주자주와 소주를 번역 또는 해석하는 형태로 구성되어 있다. 이 장에서는 『논어석의』에 들어 있는 퇴계의 『논어』 번역에 대한 고찰을 중심으로 퇴계의 『논어』 번역학의 특징을 다음과 같이 세 가지로 분류하여 정리해 보았다.

(1) 이전 번역에 대한 비판적 검토와 정확한 번역의 중시

훈민정음이 창제된 후, 일찍부터 조선 학자들에 의해 『논어』는 부분적으로 번역되었다. 이른 시기에 번역된 이러한 『논어』 번역서 중 현전하는 것은 없지만, 우리는 그 흔적을 퇴계의 『논어석의』에서 찾아볼 수 있다. 『논어석의』에 인용된 조선 학자들의 『논어』 번역을 살펴보면, 동일한 경문에 대하여 다소 통일되지 않은 형태의 번역이 존재하고 있다. 퇴계는 선배들의 이처럼 다양한 번역을 소개하면서 이를 수용하는 경우도 있지만, 대체로 비판적으로 검토하였다.[449] 다음의 두 경문에 대한 퇴계의 번역을 통해 그 양상을 살펴보기로 하겠다.

---

449) 『四書栗谷先生諺解』, 「跋」. "經書之有諺解, 厥惟久矣, 而諸家互有同異. 至退溪李先生, 合成釋義而乃定."

■『논어』「팔일(八佾)」23장. 子語魯大師樂曰: "樂其可知也, 始作, 翕如也, 從之, 純如也, 皦如也, 繹如也, 以成."에서 '기가지'(其可知)에 대한 번역.

위 경문의 '기가지'(其可知)에 대하여, 퇴계 이전에는 '알아야만 한다'(가히아라사홀거시니)라고 번역하였다. 퇴계는 이에 대하여 이 번역은 잘못되었으며, '알 수 있다'(可히아랄디니)라고 번역하는 것이 옳다고 하였다. 왜냐하면 만약 '알아야만 한다'라고 번역하면, '~수 있다'는 뜻을 지닌 '가'(可)자의 의미가 제대로 살아나지 않기 때문이라고 하였다.[450] 이는 퇴계가 조동사 '가'(可)자의 의미를 정확하게 살리는 쪽으로 경문을 번역한 것으로, 바로 퇴계 『논어』 번역의 한 특징이 정확한 번역에 있음을 보여주는 예라 할 것이다.

■『논어』「술이(述而)」33장. 子曰: "若聖與仁, 則吾豈敢. 抑爲之不厭, 誨人不倦, 則可謂云爾已矣." 公西華曰: "正唯弟子, 不能學也."에서 '정유'(正唯)에 대한 번역.

위 경문의 '정유'(正唯)에 대하여, 퇴계 이전에는 '바로 그렇습니다'(正히唯ᄒᆞ노이다)라고 번역하였는데, 이는 '유'(唯)자를 '대답하다'라는 동사로 본 것이다. 그런데 이 번역의 부당성에 대하여 퇴계는 세 가지 이유를 들고 있다. 첫째, '유'(唯)자가 '대답하다'라는 의미라면 이는 상성(上聲)으로 당연히 기존의 주석서에 언급되어야 할 터인데, 언급되지 않았다. 둘째, 한문의 문리상 응답하는 말위에는 '정'(正)자를 붙이는 것이 어색하다. 셋째, 주자의 『논어집주』에서 이 부분에 주석을 달면서 '정시'(正是)라고 하

450) 『論語釋義』, 「八佾」23장. "樂其可知. 가히아라사홀거시니, 此說非. 當云可히아랄디니, 言樂之爲用, 猶可知也云. 若如說者, 可字意不合."

였다. 퇴계는 이렇게 세 가지 이유를 들어서 '유'(唯)자를 동사로 파악하여 '대답하다'라고 번역한 종래의 번역을 비판하고, 이를 허자로 보아 번역하지 않는 것이 타당하다고 보았다.[451] 퇴계의 이러한 번역 태도는 허자(虛字)조차도 번역의 대상으로 숙고했다는 점에서, 또한 정확한 번역을 지향하는 자세라고 할 수 있다.

⑵ 주자주를 저본으로 한 번역

퇴계 『논어』 번역의 근간이 된 주석은 주자의 『논어집주』이다. 이는 퇴계가 주자의 『논어』 해석을 세밀하게 읽고서 깊이 심복했기에 가능한 것인데, 그 예로 『논어석의(論語釋義)』「위정(爲政)」6장을 살펴보기로 하겠다.

『논어』「위정(爲政)」6장을 보면, 맹무백(孟武伯)이 효(孝)에 대하여 묻자, 공자가 '부모유기질지우'(父母唯其疾之憂)라고 대답한 구절이 있다. 이 경문의 '유기질지우'(唯其疾之憂)를 주자는 다음과 같이 두 갈래로 해석하였다.

❶ 부모의 마음은 항상 자식의 질병을 근심한다.

❷ 자식은 부모로 하여금 자식이 불의에 빠지는 것을 근심하게 하지 않고, 오직 자식의 질병만을 근심하게 하여야 한다.[452]

한편 퇴계는 이 경문에 대하여 두 종류의 번역을 남겼는데, 첫 번째는

---

451) 『論語釋義』, 「述而」3장. "今按, 唯, 唯諾之唯, 上聲. 此唯字, 若作應辭, 何無聲註. 況應辭之上, 著正字不得乎? 朱子謂正是弟子不能學處, 正唯卽正是之意, 不釋唯字, 可也. 謬說相承, 惑人多類此."

452) 『論語集注』, 「爲政」6장. "❶言父母愛子之心, 無所不至, 惟恐其有疾病, 常以爲憂也. 人子體此, 而以父母之心爲心, 則凡所以守其身者, 自不容於不謹矣, 豈不可以爲孝乎? ❷舊說, 人子能使父母不以其陷於不義爲憂, 而獨以其疾爲憂, 乃可謂孝. 亦通."

'병을 근심한다'(疾을 憂ᄒᆞ시ᄂᆞ니라)라고 번역했고, 두 번째는 '병만 근심하시게 해야 한다'(疾만 憂ᄒᆞ시게 ᄒᆞᆯ디니라)라고 번역하였다.[453] 이 두 종류의 번역을 면밀히 검토해 보면, 첫 번째는 주자의 ❶의 해석을 근거로 번역한 것이고, 두 번째는 주자의 ❷의 해석을 토대로 번역하였음을 알 수 있다. 주자의 『논어집주』를 정밀하게 읽고서 『논어』의 경문을 번역하는 퇴계의 이러한 번역 자세는 『논어석의』의 여러 곳에서 찾아볼 수 있다. 이는 곧 퇴계 『논어』 번역의 근간이 주자의 주석임을 알려주는 것이라 할 수 있다.

⑶ 독자적 경문 문리에 의거한 번역

퇴계의 『논어』 번역의 토대는 주자의 『논어』 주석이지만, 한편으로 퇴계는 경문 자체를 정밀하게 읽고 주자주에서 밝혀내지 못한 의미가 있다고 생각되면 그것을 찾아서 자신의 『논어』 번역에 채택하곤 하였다. 이는 기본적으로는 주자주를 번역의 기준으로 삼고 있지만, 때로 독자적인 경문 문리에 의거하여 『논어』를 번역하기도 했다는 의미이다. '사무사'(思無邪)에 대한 퇴계의 번역을 통해 그 양상을 살펴보기로 하겠다.

『논어』 「위정(爲政)」2장에서 공자는 "詩三百, 一言以蔽之, 曰思無邪." 라고 하였다. 그런데 이 '사무사'(思無邪)에 대하여 퇴계는 ❶생각에 사악함이 없는 것이다(思ㅣ 邪ㅣ 업스미니라), ❷생각에 사악함이 없게 하는 것이다(思ㅣ 邪ㅣ 업게 ᄒᆞᆯ디니라)라는 두 종류의 번역을 제시하고서는, 이 번역이 모두 타당하다고 하였다.[454] 퇴계의 이러한 번역은 주자의 번역을 반영하면서도 자신의 경문 문리에 의거하여 번역을 시도한 것이기도 하다.

---

453) 『論語釋義』, 「爲政」6장. "唯其疾之憂. 疾을 憂ᄒᆞ시ᄂᆞ니라. ○疾만 憂ᄒᆞ시게 ᄒᆞᆯ디니라."

454) 『論語釋義』, 「爲政」2장. "思無邪. ❶思ㅣ 邪ㅣ 업스미니라. ❷ 思ㅣ 邪ㅣ 업게 ᄒᆞᆯ디니라. 此有工夫說. 今按兩說皆當存之. 但下說當云업게 호미니라."

주자는 '사무사'에 대하여 『논어집주』에서 설명하기를, "『시경(詩經)』의 모든 시에서 선(善)을 말한 것은 사람의 착한 마음을 감동시켜 분발하게 할 수 있고, 악(惡)을 말한 것은 사람의 방탕한 마음을 징계할 수 있으니, 그 효용은 사람들이 바른 성정을 얻게 하는 데 귀착될 뿐이다."[455]라고 하였기 때문이다. 이러한 해석은 『시경』의 시를 독시자(讀詩者)의 성정(性情)을 도야하는 수단으로 본 것이다. 즉 주자의 '사무사'에 대한 해석은 독시자적 입장에 근거한 해석이다.

퇴계의 '사무사'에 관한 번역 중, '생각에 사악함이 없게 하는 것이다'(思ㅣ 邪ㅣ 업게 홀디니라)라는 번역(❷의 번역)은 독시자(讀詩者)들이 『시경』 공부를 통해 선을 흥기시키고 악은 징계하여 생각에 사악함이 없게 한다는 의미에 근거한 번역으로, 바로 주자의 경문 해석에 의거하여 번역한 것이라 할 수 있다.

한편 '사무사'는 달리 해석될 여지가 있는데, 그것은 바로 작시자적(作詩者的) 관점에 근거하여 이 구절을 해석하는 것이다. 작시자적 관점에서 보면 이 구절은 '시경시의 작자의 내면에 사악함이 없다'로 해석되어서, 시경시를 독시자의 정감의 순화가 아닌 작시자의 정감의 표출로 보게 되는 것이다. 퇴계가 '사무사'의 번역으로 ❶에서 보듯 '생각에 사악함이 없는 것이다'(思ㅣ 邪ㅣ 업스미니라)라고 제시한 것은, 바로 이러한 작시자적 관점에서 이 경문을 바라보고 있음을 의미한다.

'사무사'를 작시자적 관점에서 이해한 경학자로는 명나라 초횡(焦竑, 1540~1620)과 청나라 이옹(李顒, 1627~1705) 등을 들 수 있는데,[456] 퇴계가 이들의 논어설을 보고서 이렇게 번역했다고는 생각되지 않는다. 퇴계가

455) 『論語集注』, 「爲政」 2장. "子曰: '詩三百, 一言以蔽之, 曰思無邪.'"에 대한 주. "凡詩之言, 善者可以感發人之善心, 惡者可以懲創人之逸志, 其用歸於使人得其情性之正而已."

456) 程樹德, 『論語集釋』一, 中華書局, 1990, 67면 참조.

만일 이들의 논어설을 보았다면 그 근거를 명시했을 것이기 때문이다. 그러므로 퇴계가 '사무사'의 해석에 있어서 두 종류의 해석을 모두 인정하고 위와 같이 번역했다는 것은, 경문을 정독하고 그 다양한 해석의 경로를 나름대로 찾아 자신의 『논어』 번역에 구현한 것이라 할 수 있다.

퇴계는 주로 주자주를 정밀하게 읽고 이에 바탕하여 『논어』를 번역하였지만, 이처럼 간혹 경문 자체를 정밀하게 읽고 자신의 문리에 의거하여 『논어』를 번역하기도 하였다. 때문에 퇴계는 『논어』를 번역하면서 자신의 문리에 따른 여러 방식의 번역이 발생할 경우 이를 모두 인정하였으며, '당운'(當云), '혹운'(或云), '공무방'(恐無妨), '제설역개무방'(諸說亦皆無妨) 등의 용어를 사용하면서 다양한 번역을 『논어석의』에서 폐기하지 않고 병존시켜 놓았다. 퇴계의 이러한 『논어』 번역 자세는 경에 대한 활간(活看)을 중시하는 태도로서, 그 기저에는 경문의 본지에 대한 탐구의식이 깔려 있다고 할 수 있다. 이는 후술하겠지만 퇴계 『논어』 해석학의 중요한 특징이기도 하다.

이상으로 우리는 퇴계의 『논어』 번역학의 양상을 살펴보았다. 그 결과 퇴계의 『논어』 번역은 이전 시대 『논어』 번역의 제 양상을 비판적으로 검토하였는데, 그 검토의 과정에서 조동사나 허자 같은 놓치기 쉬운 글자도 정확하게 번역하고자 하는 자세를 견지하고 있음을 알 수 있었다. 또한 퇴계 『논어』 번역의 근간은 주자의 주석에 의거한 번역이지만, 때로 자신의 경문 문리에 의거하여 『논어』의 구절을 여러 방향으로 이해하고서 이를 번역에 반영시켰음을 알 수 있었다. 다음으로 퇴계의 『논어』 해석학의 특징을 살펴보기로 하겠다.

2) 퇴계의 『논어』 해석학

퇴계의 『논어』 해석학의 특징은 세 가지로 나누어서 정리할 수 있다.

첫째, 퇴계 『논어』 해석학의 근간은 주자의 『논어집주』인데, 그 내용을 살펴보면 주자와 주자학파의 『논어』 해석에 대한 연찬과 부연, 그리고 주자학의 중심축인 이기심성론(理氣心性論)으로 『논어』를 해석하는 경향이라 할 수 있다. 둘째, 『논어』와 『논어집주』에 나오는 한자의 음과 훈에 대한 해설을 들 수 있는데, 이는 기본적으로 경전의 훈고에 대한 학문적 관심을 의미한다고 할 수 있다. 셋째, 자신의 경문 문리에 의거하여 독자적으로 경문의 본지를 탐구하는 해석 자세로, 비록 많은 부분은 아니지만 퇴계 『논어』 해석학의 매우 중요한 일면이라 할 수 있다. 퇴계 『논어』 해석학의 이 세 가지 특징을 차례대로 살펴보면 다음과 같다.

(1) 주자학파의 논어설에 대한 연찬

퇴계는 기본적으로 독실한 주자학자였던 만큼 주자의 『논어집주』와 주자학파의 『논어집주대전』에 대한 학문적 연찬이 대단히 장구하고도 그 수준이 높았다. 퇴계가 지은 『논어석의』에는 그의 『논어집주』와 『논어집주대전』에 대한 공부의 흔적이 뚜렷하다. 특히 퇴계는 주자학파의 『논어』 주석을 세밀하게 읽고서 자구나 문장의 불분명한 부분을 명확하게 규명하고자 노력하였으며, 또한 주자학의 이기심성론을 주석에 반영하여 경전을 해설하는 데 치중하였다.

예컨대 『논어』 「위정(爲政)」16장(子曰: "攻乎異端, 斯害也已.")에 대하여 주자가 '공'(攻)자에 주를 달면서 '전치'(專治)라고 하였다. 그런데 '전치'에 대해서 『논어집주대전』에서는 별다른 설명이 없는데, 퇴계는 '마음을 오로지 하고 힘을 한결같이 하여 다스린다'(專心一力而治之也)라고 부연하여 주자주의 자구의 의미에 대하여 명확하게 풀이하였다. 이러한 주석 방식은 『논어석의』에 빈번하게 등장하고 있다.[457] 한편 퇴계는 주자주의 자구

457) 하나 더 예를 들어 보면, 『論語』, 「雍也」6장의 마지막 구절에 "子曰: '雍之言然.'"이라는 경문에 대하여 주자는 『논어집주』에서 "程子曰:'……仲弓因言內主於敬而簡, 則爲要

뿐 아니라 주자주의 문장의 의미에 대해서도 모호한 부분이 있으면 이를 명확하게 설명하고자 하였다.[458] 그리고 소주에 대해서도 주자주를 풀이할 때와 동일한 방식으로 주석을 달았다.[459] 이처럼 주자주와 소주의 자구와 문장에 대하여 그 의미를 명확하게 분석하고 부연설명한 퇴계의 이러한 주석 자세는 주자주와 소주에 대한 일종의 소(疏)라고 볼 수 있을 것이다. 한편 퇴계는 『논어』를 해설할 때, 주자학의 주요 범주인 이기심성론(理氣心性論)을 경전 해설에 반영하기도 하였는데,[460] 이는 주자의 이기철학(理氣哲學)과 논어학의 회통이라 할 수 있다.

퇴계 『논어』 해석학의 이러한 양상은, 그가 주자학파의 『논어집주대전』을 자기 논어학의 근간으로 삼고 있다는 증거라고 할 수 있다. 이처럼 퇴계 『논어』 해석학의 근간은 주자학파의 논어설이었지만, 또 다른 중요한 특징으로 『논어집주대전』의 자의에 대한 훈고학적 주석과 『논어』 경문의 본지에 대한 독자적 탐구를 들 수 있다.

直, 內存乎簡而簡, 則爲疏略.'"이라고 주석을 달았다. 이 주석의 '要直'에 대하여, 퇴계는 『論語釋義』에서 '要約而簡直也'라고 풀이하였다.

458) 예컨대 『論語集注』, 「憲問」37장의 "子曰: '不怨天, 不尤人, 下學而上達, 知我者, 其天乎!'"라는 경문의 주에 '下學上達, 意在言表.'라는 표현이 있다. 퇴계는 『論語釋義』에서 이 '意在言表'에 대하여 다음과 같이 그 의미를 설명하고 있다. "問何以曰意在言表. 曰下學之事, 只是平常, 無奇特聳動人處. 至其天理之妙, 忽然上達去, 又捉摸不得. 此乃言所難形容處, 故曰意在言表."

459) 『論語集注』, 「顔淵」7장의 세 번째 단락의 "子貢曰: '必不得已而去, 於斯二者, 何先?' 曰: '去食, 自古皆有死, 民無信不立.'"라는 경문의 주에 "程子曰: '孔門弟子善問, 直窮到底如此章者, 非子貢, 不能問, 非聖人, 不能答也.'"라는 주를 달았다. 그런데 『논어집주대전』에서는 이 주에 대하여 慶源輔氏의 해설을 인용하였는데, 그 인용문 내에 '轇轕肯綮'라는 구절이 있다. 소주의 이 구절에 대하여 퇴계는 『논어석의』에서 "小註轇轕肯綮, 轇轕上音膠下音葛, 肯綮, 雜亂也交加也. 一云上淸之氣, 肯綮, 肯苦等切, 綮音謦, 筋肉會處曰肯. 又云, 肯綮, 結處也, 見『莊子』庖丁解牛處."라고 하여, 字句의 音과 訓에 대하여 상세하게 그 의미를 부연하였다.

460) 『論語集注』, 「雍也」2장의 "七情出焉"이란 주에 대하여 퇴계는 『論語釋義』에서 "問性發爲情, 則性則五而情之爲七, 何歟? 曰四端之情純理, 故通五性而無加減, 七情兼氣發, 故雜而有加."라고 하였다.

⑵ 『논어』의 한자에 대한 음주와 훈주

퇴계는 『논어석의』에서 『논어』의 경문과 주자주, 그리고 소주의 난해한 한자에 대하여 그 음과 뜻을 훈민정음 또는 한자로 풀이하였다. 그런데 퇴계의 『논어석의』에는 한자의 음에 대한 주석인 음주(音註)보다 뜻에 대한 주석인 훈주(訓註)가 많다. 그러나 적은 분량임에도 불구하고, 음주는 퇴계 논어학의 특징을 알려주는 중요한 표지이다.

그 음주의 방식을 보면, 난독자의 한자음을 반절음(反切音),[461] 직음(直音),[462] 훈민정음(訓民正音)[463] 등으로 표시하고 있는데, 중요한 특징으로 두 가지를 들 수 있다. 첫째는 주자주나 소주의 주음(註音)과는 별도로 한자음을 추정하는 것이며, 둘째는 음주를 달 때 속음(俗音)과 훈민정음을 자주 이용한다는 것이다.[464] 퇴계가 이처럼 훈민정음을 이용하여 당시의 속음을 그대로 받아들여 음주를 단 것은 그의 음주의 주된 목적이 당대음(當代音)의 구현에 있다는 것을 의미한다. 이는 기본적으로 『논어석의』라는 책이 『논어』 번역서의 성격을 지니고 있기에, 퇴계가 당대음인 한글로 음주를 다는 데 적극적이었을 것으로 생각된다. 여하간 퇴계의 한자어에 대한 이 같은 훈주와 음주는 『논어』의 의미를 탐구하기 위한 전단계로 훈고(訓詁)적 탐구가 필요하다는 사실을 깊이 이해하고, 훈고학을 『논어석의』에 도입한 것이라고 할 수 있다.[465] 특히 그 음주는 한글로 이루어

461) 『論語集注』, 「泰伯」11장의 "子曰: '如有周公之才之美, 使驕且吝, 其餘, 不足觀也已.'" 라는 경문의 주에 나오는 '歉'자에 대하여 퇴계는 『논어석의』에서 "歉苦點切, 食不飽也."라고 음주를 달았다. 그런데 『논어집주대전』에서는 '歉'자에 음주를 달면서, '古忝反'이라고 하였다.

462) 『論語』, 「微子」10장 "君子, 不施其親."의 '施(弛)'자에 대하여, "弛音, 諸處皆云豕, 俗音以, 誤."라고 직음으로 주를 달았다.

463) 『論語釋義』, 「憲問」. "滲漏. 滲音슴"

464) 『論語釋義』, 「鄉黨」. "踧踖. 上子六切 ,下音積. 然則當云쥭적. 然今俗音츅쳑, 恐難改也."

465) 심경호, 「퇴계와 다산」, 『퇴계학과 한국문화』제33호, 경북대학교 퇴계학연구소, 2003.

졌다는 점에서 이른바 조선적 훈고라고 평가할 수 있을 것이다.

(3) 경문의 본지에 대한 탐구

앞서 우리는 퇴계가 주자의 주석에 근거한 『논어』 번역을 시도하면서 때로 자신의 경문 문리에 의거하여 『논어』를 번역하고 있음을 살펴보았다. 퇴계의 이러한 『논어』 번역은 그의 『논어』 해석과 밀접한 연관을 가지고 있다. 퇴계는 주자의 『논어』 해석을 근간으로 하면서 동시에 자신의 경문 문리에 의거하여 경문의 본지에 대한 탐구를 게을리하지 않았기 때문이다. 그 한 예로 『논어』 「옹야(雍也)」 8장[466]에 대한 퇴계의 해석을 살펴보기로 하겠다.

> '무지'(亡之)는 '죽을 것이로다'(亡ᄒᆞ리로다)라고 읽는데, 지금 고찰해보면 '없어야 될 터인데'(亡ᄒᆞ리러니)라고 하는 것이 마땅하다. 혹자는 '없어야 될 것인데'(亡ᄒᆞᆯ거시어늘)라고 하기도 한다. 이 문장에서 '무'(亡)란 글자는 '유무'(有無)의 '무'(無)이지, '사망'(死亡)의 '망'(亡)자가 아니다. 『논어집주』에서 '이 사람이 응당 이러한 병이 없을 것이다'(此人不應有此疾)라고 해석한 것은 '무지'(亡之) 두 글자를 풀이한 것이다. 그러므로 이 뜻은 이 사람이 응당 이러한 병이 없어야 하는데, 지금 있으니 이는 천명이라는 것이다. 성인께서 어찌 병문안을 갔다가 곧바로 병자가 죽을 것이라고 말하였겠는가? 그랬다면 이는 성인의 신후(愼厚)하고 침착한 기상에 크게 어긋나는 것이다. 또한 '죽을 것이다'고 말씀하셨다면 마땅히 '망의'(亡矣)라고 했을 것이지, '무지'(亡之)라고 '지'(之)자를 쓰지는 않았을 것이다.[467]

466) 『論語』, 「雍也」8장. "伯牛有疾, 子問之, 自牖執其手曰: '亡之, 命矣夫! 斯人也而有斯疾也! 斯人也而有斯疾也!'"

467) 『論語釋義』, 「雍也」8장. "亡之. 亡ᄒᆞ리로다. 今按當亡ᄒᆞ리러니, 或云亡ᄒᆞᆯ거시어늘. 蓋亡卽有無之亡, 非死亡之亡. 註此人不應有此疾, 正解亡之兩字, 言此人當無此疾而今

『논어』「옹야(雍也)」8장을 보면 백우(伯牛)라는 제자가 병이 들자 공자가 병문안 가서 창밖에서 그의 손을 잡고 대화를 나누는 장면이 나온다. 이때 공자가 '亡之, 命矣夫!'라고 말을 했는데, 이 구절에 대하여 주자는 『논어집주』에서 "영결사(永訣辭)이며, 이 사람이 응당 이러한 병이 없어야 될 터인데 지금 이 병이 있으니, 이것은 바로 천명(天命)이다."[468]라고 주석을 붙였다. 주자의 이 해석은 모호한 측면이 있는데, '영결사'와 '응당 이러한 병이 없을 것이다'라는 구절이 상충되기 때문이다. 즉 영결사의 입장에서 보면 '亡之, 命矣夫!'는 '죽겠구나, 천명이로다!' 정도로 해석될 것이며, '응당 이러한 병이 없을 것이다'라는 주석에 근거하여 해석해 보면 '亡之, 命矣夫!'는 '이런 병이 없어야 될 터인데, (있다니)천명이구나!'라는 정도가 될 것이다. 그리고 전자의 경우 '亡之'의 '亡'의 음은 '망'(亡)이고, 후자의 경우 '亡之'의 '亡'의 음은 '무'(無)가 되어야 할 것이다.

이 두 가지 해석 중 아마도 당시에는 '亡之'의 '亡'을 '망'으로 읽고, 이를 '죽겠구나'로 해석하는 풍조가 일반적이었던 듯하다.[469] 그런데 퇴계는 위의 인용에서 보듯이, '亡之'를 해석함에 있어 먼저 당시에 유행했던 해석과 번역을 제시하고 나서, 자신의 경문 문리에 의거하여 꼼꼼히 앞뒤 문맥을 따져본 후 다음과 같이 해석하였다.

먼저 퇴계는 '亡之'의 '亡'을 '망'이라고 읽어서 이를 '죽겠구나!'라고 해석하는 것에 대하여 반대를 하였다. 그리고 자신의 경문 이해에 근거하여 '亡之'의 '亡'는 '무'로 읽어야 되며 이는 '없어야 될 터인데'로 해석하는 것이 타당하다고 주장하면서, 그 근거로 두 가지를 들었다. 첫째로 문맥상

有之, 是乃命也. 聖人豈問人疾, 而直言其當死乎? 大非聖人愼厚沈密之氣象. 且若言死亡, 當曰亡矣, 不當下之字."

468) 『論語集注』, 「雍也」8장. "蓋與之永訣也. 命, 謂天命. 言此人不應有此疾, 而今乃有之, 是乃天之所命也."

469) 그 실례로 栗谷도 그의 『論語釋義』에서 이 구절을 언해하기를, '죽을것이로다'(亡홀리로다)라고 했는데, 이는 곧 '亡之'의 '亡'을 '망'으로 읽고, '곧 죽겠구나'로 해석한 것이다.

그 의미를 파악해보면, 성인의 신중하고 침착한 기상에 비추어 보아 병문안 가서 '곧 죽겠구나'라고 말할 리가 없다는 것이다. 둘째로 어법에 근거하여 이 경문을 살펴보면, '亡之'를 '죽겠구나!'라고 해석하는 것은 올바른 해석이 아니라고 하였다. 어법상 만약 '亡之'를 '죽겠구나!'라고 해석하려면, 이 구절은 '亡之'로 써서는 안 되고 '亡矣'로 써야 된다는 것이다.[470]

이처럼 퇴계는 주자의 『논어』 주석을 자기 『논어』 해석의 근간으로 삼고 있지만, 때로 주자나 주자학파의 『논어』 주석의 미흡한 부분이나 모호한 점에 대하여 이처럼 독자적 경문 이해에 근거하여 경문의 본지를 탐구하였다. 이는 한국 논어학의 전개에 비추어 보면 매우 의미 있는 해석 태도이다. 다음 장에서 이를 논해 보기로 하겠다.

3) 퇴계 논어학의 영향과 의의

퇴계의 논어학이 후대에 끼친 영향과 의의를 그 번역학적 측면과 해석학적 측면으로 나누어서 살펴보기로 하겠다.

먼저 번역학적 측면을 살펴보자면, 아무래도 한국 『논어』 번역학의 개황에 대하여 언급해야 할 것 같다. 1945년을 기점으로 이전 시대에 나온 한국의 『논어』 번역서 중, 완역본을 출간연대별로 살펴보면 다음과 같다.

최초로 출간된 『논어』 완역본은 『교정청본 논어언해(校正廳本 論語諺解)』(1590, 이하 『교본 논어언해(校本 論語諺解)』라 함)이고, 다음으로 『율곡본 논어언해(栗谷本 論語諺解)』(1749)[471]가 있으며, 1900년대에 들어와서 『언역논어(諺譯論語)』(1921)와 『언해논어(諺解論語)』(1932)가 있다. 이 4종의 『논어』 완

470) 김언종, 「退溪의 『論語釋義』小考」, 『퇴계학보』107, 108합집, 퇴계학연구원, 1990 참조.

471) 율곡본 『논어언해』는 이이의 생전에 완성되었으나, 출간은 1749년 洪啓禧(1703~1771)의 노력에 의해 이루어졌다. 즉 『교본 논어언해』보다 먼저 탈고되었으나, 출간은 늦은 것이다.

역본 중 한국의 『논어』 번역학사에서 가장 큰 영향을 미친 번역서는 『교본 논어언해』이다. 『교본 논어언해』는 국가에서 번역한 국가공인 『논어』 번역서로서 이후 20세기에 이르기까지 『논어』 번역의 표준이 되었기 때문이다. 그런데 이 『교본 논어언해』에 큰 영향을 미친 『논어』 번역이 바로 퇴계의 『논어석의』이다.

앞서 언급했다시피 한국어인 훈민정음이 창제된 이후 완역의 상태가 아닌 부분역으로서의 『논어』 번역이 학자들 사이에서 이루어지고 있었다. 그런데 그 번역의 양상이 일률적이지 않고 학자들에 따라 이설(異說)이 분분하였다. 퇴계는 『논어석의』에서 이러한 『논어』 번역의 이설들을 주자의 논어설에 근거하여 비판적으로 재검토하였다. 그러고 나서 자신의 『논어』 이해에 근거하여 재번역을 하였다. 퇴계의 이 『논어』 번역은 비록 부분역이긴 하지만 『교본 논어언해』에 대거 채입되었다. 이러한 현상은 기본적으로 퇴계의 『논어』 번역이 이전의 번역에 비해 그 학문적 우수성을 인정받은 측면이 많았기 때문이다. 그러나 이러한 학문적 고려 이외에 당시 왕명에 의해 『논어』를 번역할 때, 참여한 학자 관료집단의 대부분이 퇴계의 제자들이라는 점도 간접적으로 작용했다고 할 수 있다.[472] 그러면 퇴계의 『논어』 번역이 『교본 논어언해』에 채입되는 실례를 잠시 살펴보기로 하겠다.

『논어』 「선진(先進)」25장(赤爾何如? 對曰: "非曰能之,……")의 경문에서 '비왈능지'(非曰能之)의 번역을 살펴보면, 퇴계 이전에는 '잘하지 못합니다'(能티몯ᄒᆞ더라)라고 하고서는 '왈'(曰)자를 번역하지 않았다. 그런데 퇴계는 이 번역에 반대하고서 '왈'(曰)자를 풀이해야만 원문의 의미에 더 적합하다고 하면서, '잘한다고 말하는 것이 아니라'(能ᄒᆞ노라니ᄅᆞ논디아니라)라고

472) 특히 교정청 언해에 참가했던 학자들 중 활약이 컸던 인물로 趙穆(1524~1606)을 꼽는데, 그는 퇴계의 수제자였다.

번역하였다. 『교본 논어언해』에는 퇴계의 이 번역을 수용하여 '잘한다고 말하는 것이 아니라'(能ᄒᆞ노라닐ᄋᆞᆫ줄이 아니라)라고 번역하였다.[473)]

또한 『논어』 「안연(顔淵)」20장(夫達也者, 質直而好義,……)의 경문 중 '질직'(質直)에 대한 번역을 살펴보면, 퇴계 이전에는 '정직으로 바탕을 삼고'(直으로質ᄒᆞ고)라고 번역하였는데, 퇴계는 이 구절을 '질박하며 정직하고'(質ᄒᆞ며直ᄒᆞ며)라고 번역하였다. 그런데 『교본 논어언해』에서는 퇴계의 번역을 받아들여 '질박하며 정직하고'(質ᄒᆞ며直ᄒᆞ고)라고 번역해 놓고 있다.

이외에도 퇴계의 『논어』 번역이 『교본 논어언해』에 채입된 흔적은 여러 곳에서 발견할 수 있기에, 퇴계의 『논어』 번역이 『교본 논어언해』에 끼친 영향은 재론의 여지가 없다고 할 수 있다. 『교본 논어언해』는 출간된 이후 거의 300년 이상의 시간 동안 공식적 『논어』 번역서로서의 위치를 점유하였다. 이는 바로 퇴계의 『논어』 번역이 그 시간만큼 조선의 학자들에 의해 공인된 『논어』 번역으로 읽혔음을 의미한다고도 할 수 있다.

이후 20세기에 들어와 다시 『논어』의 번역이 시도되어서 『언역논어(諺譯論語)』(1921)와 『언해논어(諺解論語)』(1932)가 출간되었는데, 이 번역서들은 『교본 논어언해』가 직역임에 비해, 직역에다 자해(字解)와 의해(義解)를 추가하여 독자들의 『논어』 이해를 제고시켰다. 그러나 그 번역의 근간은 어디까지나 『교본 논어언해』였다. 그렇다면 퇴계의 『논어』 번역은 결국 20세기 초까지 그 영향력을 가졌다고 볼 수 있다.

한편 퇴계의 『논어』 해석학은 그의 번역학만큼 한국 논어학사에 끼친 영향이 컸다. 오히려 학술사적 견지에서 보면 그의 『논어』 해석학이 끼친 영향이 더 지대하였다고도 할 수 있다. 퇴계의 『논어』 해석학의 영향과 그 의의를 이야기하자면 먼저 조선에서의 주자학의 수용과 그 전개에 대

473) 『論語釋義』, 「先進」25장. "非曰能之, 能티몯ᄒᆞᆫ디라, 曰字不釋也. 今按, 此說非也, 此正謙辭, 云非敢自謂能之也. 當云能ᄒᆞ노라니ᄅᆞᆫ디아니라. 若不釋曰字, 則但自以不能, 而願學焉, 意便短."

해서 대략이나마 이해를 해야 한다. 왜냐하면 퇴계에 의하여 그 학문적 논의가 시작되었고 이후 그 깊이와 넓이를 더해 가며 변모한 조선 주자학과 퇴계의 논어학은 그 궤를 같이하는 면이 있기 때문이다.

주자학은 고려시대 후기에 동전(東傳)되었다. 이 시기 주자학을 수용한 신진 학자들은 주자학적 이념을 통해 당시 고려왕조 이념의 중심축이었던 불교를 대치하려 하였다. 이들을 가리켜 신진사대부(新進士大夫)라 하는데, 이들의 의도는 학문적으로나 정치적으로 성공을 거두었다. 주지하다시피 주자학을 자기 이념의 중심축으로 삼은 신진사대부는 후일 조선 개국의 중심세력이 되었으며, 이 과정에서 주자학을 국가의 중심이념으로 자리 잡게 하였기 때문이다. 사정이 이러했기에 고려 후기에서 조선 초기의 주자학자들은 주자학의 경세적 효용성에 크게 주목하였다. 실제 정치에 주자학적 이념이 소용되었기 때문이다. 때문에 조선 초기에는 주자학의 경세적 이념을 담은 서적들-예컨대 진덕수(眞德秀)의 『대학연의(大學衍義)』-이 조선 학인들에 의해 많이 읽혀졌으며, 주자학적 이론에 대한 학문적 탐구는 그다지 심각하지 않았다.

이러한 형세의 반전은 퇴계에 의해 이루어졌다. 퇴계는 주자학의 이기론에 대하여 본격적으로 탐구하기 시작하였으며, 당대의 학인들과 논쟁을 거쳐 주자학을 한 단계 더 발전시켰다고-혹은 주자학의 본질에서 벗어났다고-평가받는 이기이원론(理氣二元論),[474] 이동설(理動說)[475] 등 주리적(主理的) 이기론을 주장하였다. 이러한 퇴계의 주리적 이기론은 실상 조선 주자학의 이론적 발전의 근원에 위치하는데, 퇴계의 주자학에 대한

474) 朱子는 理氣는 決是二物임과 아울러 不可分開의 양쪽 모두를 주장하였다. 이에 비해 퇴계는 理氣決是二物이라고 주장하여, 理와 氣를 별도의 존재로 상정하였다.

475) 퇴계는 리를 獨自的 實在로 이해하였으며, 이러한 리가 스스로 작용하고 움직일 수 있다는 의미의 理動說(달리 理發說, 理到說이라고도 함)을 주장하였다. 퇴계의 이동설의 가장 큰 특징은 기에 대비되는 리의 절대적 우월성, 더 나아가 리에 초월자로서의 인격성까지 부여했다고 할 수 있다.

새로운 정립 이후 이에 대한 찬성과 비판이 곧 조선 주자학의 역사라 할 만큼 영향을 미친 바가 크기 때문이다.

퇴계의 주리적 이기론에 대하여 특히 율곡학파의 반발은 컸다. 이이는 퇴계의 이기설(理氣說)이 주자의 본지를 벗어난 것이라 여겼으며, 그의 제자인 송시열을 비롯한 율곡학파의 학자들은 조선 후기에 이르기까지 줄곧 퇴계의 이기론을 비판하였다.[476] 한편 퇴계학은 조선 후기에 들어와서 두 갈래로 분화된다. 첫 번째 갈래는 경상도 지역에 자리한 영남퇴계학파이며, 두 번째 갈래는 경기 지역에 분포한, 이익을 종장으로 하는 근기퇴계학파(이들을 조선 유학사에서 실학파라 함)였다. 이들은 퇴계의 이기설을 수용하여 발전시키면서 율곡학파와 대비되는 학문적 특징을 발현시켜 나갔다.

한편 퇴계 논어학의 후대로의 계승은 퇴계에게서 시발된 조선 주자학의 전개와 유사한 양상을 보이고 있다. 퇴계의 『논어』 해석학의 중요 특징은 앞에서 언급했듯, 주자학파의 『논어』 해석에 대한 연찬과 부연, 『논어』 한자의 음훈에 대한 훈고학적 고찰, 경문(經文)의 본지에 대한 탐구 등이라 할 수 있다. 퇴계의 이러한 『논어』 해석학은 그의 수제자인 이덕홍(李德弘)의 『논어질의(論語質疑)』에서 계승되었으며, 동시에 율곡학파의 거유였던 송시열에 의해 비판받았다.

그 비판의 양상을 먼저 살펴보면, 송시열은 『퇴계논어질의의의(退溪論語質疑疑義)』에서 퇴계 논어학의 번역과 훈고, 그리고 경문의 본지에 대한 퇴계의 독자적 탐구 등을 전반적으로 문제 삼아 비판을 가하였다. 그 비판의 근거는 주자의 『논어』 주석이었기에, 송시열은 '퇴계의 이 주석은 주자의 해설과 같지 않다', '주자는 이렇게 말하였는데, 아마도 퇴계는 보지

---

476) 비판의 주된 요지는 퇴계의 理氣二元論에 반대하여 理氣一元論을 주장하였으며, 또한 퇴계의 理動說에 반대하여 理無動靜說을 주장하였다.

못하였는가 보다'라는 말을 써 가며 퇴계의 『논어』 해석학이 주자 논어학의 본령을 벗어난 곳이 많다고 비판하였다. 이러한 비판은 율곡학파에서 퇴계의 주리적 이기론이 주자학의 본령(本領)에서 벗어났다고 여겨 비판을 가한 것과 동일한 맥락이다. 즉 퇴계에 비해 율곡학파의 학자들은 그 이기철학적 면에서뿐 아니라, 『논어』 해석학에서도 보다 더 주자학에 철두철미하였던 것이다.[477]

퇴계의 『논어』 해석학에 대하여 율곡학파가 비판을 하였다면, 영남퇴계학파에서는 이를 계승하였는데, 그 양상과 의미를 좀 더 자세하게 살펴보기로 하자.

퇴계의 수제자인 이덕홍 이후 영남퇴계학파는 퇴계의 『논어』 해석을 계승 발전시키는 데 주력하였다. 그들은 퇴계가 그러하였듯이 주자학파의 『논어』 해석에 대한 연찬과 부연에 치중하거나, 퇴계(퇴계학파)의 『논어』 해석을 집록하여 분석하기도 하였으며, 간혹 퇴계의 『논어』 해석의 의미를 심층적으로 분석하여 새롭게 재정립하곤 하였다. 영남퇴계학파는 이러한 세 방면에서 퇴계의 『논어』 해석학을 계승하였으며, 주목할 만한 성과를 내었다. 바로 유장원의 『논어찬주증보』와 유건휴의 『동유논어해집평』, 그리고 이진상의 『논어차의』 등이 그 성과를 대표하는 저술이라 할 만하다. 앞서 고찰하였듯이, 유장원의 『논어찬주증보』는 『논어집주』를 중심에 놓고 여기에 나오지 않는 주자의 『논어』에 관한 주석과 원명대(元明代) 중국 주자학파의 『논어』 주석을 광범위하게 채록해 놓고 나서, 상호 대교를 통해 주자 논어설의 정론을 면밀하게 검토한 주석서이다. 그리고

477) 율곡학파에서는 그 초기에는 이처럼 퇴계의 『논어』 해석학에 대한 비판을 가하다가 이후에는 주자의 『논어』 주석의 본지를 밝히는 데 주력하였다. 그리하여 저술된 율곡학파의 대표적 『논어』 주석서 두 종을 들면, 韓元震의 『朱子言論同異考-論語』와 朴文鎬의 『論語集註詳說』을 거론할 수 있다. 전자는 주자 논어학의 상호 모순된 서술을 비교 분석하고서 定論을 확정해 나간 저술이고, 후자는 조선에서 저술된 『논어집주』 해설서 중 가장 충실한 주석서라고 할 수 있다.

유건휴의 『동유논어해집평』은 16세기에서 19세기 초반까지 조선 학자들의 논어설을 수합하여 정리해 놓은 책으로, 그 기본적 지향은 퇴계학파의 논어설에 대한 집록과 심층적 분석이다. 이후 조선 말기에 이르러 이진상이라는 걸출한 학자가 나왔는데, 그는 영남퇴계학파의 거유(巨儒)로서, 이기철학(理氣哲學)에서 퇴계의 이동설(理動說)을 근간으로 하는 주리철학을 계승하였다. 이진상이 남긴 『논어』 주석서인 『논어차의』의 내용을 살펴보면, 『논어』를 실천적 지침서로 보기보다는 형이상적인 성(性)과 천도(天道)가 구현된 철리서(哲理書)로 보았다. 이진상의 이러한 『논어』 해석은 주자학의 형이상학적 요소인 본체론(本體論)과 심성론(心性論)을 극대화시킨 해석체계로서, 퇴계의 주리적 이론의 경학적 반영이라고 평가할 수 있을 것이다. 이에 관해서는 뒤에서 상론하기로 하겠다.

한편 근기퇴계학파는 조선 유학사에서 매우 특별한 위치를 점유하고 있는데, 대표적 학자는 이익(李瀷)과 정약용(丁若鏞)이다. 이들은 종래 주자학의 형이상학적 학문 이론을 지양하고 실천적 경세적 학문에 자신들의 연구력을 집중시켰다. 때문에 이들이 남긴 저술은 조선 주자학파의 저술과 그 내용을 달리하는 면이 많다. 그러나 그 사승과 영향관계를 따져보면 아무래도 퇴계학파에서 영향받은 바가 큰데, 철학 방면에서 퇴계의 주리론을 계승한 흔적이 뚜렷하기 때문이다. 한편 이들은 조선 논어주석사에서 특기할 만한 『논어』 주석서를 저술하였는데, 이익은 『논어질서』를, 정약용은 『논어고금주』를 남겼다. 이 두 종의 『논어』 주석서는 기존의 주자학파의 주석서와 상당히 다른 내용과 서술체계를 함유하고 있다. 그렇지만 훈고(訓詁)에 대한 관심과 『논어』 경문의 본지에 대한 자유로운 탐색 등은 아무래도 율곡학파보다는 퇴계의 『논어』 해석의 자세에서 영향받은 바가 더 크다고 할 수 있을 것이다.

이상으로 우리는 퇴계의 『논어』 번역학과 해석학의 특징, 그리고 그 후대에 끼친 영향관계를 살펴보았다. 그 결과 퇴계의 논어학은 기본적으로 주자의 『논어』 해석에 근거하고 있지만, 정확한 번역을 지향하면서 훈고에 대한 학문적 관심과 경문의 본지에 대한 독자적 해석을 추구하는 특징을 지니고 있었다. 한편 후대에 미친 영향을 보면, 퇴계의 『논어』 번역학은 『교본 논어언해(校本 論語諺解)』에 심대한 영향을 미쳤으며, 또한 그의 『논어』 해석학은 영남퇴계학파에 의해 수용되어 심도 있게 연구되었고, 근기퇴계학파에도 일정 부분 영향을 미쳤음을 확인할 수 있었다. 그리고 율곡학파에 의해 비판을 받기도 하였지만, 그 비판마저도 하나의 독자적 경설로 확립될 정도로 그 영향력이 깊었다고 할 수 있다. 이런 여러 가지 정황을 고려해 보면 퇴계의 논어학은 한국 논어학의 남상(濫觴)이라 평가할 수 있을 것 같다.

이제 퇴계 논어학의 전개 양상을 좀 더 구체적으로 살펴보기로 하겠다. 퇴계학의 전개에서 등장하는 수많은 학자들이 있지만, 여기서는 범위를 좁혀서 영남퇴계학파에서는 정구(鄭逑), 이진상(李震相), 곽종석(郭鍾錫)의 논어학을 검토하고, 근기퇴계학파에서는 이익(李瀷), 정약용(丁若鏞)의 논어학을 고찰해 보기로 하겠다. 이 과정에서 논어학에 초점을 맞추겠지만, 때로 조선 경학의 중요한 논점을 끌어들여 조선 경학의 양상을 함께 다루어 보기로 하겠다.

2. 정구의 논어학

1) 정구의 사상에 대한 평가

고려 말에 주자학을 수용한 이래, 고려에서 조선 말에 이르기까지 중국 주자학의 수용과 전래는 비교적 신속하였다. 이는 주자학 수용에 있어서 조선의 유학자들이 가지고 있었던 지식의 경사를 반영하는 현상이라 할 수 있다. 사정이 이러하였기에 조선의 유학은 주자학이 대세였으며, 간혹 양명학 혹은 실학이 등장하기도 하였으나 주자학의 자장에서 자유롭지 못하였다. 그러나 이것이 곧 중국 주자학에 대한 조선 학문의 종속을 의미하는 것은 아니었다. 조선은 주자학을 수용한 이래, 퇴계를 거치면서 조선적 특징을 지닌 조선 주자학으로 거듭났으며, 송시열을 필두로 하는 우암학파(尤庵學派)에 이르러서는 주자의 전적을 고증적으로 연구하는 주자서문헌학(朱子書文獻學)이 탄생하였다. 이는 동아시아 유학사에서 조선에만 유별난 현상이기에, 이를 두고 우리는 조선 주자학이라고 평가할 수 있을 것이다.[478] 조선이 주자학의 나라가 되는 데는 이처럼 퇴계와 이이, 송시열 같은 조선 중기 주자학의 거벽들이 핵심적 역할을 하였는데, 그 영향은 조선 후기를 거쳐 지금도 이어지고 있다. 그러면 조선 전기에서 중기에 이르기까지 우리의 유학사상사는 주자학 일변이었던가?

이러한 주자학 일변의 틈새를 비집고서 새로운 유학의 물줄기를 우리의 유학사상사에 제공한 학자가 있었으니, 바로 정구(鄭逑, 1543~1620)이다. 정구는 한국 유학사에서 매우 특별한 지위를 지닌다. 바로 조선주자학의 거두인 퇴계학(退溪學)과 남명학(南冥學)의 적전(嫡傳)이면서, 실학(實學)의 연원에 위치하는 것으로 평가받기 때문이다. 한강학(寒岡學)의 원류는 무엇이며 어떠한 특징을 함유하고 있기에 이러한 양면적 평가가 가능한가? 그리고 한강학은 조선 전기 유학사에서 중국 유학의 어떠한 흐름을 새로이 수용하였던가? 종국적으로 한강학은 조선 전기 유학사의 지형도를 새롭게 구성하는 데 어떤 역할을 하였던가?

이에 대한 답을 모색하기 위하여 정구에 대한 당대 및 후대의 다양한 평가를 일람한 후, 한강학의 연원을 추적해 보고자 한다.

---

478) 퇴계학파와 율곡학파에 의해 정립된 조선 주자학의 면모에 관해서는 이영호, 「퇴계 경학을 통해 본 조선 주자학의 독자성 문제」, 『퇴계학논집』 8호, 영남퇴계학연구원, 2011 참조.

①「한강선생언행록(寒岡先生言行錄)」에 실린 이서의 기록

나의 소견으로 보면 퇴계는 주자 이후에 첫째가는 사람이고, 선생(寒岡)은 퇴계 이후에 첫째가는 사람이다.[479]

②『여헌선생문집(旅軒先生文集)』에 실린 장현광의 제문(祭文)

정론(正論)을 두류산(頭流山, 曹植)에게서 받았으니 확고히 세운 것은 마치 기둥이 주춧돌을 얻은 것 같았고, 진실한 도를 도산(陶山, 李滉)에게서 얻었으니 묘리를 깨우친 것은 마치 향기로운 난초가 있는 방에 들어간 듯하였습니다.[480]

③『여유당전서(與猶堂全書)』에 실린 윤진사행장(尹進士行狀)

퇴계(退溪)와 한강(寒岡)의 학문이 대령(大嶺, 鳥嶺)의 남쪽에만 전하고 있을 뿐, 서울 사는 사람과 귀한 집의 자제들은 육경(六經)을 변모(弁髦)처럼 여겨 제멋대로 거리낌 없이 노닐었다.[481]

④『번암선생집(樊巖先生集)』에 실린「성호이선생묘갈명(星湖李先生墓碣銘)」

생각건대 우리의 도는 전해진 도통이 있으니, 퇴계선생은 우리나라의 부자(夫子)이시다. 이 도는 한강(寒岡)에게 전해졌고, 한강은 이 도를 미수(眉叟, 許穆)에게 전했으며, 선생(李瀷)은 미수를 사숙하였다.[482]

---

479)『東湖先生文集』卷二,「寒岡先生言行錄」. "以余觀之, 退溪朱子後一人也, 先生退溪後一人也."

480)『旅軒先生文集』卷十,「祭寒岡鄭先生文」. "承正論於頭流, 所以樹立者, 如柱得礩, 聞的旨於陶山, 所以契悟者, 如入蘭室."

481)『與猶堂全書』, 第一集 詩文集 第十七卷,「玄坡尹進士行狀」. "退溪寒岡之學, 獨傳於大嶺之南, 而京輩貴游之子, 弁髦六經, 放曠不羈."

482)『樊巖先生集』卷五十一,「星湖李先生墓碣銘」. "但念吾道自有統緖, 退溪我東夫子也. 以其道而傳之寒岡, 寒岡以其道而傳之眉叟, 先生私淑於眉叟者."

①에서 보듯이 정구(鄭逑) 당대에 정구의 위상은 주자에서 퇴계로 이어진 주자학의 맥을 계승한 학자이다. 한편 ②에서 보듯이 조선 유학사에서 정구의 위상은 조선 주자학의 태두인 퇴계와 조식을 동시에 계승한 것으로 설정된다. 이러한 정구의 학문은 이후 ③과 ④에서 보듯이 한 줄기는 영남퇴계학파로 계승이 되며, 또 다른 갈래는 허목을 통하여 근기실학파로 계승이 된다. 즉 주자학과 실학이라는 어찌 보면 연속이면서, 달리 보면 단절적 층위가 가능한 조선의 이 두 학통의 분기점에 정구가 있는 것이다.

한편 한강학(寒岡學)의 이러한 특징에 대하여 홍원식은 장현광이 「한강선생행장(寒岡先生行狀)」에서 한강학을 '명체적용'(明體適用)[483]이라고 규정한 것을 근거로 다음과 같이 평가하였다. 정구의 성리학이 명체(明體)의 학(學)이라면, 그의 예학(禮學)과 경세학(經世學)은 적용의 학인데, 전자는 계승적 측면이 강하다면 후자는 한강학이 일궈낸 영역이다.[484] 즉 홍원식의 주장에 의하면, 한강학은 주자학(퇴계학)과 실학적 요소가 공존하고 있는데, 전자는 주자와 퇴계를 계승하였다면, 후자는 한강학의 독자적 지평이라는 것이다. 본고에서는 바로 이 지점에 착목하여 과연 한강학의 독자적 지평은 그 자체로 순수하게 정구가 일궈낸 영역인지, 아니면 한강학의 또 다른 연원이 있어 이것이 가능하였는지를 고찰해 보고자 한다. 논의의 집중을 위해서 정구의 『논어』에 관한 여러 해석을 중심으로 연구를 진행하고자 한다. 조선 유학자들의 사유의 핵심에 『논어』가 자리하고 있는데, 정구 또한 예외가 아니었기 때문이다. 만년에 정구는 『논어』의 인(仁)에 관한 제설(諸說)을 모아 『수사언인록(洙泗言仁錄)』을 편찬

483) 『旅軒先生文集』卷十三, 「皇明朝鮮國 故嘉善大夫司憲府大司憲兼世子輔養官 贈資憲大夫吏曹判書兼知義禁府事寒岡鄭先生行狀」. "先生以明體適用之學, 自期焉."

484) 홍원식, 「정구의 한강학과 퇴·남학」, 『영남학』 26호, 경북대학교 영남문화연구원, 2014, 222면.

하였고, 『심경발휘(心經發揮)』에서는 『논어』의 몇 구절에 대하여 선현들의 주석을 새롭게 수합하였다. 차례대로 살펴보면서, 한강학의 특징과 그 연원에 대하여 탐색하기로 하겠다.

2) 정구 논어학의 분석

(1) 『수사언인록(洙泗言仁錄)』: 『수사언인(洙泗言仁)』의 재편찬

1604년 12월 18일에 정구는 『수사언인록(洙泗言仁錄)』이라는 책을 편찬하고서 그 말미에 다음과 같은 발문(跋文)을 썼다.

> 사람으로서 인(仁)하지 못하면 사람이라고 할 수 없는데, 인이란 사욕(私慾)이 완전히 사라지고 천리(天理)가 온전히 보전되지 않으면 인이라고 말할 수 없다. 이는 성문(聖門)의 제자(諸子)들이 참마음으로 정성스럽게 인에 관해 물었던 이유이며, 부자(夫子)가 평소에 인에 대해서는 드물게 언급하는 가운데서도 정성스럽고 친절하게 가르쳐 주지 않을 수 없었던 것이다. 이 때문에 정자(程子)가 공부하는 자로 하여금 유별로 모아 살펴보기를 바랐고, 남헌선생(南軒先生)이 마침내 관련 자료를 엮어 책을 만들었다.……나는 이 나라 동국(東國)의 후학으로 일찍이 성현의 학문에 뜻이 있었으나 결국 이룬 것은 없으니, 이는 도를 깊이 체득하는 면에 스스로 온 힘을 쓰지 못한 때문이었다. 부끄럽고 서글픈 심정이 사무치는 가운데 항상 장자(張子, 張栻)가 엮은 이 책을 볼 수 없는 것을 유감으로 여겨 오던 중에 다행히 다른 글 속에서 그 내용을 끄집어내 베껴 쓰고 주자의 집주(集注)와 거기서 인용한 정자와 장자(張子) 이하 제현의 말씀을 첨부하여 한 권의 책으로 만들어 깊이 탐구하고 익히 읽어볼 수 있는 자료로 삼았다.[485]

485) 『洙泗言仁錄』, 「跋文」. "人而不仁, 不可以爲人, 仁非私欲盡而天理全, 不足以言仁. 此聖門諸子所以拳拳於問仁, 而夫子亦不得不諄諄於罕言之餘也. 程子所以欲令學者類聚觀之, 而南軒先生遂編成書.……余以東偏末學, 早而有志, 晩而無成, 由不能自力

정구의 이 발문을 보면, 『수사언인록(洙泗言仁錄)』은 『논어』에 나오는 인(仁)에 관하여 정자(程子)가 일차 수집을 시도하고 남헌(南軒) 장식(張栻, 1133~1180)이 재차 관련 자료를 모아서 일종의 『논어』 인설(仁說)로 편찬한 책이다. 이 책을 정구는 애타게 구하다가 결국 구하지 못하고서, 자신이 직접 관련 자료를 모아서 재편찬을 하였다. 그런데 장식의 『수사언인(洙泗言仁)』을 구하고자 한 정구의 시도는 애초에 헛된 노력이었다.

장식이 편찬한 『수사언인』은 송대(宋代)에 각본(刻本)이 있고 우무(尤袤, 1127~1194)가 편찬한 『수초당서목(遂初堂書目)』에 저록이 되어 있다고 한다. 그러나 『송사(宋史)』 「예문지(藝文志)」에 이미 그 모습이 보이지 않고, 이후 여러 서목이나 서지에도 언급되지 않고 있다. 이로 보아 이 책은 어떤 연유에서인지 일찍이 일실된 것으로 보인다.[486] 그러나 그 흔적은 통행본 『남헌집(南軒集)』 권14에 「수사언인서(洙泗言仁序)」가 남아 있는 데서 찾을 수 있다. 즉 이 책은 중국에서도 일찍이 서문만 남아 있는 책이었다. 정구는 저간의 이러한 사정을 모르고서 애타게 이 책을 구하였던 것이다. 결국 이 책을 도저히 찾을 수 없자, 『남헌집』의 「수사언인서」를 비롯하여 장식이 남긴 기록들에 의거하여 이 책을 재편집하고서 『수사언인록』이라 명명하였다.

정구의 『수사언인록』의 편집 체제를 살펴보면, 『논어』에서 인에 관하여 공자가 말한 53조목의 경문을 뽑고서 그 아래에 이정자(二程子), 주자(朱子), 장식(張栻)의 인설(仁說)을 순차적으로 나열하고 있다. 정구가 뽑은 『논어』 53조목을 편별로 제시하면 다음과 같다.

於體認之方也. 深切愧悼, 常恨不得見張子所編, 幸而得於他書之中, 拈出而書之, 添附朱子集註與所引程, 張以下諸賢之論, 作爲一書, 以爲潛翫熟復之地."(이 발문은 「書洙泗言仁錄後」라는 제목으로 『寒岡先生文集』에 실려 있음)

486) 이에 대한 자세한 사항은 『張栻全集』(上), 「前言」, 長春出版社, 1999, 10면 ; 程元敏, 「張栻「洙泗言仁」編的源委」, 『孔孟學報』 제11기, 中華民國孔孟學會, 1966 참조.

「학이(學而)」: 2장, 3장

「팔일(八佾)」: 3장

「이인(里仁)」: 1장, 2장, 3장, 4장, 5장, 6장, 7장

「공야장(公冶長)」: 4장, 7장, 18장

「옹야(雍也)」: 5장, 20장, 21장, 24장, 28장

「술이(述而)」: 6장, 14장, 29장, 33장

「태백(泰伯)」: 2장, 7장

「자한(子罕)」: 1장, 28장, 「헌문」 30장(유사 내용이라 뒤에 붙인 것으로 판단됨)

「안연(顔淵)」: 1장, 2장, 3장, 20장, 22장, 24장

「자로(子路)」: 12장, 19장, 27장

「헌문(憲問)」: 2장, 5장, 7장, 17장, 18장

「위령공(衛靈公)」: 8장, 9장, 32장, 34장, 35장

「양화(陽貨)」: 6장, 8장, 21장

「미자(微子)」: 1장

「자장(子張)」: 6장, 15장, 16장

『수사언인록』에 수록된 정자와 주자의 경설은 주로 『이정집(二程集)』과 『논어집주』에서 인용되고 있는데, 우리가 주목하고자 하는 부분은 이 두 학자의 뒤에 수록된 장식의 논어설이다. 이 책 자체가 장식의 『수사언인(洙泗言仁)』을 모방하여 정구가 편집한 것이기도 하지만, 장식의 논어설은 이정자 및 주자와 구별되는 지점이 있기 때문이다. 먼저 정구가 장식의 논어설을 어디에서 찾아 인용했는지를 살펴보겠다. 주지하다시피 장식은 이른바 『논어해(論語解)』(일명 『계사논어해(癸巳論語解)』)라 불리는 『논어』 주석서를 편찬하였다. 정구의 『수사언인록』의 내용 대부분은 바로 장식의 『논어해』에서 그대로 인용한 것이다. 그런데 자세히 살펴보면 통행본 『논어해』와 차이를 보이는 부분도 있다. 그 양상을 보면 아래와 같다.

①『論語』「八佾」3장. 子曰: "人而不仁, 如禮何? 人而不仁, 如樂何?"

『論語解』「八佾」3장 : 禮樂無乎不在, 而其理則著於人心. 人仁則禮樂之用, 興矣, 人而不仁, 其如禮樂何?

『洙泗言仁錄』「八佾」3장 : 禮樂無乎不在, 而其理則著於人心. 人仁則禮樂之用, 興矣, 人而不仁, 其如禮樂何?

②『論語』, 「里仁」2장. 子曰: "不仁者, 不可以久處約, 不可以長處樂. 仁者安仁, 知者利仁."

『論語解』, 「里仁」2장 : 安仁者其心純一, 不待勉强, 而無不在是也. 利仁者知仁之美, 擇而爲之, 故曰利也.

『洙泗言仁錄』「里仁」2장 : 安仁者其心純一, 不待勉强, 而無不在是也. 利仁則有所擇, 知其爲美, 而爲之, 故曰利也.

③ 『論語』「學而」2장. 有子曰: "其爲人也孝弟, 而好犯上者鮮矣, 不好犯上, 而好作亂者, 未之有也. 君子務本, 本立而道生, 孝弟也者, 其爲仁之本與!"

『論語解』「學而」2장 : 其爲人也孝弟, 與孟子所言其爲人也寡欲, 其爲人也多欲, 立語同. 蓋言人之資質, 有孝弟者, 孝弟之人, 和順慈良, 自然鮮好犯上. 不好犯上, 況有悖理亂常之事乎? 君子務本, 言君子之進德, 每務其本, 本立則其道生而不窮. 孝弟乃爲仁之本, 蓋仁者無不愛也, 而莫先於事親從兄, 人能於此, 盡其心, 則夫仁民愛物, 皆由是而生焉. 故孝弟立則仁之道生, 未有本不立, 而末擧者也. 或以爲由孝弟可以至於仁, 然則孝弟與仁爲異體也, 失其旨矣.

『洙泗言仁錄』「學而」2장 : 親親仁也. 仁莫大於愛親, 其次則從兄, 故曰行仁必自孝弟始. 愛之所施, 由是而無不被者矣.

정구(鄭逑)의 『수사언인록(洙泗言仁錄)』에 인용된 내용의 대부분은 ①에서 보듯이 장식(張栻)의 『논어해(論語解)』에서 그대로 가져온 것이 대부분이다. 이는 정구가 『수사언인록』에서 인용한 장식 논어설의 저본이 『논어해』임을 보여주는 것이다. 그런데 ②의 밑줄 그은 예처럼 문리(文理)는 통하면서 글자의 출입이 있는 경우와, ③의 예처럼 아예 문장 자체가 다른 경우가 있다. 『논어해』는 주자와 논변을 통해 수정을 거친 저작으로, 주자가 『남헌집(南軒集)』을 간행하기 이전에 이미 간행되었다.[487] 지금 이 책의 판본의 종류를 알 수 없지만, 장식의 저작 중 일찍 출간되었고 주자의 교정을 받아 다시 출간된 점을 고려해 본다면, 현존 통행본 『논어해』와는 다른 판본이 있을 가능성이 있다. 통행본 『논어해』와 『수사언인록』에 인용된 『논어해』의 글자의 출입, 혹은 문장의 상이성이 이러한 가능성을 보여주고 있다. 특히 ③의 예문에서 정구가 『수사언인록』을 통해 인용한 장식의 논어설은 현재 남아 있는 장식의 문집이나 경전주석에서 찾아볼 수 없다. 그런데 문장은 다르지만 자세히 읽어보면 글의 의미는 유사함을 알 수 있다. 이는 어쩌면 주자의 교정을 거치면서 문장을 대폭 수정한 흔적이라고 추측할 수 있다. 그리고 정구는 이러한 교정의 와중에 생성된 『논어해』의 판본 중 하나를 『수사언인록』의 인용 저본으로 삼았을 가능성이 있다. 이는 현재 통행본 『논어해』와 다른 판본의 『논어해』가 조선에 들어와 읽혔을 가능성을 보여주고 있다.[488]

정구는 장식의 『논어해』에서 인(仁)에 관한 주석을 추출하여 책으로 엮고서 이를 숙독하고 자기 삶의 지남(指南)으로 삼았다. 이는 곧 장식의 사상이 정구의 사유에 스며들었음을 암시하는 것이라 할 수 있다. 주지하

487) 이에 관해서는 주자가 지은 장식의 碑銘인 「右文殿修撰張公神道碑」와 『四庫全書總目提要』의 「癸巳論語解提要」에 그 정황이 실려 있다.

488) 이 주장에 해당하는 서지학적 증거를 찾지 못하였기에, 이는 다만 그 가능성의 차원에서 논한 것이다. 차후 이에 관한 증거자료를 찾을 수 있다면, 다시 논의를 보완하여 제시하고자 한다.

다시피 정구의 사유의 근간은 주자학과 퇴계학이다. 그런데 『수사언인록』을 읽다 보면, 주자학과 미세하나마 구별되는 지점에서 남헌학을 숙독하고 수용하였음을 볼 수 있다. 특히 「학이(學而)」2장과 「술이(述而)」14장에서 이 지점이 두드러진다.

『논어집주』「학이」2장에서 주자는 인에 대하여 '인(仁)은 사랑의 이치이자 마음의 덕'라고 정의하면서, 이를 부연하는 주석을 정자의 말을 통하여 "본성의 측면에서 논하자면 인을 효제의 근본으로 삼아야 된다.…… 대체로 인은 본성이고 효제는 작용이다. 본성 가운데는 인의예지 네 가지가 있을 뿐이니, 어찌 효제로부터 오는 것이겠는가?"[489]라고 하였다. 이는 명백하게 인(仁)을 실천의 영역이 아닌 추상적 본성으로 파악한 것이다. 이에 비하여 장식의 주석은 위의 『수사언인록』에서 인용한 데서 보았다시피, "어버이를 친애하는 것이 인이다. 인은 어버이를 친애하는 것보다 큰 것이 없으니, 그 다음이 형을 따르는 것이다. 그러므로 '인(仁)을 행할 때는 반드시 효제(孝悌)로부터 시작한다'라고 한 것이다. 사랑의 베풂은 이로 말미암아 펼쳐 나가지 않음이 없는 것이다."[490]라고 하였다. 이는 인(仁)을 명백하게 실천적 덕목으로 파악한 것이다. 즉 주자가 인을 추상적 덕성으로 본 것에 비하여, 장식은 인을 실천적 덕목으로 파악하였다. 정구는 『수사언인록』에서 『논어집주』의 주자설과 장식의 설을 동시에 인용하고 있다. 이는 주자학적 사유체계를 근간으로 하면서, 동시에 장식의 실천 중시의 사고를 겸채(兼採)하고 있음을 보여주는 것이다.

한편 『논어』「술이(述而)」14장에서 공자가 당시 아버지에 대한 부당한 행위로 지탄을 받던 위(衛)나라 임금 첩(輒)을 보필하겠는가라는 문제에

489) 『論語集注』, 「學而」2장. "仁者, 愛之理, 心之德也.……論性則以仁爲孝弟之本.……蓋仁, 是性也, 孝弟, 是用也. 性中, 只有箇仁義禮智四者而已, 曷嘗有孝弟來?"

490) 『洙泗言仁錄』, 「學而」2장. 泗南書庄藏板, "親親仁也. 仁莫大於愛親, 其次則從兄, 故曰行仁必自孝弟始. 愛之所施, 由是而無不被者矣."

대하여, 주자는 위나라 군주 첩이 나라를 등에 업고 아버지 괴외(蒯聵)의 입국을 거절하였다고 하면서 심하게 가치 절하하였다.[491] 이는 명분론의 입장에서 편언(片言)으로 엄단한 것이다. 그런데 장식의 이 경문에 대한 주석을 보면, "위나라 첩(輒)의 일을 국인(國人)의 입장에서 논해 보기로 하겠다. 괴외(蒯聵)는 이미 선군(先君 : 衛靈公)에게 죄를 얻어 도망쳤고, 첩(輒)은 선군의 명을 받았다. 나라에는 군주가 없어서는 안 되니, 첩이 즉위하여 괴외를 거절한 것은 괜찮다. 일찍이 괴외가 아비이고 첩이 자식임을 알지 못하겠으니, 부자의 의리가 먼저 없어졌는데, 나라가 하루라도 존속할 수 있겠는가."[492]라고 주석을 달았다. 이는 주자와 주장을 같이 하면서도, 주자에 비하여 당시의 역사적 정황을 충분하게 고려한 다음 자세하게 서술한 것이라 할 수 있다. 이는 기본적으로 역사를 중시하는 장식의 학문적 특징이 경전 주석에 투영된 것이라 할 수 있다. 후술하겠지만 한강학(寒岡學)의 핵심은 주자학이지만, 한강학의 실천 중시의 지향이나 역사와 당대 지역에 관한 관심[493]은 바로 장식의 이러한 학문적 특징과 어느 정도 접맥해 있다. 다음으로 『심경발휘(心經發揮)』의 『논어』조 분석을 통하여 한강학의 특징을 보다 더 자세히 규명해 보기로 하겠다.

(2) 『심경발휘(心經發揮)』 : 『심경부주(心經附註)』의 재구성

정민정(程敏政, 1445~1499)이 편찬한 『심경부주(心經附註)』는 퇴계에 의해 그 중요성이 인식된 뒤로[494] 조선 주자학자들의 필독서가 되었다. 그

491) 『論語集注』, 「述而」14장. "若衛輒之據國拒父, 而唯恐失之, 其不可同年而語, 明矣."

492) 『論語解』, 「述而」14장. "衛輒之事, 國人論之, 以爲蒯聵既得罪於先君而出奔, 而輒受先君之命, 宗國不可以無主, 則立輒而拒蒯聵, 可也. 曾不知蒯聵父也, 輒子也, 父子之義先亡, 而國其可一日立乎?"

493) 이우성은 「해제」(『국역 한강집』 1, 민족문화추진회, 2001)에서 한강학의 특징을 宏大하고 博洽함으로 들면서, 예로 역사, 전기류의 저술을 거론하였다.

494) 퇴계는 「심경후론」에서 『심경부주』를 평소 四書와 『近思錄』만큼 존신하였다고 하였다.

러나 정민정의 『심경부주』는 지나치게 존덕성(尊德性)으로 흘렀다는 비판을 받으면서 이에 대한 논의가 다양하게 일어났다. 퇴계가 『심경부주』의 뒤에 붙인 「심경후론(心經後論)」을 보면, 문제의 발단은 정민정이 원나라의 대표적 유학자였던 오징(吳澄, 1249~1333)의 글을 인용한 데서 비롯된 것 같다. 오징의 학문에 대해서는 일찍이 중국에서 선학(禪學)에 물들었다는 비판이 있었는데도 불구하고 정민정은 오징의 설을 『심경부주』의 「한사존성장(閑邪存誠章)」, 「시운잠수복의장(詩云潛雖伏矣章)」, 「주자경재잠(朱子敬齋箴)」, 「존덕성재명(尊德性齋銘)」 등 4군데에 걸쳐 인용하고 있다. 퇴계는 정민정이 오징의 이러한 설들을 인용한 것에 대하여, "오씨가 이 말을 한 것은 무슨 소견인가?……두 공(오징과 정민정)은 주자 뒤에 태어나 이 도(道)를 자임하고 유폐(流弊)를 바로잡으려는 뜻이 간절하여 부득이 이런 말을 하였을 것이다. 이 또한 주자의 뜻일 뿐이다. 또한 무엇이 나쁠 것이 있겠는가."[495]라고 하였다. 퇴계는 오징의 설이 '선학'에 물들었다는 것을 인정하면서도,[496] 이렇듯 정민정이 오징의 설을 인용한 것에 대하여 지지를 하였다.

퇴계는 주자학을 충실하게 계승하였지만, 한편으로는 '존덕성'(尊德性)과 '도문학'(道問學)을 공히 중시하는 주자학에서 '존덕성'에 치우친 감이 있다. 조선 주자학으로서의 퇴계학의 특징이 이발설(理發說)로 규정됨은 주지의 사실인데, 이러한 이발설은 인간 존재의 내면에 대한 탐색을 통해 퇴계가 발명해 낸 것이다. 사정이 이러하다 보니 퇴계학은 존덕성에 근간을 두고서 전개되어 나갔다. 퇴계학의 이러한 존덕성 치중은 그 내면으로 초점이 맞추어짐에 따라, 외재 사물에 비하여 인간 내면을 중시

495) 『心經附註』, 「心經後論」. "吳氏之爲此說, 何見, 篁墩之取此條, 何意?……二公生於其後, 而任斯道捄流弊之意切, 不得已而爲此言, 是亦朱子之意耳, 亦何傷之有哉?"

496) 퇴계는 「심경후론」의 말미에서, "초려공의 말은 반복하여 연구해 봄에 마침내 불교의 기미가 있다."고 하였다.

하는 육왕학(陸王學)에 침습당했다는 비판(혹은 오해)을 불러일으키기도 하였다.[497)]

정구는 퇴계의 적전(嫡傳)이지만, 이 지점에 대해서는 스승과 견해를 조금 달리하는 것 같다. 그 일례로 정구는 퇴계가 긍정한 『심경부주』에 인용된 오징의 설을 『심경발휘』를 편찬하면서 모두 삭제하였다. 그리고 퇴계가 중시한 경(敬)을 정구 또한 매우 중시하였는데, 『심경발휘』에서 이 경에 대한 주석에 특히 공을 들였다. 그런데 이 과정에서 한강학의 면모가 드러나고 있다. 『심경발휘』 「서문(序文)」을 통해 이 점을 좀 더 살펴보기로 하겠다.

> 서산선생(西山先生)이 또 전후 경전의 가르침을 낱낱이 가려 뽑아 이 책을 엮어서 심학(心學)의 큰 근본을 세움으로써 경(敬)이라는 것이 마음을 수양하는 데에 역할을 한다는 사실이 더욱 분명해졌다.……항상 정씨(程氏, 程敏政)의 주석에 대해 이상한 생각이 들었던 것은, 그 취사선택을 한 기준이 간혹 분명치 않은 경우가 많다는 점이었다.[498)]

정구는 『심경발휘』에서 5장(敬以直內), 12장(天命之謂性), 14장(誠意), 16장(禮樂不可斯須去身), 22장(牛山之木), 24장(仁人心), 37장(尊德性齋銘) 등에 대하여 『심경부주』의 내용을 크게 보완하였다. 특히 5장에 대하여 『심경발휘』 전체 주석의 약 20% 이상을 할애할 정도로 대폭 보완하였다.[499)] 그러면 『심경발휘』에서 정구가 보완한 부분은 무엇인가? 이는 정

---

497) 대표적으로 대만 학자인 李明輝, 『四端與七情』, 臺大出版中心, 2008의 연구가 그러하다.

498) 『寒岡集』卷十, 「心經發揮序」. "西山先生又歷選前後經傳之訓, 編爲此書, 以立心學之大本, 於是敬之爲公於此心, 益明且顯.……常怪程氏之註其所取舍, 或多未瑩."

499) 엄연석, 「한강 정구 『심경발휘』의 경학사상적 특징과 의의」, 『퇴계학논집』13호, 영남퇴계학연구원, 2013, 192면 참조.

구가 『심경부주』에 거론된 학자들을 취사선택한 정민정의 안목을 의심하고, 자신만의 안목으로 새롭게 학자들의 설을 취사선택하여 『심경발휘』를 재구성한 데서 명료하게 드러난다. 그러면 정구가 어떤 학자들의 설을 취하여 『심경(心經)』을 재구성하였는지에 대하여, 정구가 가장 공을 들인 5장 「경이직내장(敬以直內章)」에서 취한 학자들의 면면을 살펴보기로 하겠다. 이는 정민정의 『심경부주』와 대비하여 살펴보면 훨씬 명료하게 드러난다.

『심경부주(心經附註)』: 정자(程子), 주자(朱子), 윤화정(尹和靖), 상채사씨(上蔡謝氏), 기관(祁寬), 서산진씨(西山眞氏), 면재황씨(勉齋黃氏), 각헌채씨(覺軒蔡氏), 오봉호씨(五峯胡氏)

『심경발휘(心經發揮)』: 정자(程子), 주자(朱子), 귀산양씨(龜山楊氏)(2조), 서산진씨(西山眞氏), 오봉호씨(五峯胡氏), 남헌장씨(南軒張氏)(15조), 윤언명(尹彦明), 동래여씨(東萊呂氏)(4조), 상채사씨(上蔡謝氏), 면재황씨(勉齋黃氏), 화정윤씨(和靖尹氏), 각헌채씨(覺軒蔡氏), 범씨(范氏), 남전여씨(藍田呂氏), 북계진씨(北溪陳氏)(2조), 치당호씨(致堂胡氏), 주자(周子), 연평이씨(延平李氏), 경재호씨(敬齋胡氏), 무이호씨(武夷胡氏)

위에서 보듯이, 정구는 『심경발휘』에서 『심경부주』에 비해 2배 이상의 다른 인물들을 더 인용하고 있다. 그런데 자세히 살펴보면, 특히 『심경부주』에서는 아예 거론되지 않은 남헌장씨(南軒張氏)의 설을 압도적으로 인용하고 있다. 동래여씨(東萊呂氏) 4회, 귀산양씨(龜山楊氏)와 북계진씨(北溪陳氏) 2회, 나머지 학자들이 1회인데 비하여 장식의 설은 무려 15회 인용하고 있다. 그러면 정구가 인용한 장식의 경설(敬說)은 어떤 특징을 가지고 있는가? 다음은 정구의 『심경발휘』에 인용된 장식 경설의 일부이다.

남헌장씨는 말하였다. "경이란, 마음을 자리 잡게 하는 요체요 성학의 연원이다."(南軒張氏曰: "敬者, 宅心之要, 而聖學之淵源也.")

또 말하였다. "이른바 '주일무적'은 참으로 배우는 자의 지남이다."(又曰: "所謂主一無適, 眞學者指南.")

또 말하였다. "위 성현으로부터 정자의 설에 이르기까지 상세하게 고찰해 보면, 하학을 논한 지점에서 의관을 바로 하고 용모를 엄숙하게 함을 우선으로 삼지 않음이 없었다. 아마도 반드시 이처럼 한 뒤에야 얻는 바가 사악하거나 편벽됨으로 흘러가지 않을 것이다. 『주역』에서 이른바 '사악함을 막고 그 성을 보존한다'거나 정자의 이른바 '밖을 제어하여 마음을 기른다'는 것이 바로 이것이다." (又曰: "詳考從上聖賢以及程氏之說, 論下學處, 莫不以正衣冠肅容貌爲先. 蓋必如此然後得所存, 而不流於邪僻. 易所謂閑邪存其誠, 程氏所謂制之於外, 以養其中者, 此也.")

완원(阮元)이 편찬한 『경적찬고(經籍纂詁)』를 보면, 당(唐) 이전에는 경(敬)자의 의미가 주로 '삼가함', '공손함', '엄숙 단정함' 등의 의미로 이해되었다.[500] 그러다가 주자학의 시대에 오면, 이러한 외형적 실천으로서의 경에, 내면적 심태로서 '주일무적'(主一無適), '성성법'(惺惺法) 등의 의미가 첨가된다.[501] 즉 주자학의 시대에 와서, 경은 내(內)와 외(外)를 아우르는 공부법으로 자리매김을 하게 되는 것이다.

장식의 경에 관한 관점을 보면, 경을 성학(聖學)의 연원으로 보고 그 함의를 '주일무적'으로 파악하였다는 점에서 정주(程朱)의 경에 대한 정의를 수용하고 있다. 그런데 장식의 경은 주자학의 내외를 합일한 경에서, 좀 더 외적 실천으로 그 의미가 치중되어 있다. 위의 마지막 인용문의 '의관

---

500) 阮元, 『經籍纂詁』, 中華書局, 1982, 1777~1789면 참조.

501) 陳淳 저, 김영민 역, 「敬」條, 『北溪字義』, 예문서원, 1993 참조.

을 바로 하고, 용모를 엄숙하게 함'과 '밖을 제어함'은 장식의 이러한 경설(敬說)을 잘 보여주고 있다. 이렇게 보면 정구는 비록 주자학의 내외를 아우르는 경설을 수용하였지만, 장식의 외(外)에 치중한 경설을 특필함으로써 경에 관한 자신의 지향을 보여주고 있다.

한편 정구(鄭逑)의 장식(張栻)에 대한 경사는 『심경발휘(心經發揮)』의 『논어』조에 대한 주석의 회집에서도 잘 드러나고 있다. 정민정(程敏政)의 『심경부주(心經附註)』에서 인용한 『논어』 원문과 주석은 「자한(子罕)」4장(子絶四章), 「안연(顔淵)」1장(顔淵問仁章), 「안연(顔淵)」2장(仲弓問仁章) 이다. 정구는 『심경발휘』에서 『논어』의 이 세 경문을 그대로 인용하고서 정민정과 다르게 주석을 달았다. 그러면 정구는 『심경발휘』에서 누구의 학설을 가져다가 주석을 달았기에 정민정과 차별성을 보이고 있는가? 이는 『심경부주』와 『심경발휘』에서 정민정과 정구가 인용한 학자들을 비교해 보면, 다음과 같이 선명하게 드러난다.[502)]

① 『논어(論語)』「자한(子罕)」4장(子絶四章)

『심경부주(心經附註)』: 정자(程子), 주자(朱子), 서산진씨(西山眞氏), 물헌웅씨(勿軒熊氏)

『심경발휘(心經發揮)』: 정자(程子), 장자(張子), 주자(朱子), 황씨(黃氏), <u>남헌장씨(南軒張氏)</u>

② 『논어(論語)』「안연(顔淵)」1장(顔淵問仁章)

『심경부주』: 정이천(程伊川), 장횡거(張橫渠), 주자(朱子), 서산진씨(西山眞氏)

『심경발휘』: 정이천(程伊川), 사씨(謝氏), 주자(朱子), <u>남헌장씨(南軒張氏)</u>, 서

---

502) 『심경부주』와 『심경발휘』에 인용된 학자들의 분포를 전체적으로 비교하여 제시한 연구논문으로는 엄연석, 앞의 논문, 185~191면 참조.

산진씨(西山眞氏)

③『논어(論語)』「안연(顔淵)」2장(仲弓問仁章)

『심경부주』: 정자(程子), 주자(朱子), 동가사씨(東嘉史氏)

『심경발휘』: 주자(朱子), 유씨(游氏), 남헌장씨(南軒張氏)

『논어』의 세 경문에 대하여, 정민정과 정구가 인용한 학자들의 면면을 비교하였을 때, 가장 두드러지는 점은 바로 위에서 밑줄 그은 부분이다. 즉 정민정이 『심경부주(心經附註)』에서 단 한 번도 인용하지 않았던 장식을, 정구는 『심경발휘(心經發揮)』『논어』 조목에서 모두 인용하고 있다. 정구가 인용한 장식 학설의 연원을 살펴보면, ①「자한(子罕)」 4장(子絶四章)에서 인용한 장식의 설은 진덕수(陳德秀)의 『서산독서기(西山讀書記)』에서, ②「안연(顔淵)」 1장(顔淵問仁章)에서 인용한 장식의 설은 『남헌집(南軒集)』의 「물재설(勿齋說)」, 「답교덕첨(答喬德瞻)」, 「극재명(克齋銘)」 등에서, ③「안연(顔淵)」 2장(仲弓問仁章)에서 인용한 장식의 설은 『논어해(論語解)』에서 인용하였다. 즉 정구는 장식의 주요 저작인 『남헌집』, 『논어해』뿐만 아니라, 진덕수의 저작에서까지 장식의 설을 수집하여 『심경발휘』『논어』조에 인용한 것이다. 그러면 정구는 정민정이 인용한 학자들의 설에 어떤 불만이 있었기에 이들을 빼고 장식의 설로 보충한 것인가? ③「안연(顔淵)」2장(仲弓問仁章)에서 동가사씨(東嘉史氏)의 설과 장식의 설을 비교하면서 이 점을 살펴보기로 하겠다.

『심경부주(心經附註)』「중궁문인장(仲弓問仁章)」의 동가사씨설(東嘉史氏說)

동가사씨는 말하였다. "문을 나가고 백성을 부림은 비록 사람들이 모두 알고 있는 지점이나, 공경이 지극하고 지극하지 않음은 자신만이 홀로 아는 것이다.……그러나 자신만이 홀로 아는 지점에 삼가지 못하면 사람들이 모두 아는 지점에 있어서는 다만 모양만 공손하고 얼굴빛만 장엄하게 할 뿐이니, 이는 근독(謹獨)이 동(動)할 때에 경(敬)을 주장함이 그러한 것이다. 엄숙히 생각하는 듯이 함에 이르러서는 또 문을 나가고 백성을 부리기 이전에 마음에 경을 주장하여 애당초 게으르고 방자한 습관이 없어져서 비록 사물과 접하지 않더라도 항상 정제하고 엄숙하여 생각하는 바가 있는 듯이 할 것이니, 이는 정(靜)할 때에 경을 주장함을 말하는 것이 아니겠는가."(東嘉史氏曰: "出門使民, 雖人所同知之地, 敬之至與不至, 則己之所獨知者也.……然此不能謹之於己所獨知之地, 則人所同知者, 特象恭色莊耳, 此謹獨, 所以爲動時主敬者然也. 至於儼若思, 又未出門使民之前, 內主於敬, 初無怠惰放肆之習, 雖未與物接, 常整齊嚴肅, 若有所思耳, 非靜時主敬之謂乎?")

『심경발휘(心經發揮)』「중궁문인장(仲弓問仁章)」의 남헌장씨설(南軒張氏說)

남헌장씨는 말하였다. "문을 나서면 큰 손님을 모시듯, 백성을 부릴 때는 큰 제사를 받들듯 하는 것은 모두 평소의 함양함이 경(敬)에 한결같아 문을 나서거나 백성을 부릴 때 모두 이 마음이기 때문이다. 자신이 하고프지 않은 것을 남에게 베풀지 말라는 것은 힘써 서(恕)를 행하는 자가 인을 실천하는 방책이다. 무릇 사람은 욕망을 성취하지 못하면 원망을 하는데, 만약 공평하고 바른 마음으로 욕망을 두지 않으면 자신은 남에게 원망당하는 바가 없을 것이니, 화평함의 효과로 인하여 남도 또한 나를 원망하는 바가 있겠는가. 그러므로 '나라에 있어서도 원망이 없고, 집안에 있어서도 원망이 없다'라고 하는 것이다."(南軒張氏曰: "出門如見大賓, 使民如承大祭, 蓋平日之涵養, 一於敬, 故其出門使民之際, 皆是心也. 己所不欲, 勿施於人, 强恕者爲仁之方也. 凡人有欲而不得則怨, 若夫平易公正, 欲不存焉, 則己無所怨於人, 和平之效, 人亦何所怨於己哉? 故曰: '在邦無怨, 在家無怨.'")

『심경부주(心經附註)』의 동가사씨(東嘉史氏, 史伯璿, 1299~1354)의 설은,

「중궁문인장(仲弓問仁章)」의 내용을 내면의 경(敬)으로 설명하면서 이 경을 지니지 못하면 사람들이 모두 아는 지점인 '문을 나가 백성을 부림'에 다만 모양만 공손하고 얼굴빛만 장엄하게 하는 것일 뿐이라고 하였다. 그리고 문을 나가 백성을 부리기 이전에 마음속에 경을 주장해야 됨을 역설하였다. 동가사씨의 이러한 해석은 『논어』의 이 경문을 전적으로 내면의 경에 귀속하여 해석한 것이기에, 이미 『심경강록(心經講錄)』에서 강하게 비판을 받았다.[503] 한편 정구는 『심경발휘』에서 동가사씨의 이 해석을 아예 빼버리고 대신 장식(張栻)의 설로 보충하였다. 이 경문에 대한 장식의 설은 위에서 보듯이, 평소에 경의 함양(涵養)을 부정하는 것은 아니다. 그러나 이렇게 경을 함양한 이가 문을 나가 백성을 부릴 때, 평이공정(平易公正)한 자세를 지녀야 함을 역설하고 있다. 그러했을 때 그 효과로 타인의 원망을 사지 않는다고 하였다. 이는 동가사씨의 내면지향에 비하여 보다 더 현실에서의 실천적 자세를 중시한 해석이라 할 수 있다.

이상에서 보다시피 정구는 『심경부주』의 내면에 치중한 설들의 일부를 제거하고, 이를 장식의 실천을 지향하는 설로 대체하여 『심경』을 재구성한 『심경발휘』를 편찬하였다. 정구의 장식에 대한 이 같은 수용은 조선의 송대(宋代) 도학(道學) 수용사에서 특기할 만한 것이다. 주자학과 더불어 남헌학의 수용이 정구에게서 심화되어 조선 유학의 지형을 바꾸어 놓았을 가능성이 있기 때문이다.

3) 장식과 정구

장식(張栻)은 남송(南宋) 호상학파(湖湘學派)의 개창자인 호굉(胡宏,

503) 이에 관해서는 성백효 역주, 『역주 심경부주』, 전통문화연구회, 2003, 118면, 각주 9) 참조.

1106~1161)의 적전이다.[504] 생전에 여조겸(呂祖謙), 주희와 더불어 동남삼현(東南三賢)으로 일컬어질 정도로 명망이 높았다. 특히 주자와 더불어 도학의 중요 이념에 관한 토론을 벌여 상호 간에 영향을 준 것은 유명하다. 주자는 장식으로 인하여 자기 학설의 근간을 확립해 나가는 데 큰 도움을 받았다. 이런 사정으로 장식이 일찍 세상을 뜨자, 주자는 1184년에 몸소 『남헌집』을 편집하고,[505] 그의 신도비(「우문전수찬장공신도비(右文殿修撰張公神道碑)」)를 써주었다. 주자는 자기 사상의 형성 과정에서 이른바 중화구설(中和舊說)이라 부르는 학설을 장식을 통하여 확립하였는데, 이 과정을 간략하게 언급해 보기로 하겠다. 장식 사상의 핵심을 주자와 대비하여 파악할 수 있고, 이는 바로 앞서 언급한 한강학의 연원과도 연속될 수 있는 지점이기 때문이다.

주자는 스승인 연평(延平) 이동(李侗, 1093~1163)이 세상을 뜬 후, 스승의 학설인 미발기상체인(未發氣像體認)에 대하여 명료하게 이해하지 못하였다. 이에 주자는 이 미발(未發)의 문제를 장식에게 질정하였고, 장식은 호상학(湖湘學)의 이념인 찰식단예설(察識端倪說)로 알려주었다. 장식의 찰식단예설을 들은 주자는, "일상생활에서 조존(操存)하고 변찰(辨察)하니 본말이 일치하여서 공효(功效)가 더 쉽게 나타난다."[506]고 하면서 적극 지지하였다. 이 당시 주자는 정이의 '미발의 때에 존양(存養)한다'는 주장을 비판하고 또 한결같이 정(靜)에 치우친 이동의 잘못을 바로잡으려다, 동(動)에 치우친 장식의 호상학으로 경도된 것이었다.[507] 이른바 주자

504) 黃宗羲는 「南軒學案」, 『宋元學案』에서 이를 두고 "五峯之門, 得南軒而有耀."라고 표현하였다.

505) 주자가 『남헌집』을 편찬한 과정은 『사고전서총목제요』 「남헌집제요」에 상세하게 실려 있다.

506) 東景南 저, 김태완 역, 『주자평전』(상), 역사비평사, 2015, 505면에서 재인용.

507) 東景南 저, 김태완 역, 『주자평전』(상), 512면 참조.

의 사상 역정에서 중화구설의 확립이었다.[508] 또 주자는 장식을 중심으로 하는 호상학파가 이 공부의 방법으로 '지경주일'(持敬主一)을 주장하는 것에 대해서도 수용하여, 경을 존양공부의 근간으로 삼았다. 장식이 평소 사친(事親), 종형(從兄), 처사(處事), 응물(應物)에서 발하는 단서를 성찰한 것이나, 『남헌집』에 들어 있는 「경간당기(敬簡堂記)」, 「주일잠(主一箴)」, 「경재명(敬齋銘)」 등은 남헌학의 이러한 특징을 잘 보여주고 있다. 한편 장식은 찰식단예설, 지경주일설 외에 사학(史學)에 관심을 기울여 『경세기년(經世紀年)』, 『한승상제갈충무후전(漢丞相諸葛忠武侯傳)』 등과 같은 역사서와 전기를 저술하기도 하였다. 이는 장식이 호상학(湖湘學)의 근원인 호굉(胡宏)과 그의 아버지인 호안국(胡安國)의 사학(史學) 전통을 계승하였음을 보여주고 있다.[509]

장식의 주저는 그의 문집인 『남헌집(南軒集)』과 『논어설(論語說)』, 『맹자설(孟子說)』 등의 경전주석서, 그리고 주자가 장식의 영향을 받던 시기에 형악(衡嶽)을 함께 노닐면서 지은 시 149수가 담긴 『남악창수집(南嶽唱酬集)』 등이다. 장식의 이러한 저술들이 언제 조선에 들어왔는지는 아직 알 수 없으나, 적어도 16세기 중반에 조정에서 『남헌집』 간행을 주도한 것을 보면[510] 그 이전에 유입되어 읽혀졌음을 추측할 수 있다.

---

508) 후일 주자는 중화구설의 모태가 되었던 장식의 찰식단예설의 영향을 지양하여, 자기 학설의 핵심으로 이른바 중화신설을 세운다. 주자의 중화신설은 靜에만 치우쳐서 찰식공부가 부족했던 이동을 극복하고, 動에만 치우쳐 함양공부가 결여된 장식을 극복하여, 경을 중심으로 동정을 관통하는 것을 대지로 삼는다.(앞의 책, 574면)

509) 장식이 계승한 호상학파의 사학적 전통에 대하여, 틸만은 "호굉이 정이의 『역전』에 붙인 주석을 기초로 해서 장식은 『역경』의 경세와 정치 도덕적인 지도 의의를 강조하였다. 그리고 『경세기년』에는 풍부한 실무경험이 반영되어 있고, 『한승상제갈충무후전』은 호씨 가문의 전통 중 하나인 역사 편찬에서 도덕적 정신이 구현되어야 한다는 의도를 보여준다."라고 하였다.(Hoyt C. Tillman 저, 김병환 역, 『주희의 사유세계』, 교육과학사, 2010, 59면)

510) 『국역조선왕조실록』, 「선조 7년 갑술(1574, 만력 2) 11월5일」. "(김우옹이) 또 아뢰기를, '남헌(南軒)의 문집도 배우는 사람들에게 유익한 것이니 아울러 인출하게 하소서.' 하니, 상이 모두 그대로 따랐다."

즉 정구(鄭逑)가 한창 학문활동을 할 즈음에 이미 장식의 저술들은 조선에서 공식적 간행을 진행할 정도로 인지되었다. 이런 분위기 속에서 정구도 장식의 문집이나 경전주석서들을 쉽게 구해서 읽었을 것이다. 앞서 살펴본 정구의 『수사언인록(洙泗言仁錄)』과 『심경발휘(心經發揮)』 편찬에서 장식의 문집과 경전주석서가 집중적으로 인용되는 것은 바로 이러한 정황을 잘 알려주고 있다. 그리고 『남악창수집』의 경우도 정구가 산야를 유람할 때 항시 가져가서 읽은 것을 보면,[511] 정구는 장식의 주요 저작을 대부분 섭렵하고서 이를 자기 학문의 자양분으로 삼았다고 볼 수 있다.

앞서 언급하였듯이, 정구는 주자와 퇴계를 조술하여 이를 영남에 전해주었다. 그리고 한편으로는 허목(許穆)을 통해 근기남인(近畿南人)의 학통을 형성하게 하는 데도 핵심적 역할을 하였다. 즉 퇴계를 근원에 두고 정구의 위상을 살펴보면, 퇴계학이 조선의 주자학과 실학으로 뻗어 나가는 데 연결고리 역할을 한 것이다. 이러한 위상을 가진 한강학의 특징을 장현광(張顯光)은 '명체적용'(明體適用)이라고 규정하였는데, 이를 두고 홍원식 교수는 정구의 성리학이 명체(明體)의 학이라면 그의 예학(禮學)과 경세학(經世學)은 적용(適用)의 학이라 하였다. 그리고 전자는 계승적 측면이 강하다면 후자는 한강학이 일궈낸 영역이라고 평가하였다. 즉 한강학의 성리학적 요소(명체)는 주자와 퇴계에게 근원한 것이라면, 경세학적 요소(적용)는 정구가 독자적으로 일구어낸 것이라는 평가이다. 그런데 필자는 장식의 학문이 한강학에 미친 영향을 분석하면서, 이른바 한강학의 적용적 면모는 바로 장식에게서 비롯되었을 것이라는 추론을 하게 되었다. 후대 실학으로 이어지는 한강학의 적용적 요소는 현실에서의 실천의 중시, 역사에 대한 관심, 경세적 성향 등이다. 그런데 한강학의 이러한

---

511) 『국역 한강집』제9권, 「가야산(伽倻山) 유람록」. "마침내 행장을 꾸렸는데, 쌀 한 전대, 술 한 병, 반찬 한 상자, 과일 한 바구니였다. 책은 『근사록(近思錄)』 한 책과 『남악창수집(南嶽唱酬集)』뿐이었다."

특징은 바로 우리가 앞서 분석한 남헌학의 주된 특징으로, 정구가 장식의 문집과 경전주석서를 통하여 주자학 못지않게 수용하였던 지점이다. 이런 영향관계를 고려한다면, 정구가 스승인 퇴계의 내면으로 치중하는 경학(敬學)을 바탕으로 하되, 외적 실천을 중시하는 쪽으로 자기 학문의 한 축을 세웠던 점이 자연스레 이해된다. 그렇다면 우리는 한강학에 내재된 실학적 요소는 주자학(퇴계학)에 남헌학이 결부되어 형성된 것이라고 할 수도 있을 것이다.

4) 퇴계학의 분기

퇴계학파는 인간의 내면세계에 침잠(沈潛)하고 저술에 힘쓰지 않는 경우가 많았다. 그런데 퇴계학의 적통으로서의 정구(鄭逑)는 저술과 편찬에 많은 노력을 기울여 풍성한 성과를 이루어냈다.[512] 또한 퇴계 이후 퇴계학파가 내적 심성(心性) 공부에 몰두함에 비하여, 정구는 내적 심성에 침잠하면서도 외적 실천을 자기 사상의 한 축으로 삼았다. 이를 두고 명체(明體)와 적용(適用)을 겸하였다고 일찍이 칭송받았으며, 심성학(心性學)으로서의 명체는 퇴계학에 근원을 두었지만 외적 실천으로서의 적용은 독자적으로 개척한 것이라고 평가받았다. 그러나 정구가 남긴 『수사언인록(洙泗言仁錄)』과 『심경발휘(心經發揮)』 속에 남겨 놓은 『논어』 해석을 검토한 결과, 한강학의 또 다른 연원을 찾을 수 있었다. 그것은 바로 주자와 더불어 송대(宋代) 도학파(道學派)의 쌍벽을 이루었던 장식(張栻)의 학문이었다.

장식은 주자가 자신의 사상을 확립해 나가는 데 결정적 역할을 한 도학자였다. 그는 주자가 중화신설(中和新說)로 일컬어지는 자신의 사유체

512) 이우성 선생에 의하면, 정구는 성리학 7종, 예학 4종, 역사 · 전기 10종, 지방지 8종, 의학 2종, 문학 3종 등을 저술하였다.(이우성, 앞의 글, 7~8면)

계를 확립해 나갈 때, 중간 단계로 거쳤던 중화구설(中和舊說)의 형성에 핵심적 역할을 하였다. 주자와 장식의 사상을 대비해 보았을 때, 상호 영향을 주고받았기에 유사한 점이 많다. 그러나 장식은 내적 심성 수양을 중시하면서도 주자에 비해 외적 실천에 치중하였다. 정구는 주자학과 퇴계학에 바로 남헌학(南軒學)의 이러한 실천 중시의 면모를 더하여 자신의 사유체계를 완성하여 갔다.[513] 퇴계학의 입장에서 본다면 한강학은 확실히 사유의 측면에서나 실천의 방면에서 외재하는 현실과 실천에 더 관심을 기울였다고 할 수 있다. 한강학의 이러한 특징은 퇴계학의 외연을 넓혀 나갔으며, 이는 결국 조선 후기 실학파로 이어지는 사유의 남상(濫觴)으로 작용하였을 여지가 있다. 후일 정약용이 『심경밀험(心經密驗)』을 저술할 때, 정구가 인용한 남헌의 경설(敬說)인 "하학(下學)을 논하는 지점에서는 의관을 바로 하고 용모를 엄숙히 하는 것을 우선으로 삼지 않음이 없었다."를 인용하면서 '이 대목은 고인의 마음을 다스리는 핵심적 방법'[514]이라고 한 것에서, 장식을 수용한 정구의 학문이 실학파로 계승된 한 예를 확인할 수 있다. 결과적으로 남헌학을 수용한 정구가 있었기에 조선 전기 유학사상사는 주자학 일변에서 벗어나 새로운 색채를 가미할 수 있었던 것이며, 또한 이것이 근간이 되어 조선 후기 유학사상의 새로운 지평을 열어갈 수 있었던 것이다.

---

513) 寒岡學의 실천적 지점을 조선으로 한정할 경우, 대체로 南冥學에서 찾는 논의가 많다. 그런데 謙齋 河弘度(1593~1666)가 지은 「松亭遺事」에 "故吾友吳長翼承曰, 判義利公私之分, 南軒有功於孟子, 盖以南軒喩南冥也."(『松亭先生文集』附錄, 「遺事」(謙齋 河弘度))라는 기록이 있는 것으로 보아, 조선시대에 이미 南冥學의 연원을 張南軒에게 둔 논의가 있음을 알 수 있다. 즉 조식의 실천을 중시하는 학문성향이 장식에게서 유래한 것이라는 주장이다. 만약 이 논의가 적확하다면 우리는 南軒學의 실천적 지향이 조식에게로 이어지고 이를 다시 鄭逑가 계승하였다고 할 수도 있다. 그러면 조선 유학사에서 남헌학은 더욱 장대한 물줄기를 형성하게 된다.

514) 『心經密驗』, 「心性總義-君子反情和志章」. "南軒曰, 古聖賢論下學處, 莫不以正衣冠肅容貌爲先, 案制之於外, 以養其中, 此是古人治心之要法."

3. 이진상의 논어학

1) 이진상의 사상과 경학

한주(寒洲) 이진상(李震相, 1818~1886)은 영남퇴계학파의 주류가 기거하고 있던 안동 지역에서 조금 떨어진 성주(星州)에 살면서 활동한 조선 후기의 저명한 주자학자로서, 그 혈통과 당파 그리고 사승 관계에 있어서는 대체로 영남퇴계학파에 속한다고 할 수 있다.[515] 그러나 이진상은 어릴 적부터 당색과 학파를 초월하여 주자학을 중심으로 한 선유들의 저술을 두루 읽어 학문적 역량을 축적하였고, 그 결과 『이학종요(理學宗要)』를 비롯한 조선 주자학사에서 특기할 만한 주장과 저술들을 연이어 발표하였다. 이러한 학문적 성취 때문에 그는 50대 중반에 이미 영남 유림을 대표하는 유학자로 부각되었다. 이에 그의 학식을 흠모하여 입문한 자들이 문전성시를 이루었는데, 특히 주문팔현(洲門八賢)[516]이라 일컬어지는 명현들이 이진상의 문하에서 배출되었다. 이러한 학문적 업적과 후학의 배양으로 인하여, 이후 조선 이학(理學)의 육대가(六大家)의 한 사람으로 평가받기도 하였다.[517] 그러나 이진상은 그의 나이 44세 때에 심즉리(心卽理)설을 주장했는데, 이 주장은 조선에서 이단으로 지목된 왕양명(王陽明)의 심즉리설과 그 표현이 같았다.[518] 때문에 영남권 안의 많은 학자들이

515) 조선 후기 영남퇴계학파의 정맥이라 할 수 있는 李象靖(1711~1781)의 학통을 이은 학자는 柳致明(1777~1861)과 李源祚(1792~1871)인데, 이진상은 유치명에게 가르침을 받았으며 이원조는 그에게 숙부가 된다.

516) 郭鍾錫, 許愈, 李正模, 尹胄夏, 張錫英, 李斗勳, 金鎭祜, 李承熙 등을 가리킨다.

517) 현상윤은 『조선유학사』(현음사, 1986, 368면)에서 徐敬德, 李滉, 李珥, 任聖周, 奇正鎭, 李震相을 '이학의 육대가'로 들고 있다.

518) 이진상과 왕양명의 '심즉리'설은 그 표현만 같을 뿐이지 그 의미는 확연히 다른데, 이진상의 주장에 의하면 자신의 심즉리설은 '理'를 중시하는데 비해 왕양명의 심즉리설은 '氣'를 중시하는 차이가 있다고 한다. 이 두 학설의 내용적 함의의 상이점에 대하여 최재목 교수는 다음과 같이 명료하게 정리해 놓았다. "이진상의 심즉리는 '심의 본질'이 '理'라는 것을 강조함으로써 '心則氣'와 구별하여, 심이 '氣'가 아니라 '理'임을 주장하려고 한 것이라 하겠

이진상의 심즉리설에 대하여 비난하였다.[519] 이진상 사후에 한주학파(寒洲學派)는 상당히 오랜 기간 동안 이러한 비난과 공격을 무마시키기 위하여 노력하였다. 그러나 그 노력은 허사로 돌아가고 이진상의 고제(高弟) 곽종석(郭鍾錫)이 주도하여 발간한 『한주집(寒洲集)』은 도산서원(陶山書院)의 퇴계 후손들에 의하여 이단(異端)이라는 평가를 받게 되고, 후일 불태워지는 비운을 맞이하게 된다.[520]

이진상의 성리학설은 그 당대에 이처럼 대단한 주목을 받았다. 그리고 20세기 초엽 한국학이 정립되던 시점부터 오늘날에 이르기까지도 이러한 주목은 계속되어 그의 사상에 관한 많은 연구들이 축적되어 왔다.[521] 그런데 이 같은 이진상 사상의 연구사에 있어서 이진상의 경학에 관한 연구는 거의 전무하다고 할 수 있다. 아마도 그의 주리사상(主理思想)이

다. 이에 비해 왕수인의 '심즉리'는 '性卽理'와 구별되는 논의로써 情에 상대하는 性만을 理로 긍정하는 것이 아닌 정과 성의 혼연한 상태인 살아 있는 현재적 心 그 자체를 긍정하고 그것을 理와 동등한 차원으로 끌어올려 논의하는 것이다. 그런 의미에서 심즉리의 심은 정을 포함한 상태라는 점에서 논리적으로 理가 아니라 氣라는 비판을 받을 수도 있다. 이진상의 심즉리는 '심의 본질'이 理라는 것을 강조함으로써 心이 氣가 아니라 理임을 주장하고자 했던 것이다."(최재목, 「韓末 嶺南 儒學界에서 實學의 계승과 陽明學 수용의 문제」, 『한말 영남유학계의 동향』, 영남대학교출판부, 1998, 562면)

519) 이 논란의 과정과 그 결과에 대해서는 山内弘一, 「李震相의 心卽理說과 嶺南學派」(『민족사의 전개와 그 문화』, 창작과비평사, 1990)에서 소상히 밝혀 놓고 있다.

520) 이러한 정황을 黃玹은 다음과 같이 전하고 있다. "(이진상의) 문집이 간행되자 먼저 퇴계서원에 보냈다. 여러 이씨들이 떠들썩하게 그것을 이단으로 배척하여 내쳐 보내면서 책의 뒤표지에 쓰기를, '이 책은 가야산 계곡 골짜기 속에 깊이 감추어 두었다가 우리 도가 멸절된 뒤를 기다려서 비로소 꺼내어 세상에 행해지도록 해야 할 것이다.'고 하였다. 또한 온 도내의 선비들이 모여 그 책을 모아 놓고 불태웠다."(황현 저, 임형택 외 옮김, 『역주 매천야록 상』, 문학과지성사, 2005, 237면)

521) 일본학자 高橋亨이 1929년에 발표한 「李朝儒學思想に於ける主理派主氣派の發達」(이 논문은 고교형 저, 조남호 역, 『조선의 유학』, 소나무, 1999에 「조선유학사에서 주리파·주기파의 발달」이라는 제목으로 번역되어 실려 있음)이라는 논문에서, 이진상의 성리설을 분석하고 나서 '탁월한 성리학자로서 영남학파의 주리설을 정점에 이르게 하였다'라고 평가한 이래 현재에 이르기까지 많은 연구논문들이 발표되고 있다.(이진상에 관해 학계에 발표된 논문에 대해서는 이상하, 「한주 이진상 성리설의 입론 근거 연구」, 고려대 박사논문, 2003, 4~6면의 각주를 참고할 것)

표현된 저술들에 관심이 집중되느라, 경학 저술을 포함한 여타의 저술들에까지 안목을 돌리지 못해서인 듯하다.

이진상은 30대 후반부터 60세에 이르기까지 경해(經解)와 관련된 단편적인 서간과 산문, 그리고 10여 종에 가까운 경전주석서들을 저술하였다.[522] 그리고 이진상은 30대 중반부터 각지에서 몰려든 제자와 영남의 사림들을 위해 여러 번 경전 강독회를 개최하곤 하였는데, 그의 나이 55세(乙亥年)에 모연재(慕淵齋, 檜淵書院)에서 강장(講長)이 되어 『논어』를 강론할 때에는 수백 명의 유생들이 모여들었다고 한다.[523] 이진상이 경전주석서를 낸 시기가 그의 사상이 완숙되어 가는 시점인 30대 이후이고, 또한 당대에 이미 그의 경학에 대한 학문적 흠모가 이와 같았음을 감안한다면, 한주학의 실체를 밝히는 데 있어서 이진상의 경학–특히 그의 논어학–에 대한 고찰은 빠뜨려서는 안 될 것이다.

2) 『논어차의(論語箚義)』 분석

이진상 경학의 특징을 규명하는 데 있어서 가장 중요한 일차적 자료는 그가 남긴 경전주석서이다. 그런데 이진상이 남긴 경전주석서 가운데 이진상 경학의 특징이 잘 구현되어 있는 것으로 자타가 공인하는 주석서는 바로 44세에 저술한 『논어차의(論語箚義)』이다.[524] 특히 이진상이 『논어차

---

522) 연보에 의하면, 이진상이 경전주석서를 저술한 시기와 그 종류는 다음과 같다. 35세(1852년) : 『大學箚義』, 『中庸箚義』. 44세(1861년) : 『論語箚義』. 45세(1862년) : 『孟子箚義』. 47세(1864년) : 『易學管窺』, 『三易攷』. 48세(1865년) : 『四禮輯要』. 58세(1875년) : 『春秋集傳』. 60세(1877년) : 『春秋翼傳』. 이외에 『詩傳箚義』, 『書傳箚義』, 『儀禮箚義』, 『周禮箚義』, 『禮記箚義』 등을 저술하였는데, 이진상은 자신이 저술한 이상의 주석서들을 세상을 떠나기 2년 전인 1884년에 교정하였다.

523) 『寒洲集』, 「附錄」권1, '年譜' 참조.

524) 이진상은 『論語箚義』, 「後說」에서 '其中數三條, 稍異於集注'라고 말하였으며, 이상하 교수는 앞의 논문(169면)에서 이진상의 『四書箚義』 중 주자의 설과 다른 주장을 가장 많

의』를 저술할 즈음에 '심즉리설'(心卽理說)이라는 그의 학문을 대표할 만한 글을 발표하여 학문적 기반을 다졌기 때문에, 이 주석서는 더욱 주목의 대상이 되고 있다. 이에 본고에서는 『논어차의』에 대한 분석을 중심으로 이진상 경학의 특징을, 주자주의 독법(讀法)과 경문(經文)의 독법으로 나누어 살펴보고자 한다.

(1) 주자주의 독법

이진상 경학의 특징을 말하고자 한다면 먼저 한주학의 지향에 대한 이해가 선행되어야만 할 터인데, 다음의 언급은 이 점을 잘 보여주고 있다.

> "부군(이진상을 가리킴-인용자)은 자나 깨나 주자와 퇴계를 생각하여 평상시 하나의 글자, 한마디의 말도 모두 여기에 근거하고 모방하였다. 그리하여 기거하는 곳을 조운헌도(祖雲憲陶)라고 이름 지어 붙였다."[525]

일찍이 이진상은 주자를 가리켜 공자의 뒤를 이어 집대성한 학자로 계왕개래(繼往開來)의 공업이 있다[526]고 추숭하였으며, 이러한 주자학에 기반을 둔 퇴계학의 규모와 기상에 대하여 극찬을 아끼지 않았다.[527] 때문에 이진상은 위의 인용에서 보듯이 일상적 삶 속에서의 편언척구(片言隻句)조차도 주자와 퇴계의 언어에서 근거를 찾고자 노력하였으며, 자신의 서재를 '주자를 조술하고(祖雲) 퇴계를 헌장한다(憲陶)'는 의미에서 조운헌

이 보인 저술은 『논어차의』라고 평가하였다.

525) 『寒洲集』「附錄」권2, '行錄'. "府君寤寐朱退, 尋常片字隻語, 皆根據依倣, 榜所居曰祖雲憲陶."

526) 『寒洲集』권29, 「朱子語類箚義序」. "惟我子朱子繼往開來之業, 後孔子而集成."

527) 『寒洲集』권13, 「答宋楚叟」. "蓋退陶之學, 專出朱子, 力量範圍, 稍似有間. 然規模之切實, 氣像之和平, 文辭之簡整, 尤爲易知而易循, 誠以進道自有梯級, 而近述易於遠宗也."

도(祖雲憲陶)라고 지을 정도로 주자와 퇴계에게 몰입하였다. 이는 한주학의 지향 내지 학문적 좌표가 곧 주자학에 있음을 의미한다. 한주학의 이러한 지향은 이진상의 경학에도 농후하게 반영되어 있으니, 다음의 예시는 이 점을 잘 보여주고 있다.

① 주자주의 풀이

『논어차의』「위인효제장(爲人孝悌章)」의 주. "仁之訓曰, 愛之理, 心之德. 盖愛是已發之仁, 仁是未發之愛, 因用而見體, 故曰愛之理. 心是仁之全體, 仁是心之全德, 因理一而見分殊, 故曰心之德. 非以愛與心屬之氣, 而理與德屬之理也."

『논어집주』「학이」2장의 주. "仁者, 愛之理, 心之德也."

② 주자주를 원용(援用)하는 글쓰기

『논어차의』「학이」편제(篇題). "通指聖賢地分, 而言其進學之序, 則此爲入道之門, 譬如入室者之必由門也, 各指學者當務. 而言其修行之實, 則此爲積德之基, 譬如入屋者之先築基也. 以首章言則由說樂而至君子, 學習卽其門也."

『논어집주』「학이」편제(篇題). "此爲書之首篇, 故所記, 多務本之意. 乃入道之門, 積德之基, 學者之先務也."

『논어집주』「학이」1장의 주. "程子曰, 樂由說而後得, 非樂, 不足以語君子."

조선 중기 주자학파 경학의 중요한 특징 중의 하나는 바로 주자주와 소주의 의미에 대한 풀이와 분석이다. 주자학파 경학의 이러한 특징에 비추어 본다면, 이진상의 경학도 주자주에 대한 풀이를 대상으로 삼고 있다는 점에서 주자학적 경학의 범주에 포함된다고 할 수 있다. 먼저 예문 ①에서 보듯이 이진상은 주자의 인(仁)에 대한 해석인 '사랑의 이치, 마음의 덕'(愛之理, 心之德)에 대하여, '애지리'(愛之理)와 '심지덕'(心之德)이 내포하고 있는 의미가 무엇인지에 관하여 세밀하게 분석하여 주석을 달고 있다. 이 같은 세밀한 풀이는 주자주에 대하여 일종의 소(疏)를 다는 것으로써, 한 · 중을 막론하고 주자학파 경학자들에게 공통적으로 나타나는 현상이다. 한편 이진상은 경전주석을 낼 때, 주자주에 대한 내용적 풀이뿐만이 아니라, 예문 ②에서 보듯이 그 주석의 문장 표현에 있어서도 주자주를 종횡으로 원용하는 글쓰기를 하고 있다.

주자주에 대한 풀이와 이를 원용한 글쓰기를 자기 경설의 일부로 삼고 있다는 점에서, 우리는 일단 이진상의 경학을 주자학적 경학의 범주에 든 것으로 평가할 수 있을 것이다. 그러나 『논어차의』를 통해 본 이진상의 경학은 조선 중기 주자학적 경학의 양상과는 약간 다른 면모를 보여주고 있는데, 그 첫 번째 특징으로 주자학파에 속하는 경학자들이 주자주를 풀이해 놓은 소주에 대하여 거의 분석하지 않는다는 점을 들 수 있다. 종래 조선의 대부분의 주자학파에 속하는 경학자들, 특히 영남퇴계학파에 속하는 경학자들은 번쇄할 정도로 소주의 의미를 분석, 비판하곤 하였다. 이진상 또한 주자학을 중심으로 학문적 축적을 해나가던 30대 중반에 저술한 『대학차의(大學箚義)』에서는 소주에 대하여 분석, 비판하고 있다. 그러나 그가 자기 사상의 요체를 정립한 40대 중반에 저술한 『논어차의』에서는 소주에 대해서 간혹 언급하기는 하지만 대체로 무관심하며, 언급하는 경우에도 매우 비판적이다.

이처럼 이진상이 소주를 무시한다는 것은 어느 면에서는 대다수 주자학자들의 경전독법(經傳讀法)과는 다르게 경전(經傳)을 보고 있음을 의미하는데, 그 차이점이 확연히 드러나는 지점을 우리는 이진상이 주자주를 바라보는 관점에서 찾아볼 수 있다.

주자께서 '성인(聖人)은 노여움이 없으니, 어찌 옮기지 않음을 기다릴 것이 있겠는가?'라고 말씀하였는데, 이 구절은 마땅히 활간(活看)하여야만 한다. 성인이라고 노여움이 없는 것은 아니니, 다만 그 노여움을 간직하지 않을 뿐이다. 노여움의 원인이 타인에게 있지, 자신에게 있지 않기 때문이다.[528)]

위의 인용문에서 이진상은 주자주를 읽을 때, 활간(活看)을 해야 한다고 강조하고 있다. 경과 전을 볼 때, 활간의 관점은 아마도 묵수(墨守)와 비견될 수 있는데, '묵수'가 권위를 지닌 기존의 주석에 절대적 권위를 부여하는 자세라면 활간은 경설(經說)의 내용을 상대화시켜 놓고 이를 객관적으로 파악하고자 하는 태도를 의미한다. 그러므로 활간의 자세를 가진 경학자는 자신이 근간으로 삼고 있는 경학의 틀 안에서, 제한적이나마 기존의 경설에 대하여 비판적 자세를 견지할 수 있게 된다. 이진상이 『논어차의』 곳곳에서 주자주에 대하여 비판적 견해를 표명할 수 있었던 것은 바로 이 같은 '활간'의 경전독법을 견지했기 때문인데, 주자의 제사감응론(祭祀感應論)과 이단설(異端說)에 대한 이진상의 다음과 같은 비판은 이러한 정황을 잘 보여주고 있다.

■ 제사감응론(祭祀感應論) 비판

천지의 기운은 만고에 항상 존재하나, 조상의 기운은 때가 되면 소멸한다. 그러므로 제사의 예는 오세(五世)로 한정되는 것이다. 아마도 '내 몸의 기와 공공의 기는 뒤섞이어 하나의 기로써 서로 연결되었다고 여길 수 있기 때문에, 제사를 지내면 서로 구할 수(감응할 수) 있는 것이다'라는 설은 틀린 것 같다.[529)]

『논어집주대전』「제여재장(祭如在章)」의 소주에 나오는 주자의 제사감

528) 『論語箚義』, 「顔子好學章」. "朱子言聖人無怒, 何待於不遷, 當活看. 聖人非無怒, 但不有其怒, 怒在物而不在己."

529) 『論語箚義』, 「祭如在章」. "天地之氣, 萬古常存, 而祖考之氣, 有時消亡. 故祭祀之禮, 限以五世. 恐非以吾身之氣, 公共之氣, 混謂之一氣相連, 而祭而求之也."

응론(祭祀感應論)을 보면, 조상의 기운은 천지 공공(公共)의 기운과 일치하며 또 나의 기운은 이러한 조상의 기운과 연속되어 있다고 한다.[530] 이처럼 조상과 나는 일기(一氣)로 연결되어 있기 때문에, 제사를 지낼 때 조상을 향한 나의 정성이 있으면 조상의 기가 이에 감응해 오게 되는 것이다.[531] 그런데 여기서 문제가 되는 것은 나와 세대가 멀리 떨어진 조상의 기의 존재 유무이다. 주자는 어떤 제자의 "아득한 선조(先祖)의 기운도 여전히 어딘가에 남아 있습니까?"라는 질문에 대하여 "잘 모르겠다."라고 하면서,[532] "그 기가 비록 흩어졌을지라도 다 흩어져서 소멸되지는 않았을 것이다."고 대답하였다.[533] 그러므로 아득한 조상의 기라 하더라도 완전히 '없어졌다'라고 하면 안 되고, 다만 '흩어져 있다'라고 말하는 것이 옳다고 하였다.[534] 여기서 '흩어져 있다'라는 말은 먼 조상의 기의 존재 여부를 정확하게 규명해 낼 수는 없지만, 무언가가 남아 있다는 의미로 읽혀진다.[535] 결국 주자의 이러한 주장은 조상의 기(氣)의 영속성(永續性)에 대한 언급이라 보아도 무방할 것이다.[536] 이러한 주자의 제사감응론은 이진상과 별반 다를 것이 없어 보인다. 그런데 위의 이진상의 주장을 자세히 살펴보면 주자의 설과 미묘한 틈새가 있다.

이진상은 사람이 죽으면 그 기는 점차 사그러들다가 결국에는 소멸(消

530) 『論語集注大全』, '祭如在章'의 小主. "祖考亦只是這公共之氣." ; "只是自家之氣, 蓋祖考之氣, 與己連續."

531) 『論語集注』, 「八佾」12장. "有其誠則有其神, 無其誠則無其神."

532) 『朱子語類』卷3. "先祖歲次遠者, 氣之有無不可知."

533) 『朱子語類』卷3. "人死雖終歸於散, 然亦未便散盡."

534) 『朱子語類』卷3. "若說無, 便是索性無了, 惟其可以感格得來, 故只說得散. ……只是他有子孫在, 便是不可謂之無."

535) 『朱子語類』卷3. "畢竟子孫是祖先之氣, 他氣雖散, 他根却在這裏."

536) 이상에서 서술한 주자의 제사감응론과 祖氣論은, Tillman, 「朱熹的鬼神觀與道統觀」, 『邁入21世紀的朱子學』, 華東師範大學出版社, 2001 ; 三浦國雄 著, 이승연 譯, 『주자와 기 그리고 몸』, 예문서원, 2003 ; 박성규, 「朱子哲學에서의 鬼神論」, 서울대 박사논문, 2003 등을 참조하였음.

滅)된다고 주장한다.[537] 여기에서 이진상이 말하는 소멸은, 그 잔재(殘滓)가 남아 있는 흩어짐에 비해 완전한 무(無)로서의 소멸이다. 우리가 제사를 지낼 때 4대 봉사를 하는 이유도 그 이전의 조상의 기운은 소멸되어 없어져서 후손과 감응을 할 수가 없기 때문이다. 이진상의 이러한 주장은 기의 영속성을 주장하는 주자에 비해 기의 영속성을 부정하는 것이다. 그러면 왜 이진상은 주자와 견해를 달리하여 기의 영속성을 부정했던 것일까? 앞뒤의 다른 언급이 없어서 이진상이 이렇게 주장하는 근거를 직접적으로 파악할 수는 없다. 그러나 우리는 이진상 사상의 일반적 면모에 비추어 보아 그 주장의 근거를 간접적으로 파악할 수 있다. 주지하다시피 이진상 사상의 근간은 심즉리(心卽理)설에 기반한 주리철학(主理哲學)의 확립인데, 그 주요 내용이 바로 리(理)의 주재성(선재성)에 대한 명확한 정립과 기를 중시하는 제반 학설에 대한 비판이다.[538] 그런데 기를 중시하는 사고를 배척하자면 아무래도 리(理)의 특징에 가깝다고 여겨지는 기의 특성은 비판받아야만 할 것인데, 기의 영속성이 바로 여기에 해당된다고 할 수 있다. 시공을 초월해 존재한다는 의미의 영속(永續)이란 여러모로 형이상적인 리(理)의 존재 양태를 묘사하는 데 적합한 개념이기 때문이다.

이처럼 이진상 사상의 주리적 특성을 고려한다면 『논어차의』에서 이진상이 주자의 기의 영속설에 반대하고 먼 조상신의 기는 소멸한다고 한 것도 어느 정도 수긍할 수 있는 주장이라고 여겨진다. 이렇게 자신이 견지하는 사상에 근거하여 경전(經傳)을 분석하는 것은 이진상 경학의 중요한 특징인데 이는 후면에서 상술하기로 하고, 다음으로 주자의 이단설에 대한 이진상의 비판을 살펴보기로 하겠다.

537) 『寒洲集』권23, 「答張舜華」. "人死之氣, 漸次消滅者."

538) 금장태, 「퇴계학파의 학문-한주 이진상의 성리학과 심즉리설」, 『퇴계학보』102집, 퇴계학연구원, 1999, 208면.

■ 이단설(異端說) 비판

이단은 아마도 백가의 여러 기예와 같은 것이니, 이를테면 의약, 복서, 병농, 율력 등이다. 이는 진실로 군자가 두루 달통해야 하는 것이지만, 항상 따를 수 있는 정도가 아니므로 전공하여 정밀하게 공부하고자 하면 해로움만 있고 이익은 없게 되는 것이다. 불로(佛老)와 양묵(楊墨)이라면 조금만 공부하여도 해가 있는 것인데, 어찌 전공한 뒤에 해가 되겠는가? 단지 후세에 이 이단 두 글자를 빌려서 불로와 양묵을 지목했기 때문에 『논어집주』에서 그에 따라 설을 낸 것이 아니겠는가? 공자 시대에는 아직 불로의 설이 왕성하게 일어나지 않아 도를 해치는 데 이르지 않았기에, 공자께서 한 마디도 언급한 적이 없었다. 그렇다면 여기서 이단은 양묵을 가리키는 것이 아님이 명백하다.[539)]

『논어집주』에서 주자는 범조우(范祖禹)와 정자(程子)의 말을 인용하여 이단(異端)에 대한 해석을 하였는데, 그 주장의 요지는 크게 두 가지로 정리할 수 있다. 첫째는 양주(楊朱)와 묵적(墨翟), 그리고 불가(佛家)와 노자(老子)의 사상을 이단시하는 것이며, 둘째로는 이러한 이단적인 사상은 아비도 없고 임금도 무시하는 이념으로 매우 위험하기 때문에 음탕한 소리 또는 아름다운 여색처럼 멀리해야 된다는 것이다.[540)] 그런데 이진상은 이러한 주자의 주장을 모두 비판하고 있다. 우선 이진상은 양묵(楊墨)과 불로(佛老)가 이단이라는 주자의 주장에 대하여, 경에 실려 있는 공자의 말씀에 의거하여 반대한다. 즉 이진상의 생각에는 공자의 시대에 유학

539) 『論語箚義』, 「攻乎異端章」. "異端恐是百家衆技之類, 如醫藥卜筮兵農律曆等事, 是也. 此固君子之所可旁通, 而終非正道之可常由者, 固專治而欲精之, 則有害而已, 無所利益也. 若佛老楊墨, 則略治之, 已有害, 何待專治然後爲害耶? 只緣後世借此異端字以目佛老楊墨, 故集註依他說去耶? 孔子之時, 佛老之說未熾, 不至於害道, 故夫子未嘗一言及之, 則此異端之非指楊墨, 明矣."

540) 『論語集注』, 「爲政」16장. "范氏曰: '異端, 非聖人之道而別爲一端, 如楊墨, 是也. 其率天下, 至於無父無君, 專治而欲精之, 爲害甚矣.' 程子曰: '佛氏之言, 非之楊墨, 尤爲近理, 所以其害爲尤甚, 學者 當如淫聲美色以遠之, 不爾則駸駸然入於其中矣.'"

을 위협할 만한 사상이 있었다면 공자가 한 마디쯤은 했을 터인데, 경에 나오는 공자의 말 어디에도 이들 사상을 이단으로 언급한 예가 없는 것으로 보아 양묵과 불로가 공자 당시에 있었다 하더라도 크게 성행하지는 않았다는 것이다. 때문에 이들을 이단으로 치부할 수는 없고 만약에 굳이 이단을 찾아본다면 오히려 의약(醫藥), 복서(卜筮), 병농(兵農), 율력(律曆) 등과 같이 인간 생활에 필수적인 기예를 습득한 집단을 가리키는 것으로 파악하는 것이 옳다고 여겼다. 그러므로 이들 이단은 주자가 주장하는 것처럼 인류에게 해악만을 끼치는 존재가 아니다. 오히려 몰입하는 데서 오는 폐단만 경계한다면 군자가 마땅히 습득해야만 하는 것이라고 이진상은 생각하였다. 이단의 범주와 이를 대하는 태도에 관한 이진상의 위와 같은 주장은 기존의 주석이 아닌 경문을 통해 경문을 고증한 것으로, 일종의 이경증경(以經證經)의 학문적 태도라 할 만하다. 이러한 이경증경의 학문적 태도는, 기존의 주자학파 경학가들이 주자(학파)의 경설의 분석에 주된 관심을 쏟는 데 비해, 주석이라는 매개체 없이 경문에 직접적으로 다가갈 수 있는 가능성을 열어 준다.

이상의 논의를 정리하면 다음과 같다. 이진상의 주자주에 대한 독법을 살펴보면, 내용 면에서는 주자주에 대하여 상세하게 풀이하고 주석의 작법에 있어서는 주자주를 종횡으로 원용(援用)하고 있다. 이는 곧 이진상 경학의 성격이 주자학적 경학임을 알려주는 표지라 할 수 있다. 그런데 이진상의 주자주에 대한 독법은 조선조 주자학파의 일반적 독법과 약간의 차이가 있는데, 소주에 대하여 무관심하며 주자주에 대한 활간의 독법을 견지하고 있다는 점을 그 특징으로 들 수 있다. 활간의 독법은 기존의 주석을 객관화시켜 볼 수 있는 관점을 제시할 수 있기에, 이진상은 비록 주자학의 범주 내에서이기는 하지만 주자주에 대한 비판적 관점을 제시하기도 하였다. 한편 제사감응설(祭祀感應說)과 이단론(異端論)의 주자설에 대한 이진상의 비판을 들여다보면, 자신의 주리론적 사상에 의거하여 주자주를 비판하고 있으며 마침내 주석이 아닌 경문으로 그 관심이 옮겨가고 있음을 볼 수 있다. 후술하겠지만 자신이 정립한 사상에 의거하여 주자주를 비판하거나 주자주와 소주라는 가교 없이 경문으로 직접 다가서고자 하는 이진상의 자득(自得) 중시의 경전독법(經傳讀法)은 상당한 경학사적 의미를 지니고 있다.

⑵ 경문의 독법

앞서 언급했다시피 이진상은 주자주에 대한 비판적 견해를 표명했음에도 불구하고, 기본적으로 주자학자이다. 때문에 주석이 아닌 경문을 분석할 때도 대체로는 주자학적 논리에 충실한 면을 보여주고 있다. 그러나 이진상은 때로 경문에 대한 독자적인 해석을 시도하기도 하였는데, 이러한 경문독법은 곧 그의 사상과 매우 밀접하게 관련을 맺고 있다. 그러면 지금부터 이진상의 『논어』 해석에 대한 분석을 통해 이진상의 경문독법(經文讀法)을 살펴보고, 그 경학적 특징을 고찰해 보기로 하겠다.

> 나는 『논어』를 읽을 때, 삼성장(三省章)에 이르러 다음과 같이 의심해 보았다. "군자의 마음을 다스리는 요체는 존양(存養)이 우선이고 성찰(省察)은 그 다음인데, 삼성장에서 성찰만을 말하고 존양을 말하지 않은 것은 어째서인가? 또 날마다 마땅히 성찰해야 되는 것은 (삼성장에서 제시한 것보다) 더 중대한 것이 있다. 어버이가 살아 계실 때에는 반드시 항상 스스로, '나의 얼굴빛에 온화함이 부족함은 없었는가? 어버이의 뜻을 잘 따르지 못한 것은 아닌가?'라고 반성해야 되며, 어버이가 돌아가시고 나서는 장례를 잘 치르고 제사를 잘 지내는 것, 뜻을 잘 이어받고 업적을 잘 계승하고 있는가를 마땅히 반성해야 될 것이다. 그리고 이를 미루어 어른을 섬기거나 자손을 훈계하거나 부부간에 삼가 조심하는 등 곳곳에서 깊이 반성해야 할 것들이 있다. 하물며 자신을 돌이켜 허물을 반성하는 것은 더욱 세밀하게 살피고 정치하게 분별해야 될 터인데, 유독 이 세 가지 일

만으로 하루의 반성거리로 삼은 것은 어째서인가?" 이후 생각을 해 보니, 다음과 같이 이해가 되었다. "이 구절은 증자가 만년에 진덕과 존양이 완숙되고 자신을 되살핌이 매우 치밀해졌지만, 다만 이 세 가지 일만이 여전히 완전치 못한 점이 있었기에 한 말이다. 만약 증자의 경지에 이르지 못했다면, 존양에 힘을 써서 먼저 그 기본을 확립하고 언설과 행동의 사이에서 자주 반성하여 하나도 반성할 것이 남아 있지 않게 하는 것이 바로 증자를 잘 배우는 것이다."[541]

삼성장(三省章)에 대한 이진상의 위와 같은 해석은 주자(학파)와 퇴계학파에 속하는 학자의 주석과 비교해 보면 그 특징이 확연하게 드러난다. 주자는 윤돈(尹焞)과 사량좌(謝良佐)의 말을 인용하는 가운데, 이 경문을 내용 분석과 사상사적 의미 규정으로 나누어 주석을 달고 있다. 먼저 주자는 삼성장을 마음 수양의 근본을 언급한 경문으로 그 내용을 파악하고, 이어서 증자(曾子)의 이러한 마음 수양의 근본에 관한 언급은 사상사적으로 유학의 정통성을 계승한 논의라고 규정하였다.[542] 주자의 이러한 해석에 대하여 이후 주자학파들은 정치하게 주자의 논의를 분석하고 규명하였는데, 조선 퇴계학파의 논의 또한 이 범주에서 벗어나지 않고 있다.[543]

---

541) 『寒洲集』권29, 「省齋記」. "余讀魯論, 至三省章, 竊疑於心曰: '君子治心之要, 存養爲主, 省察次之. 今此言省不言存, 何哉? 且道日用之所當省者, 有大於此, 當親在之日, 必常自省曰, 吾之色, 有不足於和愉, 而親之志, 有未及於承順歟? 親既沒, 而愼終追遠, 繼志述事, 皆所當省也. 推之於事長上訓子孫謹夫婦, 隨所在而深省之. 況於反躬省愆, 尤宜察之審辨之精, 而獨以此三事日省, 何也?' 徐又解之曰: '此乃曾子晩年進德存養既熟, 察識益密, 只見此三事猶有纖毫未到處故也. 若不到曾子地位, 則著力操存, 先立其基本, 而言行事爲之間, 屢省而不一省, 乃所以善學曾子者也.'"

542) 『論語集注』, 「學而」4장. "尹氏曰: '曾子守約. 故動心求諸身.' 謝氏曰: '諸子之學, 皆出於聖人, 其後愈遠而愈失其眞, 獨曾子之學, 專用心於內. 故傳之無弊, 觀於子思孟子, 可見矣. 惜乎! 其嘉言善行, 不盡傳於世也. 其幸存而未泯者, 學者其可不盡心乎.'"

543) 예컨대 柳健休의 『東儒四書解集評』에 실린 대산 이상정의 언급을 보면, 二程子의 설과 朱子의 해석, 그리고 이에 관한 퇴계의 언급을 논의의 대상으로 삼고 있지, 경문의 본의에 대한 추구는 보이지 않는다. "大山曰: '二程訓忠信, 非有不同. 但叔子之言, 辭約而

그런데 위 인용문에서 보듯이 이진상은 '삼성장'을 해석하면서, 주자의 주석을 규명하고 분석하기보다는 독자적으로 경문의 의미를 탐색하고 있다. 우선 이진상은 경문에 나오는 증자의 말부터 의심을 하는데, 그의 생각에 인간이 반성의 행위를 할 경우 『논어』에서 증자가 말한 삼성(三省)-남을 위하는 것, 친구와 사귀는 것, 전수받은 것을 학습하는 것[544]-은 오히려 부차적인 것이다. 보다 더 중요한 것은 자신의 내면을 함양하고 이를 바탕으로 부모님을 모시거나 그 뜻을 잇는 데 최선을 다하고 있는지를 반성하는 것으로, 이것이 오히려 최우선의 반성과제인 것이다. 그런데 왜 증자는 이러한 근본적인 반성 덕목을 버려두고 비록 중요하다 할지라도 부차적인 반성 거리만을 언급하였던 것일까? 이러한 자문에 대하여 이진상이 숙고 끝에 자답한 내용을 보면, 주자(학파)가 파악한 것과 그 궤를 달리하고 있다. 이진상이 보기에 증자가 말한 삼성(三省)은 주자(학파)에 속하는 경학가들이 풀이했듯이 내면의 반성을 의미하는 것이 아니며, 더욱이 가장 먼저 해야 할 반성거리도 아니다. 증자의 '삼성'은 실상 증자가 오랜 수양 끝에 인간이 최우선으로 해야 될 과제를 완벽하게 완료하고 나서, 미진한 채로 남아 있는 부차적 수양거리이다. 그러면 이렇게 부차적 반성거리만을 언급한 이 경문을 우리는 어떻게 이해하여야만 하는가? 이에 대하여 이진상은 답변하기를, 인간은 마땅히 존양(存養)을 최우선의 반성거리로 삼아 끝없이 반성하여, 최후에는 증자가 말한 '삼성'과 같은 반성거리조차 남아 있지 않게 하는 것이 바로 이 경문을 잘 체득한 것이라고 하였다. 이진상의 이러한 해석은 기존의 주석에 의거하지 않고 경

義明, 故先儒以爲切, 非謂旨義有不同也. 故朱子曰, 以事之實而無違爲信也. 若乃驗於理而無違之云, 則蓋此物之實狀, 卽是此物之理, 故亦可如此說. 然下得理字較重, 故退溪先生嘗論其未安.'"

544) '삼성장'의 원문은 다음과 같다. "曾子曰: '吾日三省吾身, 爲人謀而不忠乎? 與朋友交而不信乎? 傳不習乎?'"

문을 독자적 논리로 분석하고 있다는 점에서 매우 참신하다고 할 수 있다.

그런데 우리는 여기서 존양(存養)을 최우선의 반성거리로 삼아 이 구절을 해석하는 이진상의 설경 자세를 눈여겨보아야 할 것이다. 존양이라는 용어는 주자학에서 주로 쓰이는 자아수양의 개념이기 때문에 이진상이 삼성장을 풀이하면서 존양을 근간으로 해석했다는 것은 곧 주자학적 사유에 근거하여 『논어』를 해석하고 있음을 뜻하기 때문이다. 그렇다면 이진상은 주자(학파)의 경설을 도외시하고 경문을 새롭게 해석하면서 한편으로는 그 해석의 근거를 주자학에서 빌려 오는 일견 모순된 입장을 견지하고 있는 것처럼 보인다.

일반적으로 경학자들이 경전에 주석을 내는 방식은 두 종류로 대별할 수 있는데, 고증학적 주석 방식과 의리학(義理學)적 주석 방식이다. 이 중 전자는 주로 이전 시대 주석의 훈고학(訓詁學)적 측면을 수합, 정리하는 것을 중심으로 하기 때문에 주석가의 주관적 견해가 개입될 여지가 적고, 후자는 어떠한 관점 혹은 사상에 근거해서 주석을 달기 때문에 주석가의 주관적 견해가 개입될 여지가 다분하다. 특히 후자인 의리학적 주석 방식을 견지하는 경학자들은 자신의 주관적 잣대에 따라 경문의 신의(新義)를 밝히고자 하였는데, 그 주관성이 지나칠 경우 경전의 본의를 무시하거나 경문을 날조하기까지 하였다. 이 같은 특징을 지닌 의리학적 주석 방식의 정점에 도달한 경학자가 바로 주자인데, 일견하기에 주자 이후 대부분의 주자학적 경학자들은 주자의 경전주석을 묵수하였기에 오히려 주자의 경학정신을 위배하였다고 할 수 있다. 그런데 이진상의 경문독법은 기존의 주석에서 벗어나 신의를 추구했다는 점에서 보면 오히려 주자의 경학정신을 이었다 할 만하다. 또한 그 신의(新義)의 근거를 주자학적 의리에서 찾았다는 점에서도 주자학적 경전주석사의 전통에 서 있다고 할 수 있다. 때문에 삼성장(三省章)의 해석에서 보이는 일견 모순된 듯한 이진상의 경전주석도 이러한 측면에서 본다면 이해될 여지가 있다. 이처럼 주자학적 의리를 이진상 경학의 근간으로 이해한다면, 더 생각해 보아야 될 문제는 이진상 경학에 내재되어 있는 주자학적 사유의 구체적 내용일 것이다. 이제부터 몇 개의 예시를 통해 이 문제에 대하여 접근해 보기로 하겠다.

이진상 : 부자의 문장은 진실로 모두가 성(性)과 천도(天道)의 발현이다. 평소 말씀하신 효제충신(孝悌忠信)이 바로 그 강령이다.[545]

주자(朱子) : 부자의 문장은 날로 밖으로 드러나니 진실로 배우는 자들이 함께 들을 수 있었다. 그러나 성과 천도에 이르러서는 부자께서 드물게 말씀하셨으니, 배우는 자들이 들을 수 없었다. 이는 아마도 성인의 문하에서 엽등하지 말 것을 가르친 것일 것이다.[546]

진덕수(眞德秀) : 성과 천도는 심오하고도 정치하니, 갑작스레 배우는 자들에게 말해 줄 수 없다.[547]

허훈(許薰) : 성과 천도는 은미하고 심오하여 갑자기 배우는 자들에게 말해 줄 것 같으면, 그 마음들이 현묘한 곳으로만 치닫고 도리어 엽등하여 이익되는 것이 없을 것이 염려가 된다. 그래서 부자께서 드물게 말씀하신 것이다.…… 참으로 효(孝), 제(悌), 충(忠), 신(信), 인(仁), 지(智), 경(敬), 서(恕)를 실천하고 익혀야만 된다.…… 만약 오로지 성과 천도만을 말하고 실천을 소홀히 한다면 허위(虛僞)에 빠져드는 병폐가 생길 것이다.[548]

---

545) 『論語劄義』, 「性與天道章」. "夫子之文章, 固皆性道之發見, 其所雅言之孝悌忠信, 是其綱也."

546) 『論語集注』, 「公冶長」12장. "夫子之文章, 日見乎外, 固學者所共聞. 至於性與天道, 則夫子罕言之, 而學者有不得聞者, 蓋聖門敎不躐等."

547) 『論語集注大全』, 「公冶長」12장의 소주. "西山眞氏曰: '……若性與天道, 則淵奧精微, 未可遽與學者言.'"

548) 『舫山集』 卷13, 「李寒洲論語劄義辨」. "性道微奧, 若驟語學者, 則恐其馳心玄妙反躐等

『논어』에 보면 자공(子貢)은 공자의 문장(文章)은 들을 수가 있었는데, 공자가 성(性)과 천도(天道) 같은 형이상학적 내용에 대하여 이야기하시는 것은 잘 듣지를 못했다고 하였다.[549] 이 말에 대하여 주자와 주자의 제자인 진덕수(陳德秀)는 이구동성으로 성과 천도는 그 내용이 심오하고 정치하기 때문에 배우는 자들에게 쉽게 이야기할 수 없는 것이니, 만약 공자가 자주 언급했더라면 배우는 자들은 이를 쉽게 여겨 엽등하거나 허위에 빠져들었을 것이라고 하였다. 결국 주자(학파)의 해석에 의하면, 『논어』에 나오는 공자의 말씀은 현실적 실천윤리를 담보해 낸 문장이지 추상적 도리를 표현해 낸 언어가 아닌 것이다. 그러나 이진상은 주자학파의 이러한 주장에 대해 반박하고 있는데, 위의 인용문에서 보다시피 그의 주장의 가장 큰 요지는 『논어』의 경문은 형이상적인 성(性)과 천도(天道)를 그 내용으로 삼고 있다는 것이다. 그런데 이진상의 사상에 대하여 비판했던 허훈(許薰, 1836~1907)[550]이 이진상의 『논어차의』를 읽고 지적했던 것처럼, 일견하기에 『논어』는 성과 천도에 관한 언설보다는 효(孝), 제(悌), 충(忠), 신(信), 인(仁), 지(智), 경(敬), 서(恕)와 같은 실천적 윤리강령으로 내용이 구성되어 있다. 때문에 이 같은 허훈의 비판은 『논어』를 일별한 이라면 대체로 수긍할 만하다.

이진상도 이 점을 의식한 듯 『논어』의 내용이 왜 형이상적인 성과 천도로 이루어져 있는지에 대하여 다양한 방법으로 이해시키고자 노력하였다. 우선 이진상은 공자의 말씀이 성과 천도로 가득 찬 말씀이라면, 왜

所益, 故夫子所以罕言也.……苟於孝悌忠信仁智敬恕, 踐履而習服.……若專言性道而忽於踐履, 則其爲病墮了虛僞."

549) 『論語』, 「公冶長」12장. "子貢曰: '夫子之文章, 可得而聞也, 夫子之言性與天道, 不可得而聞也.'"

550) 이진상의 딸이 허훈의 며느리가 되었으므로 두 사람은 사돈 간이다. 그럼에도 불구하고 허훈은 이진상의 心卽理說이 결국 氣를 理로 파악하여 왕수인과 접근하게 되었다고 엄격하게 비판하였다. 그 비판의 내용에 관한 정리와 의미 부여에 대해서는 최재목 교수의 앞의 논문(563~566면)이 참조가 된다.

『논어』나 여타의 유교경전에서 공자는 성과 천도를 직접적으로 언급하지 않았는가에 대하여 다음과 같이 설명한다. 공자 당시에는 공자의 성도(性道)에 맞설 만한 다른 학설이 존재하지 않았기 때문에, 공자가 굳이 성도를 직접적으로 표현할 필요가 없었다. 만약에 공자 시대에 맹자(孟子)나 정주(程朱)의 시대처럼 다른 의미망을 가진 성과 천도를 내포한 사상들이 존재했다면, 공자도 이를 실천적 윤리강령 속에 내재시킨 채로 표현하지 않고 아마도 직접적으로 성과 천도를 말했을 것이라고 하였다.[551)]

이처럼 공자의 말씀을 성과 천도의 표출로 본다는 것은 주자학적 경학사에서 매우 의미 있는 주장인데, 이진상의 '천상탄'에 대한 해석을 주자(학파)의 해석과 비교하여 그 의미를 보다 더 자세하게 고찰해 보기로 하겠다.

> 주자 : 천지의 조화는 가는 것은 지나가고 오는 것이 이어져서 한 순간의 쉼도 없으니, 이것이 바로 '도체의 본질'(道體之本然)이다. 그런데 그 가리켜서 쉽게 보일 만한 것이 시냇물의 흐름만 한 것이 없다. 그러므로 여기에서 말씀하여 사람들에게 보여주셨으니, 배우는 자들이 항상 성찰하여 공부에 조금의 끊어짐도 없게 하고자 하신 것이다. 정자는 말하였다. "이는 도체(道體)이다. 하늘의 운행은 그침이 없어서 해가 뜨면 달이 지고, 추위가 가면 더위가 오며, 물은 흐름에 쉼이 없고, 만물은 생겨남에 다함이 없나니, '도와 더불어 체가 되어' 밤낮으로 운행하면서 일찍이 그침이 없었다. 이에 군자는 이것을 본받아서 스스로 힘씀에 쉬지 않는다."……나(주자-인용자)는 생각한다. "이 장으로부터 이 편의 끝까지는 모두 사람들에게 학문에 정진하여 그치지 말라고 면려하신 내용이다."[552)]

---

551) 『論語箚義』, 「後說」. "夫子所言孝悌忠信仁知敬恕, 何莫非性道之昭著者乎? 特以當時之無異論, 而罕言其名義耳. 若使降而當乎思孟程朱之世, 則各性, 其性不得不明吾之所謂性, 各道, 其道不容不詳吾之所謂道."

552) 『論語集注』, 「子罕」16장. "天地之化, 往者過, 來者續, 無一息之停, 乃道體之本然也.

이진상 : (주자가 말한) 도체(道體)의 본연(本然)이란 리(理)의 측면에서 한 말이니, '천지의 조화는 가는 것은 지나가고 오는 것이 이어진다'라는 말이 여기에 해당된다. (정자가 말한) '도와 더불어 체가 된다'라는 것은 물(物)의 측면에서 한 말이니, '해가 지고 달이 뜨며 추위가 가고 더위가 오며 물은 쉬지 않고 흐르며 만물은 끝없이 생성된다'라는 것이 여기에 해당된다. 서(逝)는 곧 도체이고, 사(斯)는 바로 도가 함께하는 가운데 형체화된 물상이다.……도체(道體)와 여도위체(與道爲體)는 리(理)와 기(氣)의 분별이 있다. 만약 여도위체(與道爲體)를 곧 도체(道體)라 한다면 서(逝)자와 사(斯)자의 구별이 없어지게 되어, 천리가 유행되는 모습을 볼 수가 없게 될 것이다.[553)]

공자가 시냇가에 앉아 있다가 흘러가는 시냇물을 보고는 "흘러가는 것이 이와 같구나! 주야로 그치지 않는도다."(子在川上曰 : "逝者如斯夫! 不舍晝夜.")라고 했는데, 이에 대하여 주자는 공자가 도체의 본질을 시냇물이 쉼 없이 흘러가는 모습에서 발견하고 감탄하신 말씀이라고 해석하였다. 그리고 또 부연하기를 면면부절하게 흘러가는 도체의 본질을 배우는 자들이 본받아서 쉼 없이 성찰하고 공부할 것을 제시한 경문이라고 하였으며, 마침내 이 경문의 본뜻을 부단한 학문적 노력을 촉구하는 공자의 말씀으로 결론지었다.

그런데 이진상의 풀이는 일면 주자와 유사해 보이지만 세밀하게 읽어보면, 주자의 견해를 받아들이면서도 차이가 나는 부분이 있음을 알 수

然其可指而易見者, 莫如川流. 故於此發以示人, 欲學者時時省察, 而無毫髮之間斷也. 程子曰, 此道體也, 天運而不已, 日往則月來, 寒往則署來, 水流而不息, 物生而不窮, 皆與道爲體, 運乎晝夜, 未嘗已也. 是以, 君子法之, 自强不息.……自此至終篇, 皆勉人進學不已之辭."

553) 『論語箚義』, 「子在川上章」. "道體之本然, 以理言, 天地之化, 往者過來者續, 是也. 與道爲體, 以物言, 日月寒暑, 水流物生, 是也. 逝卽道體, 而斯乃與道爲體之物也.……道體與與道爲體, 有理氣之別. 若謂與道爲體, 便只是道體, 則逝與斯無別, 而天理之流行, 不可見矣."

있다. 우선 이진상은 주자(학파)의 해석 가운데 유독 정자가 말한 '도체'(道體)와 '여도위체'(與道爲體)의 구분에 치중하여, '서자여사부'(逝者如斯夫)에서 '흘러가는 것'(逝)은 '도체'로 '이와 같은 것'(斯)은 '무형의 도체가 유형화된 물상'으로 파악하였다. 그러고 나서 이 둘을 리(理)와 기(氣, 物)로 명확하게 구분하였으며, 주자가 이 경문을 해석하면서 강조한 성찰과 수양에 관한 내용은 전혀 다루지 않았다. 이 부분을 보다 더 면밀하게 고찰하기 위해서 잠시 주자학의 사상적 특성을 간략하게 살펴보기로 하겠다.

주자학은 수양론(修養論)과 본체론(本體論), 그리고 심성론이 세 발을 이루고 있는 사상체계이다. 여기서 수양론은 원시유가로부터, 형이상학적인 심성론과 본체론은 불교와 도교에서 빌려 왔다고 한다. 그렇다면 주자학이 종래의 유학과 대별되는 특징은 바로 형이상학적 성체론(性體論)의 도입과 그 유학적 변용에 있다고 할 수 있을 것이다. 위의 '천상탄'에 대한 주자의 해석은 주자학의 이러한 사상적 특징을 잘 보여주고 있다. 앞 장에서도 고찰하였듯이, 선진 시대 유가들이 이 구절을 수양론으로만 이해한 데 비해서, 주자는 형이상학적 본체론을 도입하고 나서 수양론과 결부시켜 이 경문을 해석해 내고 있기 때문이다. 이처럼 본체론과 수양론을 결합한 주자의 해석을 고전적인 용어로 말한다면, 형이상적 도(道)와 형이하적 기(器)를 결합한 해석이라 할 수 있을 것이다.[554] 그런데 이진상은 천상탄을 해석하면서 형이상적인 도체(道體)와 형이하적인 기물(器物)을 분명하게 나누었다. 그리고 이 둘을 뒤섞음으로 인해 야기되는 오류 또한 매우 경계하고 있으니,[555] 이 부분에서 주자와 이진상 양

---

554) 『周易傳義大全』卷之二十二, 「繫辭上傳」12장. "形而上者謂之道, 形而下者謂之器."; 『論語集註大全』「子罕」16장의 小註. "勉齋黃氏曰, 夫子所云, 蓋合道器兼體用而言."

555) 『論語劄義』, 「子在川上章」. "問者說, 天地所以與道爲體, 以命之不已者當之, 心之所以與道爲體, 以純亦不已者當之, 非徒失程子本指, 有認道爲器之病."

자의 입장 차이는 분명해진다.

한편 수양론을 소홀히 하고 본체론을 중시하는 이진상의 이러한 경전 해석은 추상적 심성을 논의할 때도 동일한 양상을 보이고 있다. 예를 들어 공자가 "사람이 도를 넓힐 수 있는 것이지, 도가 사람을 넓힐 수 있는 것은 아니다."[556]라고 말했을 때, 주자는 이에 대하여 다만 '인심(人心)은 지각의 능력이 있고 도체는 인위적 작용이 없으므로 능동적 인심이 내면에 깃들어 있는 도체(性)의 본질을 확장해 나갈 수 있다(밝혀낼 수 있다)'라고 해석하였다.[557] 주자의 이러한 해석에는 심성에 대한 간략한 개념 규정과 더불어 인심으로 성을 규명해 나가야 한다는 수양론이 배면에 깔려 있다. 그런데 이진상의 이 경문에 대한 해석은 심과 성의 개념을 명확하게 규정하는 것으로 시작해서 자신이 정립한 이기론에 근거하여 이 경문을 풀이해 내고 있는데, 여기서도 수양론에 관한 언급은 보이지 않고 있다.[558]

이진상의 천도와 본성에 대한 위와 같은 해석은 비록 주자의 경전 해석의 범위를 벗어난 것은 아니지만, 매우 중요한 차이점을 발견할 수 있다. 그것은 바로 이진상이 유가경전의 핵심을 형이상적 성(性)과 천도(天道)에 둠으로 인해, 유학(주자학)의 중요한 한 축인 일상의 실천윤리와 수양론 등을 소홀히 여겼다는 점이다. 이를 달리 표현하면, 이진상의 경학

556) 『論語』, 「衛靈公」28장. "子曰: '人能弘道, 非道弘人.'"

557) 『論語集注』, 「衛靈公」28장. "弘, 廓而大之也. 人外無道, 道外無人. 然人心有覺, 而道體無爲. 故人能大其道, 道不能大其人也. 張子曰, 心能盡性, 人能弘道也. 性不知檢其心, 非道弘人也."

558) 『論語箚義』, 「人能弘道章」. "對道言人, 則人以心言, 道以性言, 而心有情意造作, 故能容受此性, 而數施發用. 性無情意造作, 故只待人存養擴充, 此心性之別也. 然所謂心者, 非性外之物也, 指其妙用之神而謂之心, 指其本體之眞而謂之性. 理與氣合而知覺生焉, 此心之所以主乎身也. 理在氣中, 而道體立焉, 此性之所以體乎心也. 與人心道心之人道者不同. 彼則單言心, 而此則兼言性.……若謂人是人心, 道是道心則道反弘人矣. 若謂人是形氣, 道是義理, 則氣反宰理矣."

은 주자학의 형이상적 요소인 본체론과 심성론을 극대화시킨 해석체계라고 말할 수 있다. 그런데 이진상의 다른 글을 보면 그도 유학의 일상성 내지 현실성을 중시하지 않는 것은 아니었다. 다만 그는 유학의 높은 형이상적 원리가 현실의 실천윤리강령과 연결되어 뒤섞임으로 인해 손상받을 것을 두려워했다. 때문에 형이상적 원리에 해당되는 리(理), 본성(本性), 도체(道體) 등을 현실의 기물(器物)이 범할 수 없는 초월적 가치로 설정한 것이다.[559] 그리고 이러한 형이상적 원리를 경의 본의로 보았기에 자연스럽게 현실적 가치를 소홀히 여기게 되었으며, 이는 이진상의 경전주석에 반대하는 학자들에게 좋은 비판거리를 제공했다.[560] 그러나 리(理)의 주재성(主宰性)과 본체성(本體性)을 중시하는 이진상의 주리론(主理論)적 이념을 이해한다면, 이진상이 공자의 말씀 전반을 성도(性道)의 표현으로 보고, 실제 경문 해석에서 이를 적극 반영해 낸 것도 이해 못할 것은 아니라고 생각된다.

우리는 여기서 이진상 경학의 중요한 특징을 지적해 낼 수 있는데, 그것은 바로 이진상의 경학이 구체적 실천윤리보다는 본체와 본성을 중심으로 하는 형이상적 원리를 그 근간으로 삼고 있다는 점이다. 그리고 이진상 경학의 근원인 이러한 형이상적 원리는 주자학의 사상적 요소인 본체론과 심성론을 특별히 중시하는 데서 생성되었다고 할 수 있다. 이처럼 이진상 경학의 근원은 주자학의 본체론(심성론)에 뿌리를 둔 것이지만, 그 지향이 너무나 강렬했기에 오히려 주자학의 중요한 근간인 구체적 일상성(실천윤리)을 소홀히 여기는 결과를 초래했다는 점을 그 특징으로 들

559) 이진상이 理氣의 관계를 설정할 때, '理氣不相離'의 측면보다는 '理氣不相雜'의 입장에 선 것도 바로 이러한 맥락에서 파악할 수 있다.(이진상의 이러한 입장은 『한주집』 권33에 실려 있는 「理氣先後考證後說」에서 확인할 수 있다)

560) 『舫山集』 卷13, 「李寒洲論語箚義辨」. "聖人之言, 深處深言之, 淺處淺言之, 無往非理之所寓也. 令讀此者, 想像當曰, 在川之歎, 油然感發, 汲汲進修, 其味深長, 殊勝於道體之說之高妙而難悟也."

수 있다.

한편 이렇게 강렬한 지향을 지닌 이진상의 주석 태도는 경문을 해석할 때, 자신이 확립한 정견(주리적 사상)에 의거하여 주석을 달기 때문에 객관적이기보다는 주관적이라 할 수 있다. 그리고 이러한 주관적 접근이 심한 경우, 자신이 확립한 사상에 맞지 않는 경문에 대해서는 의심의 단계를 넘어서 부정하는 발언을 하기까지 하였다.[561] 이런 관점에서 보면 이진상이 경전을 주석할 때 중시한 것은 어쩌면 경문의 본의가 아니라, 자신이 확립한 정견이었는지도 모르겠다.[562]

이상의 논의를 요약하면 다음과 같다. 이진상은 삼성장(三省章)의 해석에서 보듯이 경전의 언어를 의심의 대상으로 삼아 그 진위를 논할 정도로 경문의 신의(新義)를 추구하였는데, 그 핵심적 근거는 또한 주자의 사상에서 찾고 있었다. 때문에 우리는 이진상의 경문독법을 주자의 경학정신과 주자학의 핵심적 이념을 근거로 삼았다는 점에서 주자학적 경문독법이라 할 수 있다. 한편 이진상은 성여천도장(性與天道章)과 천상탄의 해석에서 보듯이, 경은 성체(性體)의 언어로 구성되어 있다고 주장한다. 여기서 본성과 도체는 주자학의 핵심적 구성요소이므로, 결국 이진상의 경학은 주자학적 이념의 일부를 극대화한 것이라 할 수 있다. 그렇지만 성

---

561) 『論語箚義』, 「性相近章」. "相近之性, 盖亦於性之發處言之. 若其未發則氣質, 元不用事, 渾然一理.……盖未發已發, 只在一處, 無與東西之異位, 上下之分屬, 故通謂之性耳.……卽氣而謂之相近, 但非性之本耳. 非性之本, 則雖謂之非性, 可也."

562) 실제로 이진상은 자신이 확립한 견해가 正見임을 확신하고 나서, 자신의 정견에 합치되지 않는 문장은 별로 볼 것이 없다고 하였다. 『寒洲集』권16, 「答許舜歌」. "求志錄誠荷斤正, 徐俟了勘以爲去就計, 而人能弘道章, 湖中學者, 每以氣能動理, 理不能動氣爲解. 如此則以心爲氣, 氣爲大本矣. 鄙意則人心有覺, 是以妙用言, 道體無爲, 是以本體言, 心無體, 以性爲體, 朱子訓也. 妙用發揮, 正所以弘大本體, 而纔涉妙用, 便乘氣機, 本體之眞, 亦非離氣而獨立者, 故所以箚記中有理在氣中之說.……然鄙之主見, 以心爲性情之統名, 而知覺是情之始萌處. 以體言則性外無心, 以用言則知覺外無心. 但未發則氣不用事, 纔動則氣便爲資耳.……此乃學問頭腦處, 而亦鄙人平生立脚處, 於此不合則文義特其餘事耳."

체를 선택, 강조하다 보니, 주자학의 또 다른 구성요소인 구체적 현실의 일상성과 실천윤리를 경시하는 결과를 낳았다. 결국 이진상 경학의 이 같은 특징은 추상적이고 원리적이며 주재성을 지닌 '리'(理, 性體)를 중시하였다는 점에서 그의 주리사상의 경학적 반영이라 할 수 있다. 그러므로 우리는 이진상의 경학을 주자학의 틀 안에서 파악할 수 있지만, 주자학적 경학의 묵수가 아닌 자신의 주리사상에 의거하여 경문을 해석하였다는 점에서는 새로운 평가가 내려져야 한다고 생각한다.

다음으로 이진상 논어학의 이 같은 특징이 영남퇴계학파의 경학에서 어떤 의미를 가지는지에 대하여 살펴보기로 하겠다.

3) 영남퇴계학파의 경학과 이진상의 논어학

조선 경학사에서 그 경학 저술들의 양과 질, 그리고 영향의 수수관계를 따져 본다면, 아무래도 16세기 후반 정도를 조선 경학의 진정한 출발로 상정할 수 있을 것 같다. 이때에 이르러서야 우선 양적인 면에서 경학 저술들이 다량으로 쏟아져 나오기 시작했으며 질적으로도 정치한 논리를 갖춘 주석서들이 저술되었기 때문이다. 한편 이 시기에 우리나라 경학의 흐름에 가장 큰 영향을 미친 사상가이자 경학자를 꼽으라면, 단연 퇴계를 들 수 있다. 사상사적으로는 말할 것도 없고, 경학사적으로도 퇴계의 경학 저술은 영남학파, 기호학파 할 것 없이 모두 일정한 영향을 미쳤기 때문이다. 특히 이진상이 속해 있는 영남퇴계학파(嶺南退溪學派)에 있어서 퇴계의 영향은 지대했다.

주자는 의리를 중시하는 경학자이긴 하지만, 그의 경전주석에는 경학사에서 보기 드물게 고증과 의리가 잘 조화되어 있다. 이는 주자가 자신의 경학 저술에 내재된 의리를 뒷받침할 고증에도 매우 세심하게 주의를 기울였기 때문이다. 그런데 주자 이후의 주자학파는 주자 경학의 고증과 의리 중, 주로 주자학적 의리에 관심을 기울였다. 퇴계 역시 독실한 주자학도였으므로 그의 경학의 본연은 주자학적 의리에 관한 탐구이다. 그러나 앞 장에서 살펴보았듯이 퇴계의 경학은 주자학적 의리의 천명에 치중하기는 하지만, 한편으로 경문의 본지에 대하여 독자적으로 의미를 탐색하기도 하였다. 이렇게 주자학적 의리의 탐색과 경문의 본지에 대한 독자적 추구가 병존하는 퇴계의 경학을 우리는 의양적(依樣的) 경학과 자득적(自得的) 경학이 공존하고 있다고 표현할 수도 있을 것 같다.

일찍이 이이는 서경덕과 퇴계의 이기설(理氣說)을 비교하면서, 화담은 자득(自得)의 맛이, 퇴계는 의양(依樣)의 맛이 있다고 평가하였다.[563] 자득은 기존의 학설에 얽매이지 않고 신의(新義)를 추구하는 데서 얻어지며, 의양은 기존의 학설을 한결같이 준수하는 데서 획득되는 학문적 양태이다. 과연 이이의 평가대로 퇴계의 학설이 한결같이 주자를 준수하는 데서 오는 의양의 학문인지에 대해서도 의문이 있지만, 경학적 측면에서 말한다면 적어도 퇴계의 경학은 주자학적 의리의 탐색인 의양적 경학과 경문의 본지에 대한 독자적 의미의 추구인 자득적 경학이 공존하는 체계로 이루어져 있다. 실상 이렇게 자득적 경학과 의양적 경학이 공존하는 체계의 경학은 퇴계 이전에는 드물지 않게 볼 수 있는 현상이었지만, 퇴계 이후로 우리나라의 주자학적 경학은 대체로 의양적 경학 일변으로 기울었다.

그런데 퇴계 이후 주자학파의 '의양적 경학'의 양상을 살펴보면 대체로 세 가지 모습을 띠고 있다. 첫째는 주자의 경전주석의 의미에 대한 부연과 상호 대교를 통한 주자 경설의 정설 확정이고, 둘째는 소주(小注)에 실

563) 『栗谷先生全書』卷之十, 「答成浩原」. "近觀整菴, 退溪, 花潭三先生之說. 整菴最高, 退溪次之, 花潭又次之, 就中整菴花潭, 多自得之味, 退溪多依樣之味.(一從朱子之說)……退溪則深信朱子, 深求其意.……若豁然貫通處, 則猶有所未至.……花潭……其讀書窮理.……不拘文字, 而多用意思."

려 있는 주자학파의 경설에 대한 부연과 비판이며, 셋째는 스승-주로 퇴계와 율곡, 그리고 양 학파의 주요 사상가들-의 경설에 대한 지지와 타 학파의 경설에 대한 비판이다. 이 같은 의양적 경학은 우리나라 경학사에서 주자학적 경학의 깊이를 확보하는 데 매우 중요한 역할을 하였으며, 그 학문적 축적과 성과도 만만치 않다. 특히 영남퇴계학파의 경우 의양적 경학 방면에서 매우 두드러진 성과를 냈는데, 그 대표적 경학 저술로 유장원의 『사서찬주증보』와 유건휴의 『동유사서해집평』을 들 수 있다. 앞서 살펴보았듯이 전자인 『사서찬주증보』는 『사서집주』를 중심에 놓고 여기에 나오지 않는 주자의 사서에 관한 주석과 원명대 중국 주자학파의 사서 주석을 광범위하게 채록해 놓고 나서, 상호 대교를 통해 주자 경설의 정론을 면밀하게 검토한 주석서이다.[564] 한편 대야 유건휴의 『동유사서해집평』은 16세기에서 19세기 초반까지 조선 학자들의 사서설(四書說)을 수합하여 정리해 놓은 것으로, 그 기본적 지향은 퇴계(학파) 경설에 대한 심층적인 분석과 부연이다.

퇴계 이후 퇴계학파 경설의 기본적 지향은 주자와 퇴계의 경설을 부연하고 분석하는 '의양적 경학'이 주류를 이루었으며, 위에서 언급한 두 종의 경학 저술은 이 가운데 백미라고 할 수 있다. 이러한 학문적 성과는 조선 주자학의 발달과 맞물려 경학 방면에서도 사설을 계승, 발전시키는 데 학문적 역량을 집결시켰기 때문에 가능한 것이었다. 그러나 스승의 경설에 대한 제자의 학문적 추숭과 이에 관한 학문적 성과라는 것은 어디까지나 경문이 아닌 주석에 대한 집적(集積)과 분석으로서의 학문적 성과이다. 때문에 이는 주석을 비판하거나 혹은 경문을 직접 분석하고 나

564) 율곡학파의 주자언론동이에 관한 학설이 『주자언론동이고』라는 저술 형태로 드러났는데 비해, 퇴계학파의 그것은 이처럼 경학 저술을 통해 발휘되었다. 그러므로 유장원의 『사서찬주증보』는 중국 주자학파의 의리 중심의 논어설을 집성해 놓은 의의를 넘어서, 퇴계에게서 시작되었던 영남퇴계학파의 학적 탐구의 결실이라고 평가할 수 있다.

서 자신의 견해를 내세우는 자득적 경학의 위축을 불러올 수밖에 없었다. 실상은 위축된 정도가 아니라, 영남퇴계학파에 있어서 이러한 의양적 경학의 학문적 성과에 대응할 만한, 자득적 경학을 바탕으로 하는 주석서는 필자가 파악하는 한 19세기까지 저술되지 않았다.

18세기에 이르러서야 영남퇴계학파에서는 사설(師說)이 아닌 타 학파의 학설에 대해서 긍정하고 주석이 아닌 경문에 직접 다가가려는 시도가 있었다.[565] 그렇지만 자득(自得)의 수준에까지 도달하지는 못하였는데, 19세기 이진상에 이르러서는 사정이 달라지게 되었다. 우리가 앞에서 살펴보았던 것처럼, 이진상은 퇴계 이후 영남퇴계학파에서 보여주었던 경설과는 다른 방향에서 자신의 경설을 전개시켜 나갔다. 그가 자신의 정견을 확립한 40대 이후에 저술한 『논어차의』를 중심으로 그 차이점을 살펴보면, 다음과 같이 네 가지로 정리할 수 있었다. 첫째, 이진상은 영남퇴계학파에서 주자학파의 주석-이른바 소주-에 관심을 가지고 분석, 비판을 했던 것에 비해 소주에 별 관심을 두지 않았다. 둘째로 이진상은 영남퇴계학파에서 주자 주석의 의미 분석에 치중한 데 비해 주자주를 비판적 시각에서 바라보기 시작했다. 셋째로 영남퇴계학파에서 퇴계학파 경설의 수합과 정리에 학문적 노력을 기울인 데 비해, 이진상은 퇴계학파의 경설에 큰 관심을 두지 않았다. 넷째로 자신이 확립한 주리사상에 의거하여 이전의 누구도 말하지 않았던 경설을 주장하였다.

이상과 같은 이진상의 경설은, 자신이 확립한 정견(定見)-그 밑바탕이 비록 주자학이라 하더라도-에 의해 새롭게 경의 내용을 파악하였다는 점에서, 영남퇴계학파의 의양적 경설에 비해 자득적 요소가 농후하다. 그런데 이진상의 자득적 경학은 퇴계 이전의 조선 주자학파 경학자들의 자

565) 그 대표적 인물이 息山 李萬敷(1664~1732)인데, 식산 경설의 이 같은 특징에 대해서는, 이영호, 「조선후기 주자학적 경학의 변모양상에 대한 일고찰」, 『한문교육연구』 17호, 한국한문교육학회, 2001 참조.

득적 경학과는 그 내용을 달리하는 부분이 있다. 그 차이점은 다른 논고를 필요로 할 만큼 세밀한 분석을 요하는 것이지만, 거칠게 말한다면 퇴계에 이르기까지 조선 주자학자들의 자득적 경설은 다분히 경문의 문리에 의거하여 적의한 해석을 찾고자 하는 데서 신의를 발견한 면이 많다. 즉 어떤 새로운 관점(사상)에 의거하여 경문 전체를 일관된 요지로 파악하기보다는, 주자의 해석에 의거할 때 억지 해석이 되는 부분만을 택하여 경문의 문리에 따라 해석하는 것이다. 때문에 이들의 자득적 경학은 주자학적 권위에서 자유로웠기에, 즉 퇴계 이후와 비교할 때 주자학(또는 사설)에 덜 집착하였기에 가능한 면이 있었다. 이에 비해 이진상의 자득적 경설은 퇴계에서 시작된 주리사상의 발달과 맞물려 나온 것으로, 조선 주자학 발전의 정점에서 성립되었다고 보는 것이 적절할 것이다. 어찌 되었건 퇴계에게서 보이는 자득적 경설의 양상은 퇴계 이후 영남퇴계학파에서 오랫동안 찾아볼 수 없다가 이진상에 이르러서야 환골탈태하여 새롭게 그 모습을 드러내었다. 이렇게 본다면 이진상의 자득적 경학은 실로 퇴계학적 전통에서 이례적이라 할 수 있다.[566)]

한편 영남퇴계학파에 이진상의 자득적 경학이 있다면, 후술하겠지만 근기퇴계학파에는 이익과 정약용을 중심으로 하는 자득적 경학이 자못 볼만하다. 그런데 이진상의 자득적 경학은 앞서 언급했다시피 리(理), 성

566) 아마도 이진상이 특별한 사승 없이 사숙을 통해 정견을 확립하였기에 이러한 자득적 경학이 가능하였다는 생각이 든다. 일찍이 이진상은 자신의 학문연원에 관하여 "나의 학문은 사승이 없다.……分黨의 뒤에 태어났으니, 여기를 은인으로 여기고 저기를 원수로 여길 것이 없다."고 하였으며, 또한 젊은 시절 학문의 열정으로 불타오를 때에도 오직 '거경궁리'의 자세로 여러 종류의 책을 모아 읽고는 그 요지를 찾아내기에 침식을 잊을 정도로 열중하였는데 이런 자세로 40여 년을 학문을 닦은 뒤에야 정견을 확립하였다고 자신의 학문역정을 술회한 적이 있다. 『寒洲集』권7, 「答沈穉文」. "僕學無師承.……雖生於分黨之後, 旣非此恩而彼讐." ; 『寒洲集』 권30, 「贊疑錄跋」. "余早也, 薄有才資, 妄懷向上之志, 而未得指南之方. 仍念持敬窮理, 吾道之輪翼, 而敬主一心, 理散萬事, 未有不格致而能誠正者也. 仍就理上推究, 博集群書, 參互演繹, 食與俱啖, 寢與俱夢, 殆將四十年許.……亦既有定見有成說矣."

(性), 본체(本體) 등을 중시하는 형이상적 이념을 지향하는 성향이 짙다. 반면에 근기퇴계학파의 자득적 경학은 구체적 현실과 경세를 중시하고 있다.[567] 오늘날 경학 연구에 있어서 정약용을 중심으로 하는 근기퇴계학파의 경학에 대한 연구는 한우충동이라 할 만큼 쌓여 있지만, 영남퇴계학파의 경학에 대한 연구는 이에 비하여 매우 쓸쓸하다. 아마도 이러한 현상은 전자의 경학 세계가 후자에 비해 보다 더 다양한 면모를 보여주고 있으며, 그 면모가 사상사적으로 의미 있다고 연구자들이 여겨서일 것이다. 그러나 영남퇴계학파의 경학은 주자학의 사상적 깊이를 경학을 통해 확보해 놓은 결실이기 때문에, 이 결실이 가지는 의미도 적지는 않다. 다만 다양성의 측면에서 보면 근기퇴계학파에 비해 손색이 있다고 할 수 있지만, 이 또한 이진상이 있음으로 해서 그 빈틈을 어느 정도 메웠다고 말할 수 있다.

4. 곽종석의 논어학

1) 곽종석의 사상에 대한 평가

면우(俛宇) 곽종석(郭鍾錫, 1846~1919)은 이진상의 고제(高弟)로서, 스승의 심즉리(心卽理)설을 확립하였으며, 파리장서를 통해 일제에 항거하기도 하였고, 문장에도 일가견이 있어 '곽문장'(郭文章)이라 불리기도 하였다. 사상과 문학, 그리고 절개에 있어 당대 최고의 지식인이었다. 이러한 곽종석의 학문은 165권 63책의 거질인 『면우집(俛宇集)』에 정리되었으며, 그의 경학은 『면우집』 소재 경설과 『다전경의답문(茶田經義答問)』[568]에 들

567) 정약용이 지향하는 경세의 내용에 관해서는 김문식, 「19세기 전반 경기학인의 경학사상과 경세론」, 서울대 박사논문, 1995 참조.

568) 『다전경의답문』은 곽종석이 당대의 유학자들과 주고받은 편지 속에 들어 있는 經義에

어 있다.

곽종석의 사상과 문학, 그리고 항일투쟁에 관한 논의는 다소 있는 반면, 그의 경학에 관한 글은 적다. 지교헌 교수는 「면우 곽종석의 경학사상」[569]에서 곽종석의 『다전경의답문』에 대하여 개설적 소개를 하였다. 그리고 최석기 교수는 「면우 곽종석의 명덕설(明德說) 논쟁」[570]에서 명덕에 관한 당시의 다양한 논쟁을 중심으로 곽종석의 『대학(大學)』 해석을 분석하고서 다음과 같은 연구결과를 도출하였다. 첫째, 명덕(明德)을 기(氣)로 보는 것에 대하여 반대하고, 명덕은 하늘에서 얻은 본심지체(本心之體)를 가리키는 것으로 보았다. 이에 더하여 명덕을 행사를 통해 얻어지는 효충공중(孝忠恭重)을 포함하는 개념으로 해석하였다. 둘째, 이처럼 명덕을 선험적 본원은 물론 후천적 경험을 아우르는 논리로 정립하였는데, 이는 정약용이 명덕을 규정할 때 후천적 경험을 중시한 것과도 일정한 연관성을 가진다. 이러한 최석기 교수의 연구결과에 따르면 명덕설을 통해 본 곽종석의 『대학』 해석은 상당한 독자적 영역을 확보하게 된다. 우선 당대의 기호학파뿐 아니라 퇴계학통에서도 변별성을 어느 정도 지니며, 더 나아가 실학파의 경전 해석과도 일맥이 통하는 부분을 발견할 수 있기 때문이다.

여기에서는 『면우집』과 『다전경의답문』에 보이는 『논어』에 관한 해석들을 중심으로 곽종석 논어학의 특징적 면모를 찾아서 정리하고, 그 경학사적 위상을 검토해 보고자 한다. 이 과정에서 영남퇴계학파의 경학이

관한 내용을 四書와 『詩經』, 『書經』, 『易經』, 『春秋』의 순서로 추출하여 편집한 책이다. 이 책의 편자는 朴雨喜인데, 그의 선친인 朴遠鍾은 곽종석의 문인이다. 그런데 이 책은 곽종석의 경전 해석에 관한 내용을 그의 편지에서 모두 추출한 것은 아니다. 편집자의 의도에 따라 때로 덜 요긴하다고 생각되는 부분은 제외되기도 하였으며, 간혹 문집의 내용을 옮기면서 글자를 다르게 쓴 경우도 있다.

569) 지교헌, 「면우 곽종석의 경학사상」, 『한국사상가의 새로운 발견』(3), 한국정신문화연구원, 1995.

570) 최석기, 「면우 곽종석의 명덕설(明德說) 논쟁」, 『남명학연구』27권, 남명학회, 2009.

이진상에 이어서 확립되는 과정을 보게 될 것이다.

2) 곽종석 논어학의 특징

곽종석의 논어학은 세 층위를 지니고 있다. 첫째는 주자학파의 주석에 대한 정밀한 검토이며, 둘째는 경문(經文)의 독자적 해석, 셋째는 심즉리(心卽理)의 경학적 투영이다. 곽종석 논어학의 이러한 세 층위는 그의 논어학이 가지는 특징인 동시에 조선 논어학사에서 일정한 위상을 점유하고 있다. 먼저 그 실상을 예문을 들어 차례대로 살펴보기로 하겠다.

(1) 주자학파의 주석에 대한 정밀한 검토

곽종석의 후반 생애는 조선의 멸망과 일제의 침탈로 점철되었다. 이 시기에 나라의 대문장으로 자타가 공인했던 지식인인 곽종석은 유학, 더 정확히는 주자학을 절대적 이념으로 삼았다.

나라가 망하고 일제를 필두로 하는 서양의 문물이 밀려들어오는 그 절박한 시기에도 곽종석은 삼강오륜(三綱五倫)의 무너짐을 개탄하고,[571] 효제(孝悌)와 충서(忠恕) 같은 유학의 실천적 이념을 호신부(護身符)로 삼았으며,[572] 불교와 도가는 물리쳐야 될 이단으로 반대하였고,[573] 이전의 조선의 유학자들처럼 명나라의 재조지은(再造之恩)을 잊지 말아야 된다고

---

571) 『俛宇集』卷165, 「宋烈婦傳」. "近歲來, 彝倫壞而三綱絶, 臣而後君, 子而遺親者, 相續也."

572) 『俛宇集』(續) 卷13, 「書贈全周輔」. "惟孝悌爲日用之本, 亦忠恕爲畢生之元符."

573) 『俛宇集』卷117, 「答崔聖雨」. "異端之說, 亦或有可取者, 如老氏之謙冲儉嗇, 釋氏之澄心寡慾之類, 是已. 然而以其有可取而遂專治其道, 欲精其業, 則適足以反爲吾道之害矣, 是以莫若視之爲淫聲美色以遠之也. 夫子言此, 所以戒其專治之失, 非勸其畧治之也."

목소리를 높였다.[574] 비록 그가 서양 학문의 기술적 측면을 어느 정도 수용해야 한다는 의식을 가지고 있었다고는 하나, 이 또한 어디까지나 유교의 존속을 위하는 차원에서 논의된 것이며, 서양 학문 일변으로 나아가는 것을 극도로 경계하였다. 서양 학문으로 일로매진한다면 인간이 귀신과 금수가 됨을 면치 못한다고 극언하기도 하였다.[575]

곽종석의 이 같은 주장의 배면에는 실상 주자학이 확고하게 자리 잡고 있었다. 그는 유학사에서 공맹의 도를 계승하여 천하 후세에 전해준 이는 바로 주자라고 하였으며,[576] 이러한 주자학이 무너진 청나라의 실상을 천지의 붕괴에 맞먹는 것으로 여겼다.[577] 또한 이렇게 무너진 주자학이 조선으로 전해져서 그 명맥을 유지하기 때문에 힘써 이를 지키고 발전시켜야 된다고 역설하였다. 만약 조선의 지식인들이 이러한 임무에 실패하면 인류는 멸종에 가까운 혼란을 겪게 될 것이라고까지 하였다.[578] 실로 조선의 주자학이 가장 배타성을 띠고 기세를 올렸던 조선 중기 주자학자들의 말과 한 점 다를 바를 찾을 수 없을 정도로 주자학을

574) 『俛宇集』卷142, 「思庵實記跋」. “我東隅經龍蛇之刱, 而得國有宗社民有室家, 以保有于今日者, 賴皇明爲之再造也. 凡我東永永終古君臣黎庶含生具性, 其敢一日須臾而忘皇明哉.”

575) 『俛宇集』卷142, 「書李汝材哲學攷辨後」. “歐洲近世之諸般科學, 其原皆出於希臘之哲學, 而遂至浸淫於天下, 有若刑名術數諸家之皆祖黃帝而失其旨也. 乃東夏人士驟眩於奇巧之技, 積威於富强之力, 以爲吾聖人之有不可企及於彼也, 靡然舍其舊而從事於新學, 將擧天下而歐洲之矣. 然其爲學不本於天理人倫之正, 而惟推測於氣機之化, 究達乎功利之私而已. 由此不已則極其術之至精且深, 而人之爲鬼魅爲禽獸者, 益精且深矣, 天下其將何爲也.”

576) 『俛宇集』卷142, 「書晦軒安先生行狀後」. “後孟子千五百年, 而明孔子之道, 以牖天下萬世者, 晦菴朱子也.”

577) 『俛宇集』卷102, 「答李致三 己亥」. “近見淸人蔡爾康所著宋儒貽禍中國論, 蓋以宋儒之斷斷於復讐攘夷二事, 謂非夫子春秋之義, 而後世承襲, 遂致今日中國之禍敗云爾. 天地混淆, 人類之變爲禽腸而獸肚者如此.”

578) 『俛宇集』卷141, 「朱子語類重刊跋」. “仍竊念夫中華之淪於羶腥久矣. 異敎懷襄, 民胥及溺, 朱子之道, 厘一線於吾東, 而亦凜凜乎殆矣哉! 不有人苦心發力維持而撑拄之, 將朱子之道之傳, 而人之類滅矣.”

독신하였다.

한편 곽종석의 이러한 신념은 주자의 경전 해석에 대한 절대적 존숭과 정밀한 분석, 그리고 주자학파의 경전 해석에 대한 비판적 검토로 이어졌다. 이를 반증하는 몇 가지 실례를 그의 『논어』 해석을 통해 살펴보기로 하자.

❶ 『논어』「학이」4장

주자가 경문에 대하여 풀이를 하는 것은 마치 조물주가 사물의 속성을 고려하여 형태를 마련해 주는 것과 같다.[579)]

❷ 『논어』「팔일」2장

질문 : '목목'(穆穆)을 주자는 심원하다고 하면서, 천자의 용모라고 하였습니다. 이 심원은 어떤 모습을 형상화한 것입니까?

응답 : 이는 엄숙, 묵중, 태연, 관대하고, 천박하거나 협애한 기상이 없는 것이니, 이를 일컬어 '심원'(深遠)하다고 하는 것이다.[580)]

❸ 『논어』「학이」1장

질문 : 『논어집주』에서 사씨(謝氏)가 '시습'(時習)을 해석한 내용이 정자의 주석 뒤에 놓여 있는데, 이는 경문의 순서로 보면 뒤집어 배치한 것이 아닙니까?

응답 : '시습'(時習)에 대한 정자의 해석을 보면, 윗부분은 '지'(知)에 관한 말씀이며 아랫부분은 '행'(行)에 관한 말씀이다. 학습의 의미에 대한 해설이 모두 다 이루어져서 다시 더할 것이 없는 것이다. 그런데 다시 사씨의 설로 뒤를 이어 해설한 것은 '행'에 중심을 두어 배우는 자들로 하여금 실제로 힘을 쓸 곳을 알게

579) 『俛宇集』卷98, 「答余仲陽」. "朱子之隨文下訓, 正如化翁之隨物裁形者如此."

580) 『俛宇集』卷69, 「答朴子善 別紙」. "穆穆, 深遠之意, 天子之容也. 深遠, 是何等形容, 只是儼然凝默泰然寬廣, 無淺露迫隘底氣像, 是之謂深遠之意."

하고자 해서이다. 여기에서 주자가 『논어집주』를 지을 때 문장의 배치에 있는 힘을 다하였기에 그 주석체가 완전무결함을 알 수 있다. 어찌 주석을 뒤집어 배치한 것이라 하겠는가.[581)]

❹ 『논어』 「향당」 7장

질문 : "자리가 바르지 않으면……"이라는 경문의 소주에서 섭소온(葉少蘊)이 "상을 당한 자는 '전석(專席)'하여 앉아야 한다."라고 하였는데, 전석(專席)은 무슨 뜻입니까?

응답 : '전석'은 감히 여러 사람과 함께 앉지 않는다는 의미이다. 그렇지만 섭씨의 이 말은 이 경문의 올바른 의미가 아니다.[582)]

곽종석의 『논어』 해석의 형식을 보면, 당시 제자들이나 지인들이 편지로 문의해온 것에 대하여 응답한 것이기에 거의 대부분은 문답체로 이루어져 있으며, 대체로 편지의 별지에 기록되어 있다. 한편 그 내용을 살펴보면, 효(孝)와 충(忠) 같은 전통적 유교이념에 대하여 존중하는 태도가 여러 곳에서 보인다. 그렇지만 곽종석의 『논어』 해석에서 보다 더 집중적으로 거론되고 있는 것은 주자와 주자학파의 『논어』 해석에 관한 논의이다.

위의 예문 ❶에서 보다시피 곽종석은 주자의 『논어』 해석은 마치 조물주가 사물의 본성에 딱 알맞게 그 형상을 부여해준 것처럼 경문의 본의에 꼭 맞는 주석을 달았다고 극찬하고 있다. 그리고 이러한 주자의 『논

581) 『俛宇集』卷89, 「答權聖吉」. "謝氏釋時習, 在程子說後, 以大文次序看, 則非倒錯歟? 程子上一說以智言, 下一說以行言, 學習之義已盡, 更無可加矣, 復繼以謝氏說者, 所以歸重於行上, 而使學者知實用力處. 此可見集註之用意勤苦, 千了百當, 豈倒錯云爾?"

582) 『俛宇集』卷75, 「答尹晋淸 別紙」. "席不正小註. 葉少蘊曰: '有喪者, 專席而坐,' 專席, 何義? 不敢與人羣處也. 但葉氏此一節云云, 非此章正意."

어』 해석에 대하여 그 훈고와 내용에 곡진하게 해설을 붙였다. 예문 ❷는 곽종석이 주자의 『논어』 해석에 들어 있는 자구를 설명한 것이며, 예문 ❸은 주자의 『논어』 해석의 의미를 분석한 것이다. 후자에 대하여 그 의미를 좀 더 살펴보자. 『논어』 「학이」1장인 "배우고 수시로 익히면 또한 즐겁지 아니한가!"(學而時習之, 不亦說乎?)의 경문에 대한 주자의 주석에서 많이 논의되는 문제 중의 하나는 바로 습(習)이 지(知)에 속하는가, 혹은 행(行)에 속하는가, 아니면 지(知)와 행(行)을 겸하고 있는 개념인가 하는 것이다.[583] 이에 대한 주자의 주석은 정자(程子)와 사량좌(謝良佐)의 주석[584]으로 구성되어 있는데, 정자의 주석은 이론(異論)이 있기는 하지만 통상 전반부는 지(知)의 영역을, 후반부는 행(行)의 영역을 설명한 것으로 이해되고 있다.[585] 즉 정자의 이 해석이면 지와 행이 결합된 개념으로서의 습이 완벽하게 설명되는 셈이다. 그런데 주자는 사씨(謝氏)의 행을 중시하는 해설을 정자의 주석 뒤에 다시 배치하였다. 즉 그 해설의 순서로 보자면, 행을 반복하는 셈이 된다. 이에 대하여 권성길(權聖吉)이 의문을 표했을 때, 곽종석은 주자가 습(習)을 설명하면서 이렇게 행을 중복하여 주석에 배치한 것은 바로 주자가 습(習)이라는 행위를 실천하는 학생들이 실제로 힘을 써야 되는 지점임을 강조하기 위해서 이렇게 하였다고 설명하였다. 그리고 『논어집주』에서 행해진 주석의 이러한 배치는 주자의 용의주도함의 극치이기에 그 자체로 흠결이 전혀 없는 완벽한 주석이라고 말하였다. 이처럼 주자의 주석에 대하여 그 의미를 명확하게 드러내어 주는 것은 곽종석의 『논어』 해석의 중요한 일면인데, 그 내용 또한 상당

583) 이에 대한 자세한 논의는 류준필, 이영호, 앞의 논문 참조.

584) 『論語集注』, 「學而」1장. "程子曰: '習, 重習也, 時復思繹, 浹洽於中, 則說也.' 又曰: '學者, 將以行之也, 時習之, 則所學者在我, 故悅.' 謝氏曰: '時習者, 無時而不習, 坐如尸, 坐時習也, 立如齊, 立時習也.'"

585) 『論語答問』, 「學而」1장. "時復思繹, 則習於知也. 將以行之, 則時習於行也." ; 『論語疾書』, 「學而」1장. "程子上一條以習屬之知, 下一條以習屬之行."

히 많다.

한편 주자의 『논어』 해석에 대하여 극찬을 하거나, 그 자의와 의미에 대하여 부연과 분석을 가하면서 존숭의 자세를 지니는 데 비하여, ❹의 예에서 보듯이 주자학파의 『논어』 주석에 대해서는 비판적 입장을 가하고 있다. 이처럼 주자와 주자학파의 『논어』 주석(소주)에 대한 상반된 평가는 조선 주자학파의 『논어』 해석의 한 전형을 그대로 계승한 것이다.

⑵ 경문에 대한 독자적 이해

곽종석의 주자의 논어설에 대한 존숭과 정치한 분석, 그리고 소주에 대한 비판적 자세는, 본질적으로 경문을 주자의 주석을 잣대로 삼아 이해하고자 하는 태도라고 할 수 있다. 이는 조선 주자학파 논어설의 중요한 특징인데, 곽종석의 경우 이를 전형적으로 보여주면서도 한편으로는 경문에 대한 독자적 이해를 추구하기도 하였다. 아래의 예문을 통하여 그 양상을 살펴보기로 하자.

❶ 『논어』 「옹야」 8장

『논어집주』에서 말한 대로라면, 경문의 '공자께서 문병을 하셨다'(子問之) 아래에 응당 '백우가 남쪽 창문 아래로 옮겨 갔다'(伯牛遷南牖下)라는 여섯 글자가 있어야만 그 의미가 자명할 것이다. 그런데 지금 경문에 이 여섯 글자가 없으니, 어찌 된 일인가? 백우의 질병은 나병이어서 다른 중병을 앓아서 일어나지 못하는 것과 같은 종류가 아니니, 생각해 보면 항상 북쪽 창문 아래에 누워 있지는 않았을 것이다. 옛사람들은 늘 아랫목에 앉는데 아랫목은 남쪽 창문 아래에 해당된다. 이때 백우는 반드시 일어나서 아랫목에 앉아 있었을 터인데, 공자께서 서쪽 계단에서 마루로 올라오시다가 백우의 참혹한 모습을 창문 틈으로 보신 것이다. 이에 그 마음의 애달픔으로 인하여 방으로 들어가시기도 전에 창문을 통해 백우의 손을 잡으신 것이다. 나의 이 같은 견해는 『논어집주』의 해설과 같지

않으니, 단정하지는 못하겠다.[586)]

❷『논어』「위정」5장

나는 이 경문에 대하여 의심을 하였는데, 잘 풀리지가 않았다. 나의 생각은 이러하다. 맹의자(孟懿子)의 부모는 비록 나라의 정권을 좌지우지하였으나, 분수에 넘치는 예를 사용하는 것에 대해서는 불안한 마음이 있어서 이를 좀 줄이고자 하였다. 그런데 맹의자는 아버지의 이 같은 좋은 의도를 계승하지 못하고서 도리어 살아 계실 때 섬기는 것, 장사 지내는 것, 제사 지내는 것에 한결같이 과분한 예를 행하였다. 그러므로 공자께서 '어김이 없어야 한다'라는 말씀으로 고하여 맹의자가 깨달아 아버지의 좋은 뜻을 어기지 말고 그 예를 분수에 넘치게 쓴 것을 없애주고자 하셨다.[587)]

위의 두 예시 ❶과 ❷는 곽종석의『논어』경문에 대한 독자적 이해의 전형을 보여준다. 먼저 ❶을 살펴보기로 하자.『논어』「옹야」8장을 보면, 질병(문둥병이라 함)이 든 백우(伯牛)를 문병하러 온 공자가 창문을 통해 그의 손을 잡고 탄식하는 대목이 나온다.[588)] 종래 이 경문에 대한 주자의 이해는 이러하다. 예(禮)에 보면 병자는 북쪽 창문 아래에 있다가 임금이 문병오면 남쪽 창문 아래로 옮겨 가는데, 이는 임금이 항상 남면(南面)의 위치

586)『俛宇集』卷75,「答尹晋淸 別紙」. "集註云云,……苟其然矣, 則子問之下, 應有伯牛遷南牖下六字, 其義乃明, 今旣無此奈何? 牛之病癩, 非他疾劇之所常頹臥者, 則想不必恒居於北牖下矣. 古人坐必主奧, 奧當南牖, 牛於是時, 必起坐於奧矣. 夫子自西階而升堂, 已見其形容慘惡, 露於牖竅,矣 傷惻之極, 不暇於入室, 而便自牖而執手歟? 雖然此非集註意, 不敢斷定."

587)『俛宇集』卷89,「答權聖吉」. "吾亦嘗疑此而未釋矣. 妄意以爲懿子之父, 雖擅弄國柄, 其於僭禮一事, 抑或有不安之意, 嘗欲裁減, 而懿子却不能承順而成父之美, 生事葬祭一於僭禮, 故夫子告以無違, 欲其惕然省悟, 不違其父之善志而一洗其僭禮也."

588)『論語』,「雍也」8장. "伯牛有疾, 子問之, 自牖執其手, 曰: '亡之, 命矣夫! 斯人也而有斯疾也, 斯人也而有斯疾也.'"

에 있어야 하기 때문이다. 당시 백우는 이렇게 임금을 보는 예로써 공자를 대하였기에 공자께서 그 예를 감당하지 못하여 그 방 안으로 들어가지 않고서 창문을 통해 손은 잡고 문병하신 것이다.[589] 이상과 같은 주자의 설명에 대하여 곽종석은 상당히 다르게 해석하고 있다. 만약 주자의 주석대로 백우가 북쪽 창문 아래에 있다가 남쪽 창문으로 옮겨 갔다면, 경문에 '백우가 남쪽 창문 아래로 옮겨 갔다'(伯牛遷南牖下)라는 여섯 글자가 있어야만 문장이 완전해질 것이라고 보았다. 이러한 문장이 경문에 없는 것으로 보아 주자의 주석은 무언가 의문이 간다고 곽종석은 생각하였다. 이에 그는 애초에 백우가 남쪽 창문 아래에 있었을 것이라고 주장하였다. 백우의 병은 비록 문둥병이기는 하지만, 옮겨 다니지 못할 병이 아니었고, 옛사람들은 주로 아랫목에 앉는데 당시 아랫목은 남쪽 창 아래였기 때문이다. 그리고 창문 틈으로 백우의 손을 잡는 공자의 행동도 주자와 다르게 형상화하였다. 주자는 공자가 백우의 과례(過禮)를 피하기 위해서 창문 틈으로 손을 넣어 영결하였다고 본 반면, 곽종석은 공자가 방 안에 들어서기도 전에 백우의 참혹한 모습을 보고 성인의 측은지심이 먼저 발동하여 문틈으로 손을 덥석 잡은 것으로 이해하였다. 곽종석의 이러한 해석은 주자와 상당히 다르고 또한 다른 경학자들의 『논어』 주석에도 의거하지 않은 것이다. 즉 그만의 독자적 『논어』 이해라고 할 수 있는데, 이는 ❷의 예시에서 보다 더 선명하게 드러난다.

『논어』「위정」5장을 보면, 맹의자(孟懿子)가 공자에게 효(孝)에 대하여 묻는 장면이 나온다. 이때 공자는 맹의자에게 '어김이 없는 것'[590]이 효도라고 답하였다. 이 경문에 대하여 주자는 맹의자가 분수에 넘치는 예를

---

589) 『論語集注』, 「雍也」8장. "牖, 南牖也. 禮, 病者居北牖下, 君視之, 則遷於南牖下, 使君得以南面視己. 時伯牛家以此禮尊孔子, 孔子不敢當, 故不入其室, 而自牖執其手, 蓋與之永訣也."

590) 『論語』, 「爲政」5장. "孟懿子問孝, 子曰: '無違.'"

실행하는 아버지의 명을 따르는 것을 걱정하여, '예에 어긋남이 없게 섬기는 것'이 효라고 주석을 달았다.[591] 즉 주자의 해석에 따르면 맹의자의 아버지는 예에 어긋나는 짓을 함부로 하는 인간이며, 맹의자는 이런 아버지를 무턱대고 따르는 위인인 것이다. 그런데 곽종석의 이 경문에 대한 이해는 사뭇 다르다. 우선 맹의자의 아버지는 비록 정권을 좌지우지하는 권력자이긴 하지만 분수에 넘치는 예를 실행하는 문제에 있어서는 반성의 기미를 지니고서 자제하는 인간이다. 즉 부정적 인간 형상이기는 하지만 예의 실천이라는 지점에서는 선한 의지를 보여주는 인간인 것이다. 그런데 그의 아들인 맹의자는 아버지의 이 같은 선한 의지를 받들어 선의 정점으로 이끌어 주지는 못하고, 오히려 한결같이 과도한 예를 분수에 넘게 실행하고자 한 것이다. 이에 공자께서 '아버지의 선한 의지를 어김이 없는 것'으로 효를 규정하고 이를 실천할 것을 맹의자에게 알려준 것이다. 곽종석의 이 같은 해석은 '어김이 없는 것'으로서의 효를 주자와 다르게 보고 있다. 주자가 '예를 어김이 없는 것'으로 보았다면, 곽종석은 '아버지의 생각을 어김이 없는 것'으로 본 것이다. 곽종석의 이러한 해석은 주자에 비해 보다 더 경전 원문의 자의에 충실한 것이라고 생각될 여지가 있다.

곽종석의 이 같은 독자적 경문 이해는 그가 지닌 경학관의 일단이기도 하다. 곽종석은 박경우(朴景愚)에게 보내는 편지에서 『논어』를 읽을 때는 경문을 숙독하여 자신에게 절실한 문제를 찾는 것이 관건이지, 잡다한 인용을 통해 경문을 이해하는 것은 좋은 자세가 아니라고 하였다. 또한 경문 내에서의 의미를 고려하여 경문을 해석하는 것이 옳다고 하면서, 이 같은『논어』독해법은 실상 주자에 근거한 것이라고 주장하였다.[592] 그

591) 『論語集注』, 「爲政」5장. "人之事親, 自始至終, 一於禮而不苟, 其尊親也至矣. 是時, 三家僭禮, 故夫子以是警之."

592) 『俛宇集』卷123, 「答朴景愚 別紙」. "讀論語者, 尤不可如此, 只當就本文上玩取切己, 不

런데 이처럼 경문에 직접적으로 다가가서 『논어』를 이해하고자 하는 자세는 실학파의 그것과는 다르다. 조선 실학파의 논어학에서 경문 중심의 해석 태도는 주자를 비판하는 데서 자신의 경설을 확립하거나(박세당), 아니면 역사서를 비롯한 여러 서적들을 근거자료로 인용하면서 자신의 경설을 개진하는 경우(이익), 혹은 경세적 논리를 『논어』 해석에 투영하면서 독자적 경설을 확립하는 등(정약용)의 양상을 지닌다. 그런데 곽종석의 경문 중심의 『논어』 이해는 주자학에 대한 심각한 비판도, 여러 서적을 방증자료로 인용하지도, 경세적 관념이 투영되어 있지도 않다. 그가 경문에 독자적으로 다가가서 해석하는 기반은 '자신에게 절실한 문제'(切己)와 '경문 내에서의 의미구조'(本文上意味消息)이다. 이처럼 자신에게 절실한 문제로서의 유교적 가치를 경문 독해의 중심에 두거나, 경문 내에서의 의미구조에 대한 추론을 통해 경문을 해석하고자 하기 때문에, 곽종석의 경문 중심적 『논어』 해석은 복잡다단한 주석들의 인용이나 권위 있는 주석에 기대는 경향이 없다. 위의 예문에서 보듯이 『논어』 문장의 의미구조를 추론하여 경문을 해석하는 것과 효에 대한 새로운 시각으로 『논어』를 해석함에 어느 누구의 주석에도 기대지 않고 평이하게 해설하는 것은 바로 그의 이 같은 해석학적 기반에서 발로한 것이라 볼 수 있다. 곽종석이 『논어』를 해석하면서 주자의 『논어』 주석에 대하여 정치한 분석을 하는 반면, 이처럼 경문에 대한 독자적 이해를 추구하기도 하는 것은 서로 배치되는 지점으로 인식될 수 있다. 그러나 곽종석의 『논어』 해석의 이 두 지점은, 후술하겠지만 조선 논어학사에서 퇴계학파의 『논어』 주석의 전통에 기반하고 있다. 한편 곽종석 논어학의 또 다른 중요한 특징은 그가 자신이 견지하는 사상적 입장을 『논어』 해석에 투영하고 있다는 점이다.

宜泛然攟摭引證, 反入糢糊也.……朱先生解經, 各就本文上意味消息之."

⑶ 심즉리(心卽理)의 경학적 투영

이진상(李震相)에 의해 제시된 심즉리설(心卽理說)은 조선 유학사 말미에 대소란을 야기할 정도로 특기할 만한 이론이었다. 때문에 그의 수제자인 곽종석(郭鍾錫)은 스승의 심즉리설을 계승하면서 항상 변호하는 입장에서 강력하게 옹호하였다. 그런데 그 옹호의 방법적 측면에 있어 곽종석은 조선 유학사 전체의 구도에서 이를 조망하면서, 스승의 설을 지지하였다.

곽종석은 조선 유학의 심설(心說)을 둘로 대별하면서, 각기 퇴계와 이이가 그 일방에 서 있다고 구도를 잡았다. 퇴계와 이이의 심설은 전자는 심합리기(心合理氣)를 공안(公案)으로 삼고 후자는 심시기(心是氣)를 적결(的訣)로 삼았는데, 수백 년간 그 후예들이 서로 공방을 주고받았지만 미결의 과제로 남았다고 하였다. 그러나 심시기(心是氣)를 주장하는 이이의 학설은 퇴계의 이발설(理發說)을 교정하기 위하여 나온 것인데, 이는 한 때의 잘못된 견해라고 하여 퇴계학통의 심설을 확고하게 지지하였다.[593)]

한편 율곡학파의 심시기설(心是氣說)의 대척점에 서서 심합리기설(心合理氣說), 더 나아가 심즉리설을 주된 내용으로 삼는 곽종석 심설의 중요 특징은 심의 주재성을 확보하는 것이다. 곽종석은 심(心)과 성(性)은 동일한 이치이지만, 주재성의 측면에서 보면 그 중심은 심에 있다고 보았다.[594)] 이는 퇴계 이후 강조되어 온 이발(理發)의 논리를 심즉리설을 통해 능동적인 심의 주재성을 강조함으로써 이발이라고 하는 논리의 한계–

593) 『俛宇集』卷130, 「柳省齋心說辨」. "我東言心, 大概有二路. 畿湖宗石潭, 以心是氣爲的訣. 嶺中宗陶山, 以心合理氣爲公案. 殊不知潭翁本旨, 欲矯理氣各發之弊, 以心爲氣, 以性爲理氣之合, 然此出於一時之偏言爾." ; 『俛宇集』卷141, 「書韓南塘人心道心說後」. "宗栗者, 急於斥退而不究義理之當然, 宗退者, 勇於攻栗而只用辨舌之曉然, 如此而那望其合於大同而歸於至當哉! 於是退栗兩是非之論, 經數百歲對壘立幟而終未臻大一統之地. 噫嘻! 此豈二先生當日本意乎, 亦豈後生爲先師衛道之誠乎!"

594) 『俛宇集』卷97, 「答余仲陽」. "心性一理, 而性則至情, 心能運用, 故主宰之妙, 在心不在性, 以氣者, 心也非性也. 然而心亦理也, 則理之至靈而至善者."

즉 원리 혹은 본체로서의 리가 구체적 활동에 관여한다는 한계-를 극복하고자 하는 의도가 깔려 있었던 것이다. 이처럼 곽종석 심즉리설의 구체적 특징은 심을 통한 리(理)의 주재성을 강조하는 점에 있는데, 이는 그 자신이 주장하는 것처럼 가까이로는 이진상의 성리설, 보다 더 멀리로는 퇴계의 성리설에 대한 계승이라고 할 수 있다. 한편 곽종석의 이러한 심설은 그의 『논어』 해석에 여실히 투영되어 있다. 다음의 예문을 통해 그 양상을 살펴보기로 하자.

❶ 『논어』 전편의 대지(大旨)

질문 : 『논어』에서 심(心)을 말하지 않는 것은 어째서입니까?

응답 : 비록 심체(心體)에 대하여 말하지 않았다 하더라도 『논어』 한 책 20편은 이 마음 도리의 참된 지점에 대하여 말하지 않은 것이 없다. 심학의 본지는 본래 이와 같다. 후대의 리를 말하고 기를 말한 것은 대체로 부득이해서 본원을 가리킨 것이니, 이단의 사이비 학설이 진실한 학문을 어지럽히는 것을 물리치고자 해서이다.[595)]

❷ 『논어』 「이인(里仁)」 15장

'일이관지'(一以貫之)의 '일'(一)은 마음이 이 일을 꿰뚫고 있다는 것이니, '일'(一)은 도(道)의 본체이자 리(理)의 회통처이며, '관'(貫)은 도(道)의 작용이자 분수(分殊)의 리이다.……심(心)을 태극이라고 하면 이는 전체(全體)의 측면에서 말한 것이고, 성(性)을 태극이라고 하면 이는 본체(本體)의 측면에서 말한 것이다. 심의 본체가 바로 성이니, 성은 바로 미발(未發)의 심(心)이다. 어찌 두 개의

---

595) 『俛宇集』卷92, 「答李子剛 別紙」. "論語不說心如何? 縱不說心體, 而一部二十篇, 無非說此心上道理實處. 心學之旨, 本來如此. 至若後來之說理說氣, 蓋亦不得已而指示本原, 以闢異端說之似是而亂眞者也."

주재자가 있을 수 있겠는가.[596)]

❸ 『논어』 「학이(學而)」 5장

'경'(敬)은 마음에서 저절로 생성된 주재자이니, 애초에 별도로 경이 마음의 주재자가 되어서 마음을 부리는 것은 아니다. 배와 노의 관계로 비유해 보면, 심의 전체가 배라면 경은 노에 해당된다. 배가 종횡으로 움직이거나 멈추는 것은 오로지 노의 조정에 의해서 가능한 것이다.[597)]

역대 많은 경학자들이 『논어』를 주석할 때, 대체로 『논어』의 핵심을 세 가지 방향에서 파악하였다. 첫째는 『논어』의 핵심을 일상의 윤리로 파악하는 것이며, 둘째는 『논어』를 천도와 본성 같은 형이상학적 원리의 구현으로 보는 것이다. 셋째는 이 둘의 경향이 혼재하는 『논어』 해석이다. 첫 번째 경향이 일반적이라면 두 번째 경향은 상당히 드물다. 그리고 세 번째 경향이 가장 많은 영향을 미쳤다. 이는 논어학사에서 가장 큰 영향을 미친 주자의 『논어집주』가 이것을 특징으로 삼고 있기 때문이다. 조선의 주자학자들도 『논어』의 내용을 파악할 때, 주자의 이러한 경향에서 크게 벗어나지 않는다. 그런데 곽종석과 그의 스승인 이진상의 『논어』 해석은 주자의 그것을 충실하게 이으면서도, 한편 『논어』를 천도와 본성 같은 형이상학적 진리가 구현된 서물로 본다. 이는 명백하게 『논어』 주석사적 전통에서 둘째 경향에 속한다고 할 수 있다.

위의 예시를 보면 이 점은 더욱 선명하게 드러나는데, ❶에서 보듯이

---

596) 『俛宇集』卷69, 「答朴子善 別紙」. "一是心貫是事, 一是道之體, 而理之統會, 貫是道之用, 而理之散殊. ……心爲太極, 以全體言, 性爲太極, 以本體言, 心之體便是性, 而性便是未發之心. 夫焉有兩主宰之疑歟?"

597) 『俛宇集』卷89, 「答權聖吉 別紙」. "敬是此心之自作主宰底, 初非別有箇敬主於心, 而使心也, 心之全體比則舟也, 敬比則柁也. 舟之縱橫行止, 專由於柁之操縱."

곽종석은 『논어』 전편의 요지를 심의 도리를 설파한 것으로 파악하며, 이를 바탕으로 『논어』의 학문적 종지가 심학임을 주장하고 있다. 곽종석의 이 같은 주장은 그의 스승인 이진상이 『논어』의 문장을 성(性)과 천도(天道)의 발현으로 본 것과 그 맥락이 유사하다고 할 수 있다. 이 사제(師弟)는 공히 『논어』에 함유된 윤리 실천학적 강령보다 그 이면의 심체(心體)와 도체(道體)에 더욱 관심을 집중하였으며, 그 동기는 다분히 그들이 견지한 심즉리의 사상으로 『논어』를 바라보았기 때문이라고 할 수 있다. 이진상의 이러한 논어설에 대하여 당시의 주자학자들이 반대의 견해를 분명하게 표하였는데도 이진상은 자신의 견해를 굽히지 않았고, 이는 그의 제자인 곽종석에게 그대로 영향을 미친 셈이다. 예시 ❷는 공자가 자신이 견지한 진리를 가리켜 '일이관지'(一以貫之)라고 한 대목을 곽종석이 해설한 대목이다. 그런데 여기서 우리는 매우 흥미 있는 사실을 알 수 있다. 주지하다시피 공자의 일이관지에 대하여 당시 제자들이 궁금해하자, 증자가 공자의 일관된 도를 가리켜 '충서'(忠恕)라고 하였다.[598] 이 충서에 대해서 다른 해석의 여지가 있다는 것을 감안하더라도 이것이 인간 윤리의 실천적 측면임을 부정할 수는 없을 것이다. 그런데 이 경문에 대한 곽종석의 해설은 시종일관 공자의 일자(一者)로서의 도를 심(心), 리(理), 태극(太極), 성(性), 본체(本體) 등의 추상적 개념으로 점철하고 있다. 특히 이러한 추상적 개념을 관통하고 있는 것을 심으로 보고, 이 심(心)이 태극이자 성(性)으로서 바로 주재자임을 확언하고 있다. 한편 예시 ❸에서 보듯이 '공경한 자세' 혹은 '내면의 전일한 마음 상태'로 해석되는 경을 해설할 때도 온통 심의 영역 안에서의 주재적 기능으로 이해하고 있다.

곽종석의 이 같은 『논어』 해석은 그의 심즉리 사상의 경학적 투영이며,

598) 『論語』, 「里仁」15장. "子曰: '參乎! 吾道一以貫之.' 曾子曰: '唯!' 子出, 門人問曰: '何謂也?' 曾子曰: '夫子之道, 忠恕而已矣.'"

보다 더 자세히는 심의 주재적 기능을『논어』해석을 통해 선명하게 드러낸 것이다. 이는 조선 주자학파의『논어』해석에서 독특한 현상이기는 하지만, 사설(師說)의 계승이라는 측면에서 보면 영남퇴계학파에서 이진상 계열 논어학의 특징이라 할 것이다.

3) 곽종석 논어학의 경학사적 위상

위에서 우리는 곽종석 논어학의 특징을 세 가지 지점에서 살펴보았다. 그 중 첫 번째 특징인 주자학파의 주석에 대한 정밀한 검토는 조선 주자학파 논어학의 보편적 특징이라 할 수 있다. 한편 경문에 대한 독자적 이해와 심즉리(心卽理)의 경학적 투영 등은 일견 주자학파의 논어설로는 특이하게 생각할 수도 있다. 그러나 이 또한 조선 주자학파, 특히 퇴계학파의 경학적 전통 안에서 충분하게 논의될 수 있는 지점이다. 이 지점–즉 조선 주자학파의 논어학, 더 범위를 좁혀서는 영남퇴계학파의 논어학–에 대한 이해가 곽종석 논어학의 경학사적 위상에 대한 탐색을 가능하게 하기 때문에 좀 더 자세히 살펴보기로 하겠다.

앞에서 상론하였지만 조선의 주자학은 퇴계에게서 발원했다고 해도 과언이 아니다. 퇴계는 이전부터 부분적으로 연구되어 온 주자학의 이론 탐색을 집대성하였으며, 이후 조선 주자학파의 정치하고도 광대한 이론 논쟁의 정점에 서 있기 때문이다. 그런데 퇴계의 이러한 위상은 조선 유학사에서뿐 아니라, 조선 논어학사(경학사)에서도 동일한 위상을 가진다고 할 수 있다. 현재 확인할 수 있는 최초의『논어』주석서–『논어석의(論語釋義)』–를 남긴 이도 퇴계인데, 그 영향력의 측면에서 보아도 결코 소홀히 여길 수 없기 때문이다. 앞에서 고찰하였듯이 이 같은 퇴계의 논어학은 다음과 같은 세 가지 점을 특징으로 삼고 있다. 첫째, 퇴계『논어』해석학의 근간은 주자의『논어집주』인데, 그 내용을 살펴보면 주자와 주자학파의 『논어』 해석-『논어집주대전』의 소주-에 대한 분석과 부연설명을 들 수 있다. 둘째, 『논어』와 『논어집주』에 나오는 한자의 음과 훈에 대한 해설을 들 수 있는데, 이는 기본적으로 경전의 훈고에 대한 학문적 관심을 의미한다고 할 수 있다. 셋째, 자신의 경문 문리에 의거하여 독자적으로 경문의 본지를 탐구하는 해석 자세로, 비록 많은 부분은 아니지만 퇴계 『논어』 해석학의 매우 중요한 일면이라 할 수 있다. 이 중 조선 주자학파의 보편적 해석 경향으로 자리 잡은 것은 첫 번째 특징이다. 퇴계 이후 영남퇴계학파에서는 유장원과 유건휴가 나와서, 유장원은 중국 주자학파의 논어설에 대한 정리를 통해서, 유건휴는 조선 주자학파의 논어설에 대한 정리를 통해서 퇴계 논어학의 이 지점을 충실하게 계승해 내었다. 한편 퇴계 논어설의 두 번째 특징인 『논어』의 훈고에 대한 부분은, 간혹 주자학자들의 『논어』 주석서에서 다루어지는 부분이 있기는 하였지만, 특출한 계승 양상이 잘 보이지 않는다.

퇴계 논어학의 세 번째 특징인 경문 문리에 의거한 독자적 해석은 퇴계 이후 오랫동안 이에 대한 계승의 흔적이 보이지 않다가, 조선 후기에 근기퇴계학파에 의해 경문 중심의 『논어』 해석이 이루어지고 영남퇴계학파인 이진상과 곽종석에 의해 『논어』의 경문에 대한 독자적 해석이 이루어지면서 그 계승의 일단이 보인다.

우리가 살펴본 곽종석 논어학의 첫 번째 특징인 주자학파의 논어설에 대한 정밀한 검토는 바로 퇴계 논어학의 첫 번째 특징인 주자학파의 논어설에 대한 정치한 분석의 계승이라고 할 수 있다. 그리고 경문에 대한 독자적 해석도 퇴계 논어학의 특정 요소를 계승하였다고 평가할 수 있다. 한편 심즉리의 이념을 통해 『논어』를 바라보는 지점은 곽종석이 스승인 이진상의 심즉리설을 경전주석을 통해 계승해 낸 것이라고 할 수 있다. 이는 일종의 사설의 계승으로 퇴계학통뿐 아니라 율곡학통에 속하는 경학자들의 기본적 설경(說經) 태도이기도 하다.

이렇게 보면 곽종석의 논어설의 3대 요소는 모두 조선 주자학파, 특히 퇴계학파의 경학적 전통에 근거하였다고 할 수 있다. 특히 주자학파의 설경 자세로는 보기 드문 경문에 대한 독자적 해석의 양상 또한 이렇게 볼 수 있는데, 이는 실학파의 경문에 대한 독자적 해석과는 좀 다른 양상을 보여주고 있다고 할 수 있다. 이 양자의 『논어』 해석의 경향은, 『논어』를 자신들의 경학관에 의거하여 독자적으로 해석하였다는 점에서 공통점을 찾을 수 있다. 그러나 이진상은 천도의 구현으로서 『논어』를 파악하면서 그만의 독특한 『논어』 해석을 보여주었으며, 곽종석은 심즉리의 이념을 『논어』 해석을 통해 보여주었다는 점에서, 이는 주자학 비판, 현실, 실천, 경세를 근간으로 하는 실학파의 논어설과는 그 양상이 다르다고 할 수 있다. 때문에 필자는 곽종석의 논어설에 들어 있는 독자적 경문 해석의 자세를 일단 퇴계학파의 논어설의 전통에서 자리매김을 하고자 한다. 그러면서도 최석기 교수의 연구결과에 드러나듯, 곽종석이 『대학』 해석에서 보여주었던 실학파 경학과의 내용적 유사성으로 인한 관련에 대해서는 유보적 자세를 취하고자 한다. 분명 이들 사제의 『논어』 해석에는 그 독자성이 보이고 이것들이 퇴계학적 전통에서 설명할 수 있지만, 과연 실학파의 그것과 어느 정도의 연계성을 가질지에 대해서는 좀 더 분석이 필요하기 때문이다.

Ⅲ. 실학파의 논어학

1. 이익의 논어학

1) 주자학과 실학 사이의 이익

영정(英正) 시대에 만개한 조선의 실학(實學)은 최초의 연구단계에서는 조선의 주자학(朱子學)에 비해 독자적 면모를 지닌 것으로 평가되었다. 그렇지만 오늘날은 실학과 주자학을 연속적으로 파악하려는 경향도 있다.[599] 조선 후기 실학의 성격은 이처럼 단일한 성격으로 파악하기가 어렵다. 여기서는 실학의 종장으로 평가받는 성호(星湖) 이익(李瀷, 1681~1763)의 논어학에 대한 분석을 통해 그의 경학의 면모를 분석하고, 더 나아가 실학파 경학의 특징이 무엇인지에 대하여 생각해 보기로 하겠다. 이 과정에서 주자학과 실학의 관련 양상에 관해서도 자연스레 생각할 기회를 가져 보기로 하겠다. 먼저 과거와 현재의 이익의 학문에 대한 평가가 어떠했는지를 살펴보는 것으로 논의를 진행하고자 한다.

조선시대에 이익의 학문에 대한 평가를 보면, 주로 정주(程朱)와 퇴계

599) 실학 개념에 대한 다양한 견해는 한영우 외 6인 공저, 「서문」, 『다시, 실학이란 무엇인가?』, 푸른역사, 2007 참조.

(退溪)의 충실한 계승자[600]로서 파악하고 있다. 한편 이와는 달리 이익의 학문을 자득지학(自得之學)[601]으로 보는 견해도 있다. 그런데 오늘날 이익의 학문을 평가할 때, 이익은 근기퇴계학파(近畿退溪學派)의 중시조로 위상을 지닌다고 한다. 그리고 이익 이후의 근기퇴계학파는 그들의 학문성향에 따라 이른바 성호 좌파와 우파로 구분한다. 이 중 성호 우파는 안정복(安鼎福)→황덕길(黃德吉)→허전(許傳)으로 이어지고, 성호 좌파는 권철신(權哲身)→정약전(丁若銓), 정약용(丁若鏞)으로 계승되었다고 한다.[602]

과거와 현재의 이익에 대한 이러한 평가를 잘 살펴보면, 이익은 주자학자로의 면모와 주자학에서 벗어난 면모를 동시에 지닌 듯이 여겨진다. 전자의 평가에 주목하면 이익은 조선의 여느 주자학자와 다름이 없고, 후자에 주목하면 이익은 조선의 주자학자와는 상당히 다른 면모를 지니고 있다고 할 수 있다. 이익 사상의 후대로의 계승이 우파와 좌파로 나누어졌다고 하는 오늘날의 평가도 바로 이러한 정황을 반영한 것이라 할 것이다.

그러면 이익의 학문 면모는 어떠했을까? 그리고 이를 통해서 조선조 실학의 특징을 어떻게 이해할 수 있을까? 이익의 학문의 정수가 투영되어 있는 그의 『논어질서(論語疾書)』에 대한 분석을 통해 이 물음에 접근해 보고자 한다.

---

600) 『星湖全書』二, 「行狀」; 『與猶堂全書』第一集 第十九卷 文集, 「答李文達」. "蓋星翁之學, 一生尊信朱子, 故諸經疾書, 皆就朱子傳註, 發揮而闡揚之."; 『與猶堂全書』第一集 第二十一卷 文集, 「西巖講學記」. "木齋曰: '從祖於大學, 篤信朱子章句, 未嘗有一毫致疑, 故凡屬異說, 初不參驗. 至於疾書, 是大學章句疾書, 非大學疾書.'"

601) 『星湖全書』二, 「家狀」 참조.

602) 이우성, 「韓國 儒學史上 退溪學派의 形成과 그 展開」, 『韓國의 歷史像』, 창작과비평사, 1983, 94면.

2) 이익 논어학의 특징

이익의 『논어질서(論語疾書)』를 통독해 보면 뚜렷한 두 갈래 흐름이 있다. 그것은 바로 주자의 『논어』 주석에 대한 지극한 존숭과 조심스레 내비치는 자신만의 『논어』 경문 이해이다. 이 두 가지 경향은 상반되는 것 같지만, 이익에게서 이 두 지점은 타당한 연결고리를 지니고 있다. 먼저 이익 논어학이 지닌 주자의 『논어』 해석에 대한 존숭의 면모를 살펴보기로 하겠다.

(1) 주자 해석의 존숭과 창신

이익은 『논어』를 해석하면서 여러 전적을 인용하고 있는데, 그 중 주자의 『논어집주』는 최고의 존숭 대상이었다. 이익은 주자의 주석에 대하여 『논어질서(論語疾書)』「서문(序文)」에서 다음과 같이 말하였다.

> (『논어』의) 해석들이 분분했으나, 주자에 이르러 이를 정리하여 표준을 정하여 이 학문이 하나로 통일되었고, 주자의 『논어집주』가 비로소 유일한 길잡이가 되었으니 세상을 바로잡는 교육에 있어서 어찌 이 주석서가 없어서 되겠는가. 이는 다행 중의 다행인 것이다! 『논어』를 보기 위해서는 반드시 먼저 이 주석서를 연구해야 할 것이다.[603)]

이익에 의하면 주자의 『논어집주』는 『논어』의 분분한 여러 해석들을 정리하여 그 표준을 제시한 주석서로서 『논어』를 공부하는 데 절대적으로 필요한 유일한 길잡이다. 이익의 이러한 극찬은 상투적인 치사라고 할 수 없다. 왜냐하면 이익의 주자의 『논어』 주석에 대한 이러한 극찬은 단

603) 『논어질서』, 「서문」.(이하 『논어질서』의 번역은 『국역 성호질서』(안병학 외 역주, 한림대 태동고전연구소, 1998)에서 인용하였다. 필요한 경우 필자가 적절하게 수정하였다.)

순히 말로 그친 것이 아니었기 때문이다. 다음에서 보듯이 이익은 주자의 해석에 대한 깊은 신뢰를 통해 『논어』 해석의 표준으로 주자의 『논어집주』를 자리매김하여 주었기 때문이다.

> 보통 사람이 성인의 경지에 다다르지 못한다면, 마땅히 성인이 간 길을 따르고 그 바퀴 자국을 지켜야 한다. 그 길을 따르고 바퀴 자국을 지킨다는 것은 바로 책에 의거하는 것이다. 지금 선인(善人)이란 본래 자질이 좋아서 책에 의거하지 않더라도 행동함이 저절로 좋게 된다. 그러나 이미 배울 줄을 모르면 어떻게 성인의 경지에 들어갈 수 있겠는가? 그런데 명도(明道)선생의 「남묘(南廟)에 응시한 다섯째 답안」을 보면, "이미 앞사람의 잘못을 따라서 그것을 지키지도 않지만, 또한 성인의 도를 알아서 이를 행하지도 못한다."라고 하였으니, 이는 『논어집주』의 뜻과 같지 않다. 다시 자세히 살펴볼 일이다.
>
> 또 『주자어류(朱子語類)』에 이르기를 "……"라고 하였으며, 또 『주자어류』에서 "……"라고 하였고, 또 『주자어류』에서 "……"라고 하였다. 이상의 몇 가지 설명을 살펴보면 그 길을 따르지 않아도 스스로 나쁘게 되지 않는 까닭은 타고난 성품이 아름답기 때문이라는 말이지, 타고난 성품이 아름답기 때문에 그 길을 따르지 않는다는 말은 아니다. 만약 보통 사람이 책에 의거하지 않는다면 타고난 성품이 어찌 아름답다고 하겠는가? 법도를 잘 지키면서 타고난 성품이 아름답다면 어찌 한계를 지울 수 있겠는가? 그런데 쌍봉(雙峰)이 "성인의 길을 따르지 않는 까닭은 그 타고난 성품이 아름답기 때문이다."라고 하였으니, 이는 말이 막히고 뜻이 편협하여 주자의 해석과 합치되지 않는다. 다시 자세히 살펴보아야 할 것이다.[604]

자장(子張)이 선인(善人)의 도(道)에 대하여 질문하였을 때, 공자는 "자

604) 『논어질서』, 「先進」19장.

취를 밟지 않으면, 방에 들어가지 못한다."라고 답하였다.[605] 이 경문의 의미는 상당히 모호한 지점이 있다. '자취를 밟지 않는다'(不踐迹), '방(경지)에 들어가지 못한다'(不入室)의 의미가 애매하기 때문이다. 이 경문(經文)에 대하여 주자의 선배인 정명도(程明道)는 "이미 앞사람의 잘못을 따라서 그것을 지키지도 않지만, 또한 성인의 도를 알아서 이를 행하지도 못한다."라고 하였다. 정명도의 주장대로라면, '자취'(迹)는 '앞사람의 잘못된 자취'를 의미한다. 그런데 주자는 '자취'(迹)를 '성인의 자취'라고 보아서 정명도와 상반된 견해를 내었다. 이익은 정명도와 주자의 상호 다른 견해에 대하여 주자의 주장을 정설로 받아들였다.[606] 한편 주자의 후학인 쌍봉 요로(雙峰 饒魯)는 이 경문에 대하여, "(선인이) 성인의 길을 따르지 않는 까닭은 그 타고난 성품이 아름답기 때문이다."라고 하였다. 이에 대하여 이익은 『주자어류(朱子語類)』의 세 구절을 인용하면서, 성인의 길을 따르지 않아도 나쁜 길로 빠지지 않는 것은 타고난 성품이 아름답기 때문이지, 타고난 성품이 아름다워서 성인의 길을 따르지 않는 것은 아니라고 반박하였다. 이 반박의 근거도 물론 주자의 설이다. 이처럼 이익은 주자의 논어설을 중심에 두고 주자 이전의 선학(先學)과 주자 이후의 후학(後學)들의 『논어』 주석의 타당성 여부를 심의하였다. 주자의 『논어』 해석을 표준으로 삼아 여타 학자들의 『논어』 해석을 비판하는 것은 이외에도 여러 곳에서 보일 정도로 주자의 논어설은 이익에게서 확고한

---

605) 『논어』, 「先進」19장. "子張問善人之道. 子曰: '不踐迹, 亦不入於室.'"

606) 『논어』, 「先進」19장의 '不踐迹'에서 '迹'의 의미에 대해서는 이미 조선의 경학자들에 의해 논란이 있었다. '迹'을 정명도처럼 '앞사람의 잘못된 자취'라고 이해하고자 하는 경우도 있었고,(權尙夏, 『論語輯疑』. "按程子曰: '是不踐已前爲惡之迹, 然亦未入道也.'") 주자처럼 '성인의 자취'로 이해하고자 하는 경우도 있었다.(尹衡老, 『箚錄-論語』. "按踐迹, 卽考聖賢之成法, 而蹈聖賢之舊跡者也.") 또한 이 양자를 상호 인정하고자 하는 경우도 있었다.(崔象龍, 『四書辨疑-論語』. "程子全書曰: '不踐已前爲惡之迹.' 恐亦通. 又曰: '不履聖賢之迹, 則不入其奧.' 亦通.")

지지를 받았다.[607] 이는 곧 주자의 『논어』 해석을 『논어』 이해의 표준으로 인식한 것으로, 바로 이익의 주자 논어학에 대한 존숭의 경학적 투영이라 할 수 있다. 이외에도 이익은 주자의 『논어』 해석에 대하여 부연설명이나 보충을 하기도 하였으며, 더 나아가 후대 주자학파의 논어설에 대하여 꼼꼼한 분석을 하기도 하였다.[608] 이는 논어학의 표준을 주자의 『논어집주』로 볼 뿐만 아니라, 주자학파의 논어학에 대한 이익의 공부 정도를 짐작하게 하는 증거라 할 것이다.

그런데 이익의 주자의 『논어』 해석에 대한 이 같은 존중은 기왕의 조선 주자학자들의 주자 경설(經說)에 대한 존중과는 미묘한 틈새가 있다. 조선 주자학자들의 주자 경설에 대한 연구와 저술 활동은 동아시아에서 유례를 찾아보기 힘들 정도로 그 양적 성과가 대단하다. 대체로 조선 주자학자들의 주자 경설에 대한 연구는 주자의 경설이 들어 있는 여러 전적-주자문집(朱子文集), 주자어류(朱子語類), 주자의 경전주석서, 후기 주자학파들의 경설 등-을 상호 대교하면서 정밀하게 그 본의를 추적하거나, 주자 경설의 미진한 부분에 대한 상세한 부연설명 등으로 이루어져 있다. 즉 주자 경설의 내용 분석에 그 역량이 집중되어 있는 형국이다.

그런데 이익의 주자 경설에 대한 연구는 기왕의 조선 주자학자들의 이러한 형국을 계승하는 한편, "『논어집주』를 연구하기 위해서는 반드시 먼

---

607) 예컨대 『논어』, 「學而」1장을 풀이하면서 이익은 "정자의 해석의 첫 구절에서는 복습을 앎에 대한 것으로 풀이했고, 뒷 절에서는 복습을 실천에 대한 것으로 풀이하였다. 따라서 배움 자체는 실천과 결부시킨 것이 없으니, 주자의 해석과는 다르다."라고 하였다.(『논어질서』, 「學而」1장)

608) 예를 들어 『논어』, 「子罕」27장에서 공자는 "子曰: '歲寒然後, 知松栢之後彫也.'"라고 하였는데, 여기에 대하여 이익은 『논어질서』에서 "'뒤에 시든다'(後凋)는 것은 시들지 않는다는 말이다. 馮氏의 말이 옳고 陳氏와 饒氏의 말은 잘못이다."라고 하였다. 이익의 이러한 언급은 『論語集注大全』의 소주에서 厚齋馮氏는 12월 세한에 소나무와 잣나무만이 홀로 잎이 떨어지지 않는다고 하였고, 新安陳氏와 雙峰饒氏는 모두 12월 세한이 되면 소나무와 잣나무의 잎이 비로소 떨어진다고 주장한 것을 분석한 것이다.

저 주자의 정신을 이해해야 한다. 그의 정신을 이해하면 공자의 정신도 거의 짐작하게 될 것이다."[609]라는 언급에서 보듯이 주자 경설이 나온 그 정신을 탐구하고자 하였다. 그러면 이익이 말하는 주자 경학의 정신이란 무엇인가? 이익은 이를 조선 당대의 학문적 상황과 연계하여 다음과 같이 말하고 있다.

> 주자(朱子)가 이 주석을 쓸 때 먼저 옛 학설 가운데서 수용할 만한 것은 수용하여 구태여 새로운 해석을 내리지 않았고, 역으로 시대에 따라 견해가 다른 것은 다른 것을 따르고 구태여 옛것을 남겨두지 않았다. 또한 문하의 제자가 생각나는 대로 의견을 개진한 것도 조금이라도 뛰어난 점이 있으면 모두 채택하고 버리지 않았다. 이런 것으로 보아 주자의 마음이 천지처럼 광대하며 시대를 초월한 공정성을 가져서 털끝만큼도 얽매임이 없이 옳은 것만을 추구한 것이다. 그러므로 주석을 취사선택하던 당시 주자의 마음가짐과 분위기를 느낄 수 있다. 즉 아무리 부족한 사람의 견해일지라도 반드시 주의 깊게 들어서 올바른 해석이 있기를 기대하였으니, 잘못된 곳이 있으면 이를 저지하였다. 그리하여 이러한 모든 장점을 모아 가지고 올바른 것을 파악하였으니 이것이 곧 주자요, 곧 『논어집주』이다.……지금은 그 책(『논어집주』)은 존중하지만 그 정신은 잃었으며, 그 글은 읽으면서도 그 뜻은 등지고 있다. 즉 깊이 생각하면 잘못이라 하고 의문을 제기하면 주제넘다 하며, 부연설명하면 쓸데없는 짓이라 하여 극히 곧이곧대로 규정하여 모든 사소한 부분까지도 성역을 설정해 놓는 데 힘써 둔한 사람과 총명한 사람을 구분할 수 없게 되었으니, 이것이 어찌 옛사람이 뒷사람에게 기대하는 바이겠는가?……이러므로 옛 주석만을 그대로 지키는 것은 마음으로 체득하는 것이 아님을 알 수 있다.[610]

---

609) 『논어질서』, 「서문」.

610) 『논어질서』, 「서문」.

이익은 『논어집주』를 언급하면서 이 책을 제대로 보기 위해서는 반드시 주자의 정신을 먼저 체득해야 한다고 말한다. 그러면 이익이 말하는 주자의 정신이란 무엇인가? 그것은 바로 위의 인용문에서 보듯이 주자가 『논어집주』를 쓸 때 옛 학설, 새로운 학설, 제자들의 견해, 부족한 사람들의 생각 등에 관계없이 올바른 해석이면 모두 자신의 경설에 채용하는 열린 정신을 의미한다. 이러한 열린 정신은 기존의 주석서에 절대적인 가치를 부여하지 않기 때문에, 아무리 권위 있는 기존 주석이라 하더라도 회의하기 마련이다. 때문에 이익은 당대 조선의 학자들이 『논어집주』를 존중하기만 하고 거기에 담겨 있는 주자의 이 같은 열린 정신을 되살리지 못하고, 오히려 주자 경학의 이러한 본질을 숙고하고서 『논어』를 보는 학인을 비판하는 풍조에 대하여 안타깝게 생각한다. 이익이 생각하는 주자의 학문정신은 깊은 생각을 통한 의문의 제기인데, 당시 사람들은 주자의 이러한 정신에 입각하여 경전을 볼 때 깊이 생각하면 오히려 잘못이라 하고 의문을 제기하면 주제넘다고 말하고 있기 때문이다.

이익의 주자 경학의 본질에 대한 이러한 파악은 경학사의 실상에 비추어 보아 매우 적절하다고 할 수 있다. 주자는 유학을 새롭게 부흥시키고자 하는 의도하에 종래의 주석뿐 아니라 경문 자체도 자신의 기준에 맞지 않으면 의심을 하였고(疑經), 그 의심이 깊어지면 경문을 뜯어고쳤고(改經), 그래도 부족하면 경문을 직접 만들기까지 하였다.(造經)[611] 이 같은 사실에서 알 수 있듯이 주자의 경학을 가능케 한 기본 정신은 기존의 경(經)과 전(傳)에 대한 회의와 비판이다. 이익은 주자의 이러한 정신에 주목했기 때문에 주자의 논어설을 극도로 존중하면서도 그 권위에 갇히지 않고 『논어』를 읽을 수 있었다. 이에 이익은 『논어』를 볼 때 전적을 두루 섭렵한 가운데 심도 있는 고찰을 통해 주자의 논어설에 대하여 의문

611) 諸橋轍次 著, 林慶彰 譯, 「唐宋的經學史」, 『經學史』, 萬卷樓, 民國85年 참조.

을 제기하기도 하였다.[612] 그리고 더 나아가 『논어』의 본지를 탐구하여 자신만의 새로운 『논어』 해석을 『논어질서(論語疾書)』에 구현하기도 하였다. 이익의 이러한 새로운 『논어』 해석은 주자 경학의 본질인 회의의 정신에 충실한 것이었기에,[613] 주자의 경설과 배치되면서도 주자 경학의 본질에 부합하는 측면을 지녔다고 할 수 있다.

⑵ 실천과 경세의 중시

이익의 『논어』 해석의 한 축이 기왕의 조선 주자학자들이 몰두한 『논어집주』의 경설에 대한 존숭이었다면, 또 다른 한 축은 주자의 회의 정신에 근거하여 자신만의 견해로 『논어』를 이해하는 경향이다. 후자의 해석 경향은 조선 주자학자들의 논어설과도 구별되는 지점으로, 주로 실천과 경세의 이념을 『논어』 해석에 불어넣은 것이다. 그러면 이익의 새로운 『논어』 해석의 구체적 양상을 살펴보기로 하자.

> 실천은 앎을 통해서 이루어진다. 그런데 깨달음은 앎에 속하고 행위는 실천에 속하므로 행위를 본받고자 한다면 먼저 깨달음을 본받아야만 한다. 이것이 앎과 실천을 겸해야 한다는 논리의 근거이다.……일반적으로 실천에는 두 가지가 있다. '사색을 철저히 하는 것'(思繹浹洽)은 마음으로 실천하는 것이요, '배운 것이 나에게 있다'(所學在我)는 것은 곧 몸으로 실천하는 것을 의미한다. 이렇게 보면

---

612) 『논어질서』, 「八佾」10장. "이 표현(체제사는 강신주를 따른 뒤로는 내 보고 싶지 않다)은 완곡하면서도 절실한 것이니, 사실은 禘祭가 보고 싶지 않다는 것이다. (『논어집주』에서처럼) 단지 '성의가 점차 해이해져서 그렇게 말했다'고 한다면 당시 노나라의 제사가 모두 그러했을 것이니 유독 체제사를 문제 삼을 필요가 있었겠는가? 우선 의문점을 적어 둔다."

613) 이익 경학의 이 같은 지향을, 최석기 교수는 '本旨探求'와 '懷疑精神'이라고 표현하였다.(최석기, 「星湖 李瀷의 窮經姿勢」, 『韓中日 三國의 經學發展의 意味와 性格』, 성대 대동문화연구원 논문발표집, 1995 참조)

배움(學)과 복습(習)이 모두가 다 실천하는 것이다.[614]

『논어』「학이(學而)」1장에서 공자가 학습(學習)을 말한 이래, 이 학습의 성격에 대한 여러 주석가들의 논의는 분분하였다. 조선 주자학파의 경우, 학(學)은 지(知)의 영역에 습(習)은 행(行)의 영역에 두거나,[615] 혹은 학(學)과 습(習)을 지(知)와 행(行)의 영역을 포괄하는 개념으로 보기도 하였는데,[616] 이를 전적으로 실천의 개념으로 이해한 경우는 드물다. 그런데 이익은 『논어집주』의 '사색을 철저히 하는 것'(思繹浹洽)과 '배운 것이 나에게 있음'(所學在我)을 해설하면서, 이를 전적으로 실천과 연계해서 이해하고자 하였다. 특히 이익은 철저한 사색을 마음의 실천으로, 배움을 내재화하는 것을 몸의 실천으로 이해하는 가운데 학(學)과 습(習)은 공히 그 주안점이 실천에 있다고 주장하였다.

주지하다시피 주자학의 중심축의 하나는 지(知)에 대한 철저한 추구이다. 후대 주자학을 비판하는 측에서 심(心) 또는 실천을 강조하는 데서 그 대립각을 세우는 것도 바로 이것 때문이다. 그런데 이익은 주자의 논어설에 기반하여 학습의 의미를 실천 중심으로 이해하고자 하였다. 이익의 이러한 『논어』 이해는 『논어집주』를 근간으로 하면서도 조선 주자학자들과는 다른 영역에서 『논어』를 이해하고 있는 것이다. 한편 이익의 이 같은 경전 해석 태도는 『논어』의 가장 핵심 개념인 인(仁)을 설명할 때도 그대로 적용이 된다.

이익은 『논어』에 나오는 무아(毋我)[617]를 설명하면서, "인(仁)이란 사물과 나와 사이의 간격이 없어서 이미 그 자기라는 것을 이기면 바로 이

614) 『논어질서』, 「學而」1장.

615) 『論語輯疑』. "學屬知, 習屬行."

616) 『雜識-論語』. "學習二字, 皆兼知行."

617) 『논어』, 「子罕」4장. "子絶四, 毋意, 毋必, 毋固, 毋我."

것이 인(仁)이 되어 무아의 경지에 이르러 그 공이 완전하게 되는 것이다."[618]라고 하였다. 이익의 인(仁)에 대한 이러한 이해는 인(仁)을 '물아무간'(物我無間), '물아일체'(物我一體), '애지리'(愛之理), '성'(性) 등으로 이해하는 주자학파의 그것과 일치한다. 그런데 『논어질서』에 나오는 다음의 해석을 보면, 미세한 차별이 있다.

> 인(仁)은 성(性)이고, 성(性)은 곧 리(理)이다. 인이 발현된 것이 곧 사랑(愛)이니, 사랑은 곧 감정이다. 인이 있다는 것을 어떻게 아는가? 감정을 통해서 추측할 수 있다.……그러나 인은 덕으로서 완전한 것이기 때문에 '마음의 덕'(心之德)이라고 한 것이다. 이것은 기(氣)의 관점에서 말한 것이다. 기가 아니면 리(理)가 붙을 곳이 없기 때문이다.[619]

인(仁)을 성(性)으로 보고 그 성(性)이 곧 리(理)라는 주장은 주자학의 고유한 논리이다. 그러나 그것을 사랑과 감정으로 연결시켜 여기에 무게중심을 둔다거나, 인(仁)에 있어서 그 기(氣)의 측면을 중시한다는 것은 『논어』 해석에 있어서 종래 주자학파와는 다른 지향을 보여준다고 할 수 있다. 조선의 주자학파가 본원적이고 추상적 원리로서 인을 규정하였다면, 이익은 현실에서의 실천적 정감으로 인을 이해하고 있기 때문이다. 이러한 차별성은 바로 이익의 학(學)에 대한 실천적 해석의 연장이라고 할 수 있다. 『논어』의 핵심개념인 학(學)과 인(仁)에 대하여 그 실천성을 중시하는 방향으로 해석하는 이익의 논리는 유가의 이상적 인격인 성인(聖人)에 대한 개념으로까지 연장되고 있다.

---

618) 『국역 성호사설』권21, 「무아(毋我)」.

619) 『논어질서』, 「學而」2장.

성인(聖人)도 사람이다. 사람이면 반드시 단계적 점진적으로 성장하기 마련이다. 어려서는 아무것도 모르는데 성인도 그러하였고, 늙어서는 쇠약해지는데 성인도 그러하다. 어려서부터 늙을 때까지 그 사이에 어찌 순차적인 차이가 없겠는가. "어린 나이를 벗어나자마자 곧 모든 것을 다 통달하여 다시 더 배울 것이 없다든가, 늙어서는 또 갑자기 노쇠해 버렸다."고 하면, 이것은 있을 수 없는 일이다. 이는 탁한 경수와 맑은 위수에 비유할 수 있다. 즉 항아리에 경수(涇水, 흐린 물) 한 말을 부어 놓으면 처음에 조금 맑아지다가 열두 시간을 지나고 나면 흐린 찌끼가 모두 가라앉을 것이요, 또 위수(渭水, 맑은 물) 한 말을 부어 놓으면 처음부터 흐린 찌꺼기가 가라앉은 것과 같아 보이지만 열두 시간을 지나고 나면 더욱 맑아질 것이다. 그 정도나 맑기는 애당초 변할 것이 없다고는 말할 수 없다. 성인의 말씀은 모두가 자신의 체험에서 나온 것이다.[620]

'성인(聖人)도 사람이다'라는 이익의 말은 일반적이고 타당한 언급으로 여겨질 수 있지만, 공자에 대한 신격화 과정을 보면 이 말이 지닌 의미는 심상하지 않다. 주자 이후 동아시아에서 소수의 학자들-특히 양명좌파 계열의 학자들-을 제외하고 공자의 신성성에 대하여 의문을 제기하는 경우는 많지 않다. 특히 조선의 주자학자들에게 있어서 이러한 경향은 더욱 심하였다고 할 것이다. 공자와 주자는 성인으로서 그들의 말씀은 지고의 표준으로 작용하였기 때문이다. 이에 공자와 주자의 말씀은 당대 군주의 현실적 권력을 넘어서서 최고의 권위를 누렸을 정도였다. 그런데 이익은 성인이라도 체험에 의한 단계적 점진적인 실천을 통해 완성되어 가는 인간의 범주를 벗어나지는 못한다고 하였다. 때문에 성인들의 징표인 '생이지지'(生而知之)에 대해서도, "생지(生知)는 저절로 알고 깨우치는 재주가 있어서 모든 사물에 대해 즉시 꿰뚫어 아는 것을 일컫는 것이 아니고,

620) 『논어질서』, 「爲政」4장.

단지 지각이 점점 자라나며 의리가 차차 무르익어서 묻고 배우는 노력을 들이지 않고도 마음속에서 통달하여 도를 깨우침을 말하는 것이다."[621]라고 하여, 그 인간으로서의 실천적 노력을 부각시켰다.

이처럼 『논어』의 핵심개념인 학(學), 인(仁), 성인(聖人)을 설명하는 이익의 해석의 일관된 기저는 바로 현실에서의 실천이다. 한편 이러한 실천의 중시는 이익의 경학에 있어 세상을 향한 실천, 즉 경세(經世)의 논리로 확장된다.

> 경전을 연구하는 것은 장차 치용(治用)하기 위해서이다. 그런데 경전을 말하면서 천하만사에 쓰여짐이 없다면 이것은 헛되이 책을 읽는 것일 뿐이다.[622]

왜 경전(經傳)을 공부하는가? 이런 근원적 물음에 대하여 이익은 세상에 쓰여지는 학문을 구축하기 위하여 경전을 연구한다고 하였다. 이는 이익 경학의 중요한 축의 하나가 바로 경세(經世)에 있음을 보여주는 대목이라고 할 수 있다. 그러면 이러한 이익 경학의 경세지향성이 그의 『논어』 해석에 어떻게 투영되어 있는지 살펴보기로 하자.

> 이(利)라는 것은 의(義)의 소산이다. 천지간에 본시 이런 이치가 있게 마련이다. 이익이 있어 만일 네 것과 내 것이라는 구별이 없다면 어디서든지 나쁠 까닭이 없다. 성인은 천하를 한 집안으로 여겨서 본시 다 같이 사랑하며 이익을 극대화하고자 하기 때문에 이익은 많을수록 좋으며 조금이라도 이익을 얻지 못할까 걱정하였다. 만약 한 나라만을 위하면 나의 나라를 이롭게 하는 것이 반드시 다른 나라에 이익이 되지 못할 것이며, 또 한 집안만을 위한다면 나의 집안을 이롭

---

621) 『논어질서』, 「述而」19장.

622) 『星湖全書』2, 「誦詩」. "窮經將以致用也, 說經而不措於天下萬事, 是徒能讀耳."(김용걸, 『이익사상의 구조와 사회개혁론』, 서울대학교출판부, 2004, 255면에서 재인용)

게 하는 것이 반드시 남의 집을 이롭게 하는 것은 아니며, 또 나 자신만을 위한다면 나 자신을 이롭게 하는 것이 반드시 다른 사람도 이롭게 하는 것은 아니다. 이는 나의 이익만을 추구하는 것이요, 남의 이익을 위하는 것이 아니니 사적인 것이요 공적인 것이 아니다. 그러므로 이러한 이익은 추구해서는 안 된다. 그러나 내 한 몸 내 집안을 이롭게 하면서 천하에 미룬다고 해도 폐해가 없는 것이면 이는 공적인 이익이 된다.……이것이 성인이 추구하는 이익이다.[623]

전근대에 세상을 경영하는 경세학의 분야는 정치, 경제, 법률 등의 범주를 포괄하고 있는데, 특히 이익이 『논어』를 해석하면서 주목한 것은 경제적 분야에 해당되는 이익의 추구였다. 현실의 삶에서 이익의 추구란 필요 불가결한 것임에도 불구하고 종래 조선 주자학자들은 이를 도외시한 측면이 있다. 특히 그들의 경전주석에서 이를 정면으로 거론하는 경우는 드물다. 그런데 이익은 이 문제를 정면으로 거론하면서 사익(私益)의 추구가 아닌 공익(公益)의 추구를 정당시하고 있다. 더 나아가 사익의 추구도 그것이 천하로 미루어 나갈 수 있다는 전제하에서 이루어지는 것이라면 이를 공적인 이익으로 보아야 한다고 하였다. 그리고 이러한 이익의 추구는 의(義)에 부합되는 것으로 많으면 많을수록 좋다고도 하였다. 때문에 성인도 항상 이를 염두에 두고서 이익을 추구하였다고 그는 주장한다. 이익의 이러한 논리는 비록 공익에 부합하는 한에서이기는 하지만, 사적 이윤의 추구를 정당시하였다는 점에서 보면 조선 주자학자들의 이익관과 상당히 다른 지점이다. 또한 이것은 조선 후기 실학파의 경세학의 일면을 잘 보여주는 것이라고 할 수 있다.

이상으로 우리는 이익의 논어학의 특징을 그의 학(學), 인(仁), 성인(聖人), 이(利) 등의 개념을 통해 살펴보았다. 그 결과 이익의 논어학에는 현

623) 『논어질서』, 「里仁」12장.

실과 실천의 중시, 이익의 정당한 추구에 대한 주장이 투영되어 있음을 알 수 있었다. 이러한 이익의 논어학을 두고서 주자학에 배치되는 지점에서 형성된 것이라고 평가하기는 곤란할 것이다. 왜냐하면 이익의 논어학의 중요한 기저는 바로 주자의 『논어』 해석이며, 그가 내놓은 현실과 경세를 중시하는 새로운 『논어』 해석도 주자 경학을 발생 가능케 한 정신을 계승한 측면이 있기 때문이다. 그러나 이익의 새로운 『논어』 해석은 조선 주자학파의 그것과 주석 방법에서 차별되는 지점 또한 분명하다고 할 수 있다. 그것은 바로 조선 주자학파가 주로 주자와 주자학파의 논어설에 대한 정치한 분석, 형이상학적 심성론에 대한 고찰, 이익보다는 의리에 치중하는 것으로 일관하였다면, 이익은 여기에 주목하면서도 실천과 경세를 자기 경설의 한 축으로 구축하였기 때문이다.

한편 이익은 자신의 독자적 논어설의 근거를 공자 당대의 역사적 환경에서 찾고자 노력하기도 하였다.

(3) 공자 당대의 역사적 환경의 중시

이익의 논어학의 중요한 축이 주자의 논어설이었음은 『논어질서(論語疾書)』에 인용된 주자학파의 다양한 서적들의 서목을 살펴보면 쉽게 알 수 있다.[624] 이는 그 인용서목의 측면에서 보자면 기왕의 조선 주자학파와 별반 다를 것이 없다. 그런데 『논어질서』에는 이들과 차별을 지을 수 있는 또 다른 여러 전적의 인용이 있다. 주자의 『논어집주』 이전의 대표적 『논어』 주석서였던 하안(何晏)의 『논어집해(論語集解)』, 형병(邢昺)의 『논어정의(論語正義)』, 한유(韓愈)의 『논어필해(論語筆解)』가 다수 인용되고 있으며 사서오경(四書五經), 『사기(史記)』, 『한서(漢書)』 등과 같은 경(經)과 사

624) 이익은 『논어질서』에서 주자의 『논어집주』뿐 아니라 『주자어류』, 『시경집전』, 『대학장구』, 『주자가례』, 『근사록』, 『이정전서』, 『豫章文集』 등을 인용하고 있다.

(史)의 문헌들도 여러 곳에 등장한다. 뿐만 아니라 『이소(離騷)』, 『한창려집(韓昌黎集)』, 『육서고(六書故)』, 『백호통의(白虎通義)』, 『고사(古史)』, 『문선(文選)』, 『초사(楚辭)』, 『문헌통고(文獻通考)』, 『겸명서(兼明書)』, 『설원(說苑)』, 『순자(荀子)』, 『이아(爾雅)』, 『급총서(汲冢書)』, 『관자(管子)』, 『전국책(戰國策)』, 『괄지지(括地志)』, 『석경(石經)』, 『방언(方言)』, 『국어(國語)』, 『산해경(山海經)』, 『회남자(淮南子)』 등 문집, 제자서(諸子書), 지리지(地理志), 유서(類書)와 같은 다양한 전적을 자신의 논어설의 근거로 삼고 있다. 표면적으로 보아도 이는 확실히 이전과 대별되는 이익 논어학의 지점이다. 적어도 이익 이전에 경사자집(經史子集)에 걸쳐 이렇게 다양한 인용서목을 갖춘 『논어』 주석서는 없기 때문이다. 그런데 이렇게 다양한 인용서목 가운데 10회 이상 인용한 서목을 살펴보면, 『춘추좌씨전(春秋左氏傳)』(47회), 『예기(禮記)』(38회), 『의례(儀禮)』(18회), 『맹자(孟子)』(17회), 『공자가어(孔子家語)』(17회), 『시경(詩經)』(16회) 등으로 경서류가 많은데, 특히 『춘추좌씨전』이 압도적이다. 주지하다시피 『춘추좌씨전』은 경서이지만 역사서로서의 성격이 강한 책이다. 여기에서 우리는 이익이 『논어』의 의미를 탐색하는 과정에서 자기 경설의 근거 내지 타당성을 공자 당대의 역사적 정황에 의거하고 있음을 짐작할 수 있다. 이제 그 실례를 살펴보기로 하자.

『논어』에는 한 가지 사실만을 가지고 기록한 사람이 그 까닭을 밝히지 않은 것이 많아서 그 뜻이 불분명한 경우가 있다. 여기서는 반드시 주나라를 높이 받드는 한 가지 문제를 가지고 말한 것이다. 규구의 회의에서는 "천자가 제사를 지낸 뒤 제환공(齊桓公)에게 고기를 하사하고 이어서 명을 내리기를 '큰아저씨는 노령이므로 특별히 위로하는 뜻에서 일급을 내리노니 계단에서 내려가 절하지 말라'라고 하였다. 제환공은 대답하기를 '천자의 위엄이 지척에 있사온데 저 소백(小白)은 감히 천자의 명령을 솔깃하게 여겨 내려가 절하지 않을 수 있겠습니까' 하고, 내려가서 절하고 올라가 주는 것을 받았다."(『춘추좌씨전(春秋左氏傳)』 희공

(僖公) 9년)라고 하였다.……제환공은 제후들을 토벌할 때에 반드시 그들이 왕에게 조회를 하는 문제를 중요시하고 사적인 이해관계를 내세우지 않았으니 이는 초나라를 토벌했을 때의 일에서 볼 수 있다. 그에게서는 주나라 왕실을 높이 받드는 것만 볼 수 있으며 협잡을 한 것은 찾을 수 없다. 그러므로 공자는 제나라 환공에 대해서는 "바르고 협잡(挾雜)하지 않았다."라고 말한 것이다.[625]

공자는 제환공(齊桓公)을 평가하기를 "바르고 협잡(挾雜)하지 않았다."[626]라고 하였다. 그런데 『논어』에 나오는 공자의 이 말씀은 앞뒤의 정황이 전혀 언급되지 않아서 왜 이런 평가를 내렸는지 알 수가 없다. 이에 이익은 제환공이 등장하는 사서(史書) 중에서 경의 반열에 들어 있는 『춘추좌씨전』의 기록을 신뢰하고서 여기에서 그 정황을 찾아내어 이 경문을 설명하고 있다. 즉 『춘추좌씨전』 희공(僖公) 9년조에 의거하면 제환공은 천자에게 명분을 고수하는 진정한 충성의 자세를 보이고 있다. 그리고 자신의 이러한 주(周) 왕실에 대한 충성을 여타의 제후들에게도 동일하게 적용하였다. 이익은 제환공의 이러한 태도가 표리일체를 이룬 행동이었기에 공자의 "바르고 협잡하지 않았다."는 말씀의 이면적 정황증거로 보기에 충분하다고 보았다. 이익은 이처럼 『춘추좌씨전』의 내용을 근거로 삼아 주로 공자 말씀의 의도를 추론해 나갔지만, 때로는 다른 전적에 의거하여 『논어』를 해설할 때도 이러한 방식을 적용하였다.[627] 왜 이익

---

625) 『논어질서』, 「憲問」16장.

626) 『논어』, 「憲問」16장. "子曰: '晋文公譎而不正, 齊桓公正而不譎.'"

627) 예컨대 『논어』 「子罕」17장을 보면, 공자께서 "나는 덕을 좋아하기를 여색 좋아하는 것만큼 하는 이를 보지 못하였다."(吾未見好德, 如好色者也.)라고 말씀하신 대목이 나오는데, 이 경문을 두고 이익은 『주례』에서 그 정황을 찾아서 다음과 같이 말씀의 의도를 추론하였다. "『주례』 「장인」을 살펴보면, '왕궁의 왼쪽에는 종묘가 있고 오른쪽에는 사직이 있으며, 앞으로는 조정이 있고 뒤에는 시장이 있다'고 하였다. 「地官, 司市」에는 '나라의 임금이 시장을 지나가게 되면 죄인을 사면하여 주고, 임금의 부인이 시장을 지나게 되면 죄인의 벌을 감하여 天幕 하나를 내게 한다'고 하였고, 그 주석(『周禮注疏』)에 '시장이란

은 이렇게 공자 당대의 역사적 사실에서 그 근거를 찾아 공자 말씀의 의도를 추론하는 방식을 선택하였을까? 이익은 『논어』의 대부분의 구절들이 공자가 범범하게 일반적 진리를 설파한 것이 아니라, 당대의 시간 속에서 특정한 정황하에 행해진 말씀들의 기록이라고 보았다. 즉 『논어』의 구절은 특정한 시간과 공간에서 이유가 있어서 구현된 인간 공자의 언어인 것이다. 이에 이익은 공자의 말씀은 당대의 역사적 정황에 의거하여 그 의도를 추론해 나가면 의미가 더욱 명료해진다고 보았으며, 그 역사적 정황을 가장 잘 보장해 주는 증거자료로 『춘추좌씨전』을 선택한 것이다. 그리고 이렇게 『춘추좌씨전』의 역사적 사실에 근거한 『논어』의 독법이야말로 진정 『논어』의 본지-공자 말씀의 의도-를 정확하게 읽는 방법이라고 주장하였다.[628]

『논어』를 읽을 때 이익이 선택한 이 같은 방법론은 『논어』의 구절에 대한 설명에서 더 나아가 때로 기존의 주석에 얽매이지 않는 그만의 독자적 주석을 가능케 하였다.

『논어』「선진(先進)」23장

경문(經文) : 계자연(季子然)이 물었다. "중유(仲由)와 염구(冉求)는 대신(大臣)이라고 이를 만합니까?" 공자께서 말씀하셨다. "나는 그대가 특이한 질문을 하리라고 생각했는데, 마침내 유(由)와 구(求)를 묻는구나. 이른바 대신이란 것

사람들이 서로 이익을 교환하여 형을 집행하는 곳이다. 따라서 군자는 아무런 까닭 없이 구경 나가서는 안 된다. 만약 구경 나간다면 반드시 은혜를 베풀어 사람들을 기쁘게 해야 한다. 나라의 임금은 그 죄 지은 사람을 용서해 주고, 부인은 그 죄를 감하여 물건으로 배상하게 한다'고 하였으니, 이는 선왕의 제도인 것이다. 위령공이 南子의 미모를 나라 사람들에게 자랑하고자 하여 그를 불러 떠들썩하게 시장을 지나 다녔으니 이는 호색이 아주 지나친 것이다. 그런 까닭에 공자가 이처럼 말한 것이다."(『논어질서』, 「子罕」17장)

628) 『논어질서』, 「八佾」3장. "『논어』에서 말한 것은 어떤 연유가 있어서 말한 것이 매우 많다. 성인이 아무런 이유 없이 이런 말을 한 것이 아니다.……전기를 고증하여 그 본래의 뜻을 추구하면 의미가 더욱 깊다.……한 권의 『논어』는 이런 방법으로 보아야 한다."

은 도(道)로써 군주를 섬기다가 불가하면 그만두는 것이다. 지금 유(由)와 구(求)는 숫자만 채우는 신하라고 이를 만하다." "그렇다면 따르는 자들입니까?" 공자께서 말씀하셨다. "아버지와 군주를 시해하는 것은 또한 따르지 않을 것이다."[629)]

주자(朱子) : 이들 두 사람이 비록 대신(大臣)의 도(道)에는 부족하나 군신 간의 의리(義理)는 익히 들었으니, 윗사람을 시해하고 역적질을 하는 큰 잘못은 반드시 따르지 않을 것이라고 말씀한 것이다. 이는 두 사람이 난리에 죽어도 빼앗을 수 없는 절개가 있음을 깊이 인정하시고, 또 계씨(季氏)의 신하 노릇하지 않으려는 마음을 은근히 꺾으신 것이다.[630)]

이익(李瀷) : 『춘추좌씨전(春秋左氏傳)』 소공(昭公) 5년조에 "중군(中軍)을 폐지하였다. 이는 공실을 약화시키려는 것이다. 공실을 넷으로 나누어 그 중 둘을 계씨가 갖고, 나머지는 두 사람(숙손씨(叔孫氏)와 맹손씨(孟孫氏))이 하나씩 가졌다. 이 세 사람이 세금을 거두어들여 공실에 바쳤다."라고 하였다. 부용국(附庸國)만은 공실의 소속이었는데, 계씨가 또 전유의 땅을 빼앗아 자기에게 보태려 하였으니 그의 참람, 강탈, 윤리에 거역하는 죄가 이에 이르러 극에 달했다. 다만 임금을 죽이고 그 자리를 빼앗지 않았을 뿐이다. 두 사람(중유와 염구)은 계씨의 가신으로 이러한 일을 막지 못했을 뿐 아니라, 또 그를 위해 계획하고 모의했으니 그가 어떠한 사람이라는 것을 알 수 있다. 『춘추(春秋)』는 명분에 따라 그 가담자를 먼저 다스리게 되어 있다. 그러므로 은공 4년에 위(衛)나라의 공손문중(公孫文仲)이 주동이 되어 정(鄭)나라를 정벌하였으나 제(齊)나라를 제일 첫머리

---

629) 『論語』, 「先進」23장. "季子然問: '仲由冉求, 可謂大臣與?' 子曰: '吾以子爲異之問, 曾由與求之問. 所謂大臣者, 以道事君, 不可則止. 今由與求, 可謂具臣矣.' 曰: '然則從之者與?' 子曰: '弑父與君, 亦不從也.'"

630) 『논어집주』, 「先進」23장. "言二子雖不足於大臣之道, 然君臣之義則聞之熟矣, 弑逆大故, 必不從之. 蓋深許二子以死難不可奪之節, 而又以陰折季氏不臣之心也."

에 썼으며, 애공(哀公) 3년에 석만고(石蔓姑)가 주동이 되어 척(戚)을 포위하였으나 또한 제나라를 첫머리에 기록하였던 것이다. 만약 왕의 법이 실시되어 계손씨가 임금을 무시한 죄로 죽임을 당하게 된다면, 두 사람은 장차 무슨 말로 처형을 피할 수 있겠는가. 공자가 자연(子然)에게 대답한 말 가운데서도 그들을 증오하며 천박하게 여기는 뜻이 드러났으니 공자가 두 사람에 대해서도 끝내 침묵을 지키지는 않았을 것이요, 틀림없이 훈계하여 일렀을 터인데도 따르지 않은 것이다. 그들이 이렇게 따르지 않았으니 그 나머지 사람들은 거리낌 없이 함께 일하였을 것이다. 성인 문하의 높은 제자로서도 한번 잘못된 길에 빠져서 그들의 출발이나 결과가 보잘것없게 되어 버렸으니 두려워할 일이 아니겠는가.[631]

계자연(季子然)이 공자의 제자인 중유(仲由)와 염구(冉求)를 신하로 두고 부리면서, 공자에게 두 사람의 신하됨에 대해 물었다. 이에 공자는 이 둘이 '숫자만 채우는 신하'(具臣)이기는 하지만, 살부(殺父)와 살군(殺君)의 명령은 따르지 않을 것이라고 답한 대목이 『논어』「선진(先進)」23장에 나온다. 이 대화를 두고 주자는, 이는 두 사람이 난리에 죽어도 빼앗을 수 없는 절개가 있음을 공자께서 깊이 인정한 것이라고 주석을 달았다. 그런데 이 구절에 대한 이익의 해석은 주자와 다르다. 이익은 공자께서 이 두 사람을 증오하며 천박하게 여겼다고 생각하였다. 그 이유는 참람, 강탈, 강상을 범하는 죄를 저지르는 계씨를 위해 일을 도모해 주고 있기 때문이다. 그리고 만약 계씨가 처벌을 받게 된다면, 이 두 사람은 처형을 피할 수 없을 것이라고도 하였다. 『춘추(春秋)』의 법은 그 가담자를 먼저 징치(懲治)하는 것이 통례이기 때문이다. 이처럼 이익은 주자와 다른 해석을 할 때나 또는 『논어』 경문의 의미를 보다 더 구체적으로 드러낼 필요가 있다고 여겨질 때, 거의 대부분 『춘추좌씨전』에 의거하여 『논어』의

631) 『논어질서』, 「先進」23장.

본지와 그 이면적 정황을 세밀하게 추적해 나갔다.

공자 당대의 역사적 환경을 중시하여 『춘추좌씨전』에 의거해서 『논어』를 해석해 나가는 이익의 주석 방식은 기본적으로 역사서를 기준으로 삼아 경전의 본의를 탐색해 나갔다는 점에서 이사증경(以史證經)의 설경(說經) 자세라고 평가할 수 있다. 현실에 발붙이고 사는 인간들의 삶의 기록인 역사를 경문 해석의 좌표로 설정한 이익의 이사증경의 설경 자세는 그의 논어학의 중요 지평인 실천과 경세의 지점과 일관되는 지점에서 도출되어 나온 귀결이라 할 수 있다.

조선 주자학자들의 거개가 주자학파의 논어설만을 문제시하였으며, 주자학을 비판하였던 박세당(朴世堂)이나 윤휴(尹鑴) 같은 경우도 주로 이경증경(以經證經)의 설경 자세를 지녔던 것을 상기한다면, 이익의 이러한 『논어』 해석은 조선 논어학사에서 특기할 만하다고 할 수 있다.

3) 경세학과 사학의 중시

이상으로 우리는 이익 논어학의 특징을 살펴보았다. 이익 논어학의 기저는 주자의 논어학이었다. 특히 『논어』 해석에 이설(異說)이 있는 경우, 주자의 논어설을 표준으로 삼아서 『논어』의 본의를 확정해 나갔다. 한편 이익의 논어학은 구체적 현실에서의 실천과 경세를 지향하는 또 다른 지점을 확보하고 있었는데, 그 논증의 과정에서 이사증경(以史證經)의 주석 태도를 견지하였다. 이는 일종의 경학(經學)과 사학(史學)의 결합이라 할 수 있다. 이익 논어학의 이 두 가지 특징은 그의 『논어』 해석에서 공존하고 있었는데, 전자가 조선 주자학파의 논어설과 맥을 같이한다면 후자는 이익만의 독특한 『논어』 해석이라 할 것이다. 그러면 이익의 논어학에서 이 양자는 어떻게 연계되어 공존하고 있으며, 또한 이익의 논어학을 통해 조선의 실학파 경학의 특징을 어떻게 규정할 수 있을 것인가? 조선의 실학파에 영향을 미쳤다는 청대 고증학과 연계해서 생각해 보기로 하겠다.

청말의 학자였던 왕국유(王國維, 1877~1927)는 청대의 학술을 청초의 경세지학(經世之學), 청 중엽 건가학파(乾嘉學派)의 경사지학(經史之學), 청말의 금문경학(今文經學)으로 나누어 분석한 바 있다.[632] 왕국유의 이러한 관점에 대하여 노사광(勞思光)은 다음과 같이 말하였다. "왕국유는 청초의 학술과 건가의 학풍을 논하며 이른바 경세지학(經世之學)과 경사지학(經史之學)으로 나누어 그것을 일컬었다.……경세치용(經世致用)은 곧 청초 사상의 특징이다. 이 점은 그 자체에 문제가 없다. 그러나 이 경세치용을 종지로 삼는 학풍은 고증, 훈고, 음운, 문자학(건가의 학풍을 가리킴)으로 변하여 마침내는 천하의 치란(治亂)과는 서로 상관없는 것처럼 되었다.……건가학풍의 특색은 객관연구를 제창하고 객관지식을 추구하는 데 있다. 그 연구 범위는 옛날 전적을 대상으로 삼는다. 그리고 옛날 전적 중 비록 경(經)을 중시하였으나 그 연구 태도는 단지 고대 문화제도의 실황을 이해하는 데 있었다. 그러므로 획득된 지식의 성질로 보면 실은 일종의 사학지식이었다. 그리하여 건가의 학문은 일종의 넓은 의미의 사학이라고 말할 수 있다. 경적의 연구는 이러한 사학연구의 한 부분으로 변하였다."[633] 왕국유와 노사광의 설에 의거하면, 청대 고증학(考證學)의 본령인 건가학풍(乾嘉學風)은 경(經)을 중시하기는 하였지만 청초의 경세치용의 전통을 망각하고서 객관적 지식의 추구에 몰입하였다. 그리고

632) 『觀堂集林』卷二十三, 「沈乙庵先生七十壽序」. "我朝三百年間, 學術三變. 國初一變也, 乾嘉一變也, 道咸以降一變也. 順康之世, 天造草昧, 學者多勝國遺老, 離喪亂之後, 志在經世, 故多爲致用之學. 求之經史, 得其本原, 一掃明代苟且破碎之習, 而實學以興. 雍乾以後, 紀綱旣張, 天下大定, 士大夫得肆意稽古, 不復視爲經世之學, 而經史小學專門之業興焉. 道咸以降, 塗轍稍變, 言經者及今文, 考史者兼遼金元, 治地理者逮四裔, 務爲前人所不爲. 雖承乾嘉專門之學, 然亦逆睹世變, 有國初諸老經世之志. 故國初之學大, 乾嘉之學精, 道咸以降之學新."

633) 노사광 저, 정인재 역, 『중국철학사』(명청편), 탐구당, 1997, 442~443면, 448~449면.

그 객관적 지식의 성질은 일종의 사학(史學)이었다. 이렇게 경학과 사학이 결합된 건가학은 경세(經世)의 의미를 망각하고 지식의 영역으로만 몰입하였기에, 양계초(梁啓超) 같은 학자는 『청대학술개론』에서 '학문을 위하여 학문을 한다'(爲學問而治學問)[634]라고 그 특징을 언급하기도 하였다.

흔히 조선 실학(實學)의 영향관계를 언급할 때, 청대 고증학(考證學)을 언급하곤 한다. 청대 고증학이 지닌 객관지식에 대한 탐구, 경학과 사학의 결합은 확실히 유사한 지점이 있다고 할 수 있다. 그러나 그 본질을 들여다보면 매우 중요한 차이가 있으니, 그 분수령은 바로 현실, 실천, 경세라는 지점이다. 청조의 고증학이 이것을 망각했다면, 조선의 실학은 한시도 이 지점을 잊은 적이 없다. 이익의 논어학에 보이는 자득적 면모라고 할 수 있는 실천과 경세의 중시는 바로 조선 실학의 이러한 면모를 잘 보여주는 예라고 할 수 있다.

그런데 우리는 여기서 고증학과 실학을 가름하는 또 다른 중요한 잣대를 발견할 수 있다. 그것은 바로 주자학에 대한 수용의 정도이다. 이익의 논어설을 보면, 이익은 주자학을 매우 충실하게 수용한 반면 청대 고증학에 대해서는 비판을 하거나 아예 다루지 않고 있다. 이러한 제반 요소를 감안하여 이익의 논어학을 통해 조선의 실학적 경학의 구성인자를 찾아보면 바로 주자학, 실천과 경세의 중시, 이사증경(以史證經)의 학문 자세-경학(經學)과 사학(史學)의 결합-로 규정할 수 있을 것이다. 이렇게 보면 중국의 고증학이 주자학과 경세에서 벗어난 반면, 조선의 실학은 이 둘을 중심축으로 삼은 것을 차이로 거론할 수 있을 것이다.[635] 경학사적 관점에서 이익을 중심에 두고 주자학과 실학의 관련 양상을 고찰해 보면,

---

634) 양계초 저, 이기동, 최일범 공역, 『淸代學術槪論』, 여강출판사, 1987, 62면.

635) 이익 경학의 이러한 특징을 두고서, 고 이을호 교수는 "성호 선생은 완전히 주자의 세계에서 벗어나지는 못했으면서 성리학과 다른 점은 경세적인 면에 치중했다는 겁니다."라고 하였다.(『실학논총』, 전남대 출판부, 1975, 56면)

조선의 실학파 경학은 경세학을 그 본령으로 삼지만 주자학과의 연계도 뚜렷하다고 할 수 있다. 그럼 이 문제를 정약용(丁若鏞)의 경학(논어학)을 중심으로 보다 더 본격적으로 검토해 보기로 하겠다.

2. 조선 경학사적 맥락에서 살펴본 실학파 경학

1) 실학과 주자학의 관련에 대한 논의 양상

앞서 언급하였다시피 실학파 경학 연구에서 문제가 되는 중요한 지점 중의 하나는 실학파 경학과 주자학과의 연계성 문제이다. 주지하다시피 주자학은 중국에서 발생한 이래, 동아시아 삼국의 공통된 이념적 기반으로 작용하였다. 이 세 나라 가운데 주자학의 영향을 가장 크게 받은 나라는 조선이다. 문화나 사상, 문학뿐 아니라 사회, 정치, 경제 등 거의 모든 영역에 걸쳐 주자학적 사유가 지배하였다. 이러한 나라에서 주자학과 다른 사유체계로서의 실학이 등장하였다고 하니, 그 논의의 과정에서 이론이 생기지 않을 수 없을 것이다. 특히 실학(實學)이라는 용어 자체가 이미 주자가 사용한 전력[636]이 있기에, 실학을 곧 주자학의 대척적 용어로 사용하는 것이 적당한지에 대해서도 의문이 제기될 수밖에 없었다. 그러나 실학 연구의 초기에는 분명 조선의 실학은 주자학에서 이탈(주자학을 배척)한 학문으로 파악되었다.

해방 이후, 1950년대 최익한은 정약용의 사상을 가리켜 '실학의 학풍'이라고 하였고,[637] 이인영은 주자학을 '공리공론'(空理空論), 실학을 '실제

---

636) 『中庸章句』 1장 두주. "其書始言一理, 中散爲萬事, 末復合爲一理, 放之則彌六合, 卷之則退藏於密, 其味無窮, 皆實學也."

637) 정호훈, 「한국 근현대 실학 연구의 추이와 그 문제의식」, 『다산과 현대』 제2호, 강진다산실학연구원, 2009, 357~358면. "1950년대 북한에서의 실학 연구에서 주목할 성과는 최

생활에 기초한 학문'이라고 대척적으로 파악하였다.[638] 그리고 북에서 활동한 철학자인 정진석은 현실 비판, 개혁, 민족주의, 과학기술을 키워드로 하는 실학은 공리공담의 유교나 주자학을 비판한 사상이라고 규정하였다.[639] 한편 한국에서 실학 연구의 선편을 잡은 천관우는 실학의 특징을 '실정'(實正), '실용'(實用), '실증'(實證)으로 규정하고 이를 '반(反)주자학적'이라고 평가하였다.[640] 이렇게 보면 해방 이후 남북의 학계는 공히 실학의 한 속성으로 '반주자'와 '실제(현실)'를 거론하고 있음을 알 수 있다. 실학의 이러한 개념 규정에 반대한 연구자는 한우근이다. 한우근은 실학을 조선 전기의 허학(虛學)의 대(對)개념으로 재정립하고, 조선 초기의 주자학이 불교를 허학으로 규정하는 가운데 이를 극복하려 한 것이 실학이며, 실학은 조선 전기에도 존재하였다고 주장하였다.[641] 그러나 한우근의 이러한 주장은 1970년대에 들어와 이우성이 제기한 실학론이 힘을 얻으면서 빛을 발하지 못하였다.

이우성은 영정조(英正祖) 시대 이래의 학풍을 범칭할 경우에만 실학이라고 지칭하면서, 실학파는 경세치용파(經世致用波)(제1기) → 이용후생파(利用厚生派)(제2기) → 실사구시파(實事求是派)(제3기)로 계기적 발전을 이룩하였으며, 실학은 주자학과 개화사상의 매개 역할을 하며 근대적 사유를 만들어 나갔다고 평가하였다.[642] 이우성의 이러한 주장은 후학들이 이를 정교하게 발전시키면서 큰 영향력을 미치게 되었다. 윤사순은 실학의

익한의 『실학파와 정다산』을 들 수 있다. 이 저술은 이미 일제하에 진행되었던 정약용 연구에 조선 후기 실학 발생의 여러 배경을 보완하여 재정리한 것이었다. 17세기에 성장한 실학의 학풍이 정약용에 이르러 집대성됨을 보이는 체제를 갖추고 있다."

638) 이인영, 『國史要論』, 금룡도서주식회사, 1950.

639) 정진석 외, 『조선철학사』(상), 과학원 역사연구소, 1961.(이성과 현실, 1988, 재간행)

640) 천관우, 「磻溪 柳馨遠 硏究」, 『역사학보』2,3, 역사학회, 1952.

641) 한우근, 「이조 실학의 개념에 대하여」, 『震檀學報』15, 진단학회, 1958.

642) 이우성, 「실학연구서설」, 『문화비평』2권3호, 아한학회, 1970.

철학적 기저를 실학파 경학의 분석을 통하여 '박학'(博學), '수사학적(洙泗學的) 정신', '한유(漢儒) 훈고정신', '성리학적 경학관의 부인'이라고 규정하였다.[643] 그리고 임형택은 "실학은 성리학의 연장선에 놓인 것이 아니라, 17세기 이후 당면한 내적 현실의 해법을 찾아 고민하고 외적 상황에 대응책을 강구함으로써 형성된 신(新)학풍이다. 따라서 실학이 성리학에 대해 비판, 극복의 의미를 갖게 된 것은 불가피했다."[644]라는 주장을 하여 실학과 주자학의 경계선을 뚜렷하게 재확인하였다. 이우성 이래 주자학과의 단절에서 실학의 독자성을 추구한 이러한 주장들은 학계의 많은 지지를 획득하였다.

그러다가 다음 세대의 연구자들에 의하여 이러한 주장은 비판에 직면하게 된다. 이영훈은 실학을 '새로운 형태의 이상적 사회관계와 국가형태를 모색한 일련의 성리학적 사유'라고 하였으며,[645] 유봉학은 실학을 '주자학의 내재적 발전과정에서 등장'한 학문이라고 하였다.[646] 그리고 강명관은 『서경(書經)』「대우모(大禹謨)」의 16자(字) 심전(心傳)에 대한 분석을 통하여 다산학(茶山學)이 주자학과 대척점 지점에서 성립된 것이 아님을 주장하면서, 만약 다산학을 실학이라 한다면 실학은 주자학의 대척적 타자일 수 없다고 주장하기도 하였다.[647]

주자학과 단절적 지점에서 고유한 특징을 지니고 있는 것으로 파악되었던 실학에 대하여, 오늘날에는 이처럼 그 연속적 계기로써 주자학과

---

643) 윤사순, 「실학적 경학관의 특색」, 『실학논총』, 전남대 출판부, 1975.

644) 임형택, 「성리학과 실학의 관련성 문제-「函丈錄」의 분석」, 『한국실학연구』25, 한국실학학회, 2013, 38면.

645) 이영훈, 「茶山의 井田制 改革論과 王土主義」, 『民族文化』19, 민족문화추진회, 1996.

646) 유봉학, 「조선후기 경화사족의 대두와 실학」, 『다시, 실학이란 무엇인가?』, 푸른역사, 2007.

647) 강명관, 「다산을 통해 실학을 다시 생각한다」, 『한국학의 학술사적 전망』(1), 소명출판, 2014, 369면.

실학 양자의 관계를 규정하려는 시도가 일어났다. 그리고 이러한 시도는 현재 상당한 지지층을 얻고 있는데, 오늘날 일본과 대만에서 이루어진 한국 실학 연구에서도 이러한 현상이 나타나고 있음은 주목을 요한다. 일본 동경대학의 소천청구(小川晴久) 교수와 중화민국 대만대학의 채진풍(蔡振豐) 교수가 바로 대표적 이론가들이다. 소천청구 교수는『조선실학과 일본』[648]에서 조선 후기의 실학은 수기(修己)의 면도 가지고 있는 폭넓은 학문이자 학문 전체라고 규정하면서, 인간의 실심을 근간으로 하는 실심실학론(實心實學論)을 제창하였다.[649] 이는 조선의 실학이 주자학의 심성론에서 그리 멀지 않음을 주장한 것이다. 한편 채진풍 교수는『조선의 유학자, 정약용의 사서학』[650]에서 정약용이 주자의 인심도심론(人心道心論)을 차용하여 자기 학문의 근간을 세웠기 때문에 정약용을 동아시아 '포스트(post) 주자학'의 대표 인물로 보아야 한다고 주장하였다.[651] 소천청구와 채진풍은 각기 일본과 대만을 대표하는 대학에서 매우 정치하게 조선의 실학을 연구하여 이러한 결론을 도출하였기에, 현재 한국 학계에서도 이들의 견해는 상당히 수용되는 면이 있다.

이상의 논의를 종합해 보면, 조선의 실학은 해방 이후 주자학과의 단절성을 주장하는 데서 자기 정체성을 찾았으나, 현재는 점차 주자학과의 연속성을 지닌 체계로 평가받고 있음을 알 수 있다. 동일한 대상을 두고서 이렇듯 그 평가가 달라지는 것은 어째서일까? 단순한 독해의 문제인가? 아니면 좀 더 다른 차원의 문제가 있는 것인가? 조선 후기 실학파 경학의 대가인 정약용 경학의 특징을 살펴보는 것으로 이 문제에 접근해 보기로 하겠다.

---

648) 小川晴久,『朝鮮實學と日本』, 花傳社, 1994.

649) 小川晴久 저, 하우봉 역,『한국실학과 일본』, 한울아카데미, 1995.

650) 蔡振豐,『朝鮮儒者丁若鏞的四書學－以東亞爲視野的討論』, 臺大出版中心, 2010.

651) 蔡振豐 저, 김중섭, 김호 역,『다산의 사서학－동아시아의 관점에서』, 너머북스, 2014.

2) 정약용 경학의 특징

오늘날 조선 실학파 경학의 대가로 평가받는 정약용의 경학에 대해서는 국내외로 많은 연구가 축적되어 있다. 여기서는 정약용 경학의 새로운 면모를 밝히기보다는 본고의 논의에 필요한 부분을 간략하게 제시하고자 한다.

피상적으로 정약용 경학의 가장 뚜렷한 표지를 들라면, 첫째 박학(博學)을 거론할 수 있다. 정약용의 대표적 경학 저술인 『논어고금주(論語古今註)』를 보면 13경(經), 제자서(諸子書)에서부터 한대(漢代)에서 청대(淸代)에 이르기까지의 사서(史書), 문집, 철학서, 경전주석서, 그리고 일본 고학파의 문집과 경전주석서에 이르기까지 실로 한중일의 경사자집(經史子集)을 종횡으로 인용하고 있다. 그런데 이처럼 정약용은 자신의 경전주석서에서 동아시아의 경사자집을 방대하게 원용하지만 특정한 사상 또는 주석에 매몰되지 않았다. 이단이라 비난을 받은 이탁오(李卓吾)의 경전주석이 긍정적으로 인용되는가 하면, 절대 존숭을 받던 주자(朱子)의 주석도 때로는 비판의 대상이 되곤 하였다. 그리고 경전에서 동일한 인물의 주석을 인용할 때도 앞부분에서 비판적으로 인용하다가 뒷부분에서는 칭찬하기도 한다. 이처럼 정약용의 경학은 특정한 경학자나 주석을 중심으로 하지 않고 박학이 그 주된 특징으로 자리하고 있다. 그러나 그렇다고 해서 정약용의 경학이 자기 중심 없이 박학만을 일삼는 것은 아니다. 정약용의 경학은 자기만의 고유한 색채를 가지며, 이를 뒷받침하려고 원용된 다양한 주석이 바로 그의 박학적 경학으로 드러난 것이다.

둘째, 정약용은 고원한 형이상학적 해석에서 벗어나 평이한 실천론으로 경서를 해석하고 있다. 대표적 예로 『대학(大學)』의 명덕(明德)을 주자는 하늘에서 부여받은 선천적 덕목으로 여기는 데 반해, 정약용은 『대학공의(大學公議)』에서 효도, 공손함, 자애의 실천적 행위로 명덕을 규정하였다.[652] 그리고 인(仁)을 해석함에 주자는 이를 선천적 덕목으로 규정하는 데 비해, 정약용은 구체적 실천으로 해석하고 있다.[653] 실로 이러한 실천론 중심의 경전 해석이 바로 앞서 언급한 정약용 경학의 중심이라 할 수 있다. 평이한 실천론을 중심에 두고 경서를 해석하였기에 이에 반하는 주석은 비판하고 이에 부합하는 주석은 세상의 평가에 상관없이 수용하고 있다. 정약용의 이러한 주석 태도를 두고 공맹의 본지로 돌아간 '수사학(洙泗學)적 경학'이라는 주장[654]과 조선 후기 상황을 반영한 '실학적 경학'이라는 주장[655]이 제기되어 있다. 정약용의 경학이 탈(반)주자학이라는 주장은 대부분 여기에 근거하고 있다.

셋째, 정약용 경학의 핵심은 '실천론적 경서 해석'이지만 한편으로 인간의 본성인 도심(道心)을 강조하기도 하였다. 그런데 정약용이 강조한 도심은 『서경(書經)』「대우모(大禹謨)」 16자(字) 심전(心傳)인 '인심(人心)은 위태롭고 도심(道心)은 미미하다'에 근거를 두고 있다. 주지하다시피 『서경』「대우모」는 위서(僞書)이다. 정약용 또한 이 책이 위서임을 숙지하였지만, "'인심은 위태롭고 도심은 미미하다'라는 말은 지극한 말이고 바른 가르침으로 성도(性道)의 오묘함을 크게 드러냈으니, 표장(表章)하여 가슴에 새기기를 어찌 감히 소홀히 하겠는가."[656]라고 하면서, 이를 유가(儒家) 수양론의 핵심으로 수용해야 함을 역설하였다. 이는 주자가 「중용장구서(中庸章句序)」에서 16자 심전을 유가 수양론의 핵심이론으로 제시한 것을

652) 정약용의 『대학』 해석의 이러한 특징에 대해서는 이영호, 「다산 『대학』해석의 경학사적 위상」, 『동양철학연구』 86집, 동양철학연구회, 2016 참조.

653) 주자는 『논어집주』에서 '仁'을 '愛之理'라고 하였으며, 정약용은 『논어고금주』에서 '仁'을 '二人相與也'라고 해석하였다.

654) 이을호, 『다산학각론』(『현암 이을호전서』6), 한국학술정보, 2015.

655) 이지형, 『다산경학연구』, 태학사, 1996.

656) 『與猶堂全書』第二集 經集 第三十卷, 「梅氏書平」 '大禹謨'. "人心之危, 道心之微, 至言格訓, 弘闡性道之奧, 表章而銘佩之, 胡敢後矣."

일면 수용하였다고 할 수 있다. 실로 정약용의 경학이 주자학의 연장선상에 있다는 논의는 바로 이 지점에서 발생한 것이다.[657]

넷째, 정약용은 주자 혹은 다른 경학자들의 주석을 인용하기도 하지만, 어디까지나 경문의 본지를 직접적으로 파악하는 데 치력하였다. 이는 후술하겠지만 조선 주자학파 경설의 대부분이 주자주(朱子注)나 소주(小注)에 대한 분석, 비판, 보완으로 이루어진 것과는 확연히 다르다. 즉 조선의 주자학파 경학자들이 주자(학파)의 주석에 초점을 맞추었다면, 정약용은 경문에 초점을 맞추고 주석을 단 것이다.

다섯째, 정약용은 주자의 경설에 대하여 때로 긍정하기도 하며 때로 비판하기도 한다. 정약용의 경학적 지향은 그 실천론적 경서 해석의 측면에서 보자면, 주자와 다른 지점이 확연하다. 그러나 그의 도심 중심의 수양론은 주자의 그것을 일면 수용한 것이기도 하다. 그리고 정약용은 주자에 대한 존모의 감정을 항상 지녔다. 때문에 정약용의 경전주석에서 친(親)주자와 반(反)주자가 공존하는 것은 무리가 아니다. 그런데 후대의 연구자들은 정약용의 경학에 내재된 친(親)주자적 요소와 반(反)주자적 요소 중 한쪽에 치우쳐서 보았기에, 다산학을 주자학과 단절된 지점에서 보거나 혹은 주자학과의 연계 속에서 파악하는 경향이 있게 된 것이다. 이에 정약용을 위시한 조선 실학파의 경학을 두고서 주자학의 단절 또는 계승을 말하는 것은 문제가 있다고 할 수 있다. 왜냐하면 이들의 주자 경설에 대한 자세가 양면적인데, 그 일면만 보고서 친주자, 반주자 하는 것은 실상과 부합하지 않기 때문이다. 사정이 이러하다면 우리는 정약용의 경전주석, 더 나아가 실학파 경학의 성격을 주자학과의 관련 속에서 어떻게 규정할 수 있을 것인가?

---

657) 이에 관한 자세한 논의는 이영호, 「조선후기 『위고문(僞古文)』의 옹호와 한문학에 미친 영향」, 『동방한문학』 66집, 동방한문학회, 2016 참조.

3) 조선 주자학파 경학에 대한 정약용의 입장

일찍이 정약용은 「오학론(五學論)」(一)에서 다음과 같은 말을 하였다.

지금 성리학을 하는 사람들은 이(理)니 기(氣)니 성(性)이니 정(情)이니 체(體)니 용(用)이니 하는가 하면, 본연(本然)이니 기질(氣質)이니 이발(理發)이니 기발(氣發)이니 단지(單指)니 겸지(兼指)니 이동기이(理同氣異)니 기동리이(氣同理異)니 심선무악(心善無惡)이니 심유선악(心有善惡)이니 하면서 줄기와 가지와 잎새가 수천수만으로 갈라져 있다.……지금 성리학을 공부하는 사람들은 스스로 은사(隱士)라고 자칭하면서 거드름을 피우고 있다. 그리하여 대대로 벼슬하여 온 경상(卿相) 집안 출신으로 의리상 당연히 국가와 휴척(休戚)을 같이해야 할 처지이건만 벼슬하지 않고, 조정과 주군(州郡)에서 충분한 예(禮)를 갖추어 여러 번 불러도 나아가 벼슬하지 않는다. 서울에서 나고 자란 사람도 이 성리학을 하게 되면 산으로 들어가게 되므로 이들을 산림처사(山林處士)라 명명한다.……(주자는) 육경(六經)을 깊이 연구하여 진위(眞僞)를 판별하였고 사서(四書)를 표장(表章)하여 깊은 뜻을 열어 보였다. 그리고 조정에 들어가 관각(館閣)의 벼슬에 임명되어서는 올바른 말과 격렬한 논쟁으로 생사(生死)를 돌보지 않은 채 임금의 숨겨진 과실을 공박하였다.……지금 시속(時俗)의 학문에 빠져 있으면서도 주자를 끌어대어 자신을 정당화시키려는 자들은 모두 주자를 무함하는 사람들이다. 주자가 언제 그런 적이 있었는가. 비록 이들이 외모를 꾸미고 행실에 제재를 가하는 것이 방종(放縱)하고 음란(淫亂)한 자들보다는 나은 점이 있기는 하지만 알맹이 없는 고고한 마음으로 스스로 옳다고 오만을 떨고 있으니, 끝내 이들 성리학 하는 사람과는 같이 손잡고 요순(堯舜)과 주공(周公), 공자(孔子)의 문하로 들어갈 수 없다.[658]

---

658) 『與猶堂全書』第一集詩 文集 第十一卷, 「五學論」一. "今之爲性理之學者, 曰理曰氣, 曰性曰情, 曰體曰用, 曰本然氣質, 理發氣發, 已發未發, 單指兼指, 理同氣異, 氣同理

위의 「오학론(五學論)」(一)에서 보다시피 정약용은 주자의 학문과 후대 주자학파의 학문을 정확하게 구분하여 평가하고 있다. 즉 정약용은 주자의 학문이 안으로는 육경과 사서의 오의(奧義)를 밝히고 밖으로는 세상을 광정(匡正)하려는 올바른 행위로 가득 찬 학문이라고 평가하였다. 다만 문제가 되는 것은 후대 주자학파의 학문과 처신이었다. 후대 주자학파는 주자의 성리학을 번다하고 공소한 이론으로 추락시키고, 주자의 현실에서의 실천적 행동을 고답한 산림처사의 현실 도피적 행위로 변질시켰다고 비판한다. 여기서 우리는 탈(반)주자 혹은 친주자라 상반되게 평가되고 있는 다산학의 정체성을 확인할 수 있다. 바로 정약용의 주자학에 대한 태도는 주자와의 연속성 측면에서 친주자이고, 후대 주자학파와의 단절적 측면에서는 탈(반)주자였던 것이다. 다산학과 주자학의 관련 양상에서 이 두 층위를 혼동하지 않는다면 우리는 다산학뿐 아니라 조선 실학과 주자학(주자학파)의 관련 양상을 밝힐 수 있을 것이며, 이를 통하여 실학의 면모를 조금 더 실제에 가깝게 이해할 여지가 있을 것이다.

한편 조선 경학사적 측면에서 살펴보면 정약용이 비판적 안목으로 바라본 주자학파 경학의 실제는 확연하다. 정약용이 비판한 주자학파 경학의 실제가 어떠했는지를 잠시 살펴보고 나서 이 문제를 다시 점검해 보기로 하겠다. 이 부분에 대해서는 위에서 상론하였기에 여기서는 논의에 필요한 정도만 축약하여 언급하기로 하겠다.

경학사적 맥락에서 바라본 조선 주자학파의 경학은 퇴계에게서 비롯된다. 앞서 보았듯이 퇴계는 『사서삼경석의』에서 경문에 대한 독자적 이

異, 心善無惡, 心善有惡, 三幹五椏, 千條萬葉.……今爲性理之學者, 自命曰隱, 雖弈世卿相, 義共休戚, 則勿仕焉, 雖三徵七辟, 禮無虧欠, 則勿仕焉.生長輦轂之下者, 爲此學則入山, 故名之曰山林.……硏磨六經, 辨別眞僞, 表章四書, 開示蘊奧.入而爲館閣, 則危言激論, 不顧死生, 以攻人主之隱過.……沈淪乎今俗之學, 而援朱子以自衛者, 皆誣朱子也.朱子何嘗然哉?雖其修飾邊幅, 制行辛苦, 有勝乎樂放縱邪淫者, 而空腹高心, 傲然自是, 終不可以攜手同歸於堯 · 舜 · 周 · 孔之門者, 今之性理之學也."

해를 시도하는 한편, 주자와 후대 주자학파의 경설에 대한 분석, 비판, 보완을 병행하였다. 퇴계의 후학들은 퇴계 경학의 이 두 지점을 계승하였지만, 후자에 더 치중하였다. 즉 주자의 『사서장구집주』, 『주자어류』 내의 경설조(經說條)와 『사서오경대전』에 들어 있는 송원(宋元)의 주자학파의 경설(이른바 소주)에 대한 분석과 보완, 그리고 비판에 보다 더 노력을 기울였던 것이다.

그런데 퇴계 경학의 주자학적 요소를 좀 더 학술적 형태로 정밀하게 발전시킨 것은 율곡 이이와 우암 송시열, 특히 송시열을 필두로 하는 이른바 우암학파(尤庵學派)이다. 송시열은 『주자대전(朱子大全)』에 주석을 달면서 『주자대전차의(朱子大全箚疑)』를 저술하였는데, 이 책은 이후 200여 년간 그의 후학들에 의해 보완되어 마침내 『주자대전차의집보(朱子大全箚疑輯補)』라는 동아시아 초유의 주자문집 주석서가 탄생하였다. 이 과정에서 주자의 언설(言說)에 대한 정밀한 독해와 보완이 이루어져 이른바 '주자서(朱子書) 문헌학(文獻學)'이라 일컬을 만한 조선 주자학만이 가지는 특징적 국면이 창출되었다.[659] 우암학파의 이러한 주자서 문헌학은 경학 방면에도 큰 영향을 미쳐, 주자와 주자학파의 경설에 대한 분석과 비판에서 학문적으로 높은 성취를 이룩하기도 하였다. 특히 주자와 주자학파 경설에 대한 분석과 회집(會集)은 매우 뚜렷한 성과라고 할 수 있다. 예컨대 농암(農巖) 김창협(金昌協)의 경우 『논어혹문(論語或問)』, 『논어정의(論語精義)』와 『논어집주(論語集注)』의 대비적 독해를 통해 주자(학파) 경학 내부에 존재하는 이질적 해석들을 통합하거나 해석들 사이의 우열을 판정하기도 하였다. 김창협의 이러한 연구는 주자 경학서들에 대한 비평적 안목의 정점을 보여주고 있다.[660] 한편 조선 후기에 이르러서는 퇴계학통과

659) 이에 대해서는 이영호, 「조선의 주자문집 주석서와 그 의미」, 『대동문화연구』88집, 성균관대 대동문화연구원, 2014 참조.

660) 류준필, 이영호, 「농암 김창협의 논어학과 그 경학사적 위상」, 『한문학보』19집, 우리한문

우암학통의 경학자들은 조선 주자학파의 이러한 주석들을 회집하여 책으로 출간하기도 하였다. 이는 곧 학파를 통해 계승된 조선 경학의 한 면모라고 할 수 있다.

정약용은 조선 주자학파 경학의 이러한 현상에 대하여 무시하거나 배척하였다. 앞서 보았다시피, 정약용은 주자의 사상이나 경설에 대해서는 존숭과 비판의 양면성을 동시에 지니고 있다. 그리고 주자학을 조선적 형태로 재창출한 퇴계에 대해서도 존모의 마음을 지녔다. 그러나 퇴계 이후 전개된 주자학자들의 성리 담론과 출처에 대해서는 매우 부정적이었다. 특히 조선 주자학파의 사상이나 경전주석이 지나치게 추상과 공소함으로 떨어짐으로써, 주자의 본래 의도뿐 아니라 공맹유학이 지닌 본래적 의미를 상실하였다고 판단한 것으로 보인다. 이에 정약용은 이러한 조선 주자학파의 경설을 비판 혹은 무시하고 자신의 실천지향적 경서 해석을 제시하였다. 이 과정에서 주자와 퇴계에 대해서는 존모와 비판적 입장을 동시에 지녔다면, 후기 주자학파에 대해서는 매우 비판적인(혹은 무시하는) 자세를 견지하였던 것이다.

그러므로 오늘날 연구자들에 의해 이루어지고 있는 다산학과 주자학, 더 나아가 실학과 주자학의 대비에서 단절 혹은 연속을 이야기함으로써 다산학(혹은 실학)의 정체성을 규명하려는 것은 실상과 어긋난다고 보여진다. 오히려 주자학과 다산학의 관련성을 이야기해야 한다면, 정약용의 「오학론」에서 살펴보았듯이 주자 이후 주자학파의 사상적 면모나 경설과의 비교를 거쳐야 할 것이다. 조선 주자학파의 경설은 주자 경학의 본의를 파악하고자 하는 과정에서 현실과 유리된 순수학문의 영역으로 침잠하였고, 이 과정에서 정약용이 그토록 비판했던 왈리왈성(曰理曰性)의 내용들로 가득 차 있다. 실로 정약용 경학의 핵심인 실천론적 경전 해석은

학회, 2008 참조.

주자학파와의 관련 속에서만 살펴보자면, 조선 주자학파 경학의 이러한 면모에 대한 비판적 맥락을 내포하고 있는 것이다.

이상의 논의를 통해 생각해 보면 정약용 더 나아가 실학파 경학의 주자학과의 관련성을 찾아야 한다면, 핵심은 주자가 아니다. 정약용을 위시한 실학파에서 문제가 된 것은 바로 주자 이후 주자학파의 경전 해석의 면모였던 것이다. 그렇다면 우리는 정약용을 중심으로 실학파 경학의 정체성을 주자학과의 관련 속에서 독립적으로 규정할 수 있을 것인가? 정약용은 주자에 대하여 연속과 비판의 양면을 지녔으며, 오늘날 연구자들도 어느 쪽에 서서 보느냐에 따라 이를 연속 혹은 단절로 파악하고 있다. 곧 정약용의 주자학에 대한 태도가 양면적이기에, 연속과 단절의 어느 한 면을 두고서 정약용 경학의 본령이라 주장하는 것은 사실과 어긋난다고 할 수 있다. 그러나 초점을 주자가 아니라 조선 주자학파 경학과의 비교에 두고 정약용 경학의 위상을 논의하고자 한다면, 위에서 보았다시피 이는 분명하게 단절적이라고 할 수 있다. 즉 정약용과 실학파 경학은 적어도 조선 주자학파 경학과의 대비를 통해서는 자기 정체성을 확연하게 가지고 있다는 말이다. 결론적으로 박학(博學), 실천지향, 경문(經文) 중심의 실학파 경학은 주자와 후대 주자학파의 경설에 대한 분석, 비판, 보완으로서의 조선 주자학파 경학에 대비되는 독자성을 지니고 있으며, 이는 적어도 조선 경학사에서는 실학파의 당대적 정체성이 확인된다는 의미이다.

4) 단절과 계승으로서의 조선 경학

정약용은 주자의 경전주석에 대해서는 수용과 비판의 이중적 자세를 견지하였다. 그러나 조선 주자학파의 경설에 대해서는 아예 거론하지 않았다. 이는 비판을 넘어서서 완벽하게 부정한 것이라고 할 수 있다. 그런데 조선 경학사에서 이러한 실학파 경학은 그 소종래가 있다. 권근(權近)과 이언적(李彦迪)을 거쳐 퇴계에 이르러 조선 경학의 출발점이 확립된 후 권득기(權得己), 조익(趙翼), 허목(許穆), 윤휴(尹鑴), 박세당(朴世堂), 이익(李瀷) 등의 경전주석서에는 확실히 실학파 경학의 선하(先河)라 일컬을 만한 요소가 있다. 즉 이들과 조선 후기 실학파의 경학에는 그 상동성이 존재하므로 이를 통해 우리는 조선 실학파 경학의 계보를 그릴 수 있을 것이다. 그러나 이는 학적 연계성을 가진다는 말은 아니다. 왜냐하면 조선 전기에 이미 싹이 보였던 실학파 경학은 조선 후기 정약용에 이르기까지 독자적 주장을 하였지, 자신들의 주장의 선하에 있었던 선배들의 주석을 비판, 보완, 발전시키질 않았기 때문이다. 즉 그 주장의 상동성에도 불구하고, 실제 주석에 나아가서 살펴보면 학풍의 전수를 통해 존속되는 계보가 없는 것이다.

그런데 우리가 여기서 조심스럽게 살펴보아야 될 지점이 있다. 바로 조선 경학사에서 조선 주자학파의 경학과 실학파 경학이 차지하는 비중이다. 예컨대 『논어』「학이(學而)」2장[661]은 인(仁)에 관한 해석으로 주자학파와 실학파 경학이 크게 변별되는 장이다.[662] 『한국경학자료집성』과 그 보유편(補遺編)을 전산화해 놓은 '한국경학자료시스템'에서 『논어』「학이」 2장을 주석별 검색을 통하여 일괄적으로 배열하고서, 그 주석 경향을 살펴보면 다음과 같은 통계가 나온다.

661) 『논어』, 「學而」2장. "有子曰: '其爲人也孝弟, 而好犯上者鮮矣, 不好犯上, 而好作亂者, 未之有也. 君子務本, 本立而道生, 孝弟也者, 其爲仁之本與!'"

662) 『논어』, 「학이」2장의 '仁'에 관한 조선의 주자학파와 실학파 간의 해석의 차이와 그 의미에 대해서는 이영호, 「『한국경학자료집성』의 자료적 특징과 그 보완 및 연구의 방향 -『한국경학자료집성』 소재 『논어』주석을 중심으로-」, 『대동문화연구』 49집, 성균관대 대동문화연구원, 2005 참조.

■『논어』「학이(學而)」2장에 주석을 단 한국 경학자: 73명

- 주자와 주자학파의 주석을 분석, 보완, 비판하여 주석을 단 경우: 68명
- 주자(학파)의 주석에서 탈피하여 경문 중심, 실천 중시의 주석을 단 경우: 5명[663]

이 통계를 보면 73명 중에 68명, 다시 말해 93% 이상의 경학자들이 주자학적 경전주석의 입장을 취하고 있는 셈이다. 이 통계는 우리에게 다음과 같은 사실을 알려준다. 즉 조선 경학의 90% 이상은 조선 주자학파의 경학이며, 실학파 경학의 범주에 드는 주석은 10%를 넘어서지 못하고 있다. 한편 좀 더 정밀하게 이 주석을 분석해 보면, 조선 주자학파의 주석은 선대의 주석에서 이루어진 논의를 계승하여 수용하거나 비판한 다음 새롭게 주석을 단 경우가 보인다. 이에 비해 주자(학파)의 주석에서 탈피하여 주석을 다는 경우는 이러한 점이 거의 보이지 않고 있다. 그렇다면 적어도 조선의 주자학파는 학파적 계승의식을 가지고서 경전에 주석을 단 것이며, 실학파는 이러한 학파적 계승의식이 없었다는 말이 된다. 이는 조선 말기에 이루어진 조선 경학의 선집(選集)에서도 그대로 드러난다. 앞서 상론하였다시피 퇴계학파 서석화(徐錫華)의 『경설유편(經說類編)』, 율곡학파 이해익(李海翼)의 『경의유집(經疑類輯)』의 경우, 조선 주자학파의 경설을 회집하였는데, 특히 자기 학통에 속하는 선배들의 설을 집중적으로 채록해 놓았다. 여기에서 우리는 조선 경학이 당대에는 조선 주자학파를 중심으로 그 학맥이 형성되었으며, 또한 그 양적인 부분에서 절대다수를 점유하고 있다는 점을 알 수 있다. 이에 비하여 실학파 경학은 그 전수의 과정이 거의 없기 때문에 학맥을 논하기가 모호하며, 그 양

663) 5명의 주석가는 다음과 같다. 魏伯珪(1727～1798), 『讀書箚義-論語』; 丁若鏞(1762～1836), 『論語古今註』; 釋惠藏(1772～1811), 『鍾鳴錄-論語』; 李象秀(1820～1882), 『雜著-論語筆程』; 柳重敎(1832～1893), 『論語說』

적인 면에서 소수에 그치고 있었다. 때문에 실학파 경학은 조선 주자학파의 경학과 비교하여 선명하고도 변별되는 주장이 있음에도 불구하고, 양적으로나 연계성의 측면에서 보아 적어도 당대 조선에서 지배적 위치를 차지하는 것이 아니었다.

이상의 논의를 정리하면, 정약용의 경학을 중심으로 하는 실학파 경학은 그 학맥의 전수가 불명함에도 불구하고 조선 경학사에서 그 정체성이 뚜렷하게 확인되고 있다. 조선의 주자학파 경학이 주자의 경전주석을 중심으로 하는 것에 비해, 정약용을 중심으로 하는 실학파 경학은 경문 중심으로 그 초점을 이동시켰다. 또한 조선 주자학파의 경학은 주자 경설의 이동(異同)과 본의(本義)의 탐색에 치중하였다면, 정약용의 경학은 보다 더 실천지향적 경전 해석을 근간으로 삼고 있다. 때문에 이 양자의 경학은 전자가 추상적, 이론적이라면, 후자는 이에 비해 구체적, 실천지향적이라고 할 수 있다. 한편 정약용의 경학은 주자와 주자학파에 대하여 연속과 단절의 면모를 지니고 있었는데, 특히 조선 주자학파의 경학에 대해서는 확연하게 단절적이었다. 이에 비해 조선의 주자학파는 선대의 경학유산을 계승하는 면모를 보여주었다. 정약용 경학의 이러한 특징은 앞서 살펴본 이익의 경학과 유사하다는 점에서 우리는 이를 두고 실학파 경학의 특징적 면모라고 할 수 있을 것이다.

이처럼 조선의 실학파 경학과 주자학파 경학은 주자학을 사이에 두고서 상호 변별성을 보이고 있다. 그리고 선대의 경학유산을 계승하는 지점에서도 길을 달리하고 있다. 그러나 주자학에 대한 존중과 수용의 면모를 공통의 자산으로 가지고 있기도 하였다. 한편 조선의 주자학파와 실학파의 경학은 공히 고(古)의 지향이라는 면모를 가지고 있기도 하였는데, 이는 조선 경학의 하나의 현상이라 파악하여도 될 것이다. 이에 관해서는 다음 절에서 살펴보기로 하겠다.

3. 조선 경학에서 고(古)의 지향

1) 경학사에서 고주(古注)와 신주(新注)

경학사에서 고(古)와 금(今)의 문제는, 경문과 주석 두 방면에서 발생하였다. 전자는 경문의 문자를 두고 발생한 금고문(今古文) 논쟁이고, 후자는 주자주(朱子注)를 중심에 두고 생성된 고주(古注)와 신주(新注)의 문제이다. 이 양자는 동아시아 경학사에서 공히 문제시되었지만, 특히 경전 주석학에 해당되는 후자는 조선에서 매우 중요한 문제로 등장하였다.

중국에서 경전에 대한 주석의 출현은 서한(西漢) 시대부터라고 한다. 당시 분서갱유의 뒤를 이어 유가 경전이 발굴되고 이를 전승하는 과정에서 『역(易)』, 『상서(尙書)』, 『시경(詩經)』, 『예(禮)』, 『춘추(春秋)』, 『논어』, 『효경(孝經)』 등에 관한 주석이 출현하였으니,[664] 경전주석학은 서한 시대에 그 규모를 갖추었다고 볼 수 있다. 그러나 이때 출현한 경전주석학은 문자의 동이(同異), 자구(字句)와 편장(篇章), 서적의 진위(眞僞)에 치중되었으며, 경문의 내용에 관한 주석학은 위진(魏晋)과 당(唐)을 거쳐 송대(宋代)에 와서 본격적으로 출현하였다. 그 핵심에 바로 주자의 경전주석학이 있다.[665] 주자에 의해 구축된 경전의 주석을 신주(新注)라 하며, 이에 대비되는 한당대(漢唐代)에 이루어진 경전주석을 고주(古注)라 한다. 고주가 주로 경전의 훈고에 치중하였다면, 신주는 경전이 지닌 철학적 의미의 분석과 발양에 집중하였다.

한국에서 고주 『논어』의 존재가 처음으로 보이는 저술은 고려 때 저술된 『삼국유사(三國遺事)』에서이다. 『삼국유사』 「마한(馬韓)」조에서는 "『논어정의(論語正義)』에서 구이(九夷)에 대하여 현토(玄菟), 낙랑(樂浪), 고려(高

664) 劉師培 著, 陳居淵 注, 『經學教科書』, 上海古籍出版社, 2006, 31~55면.

665) 董洪利, 『古籍的闡釋』, 遼寧教育出版社, 1995, 2~7면.

麗), 만식(滿飾), 부유(鳧臾), 소가(素家), 동도(東屠), 왜인(倭人), 천비(天鄙)라고 했다."[666]라는 기록이 있다. 이 기록에 의하면 고려시대에는 고주와 신주의 징검다리 역할을 한 형병(邢昺)의 『논어정의(論語正義)』가 읽혀졌던 것을 알 수 있다.

이처럼 한국에서는 고려시대 중기까지 고주 중심의 경학이 어느 정도 통용된 흔적이 있다. 그러나 고주에 관한 전문적 저술이나 정치한 분석의 글이 없기에 그 통용의 정도를 쉽사리 짐작할 수는 없다. 한국 경학사에서 그 흔적을 처음으로 명료하게 찾아볼 수 있는 주석은 고려 후기 이색(李穡)의 문집에 등장하는 주자 경설(經說)의 응용이다.[667] 당시 주자학을 원(元)으로부터 수용하였던 고려의 신흥사대부(新興士大夫)들은 주자(학파)의 경설을 적극적으로 받아들여 경전 이해의 초석으로 삼았다. 그러나 이는 수용에 그쳤을 뿐, 분석이나 저술의 형태로 나아가지는 못하였다. 한국 경학의 출발은 조선에 들어와서야 가능해졌다.

조선에 들어와 권근(權近), 이석형(李石亨), 이언적(李彦迪) 등에 의해 몇 종의 경전에 관한 주석이 이루어졌는데, 주로 신주인 주자의 주석을 이해하려는 시도나 부연하는 것이 주된 내용이다. 이 과정에서 주자의 주석과 약간 다른 견해를 표출하기도 하였으나, 그 본질은 어디까지나 주자의 신주 경학이었다. 한편 조선 경학의 진정한 출발은 퇴계에 와서 가능해졌다고 할 수 있다. 퇴계는 사서삼경(四書三經)에 대한 주자주와 주자학파의 주석에 대하여 면밀하게 검토하였다.[668] 이 과정에서 경문(經文)

666) 『三國遺事』卷第一, 「馬韓」. "『論語正義』云, 一玄菟, 二樂浪, 三高麗, 四滿飾, 五鳧臾, 六素家, 七東屠, 八倭人, 九天鄙."

667) 도현철, 「李穡의 經學觀과 그 志向」, 『진단학보』제102호, 진단학회, 2006.

668) 한국에서는 고려 후기에 『주역』과 『논어』에 관한 주석서가 저술되었지만 현재는 실전이 되어 그 내용을 확인할 수 없다. 때문에 한국 최초의 경전주석서는 양촌 권근에 의해 지어진 詩書易 淺見錄이라 할 것이다. 그러나 한국 경학사에서 영향력의 측면에서 보자면 퇴계의 『四書三經釋義』를 들 수 있을 것이다.

뿐 아니라 주자주와 소주(小注)에 대해서도 정밀하게 분석하였는데, 그 분석의 근간은 어디까지나 주자의 신주 경학이었다. 그러나 퇴계는 간혹 자신의 견해를 세운 경설을 제시하기도 하였는데, 이는 고주로의 회귀를 지향한 것은 아니었지만 때로 공자의 본지를 추구하는 면모를 보여주기도 하였다.

퇴계 이후 조선의 경학은 주자의 신주 중심의 경학을 근간으로 삼아 발전해 나간 흔적이 뚜렷하다. 그 양적인 면에서 이 부분이 절대다수를 차지하고 있다. 그러나 한편에서는 양적으로 이에 미치지 못하지만 경전의 본지에 직접적으로 다가가고자 하거나, 고주의 경학을 중심에 두고 경전을 이해하거나, 고주와 신주를 겸채(兼採)하여 주석을 가한 소수의 경학자들도 있다. 즉 퇴계에게서 발원한 조선의 경학은 주자의 신주(新注)를 중심에 두고서 경문의 본지 추구, 고주 중심, 신주와 고주의 겸채 등 다채로운 경로를 통해 발전해 나갔다. 필자는 조선 경학의 이러한 양상을 두고서, '고(古)의 지향'이라 칭하고자 한다.

이에 조선경학의 고(古)의 양상을 『논어』의 중요 개념어-학(學), 인(仁), 경(敬)-에 대한 조선경학자들의 견해를 통해 고찰해 보기로 하겠다.[669] 이 과정에서 조선 경학의 지향이 무엇이었는지에 대하여 살펴보기로 하겠다.

---

669) 조선 논어학의 중요 개념어를 들라면, 우선 '학'을 거론할 수 있다.(이에 관해서는 이미 류준필의 「『논어』 경학에서의 학(學) 개념과 그 인식 층위」, 『한국한문학연구』45, 한국한문학회, 2010 논문에 상세하게 언급되었다) 한편 이외에도 '仁', '敬', '中庸', '政' 등의 개념을 거론할 수 있다. 이상의 5가지 개념어는 조선의 주자학파뿐 아니라, 실학파에서도 중시되었다.(실학파에서 논의된 『논어』의 중요 개념어에 대해서는 정일균, 「서계 박세당의 『논어사변록』 연구」 ; 「서계 박세당의 사서경학과 서계학, 탈주자학, 실학」, 제1회 서계학 학술세미나 발표문, 2018 참조) 그런데 주자학파는 '政'에 대한 개념이 상대적으로 실학파에 비해 미약하다. 또한 '중용' 개념은 조선의 『중용』 주석학에서 다루는 문제이다. 때문에 본고에서는 '학', '인', '경'을 중심으로 논의를 전개하고자 한다.

2) 조선 논어학의 중요 개념어

(1) 학(學)

주자는 『논어집주』 「학이(學而)」1장에서 학(學)에 대한 주석을 달면서, "학(學)이란 '본받는다'는 말이다. 인간의 본성은 모두 선(善)하니, 후학(後學)들은 선학(先學)들이 하는 것을 본받아야만, 이에 선을 밝히고 그 최초의 모습으로 돌아갈 수 있을 것이다."[670]라고 하였다. 주자의 이 주석은 공자에서부터 시작되어 송대 이전까지 보편적으로 인정되었던 학(學)의 정의를 일거에 뒤엎었다고 할 수 있다. 고주에 속하는 황간(皇侃)과 형병(邢昺)의 논의를 살펴보면 이 점은 더욱 분명하게 드러난다.

■ 황간(皇侃)

무릇 배움에는 세 시(時)가 있다.……첫째, 신중(身中)의 시(時)는 『예기(禮記)』 「내칙(內則)」에 "6세가 되면 수와 방위의 명칭을 가르치며, 7세가 되면 남녀가 자리를 함께하지 않음을 가르치고, 8세가 되면 비로소 겸양을 가르치며, 9세가 되면 수와 날짜를 가르치고, 10세가 되면 글쓰기와 계산을 배우며, 13세가 되면 악(樂)을 배우고 시(詩)를 음송(吟誦)하고 작시(勺詩)의 절주(節奏)에 맞추어 문무(文舞)를 추고, 15세가 되어 성동(成童)이 되면 상시(象詩)의 절주(節奏)에 맞추어 무무(武舞)를 춘다."라고 하였으니, 이것이 '신중(身中)의 시(時)'이다. 둘째는 연중(年中)의 시(時)이니, 무릇 학문은 때의 기운을 따르면 학업을 전수받음에 쉽게 들어갈 수 있다. 그러므로 『예기(禮記)』 「왕제(王制)」에 '봄과 여름에는 시(詩)와 악(樂)을 배우고 가을과 겨울에는 서(書)와 예(禮)를 배운다'라고 하였다. 봄과 여름은 양(陽)이고, 양체(陽體)는 경청(輕淸)하다. 시(詩)와 악(樂)은 성(聲)으로 성(聲) 또한 경청하다. 경청할 때 경청한 학업을 배우면 쉽게 들어갈 수

---

670) 『論語集注』, 「學而」1장. "學之爲言, 效也. 人性皆善, 而覺有先後, 後覺者必效先覺之所爲, 乃可以明善而復其初也."

있다. 가을과 겨울은 음(陰)이고 음체(陰體)는 중탁(重濁)하다. 서(書)와 예(禮)는 사(事)로써 사(事) 또한 중탁하다. 중탁할 때에는 중탁한 학업을 배우면 또한 쉽게 들어갈 수 있다. 셋째는 일중(日中)의 시(時)이니, 앞서 말한 신중(身中)의 시(時), 연중(年中)의 시(時)에 배운 것을 날이면 날마다 닦고 익혀서 잠시도 폐하지 않는 것이다.[671]

■ 형병(邢昺)

『정의(正義)』에 말하였다. "이 장은 사람에게 군자가 되기를 권하는 것이다."……『백호통(白虎通)』에 말하였다. "배운다는 것은 깨닫는다는 것이다." 공자가 말하였다. "배운 것을 때에 맞게 그 경업을 암송하고 익혀서 폐지됨이 없게 한다면 또한 기쁘지 아니한가!"……황간은 "배움이란, 이때에 맞게 배운 바의 편간의 문장(文章)과 예악(禮樂)의 용모를 암송하고 익히는 것이다."라고 말하였다.[672]

『논어집해의소(論語集解義疏)』「학이(學而)」1장에서 황간은 사회적 구성원으로서 인간이 습득해야 될 배움의 항목을 일생의 배움, 1년의 배움, 매일의 배움으로 세분화하였다. 일생의 배워야 될 내용 중 청소년기에 배워야 될 것을 보면, 6살에는 숫자와 방위의 명칭을, 7살에는 남자와 여

671) 『論語集解義疏』, 「學而」1장. "凡學有三時.……一就身中爲時者.……內則云: '六年敎之數與方名, 七年男女不同席, 八年始敎之讓, 九年敎之數日, 十年學書計, 十三年學樂誦詩舞勺, 十五年成童舞象.' 竝是就身中爲時也.……二就年中爲時者, 夫學隨時氣則受業易入. 故王制云: '春夏學詩樂, 秋冬學書禮.' 是也. 春夏是陽, 陽體輕淸, 詩樂是聲, 聲亦輕淸, 輕淸時學輕淸之業, 則爲易入也. 秋冬是陰, 陰體重濁, 書禮是事, 事亦重濁, 重濁時學重濁之業, 亦易入也. 三就日中爲時者, 前身中年中二時而所學, 竝日日修習不暫廢也."

672) 『論語正義』, 「學而」1장. "正義曰: '此章勸人學爲君子也.'……白虎通云: '學者, 覺也. 覺悟所未知也.' 孔子曰: '學者而能以時誦習其經業, 使無廢落, 不亦說懌乎?'……皇氏以爲……言學者以此時誦習所學篇簡之文及禮樂之容."

자가 자리를 함께하지 않는 예절을, 8살에는 겸양을, 9살에는 날짜 세는 법을, 10살에는 글쓰기와 계산법을, 13살에는 음악과 시를, 15살에는 춤을 배우게 하였다. 또한 1년 중 봄과 여름에는 시와 음악을, 가을과 겨울에는 서(書)와 예(禮)를 배우게 하였다. 그리고 이렇게 배우는 내용을 매일 쉼 없이 학습하도록 하였다. 이는 예와 악, 기타 지식에 대한 행위적 실천과 지식적 습득을 아울러 강조한 것이지만 그 무게의 중심은 행위의 실천에 있다.

한편 형병 또한 황간의 이러한 설을 수용하였지만 미묘한 차별성을 보이고 있다. 황간이 지식의 습득보다 행위의 실천에 중심을 두고 있는 반면, 형병은『백호통』의 설을 인용하면서 행위적 실천을 인정하지만 지식의 습득으로서의 학을 강조하고 있다.『논어』「학이」1장의 학(學)에 대한 정의는 실천적 행위와 지식 습득의 병행구조로 이루어져 있는데 점차 지식의 습득으로 그 초점이 옮겨지다가 주자에 이르러 이러한 성향이 극대화된다. 주자 또한 학에 들어 있는 실천적 요인을 중시하지만, 앞서 보았듯이 학(學)을 '명선복초'(明善復初)라 정의함으로써 그 내면의 본성을 밝히는 것으로서의 지식적 측면을 극대화한 해석을 제시하였다. 주자의 이러한 정의는 종래의 학에 내재된 실천적 요인을 배제한 것은 아니지만, 그 무게중심을 지적 탐구의 영역으로 옮긴 것은 확실하다.[673]

공자는 "먹음에 배부름을 구하지 않고 기거함에 편안함을 구하지 않으며, 일은 민첩하게 하고 말은 신중하게 하며, 진리를 간직한 사람에게 나아가 자신을 바로잡으면 학(學)을 좋아한다고 할 수 있다."[674]고 하

673) 주자는 學이 知와 行의 영역을 겸하고 있다고 누차 말하였다. 이는 주자가 학에 내재된 공자의 본지인 행의 영역을 의식하면서 자신이 주장하는 지의 영역을 가미하고 있음을 의미한다고 할 수 있다.

674)『論語』,「學而」3장. "子曰: '君子食無求飽, 居無求安, 敏於事而愼於言, 就有道而正焉, 可謂好學也已.'"

였다. 공자의 이러한 학(學)은 바로 인간 사회를 구축하기 위하여 개인이 지녀야 될 규범의 실천이라고 할 만하다. 한편 공자의 제자인 자하(子夏)는 '현자를 존중함', '힘을 다해 부모를 섬김', '몸을 바쳐 임금을 섬김', '진실하게 친구를 사귐' 등을 '학'의 내용으로 정의하였는데,[675] 이는 개인이 타자와의 교섭에서 지켜야 될 규범을 학(學)의 내용으로 규정한 것이라고 할 수 있다. 즉 공자와 그의 제자들이 생각한 학(學)이란 지식의 축적을 넘어서서, 한 개인이 사회의 구성원이 되기에 필요한 예제의 실천적 행위를 말한다고 볼 수 있다. 그런데 주자의 학(學)에 관한 주석은 공자의 이러한 외재적이고 구체적인 행위로서의 학(學)을 내재적이고 추상적인 형태로 전화시킨 것이다. 이른바 공자의 유학과 구별되는 주자의 유학, 즉 주자학 탄생의 생생한 면모인 것이다.

조선 경학의 출발점에서 이 문제는 예민하게 받아들여졌다. 권근(權近)이나 이언적(李彦迪)이 『대학(大學)』을 해석하면서 주자의 신주에 뿌리를 두면서도, 한편으로 주자와 다른 독자적 견해를 낸 것은 바로 이 때문이라 할 것이다. 퇴계의 바로 뒤를 이은 김수인(金守訒)도 『논어차록(論語箚錄)』「학이」1장에서 이 점을 충분하게 인식한 듯하다. 김수인은 주자의 주석에 대한 충실한 분석을 하면서도 주자가 정의 내린 학(學)에 대하여, "(주자가 『논어집주』에서 말한) '학지불이'(學之不已)의 학(學)은 경문의 학(學)자와 조금 다른 듯하다."[676]라고 하였다. 이는 학(學)에 대한 주자의 견해와 공자의 본지와의 괴리를 인식한 바탕에서 나온 말이라 할 것이다. 이후 주자와 공자의 괴리에 관한 이러한 의식은 조선의 주자학자들에 의해서 학(學)의 정체성을 둘러싼 논쟁의 과정을 통해 심각하게 인식되었다.

---

675) 『論語』, 「學而」7장. "子夏曰: '賢賢易色, 事父母, 能竭其力, 事君, 能致其身, 與朋友交, 言而有信, 雖曰未學, 吾必謂之學矣.'"

676) 『論語箚錄』, 「學而」1장. "學之不已與本文學字, 少異."

■ 김수인(金守訒)

무릇 학(學)을 전적으로 말한다면 지(知)와 행(行)을 겸하는 것이지만, 학(學)과 습(習)을 상대적 개념으로 말해 본다면 학은 지(知)에, 습은 행(行)에 속한다. 학은 지행(知行)의 지(知)이고, 습은 지행(知行)의 행(行)이다.[677]

■ 이유태(李惟泰)

주자는 말하였다. "학(學)이란 한 글자는 실로 치지(致知)와 역행(力行)을 겸하는 말이다."[678]

■ 이재(李縡)

대체로 학(學)자의 본래 면목은 참으로 지(知)에 속하나, 또한 저절로 행(行)의 의미를 포함하고 있다.[679]

김수인(金守訒, 1563~1626)은 『논어차록(論語箚錄)』 「학이(學而)」1장에서 학(學)을 지행(知行)을 겸하는 개념으로 파악하지만, 습(習)과 짝을 이루어 이야기할 땐 지(知)만의 의미를 지니고 있다고 보았다. 이에 비해 이유태(李惟泰, 1607~1684)는 학(學)을 지(知)와 행(行)을 겸하는 개념으로 파악하였다. 한편 이재(李縡, 1680~1746)는 학(學)이 그 본래적 측면에서 보자면 지(知)에 속하지만, 지(知)와 행(行)을 겸하는 개념이라고 하였다.

학(學)이 이처럼 지(知)에 속하느냐, 행(行)에 속하느냐, 혹은 '지'와 '행'을 아우르는 개념인가 하는 것에 대한 분분한 논의는 이외에도 많은 경

677) 『論語箚錄』, 「學而」1장. "夫學專言之則兼知行, 學與習對說, 則學屬知, 習屬行. 學是知行之知, 習是知行之行."

678) 『四書答問-論語』, 「學而」1장. "朱子曰: '學之一字, 實兼致知力行而言.'"

679) 『泉上講說-論語』, 「學而」1장. "大抵學字本面, 固屬知, 而亦自包得行底."

학자들이 언급을 하고 있다.[680] 왜 조선의 경학자들은 학(學)을 언급할 때, 이 지점에 대하여 많은 논의를 하였을까? 물론 주자와 그의 후학들이 이 지점에 대하여 언급을 하였기에 부연한 것이라 말할 수도 있다. 그러나 다른 내용보다 유달리 이것에 관한 주석과 반박, 그리고 재정의의 순환이 이어지는 것은 아무래도 앞서 언급한 주자 경학의 특징과 연관이 있다고 본다. 주자 경학의 가장 큰 특징으로 꼽는 새로운 경설은 공자 본래의 의미를 변화 혹은 이탈한 지점이 있기에, 조선의 경학자들은 이 양자의 조화를 꾀하거나 혹은 비판하는 의식이 있었다고 볼 수 있다. 앞서 언급하였듯이 기본적으로 학(學)에 관한 공맹의 본지는 아무래도 행(行)의 측면이 많다. 그런데 주자의 학(學)에 대한 정의대로라면, 행(行)에 지(知)의 측면을 크게 보강하여 자칫 학(學)이 지(知)로 이해될 여지가 많다.

조선의 경학자들이 학(學)에 대한 주자주에 관하여 해설을 달면서 이 문제를 집중적으로 거론하는 것은, 공맹의 학(學)이 지닌 행(行)의 지점과 주자의 학(學)이 지닌 지(知)의 측면의 괴리를 인식한 가운데 이를 회통시키려는 의도를 지녔다고 볼 수 있다. 이 과정에서 주자의 학(學) 개념이 지닌 지(知)의 측면을 충분히 수용하면서도, 이를 행(行)과 연계하여 지행(知行)의 통합적 이념으로서 학(學)을 이해하고자 한 것이다. 조선 주자학자들의 학(學)에 관한 이러한 논의는 주자의 신주를 바탕으로 하면서도 공자의 본지를 인식한 데서 비롯되었다. 이는 결국 신주(新注)를 근간으로 하는 조선 주자학자들이 공자의 본지로서의 고(古)를 인식한 데서 비롯된 논의라 할 것이다. 한편 주자의 주석을 근간으로 하지 않은 일부 조선 경학자들의 학(學)에 관한 논의에서도 우리는 이러한 지점을 확인할 수 있다.

680) 이에 관한 다양한 논의는 류준필, 앞의 논문 참조.

■ 권득기(權得己)

나는 생각한다. '수시로 익힘'이란, 배운 것을 수시로 익히는 것이다. 또한 학(學)의 경우는 경(敬)을 지니고서 수시로 들어서 경계하고 살피는 것이니, 이것이 바로 시습(時習)이다. 경학(敬學)을 지니고서 방일한 마음을 수습할 때, 또한 수시로 항상 마음을 두어 방심을 수습하여 마음이 밖으로 달려 나가지 않도록 해야 하니, 이것이 바로 방일한 마음을 수습하는 '시습'인 것이다. 시습하면 공부가 점차 나아가 자득의 지취를 얻게 되어 마음이 저절로 기쁘게 될 것이다.[681]

■ 위백규(魏伯珪)

학(學)자는 치지(致知)와 격물(格物)의 공부이며, 습(習)자는 성의(誠意) 이하의 일이다. '불역'(不亦) 두 글자는 도언(倒言)으로 격려하여 사람을 흥기시키는 것이니, 바로 '작신민'(作新民)이라고 할 때 작(作)의 의미가 있다. 아래 두 구절의 '불역'(不亦) 두 글자도 모두 그러하다.[682]

■ 박세당(朴世堂)

사람이 스승을 따라 책을 읽고 질문하며 강구하고 지식을 구하며, 행동하고 타인을 대하는 방법 등이 모두 학(學)이다.[683]

권득기(權得己, 1570~1622)의 경우, 학(學)을 경학(敬學)으로 이해하면서 수방심(收放心)을 강조하고 있다. 권득기의 이러한 주석은 비록 주자학의 영향 아래 있지만, 『맹자』의 논의를 가져다 '학'을 해석하였다는 점에

---

681) 『論語僭義』, 「學而」1장. "愚謂時習者, 時習所學也. 且如學, 持敬時時提撕警省, 便是時習. 持敬學收放心, 亦時時常念, 收放心, 不使向外走作, 卽是時習收放心. 時習之, 則工夫漸就有自得之趣, 故心中自悅."

682) 『讀書箚義-論語』, 「學而」1장. "學字, 致知格物工夫也. 習字, 誠意以下之事也. 不亦二字, 倒言而激撼之, 使人興起也, 便有作新民作字意思, 下二節不亦字皆然."

683) 『論語思辨錄』, 「學而」1장. "人從師, 讀書質問講究求知行己處物之方, 是謂之學."

서 앞서 살펴본 주자학자들과 또 다른 지점에서 고의 지향을 보여준다. 한편 위백규(魏伯珪, 1727~1798)의 경우, '학'을 『대학(大學)』의 격물치지(格物致知)의 공부로 이해하고 있다. 이는 권득기의 '학'의 개념 규정과 비록 차이는 있지만, 다른 경전을 인용하여 '학'의 이해를 시도하고 있다는 점에서 또한 권득기와 동일한 고(古)의 지향성을 지녔다고 할 것이다. 권득기와 위백규의 '학'에 관한 이러한 이해는 일종의 이경통경(以經通經)의 자세로서, 다른 경전을 원용하여 직접적으로 『논어』 이해를 시도한 것이라 할 것이다. 한편 박세당의 경우는 '이경통경'으로서의 고(古)를 지향하지는 않았지만, 자득(自得)의 경설을 통해 '학'이 지닌 행(行)의 측면에 주목하고 있다는 점에서 고(古)를 지향하고 있음을 알 수 있다.

이상으로 우리는 학(學)에 관한 조선 경학자들의 주석의 일면을 살펴보았다. 조선 경학자들 중, 주자학파의 주석은 어디까지나 주자의 신주 중심이었지만, 공자의 본지를 의식하고 있었다. 그러하였기에 주자 경설의 새로운 지점과 공자 유학의 본지 사이의 괴리를 인식하고 이를 경학적으로 소통시키려는 노력을 한 것이었다고 할 수 있다. 또한 경문의 본지에 직접적으로 다가가고자 하였던 경학자들의 경우도, '이경통경'의 방식을 위주로 주자의 신주를 인식한 위에 공자의 본지에 이르고자 하였다. 이렇게 보면 '학'에 관한 조선 경학자들의 주석은 주자의 신주와 공자의 본지 사이에서 진동한 흔적의 일환이었다고 할 수 있다.

(2) 인(仁)

주자는 『논어』 「학이(學而)」2장[684]의 인(仁)에 대한 주석을 달면서, "인(仁)은 사랑의 이치이자 마음의 덕이다."[685]라고 하였다. 인(仁)을 '애지리'

684) 『論語』, 「學而」1장. "有子曰: '其爲人也, 孝弟, 而好犯上者, 鮮矣. 不好犯上, 而好作亂者, 未之有也. 君子務本, 本立而道生, 孝弟也者, 其爲仁之本與?'"

685) 『論語集注』, 「學而」2장. "仁者, 愛之理, 心之德也."

(愛之理)라고 풀이한 주자의 신주는 경문의 본의와 고주에 비해 매우 새로운 해석이다.

주자의 신주의 해석이 왜 새로운 해석이었는지에 대하여 알려면 고주의 해석과 대비하여 살펴보아야 할 것이다.

■ 하안(何晏)

효(孝)는 인(仁)의 근본이니, 만약 효를 근본으로 삼는다면 인은 이에 생겨날 것이다.[686]

■ 황간(皇侃)

자연스럽게 친애하는 것이 효이고, 사랑을 미루어 타인에게 미치는 것이 인이다.[687]

■ 형병(邢昺)

이런 까닭에 군자는 효제(孝弟)를 닦는 데 힘쓰니 도의 기본으로 여기기 때문이다. 기본이 확립된 뒤에 도덕이 생겨난다. 아마도 사람들이 그 기본이 무엇을 말하는지를 알지 못할까 걱정된 까닭에 또 '효제(孝弟)란 인의 근본일 것이다'고 말한 것이다.[688]

『논어』「학이」2장의 인(仁)에 대한 고주의 해석에서 하안(何晏)은 '인'의 근본으로 효(孝)를 언급하고 있다. 한편 황간(皇侃)에 이르러 '효'와 '인'은 모두 '애'(愛)로 파악되고 있다. 하안과 왕필에 의하면, '효'는 '인'에 비

686) 『論語集解』, 「學而」2장. "孝是仁之本, 若以孝爲本則仁乃生也."

687) 『論語集解義疏』, 「學而」2장. "自然親愛爲孝, 推愛及物爲仁也."

688) 『論語正義』, 「學而」2장. "是故君子務脩孝弟, 以爲道之基本, 基本旣立而後, 道德生焉. 恐人未知其本何謂, 故又言孝弟也者, 其爲仁之本歟?"

해 보다 더 근원적인 개념이며, '인'은 '애'(愛, 孝弟)라는 실천적 행위의 기반위에서만 가능하다고 보았던 것이다.[689] 형병 또한 하안과 황간의 논의를 계승하고 있다. 이처럼 효제(孝弟)를 천부적인 것으로 인(仁)을 실천적인 행위로 보는 관점은, 북송대 신유학의 선구인 정이(程頤)에 의하여 그 개념의 전환을 맞이하게 된다. 정이는 기존의 본원으로서의 효제(孝弟)와 작용으로서의 인(仁)의 관계를 정반대로 역전시켜, 인(仁)이야말로 형이상학적 본성이며 효제는 인에 기반하여 나오는 구체적 행동 양태 중의 한 가지에 불과하다고 하였다.[690] 그런데 앞에서 보듯이 주자는 정이의 이 주장을 그대로 수용하면서, 인을 '애지리'(愛之理)로 정의하였다.[691] 주자의 이 같은 정의는 '인'을 천부적이고도 추상적인 성리(性理)로, 효제를 인에 바탕한 구체적인 행사(行事)로 규정한 것이다.[692] 한에서 당에 이르기까지의 인과 효제의 관계는 실로 주자에 이르러 완전히 역전된 것이다.

조선의 경학자들 중 주자학자들은 주자의 이 신주를 비교적 충실하게 따랐다. 그러나 이유태(李惟泰) 같은 주자학자들은 다음과 같은 의미심장한 발언을 하기도 하였다.

> 아마도 인(仁)의 전체는 이 한 몸의 가운데 구비되어 있으며, 그 작용은 어버이를 섬기고 형을 따르는 사이에 발현되는 것이다. 효제(孝弟)를 극진히 하는 곳

689) 한편 唐代 韓愈는 「原道」에서 '博愛之謂仁'이라고 하였는데, 이는 이러한 관념을 보다 더 발전시켜 구체적 행위로서의 '愛'와 '仁'을 동일한 개념으로 파악한 것이라고 할 수 있다.

690) 『論語集注』, 「學而」2장. "程子曰: '孝弟, 是仁之一事, 謂之行仁之本則可, 謂是仁之本則不可. 蓋仁, 是性也, 孝弟, 是用也.'" 金履祥의 『論語集註考證』에 의하면, 이 구절의 정자는 二程子 중 동생인 程頤를 가리킨다.

691) 『論語集注』, 「學而」2장. "仁者, 愛之理, 心之德也. 爲仁, 猶曰行仁."

692) 『論語或問』, 「學而」2장. "仁者, 天之所以與我, 而不可不爲之理也. 孝弟者, 天之所以命我, 而不能不然之事也."

이 바로 인(仁)이다.[693]

이유태는 추상적 원리로서의 인(仁)과 그 구체적 행사로서의 효제(孝弟)를 인정한다. 이렇게 보면, 이유태의 인관(仁觀)은 주자의 그것에 다름 아니다. 그러나 이유태는 '효제를 극진히 하는 곳이 바로 인이다'(其孝弟盡處, 便是仁也.)라고 하여, 구체적 행사로서의 효제의 극진한 실천이 바로 추상적 원리로서의 인이라고 하였다. 이는 주자의 인관(仁觀)에 근거하면서도 구체적 실천으로서의 효제와 인을 동일하게 보았기에, 고주의 인관을 어느 정도 수용한 발언이라 여겨진다.

한편 주자의 인관과 고주의 인관의 간극을 보다 선명하게 인지하고 이를 주석에 반영해 낸 경학자는 조선의 실학파에 속하는 경학자들이었다.

■ 이익(李瀷)

인(仁)은 성(性)이고 성(性)은 리(理)이다. 리 가운데 4가지가 있는데, 인이 그 하나에 해당된다. 인이 발현되면 사랑이니, 사랑은 정(情)이다. 어떻게 이 인이 있음을 아는가? 정으로 말미암아 추측하는 것이다. 그러므로 '저 인은 바로 사랑이 말미암아 생성되는 곳이다'라고 말하는 것이 이것이다. 이것은 리(理)의 관점에서 말한 것이다. 심(心)은 기(氣)이며, 심은 성(性)을 통섭하니, 사덕(四德)은 모두 심에 갖추어져 있는 것이다. 그러나 인(仁)이 완전한 덕이기에 '마음의 덕'이라고 말한 것이다. 이것은 기(氣)의 관점에서 말한 것이다. 기(氣)가 아니면 리(理)는 걸려 있을 곳이 없는 까닭에서이다.[694]

693) 『四書答問-論語』, 「學而」2장. "盖仁之全體, 具於一身之中, 其用發見於事親從兄之間, 其孝弟盡處, 便是仁也."

694) 『論語疾書』, 「學而」2장. "仁者性也, 性卽理也. 理中有四, 仁居其一. 仁之發則愛, 愛卽情也. 何以知其有這仁? 由情而推測也. 故曰彼仁者, 卽愛之所由生者是也. 此以理言也, 心氣也, 心統性, 四德莫非心之所該. 然仁爲全德, 故曰心之德也. 此以氣言也, 非氣, 理無掛搭處故也."

■ 홍대용(洪大容)

가만히 생각건대 성(性)은 물(物)의 법칙이자 뭇 이치를 총괄하는 명칭이다. 그 가운데 나아가 나누어 말해 보면, 인의예지(仁義禮智)의 명칭이 있는 것이다. 이 네 글자에 만선(萬善)이 충족되었으니, 성(性) 가운데 어찌 일찍이 효제(孝弟)가 없겠는가. 만약 효제가 없다면 무릇 사람의 만선이 모두 본성이 아니다. 이제 가령 만선으로써 각각 만선에 돌린다면 이른바 인의예지란 것은 거의 눈금 없는 저울에 가깝지 않겠는가.[695]

■ 위백규(魏伯珪)

정자(程子)가 "효제(孝弟)가 집안에서 행해진 뒤에 인과 사랑이 남에게 미치게 된다."라고 한 것은 바로 '생'(生)자를 설명한 것이다. 효제를 집안에서 실천한다면 근본이 이미 확립된 것이다. 백성을 사랑하려고 기약하지 않아도 절로 백성을 사랑하게 되고, 사물을 사랑하려고 기약하지 않아도 절로 사물을 사랑하게 된다. 마치 나무가 가지와 잎사귀를 피우려고 기약하지 않아도 가지와 잎사귀가 절로 나오는 것과 같다. 그 생성이 끝이 없다면 사해(四海)에까지 고루 퍼져서 나라가 다스려지고 천하가 평안해질 것이다.[696]

■ 정약용(丁若鏞)

인(仁)이란 두 사람이 서로 함께하는 것이다. 어버이를 섬김에 효(孝)를 함이 인이니, 부모와 자식 두 사람의 일이다. 형을 섬김에 공손함이 인이니, 형과 아우 두 사람의 일이다. 임금을 섬김에 충성하는 것이 인이니, 임금과 신하 두 사

---

695) 『四書問辨-論語』, 「學而」2장. "窃意性者物之則, 而衆理之摠名. 就其中, 分而言之, 有仁義禮智之名. 卽此四字, 而萬善足焉, 則性中曷嘗無孝弟乎? 苟無孝弟, 凡人之萬善, 皆非性分, 今且以萬善, 各還萬善, 所謂仁義禮智, 不幾近於無星之秤乎?"

696) 『讀書箚義-論語』, 「學而」2장. "孝弟, 行於家而仁愛及於物, 是釋生字. 孝弟, 行於家則本已立矣. 不期仁民, 而自仁民, 不期愛物, 而自愛物, 如木之不期枝而自枝, 不期葉而自葉, 生而不已, 便倣諸四海, 而準國治而天下平也."

람의 일이다. 백성을 기름에 자애함이 인이니, 목민관과 백성 두 사람의 일이다. 이로부터 부부와 친구에 이르기까지 무릇 두 사람 사이에서 그 도(道)를 다하는 것이 모두 인(仁)이다.[697]

실학파의 종장으로 일컬어지는 이익(李瀷)은 인(仁)을 성(性)으로, 애(愛, 孝弟)를 정(情)으로 파악하고 있다. 이 구절에 대한 이익의 이러한 해석은 주자의 신주와 별반 다를 것이 없다. 그러나 이어지는 이익의 말을 들어보면 주자와 미묘한 차별이 있다. 이익은 본성인 추상적 인을 알 수 있는 방법은 오직 감정인 구체적 애(愛)를 통해서만 가능하다고 주장한다. 이는 성으로서 인의 선재성(先在性)을 인정하기는 하지만, 이 성(性)의 현실적 발현태인 정애(情愛, 孝弟)를 중시하는 것이다. 이익의 이 같은 관점은 성(性)에 대응할 정도로 정(情)에 무게중심을 두어서 이 둘의 관계를 정초(定礎)하였기에, 주자주를 근간으로 하면서도 고주(古注)의 인관(仁觀)과 어느 정도 맥락이 닿아 있는 것이다.

한편 홍대용(洪大容, 1731~1783) 같은 학자는 이러한 관점을 더욱 밀고 나가, 성(性) 속에 어찌 효제(孝弟)가 없을 수 있겠는가라고 반문하면서, 성(仁)과 효제의 관계를 대등하게 바라보아야 된다고 주장하였다. 또한 위백규는 주자주에 의거하지 않고 오직 경문에 나아가서 효제와 인의 관계를 분석하였다. 그 결과 주자의 신주의 인관에서 탈피하여 이 구절을 경세론(經世論)으로 확장시켜 이해하고자 하였다.

조선의 주자학자 일부와 몇몇 실학자들의 고주 중시 인관(仁觀)은 정약용에 와서 전적으로 고주와 유사한 방향으로 회귀하게 된다. 정약용은 인을 선험적인 본성, 효제를 이에 기반한 실천적 행위로 파악하는 종

---

697) 『論語古今註』, 「學而」2장. "仁者, 二人相與也. 事親孝爲仁, 父與子, 二人也. 事兄悌爲仁, 兄與弟, 二人也. 事君忠爲仁, 君與臣, 二人也. 牧民慈爲仁, 牧與民, 二人也. 以至夫婦朋友, 凡二人之間, 盡其道者, 皆仁也."

래 주자의 인설(仁說)을 강하게 비판하고,[698] 인(仁)이야말로 모든 실천적인 행위가 이루어지고 난 뒤에야 성립할 수 있는 개념이라고 하였다. 정약용의 이러한 관점에 의거할 것 같으면, 효(孝)와 제(弟)라는 실천적 행위를 하고 난 다음에야 인이라는 명칭이 성립될 수 있기 때문에 인보다 효제가 오히려 선재(先在)하게 된다. 효제가 인보다 선재한다고 주장하면서, 인에서 천부론적 측면을 탈각시키고 실천론적 개념을 도입시킨 정약용의 인(仁) 해석은 신주(新注)의 영향에서 탈피하여 고주의 인관에 접근한 것이라고 할 수 있다.

앞서 언급했듯이 조선의 경학은 어디까지나 주자의 신주(新注) 중심이었다. 그러나 우리가 흔히 실학파라고 일컫는 일군의 학자들뿐만 아니라, 주자학자들 또한 주자의 신주를 근거로 하면서도 고주의 지향을 보이면서 고(古)로의 회귀를 드러내었다.

⑶ 경(敬)

주자(朱子)는 『논어』 「학이」5장[699]의 경(敬)에 대한 주석을 달면서, "경(敬)이란, 하나를 위주로 하면서 (마음이 다른 데로) 옮겨감이 없는 것을 이른다."[700]라고 하였다. 그리고 이어서 "진(秦)나라 이후 이 경(敬)자를 아는 사람이 없었다. 정자(程子)에 이르러 바야흐로 그 설명이 친절하였다. 그러므로 이에 합쳐서 말한 것이다."[701]라고 하였다. 주자의 언급에 의하면 경(敬)은 진(秦)에서 송(宋)에 이르기까지 유학자들은 그 본래의 의미를 망각하고 주목하지 않았는데, 정자에 이르러 이 글자는 그 가치를 회복하

698) 『論語古今註』, 「學而」2장. "今之儒者, 認之爲仁義禮智四顆, 在人腹中, 如五臟然, 而四端, 皆從此出, 此則誤矣."

699) 『論語』, 「學而」5장. "子曰: '道千乘之國, 敬事而信, 節用而愛人, 使民以時.'"

700) 『論語集注』, 「學而」5장. "敬者, 主一無適之謂."

701) 『論語集注大全』, 「學而」5장의 小注. "朱子曰: '自秦以來, 無人識敬字. 至程子, 方說得親切, 故此合而言之.'"

였으며 자신 또한 정자의 주석에 의거하여 새롭게 이 글자를 위와 같이 정의하였다는 것이다. 주자의 이 말은 곧 경(敬)에 대한 정자와 자신의 의미 부여가 종래와는 판이하게 다르다는 주장이다. 어떻게 다른지 고주와의 대비에서 그 면모를 살펴보기로 하겠다.

고주(古注)인 하안(何晏)의 『논어집해(論語集解)』에서는 경(敬)을 다만 경신(敬愼)이라고만 풀이하고 일체의 설명을 더 이상 하지 않고 있다.[702] 즉 하안은 경은 단지 '신중함'(愼)이라는 의미로만 이해한 것이다. 여기서 신중함이란 구체적인 일을 할 때의 신중한 자세, 바로 경사(敬事)를 의미한다. 하안의 경(敬)에 대한 이러한 이해는 한대(漢代) 정현(鄭玄)의 설을 그대로 계승한 것인데, 이는 이후 황간(皇侃)을 거쳐[703] 형병에 이르기까지 그대로 계승된다.[704] 즉 한대(漢代)에서 북송(北宋)에 이르기까지 경은 단순히 일을 대할 때의 신중함 그 이상도 그 이하도 아니었다. 때문에 경자는 전혀 주목을 받지 못하였다. 그 결과 『논어』「학이」5장에 관한 고주의 서술은 대부분 위정자의 정치론에 집중되어 있고, 경에 관한 논의도 이와 연관해서 짤막하게 언급되었을 뿐이다. 주자학파의 수양론의 중심축이 경임을 감안한다면, 고주의 이러한 주석 양상은 주자의 말대로 경에 대한 무지(無知)라고 할 수도 있을 것이다. 주자가 '천 년 동안 이 경(敬)자의 의미를 아는 이가 없었다'라고 한 말의 함의는 바로 여기에 있는 것이다. 그러면 주자가 주일무적(主一無適)이라는 성어로 경(敬)을 개념 규정하였을 때, 고주와 결정적으로 다른 지점은 무엇인가? 경을 고주처럼 신중(愼重)이라고만 하면 이는 하나의 일을 대하는 구체적 자세를 의미한다. 반면 경을 신주처럼 '주일무적'이라 하면 구체적 일과 추상적 심성을

702) 『論語集解』, 「學而」5장. "擧事必敬愼."

703) 『毛詩』 周頌 「閔予小子」의 鄭箋. "敬, 愼也." ; 『孝經』의 疏에 인용된 皇侃의 말. "敬者, 心多貌少."(이상은 모두 阮元의 『經籍纂詁』에서 인용한 것임)

704) 형병은 『논어정의』에서 『논어집해』의 설을 그대로 인용하고 있다.

막론하고 모든 일에서 항상 간직해야 될 마음의 자세로서의 오롯한 집중을 의미한다. 즉 경에 대한 초점이 구체에서 추상으로, 외면에서 내면으로 전환된 것이다.

조선의 경학자들은 주자의 경설(敬說)을 준수하였다. 때문에 서준보(徐俊輔, 1770~1856)가 "경(敬)은 우리 유자(儒者)의 극치의 공부이다. 정자(程子)께서 주일(主一)을 경(敬)이라 하고, 무적(無適)을 일(一)이라 하였는데, 주자께서 주일무적(主一無適)이라 합하여 경(敬)이라 하였으니, 더욱 친절함을 알겠다."[705]라고 한 데서 보듯이, 주자의 경설에 대한 호의적 반응 일색이었다. 그러나 일부 경학자들은 경에 관한 주자의 신주와 고주의 차별성을 예리하게 포착하고서 의문을 제기하였다. 예컨대 조선의 학자군주였던 정조(正祖)는 "경(敬)에서 주일무적의 경(敬)과 임사외근(臨事畏謹)의 경(敬)이 같지 않다."[706]라고 하여, 신주(新注)가 정의 내린 '주일무적'으로서의 경이 고주 혹은 경의 본지와 다름을 지적하고 있다. 정조처럼 경에 관한 신주의 견해에 의문을 제기한 경학자의 견해를 좀 더 살펴보기로 하자.

■ 임영(林泳)

범사에 소심(小心)하게 삼가고 신중하며 도리를 다하기에 힘쓰는 것이 바로 이른바 경(敬)이다.……옛날 성왕의 치국평천하의 도는 오직 이것뿐이었다.……때문에 그 다스림이 옛날의 성왕에게 미치지 못하는 것은 모두 경의 일이 순수하지 못함의 과오이다. 만약 방자하여 꺼리는 것이 없고 오로지 공경할 수 없다면, 나라가 망하고 집안이 무너질 것이다.[707]

705) 『魯論夏箋』, 「學而」5장. "敬是吾儒之極工, 程子以主一爲敬, 無適爲一, 而朱子合主一無適謂之敬, 更覺親切."

706) 『經史講義-論語』, 「學而」5장. "敬是主一無適之敬, 則與臨事畏謹之敬, 不同."

707) 『讀書箚錄-論語』, 「學而」5장. "凡事小心謹愼, 務盡道理, 乃所謂敬.……古之聖王, 平

■ 홍대용(洪大容)

가만히 생각건대 주일무적(主一無適)은 아마도 경(敬)의 의미를 다 드러내기에는 부족할 듯하니, 배움에 의거할 곳이 없다. 또한 엄공인외(嚴恭寅畏)를 앞세우지 않고 한갓 '주일무적'만을 일삼는 다면, 탐간착응(耽看錯應)의 병폐에 가깝지 않겠는가. 나의 생각에 경에는 '주일무적'이 있으나, '주일무적'을 경이라 말하기에는 부족하다.[708]

■ 박세당(朴世堂)

(주자가) 경(敬)을 주일무적(主一無適)이라 풀이하는데, 이는 다만 경 가운데 하나의 일이니, 아마도 그 의미를 다 드러내지는 못한 듯하다. 경이란 다만 삼가는 것으로서 전전긍긍하여 깊은 연못에 임하거나 살얼음을 밟는 것같이 하는 것, 이것이 바로 경이라 할 것이다. 전전긍긍하면 저절로 다른 곳으로 옮겨감이 없으니, 만약 다만 '주일'(主一)이라고 하면 전전긍긍의 의미가 없으니, 어찌 경이 되겠는가.[709]

■ 정약용(丁若鏞)

일을 공경히 함은 그 시종(始終)을 생각하여 그 유폐(流弊)를 헤아리는 것이다. 이런 뒤에야 행동에 막힘이나 어지러움이 없어서 백성들이 믿어줄 것이다.[710]

治之道, 惟此而已.……所以其治不能及古聖王, 皆敬事不純之過也. 若肆無忌憚, 而全不能敬者, 亡國敗家."

708) 『四書問辨-論語』, 「學而」5장. "竊意主一無適, 恐不足以盡敬之義, 而學之無可依據. 且不先之以嚴恭寅畏, 而徒事乎主一無適, 則不幾於耽看錯應之歸乎? 妄意能敬者, 固主一無適, 而主一無適, 不足以言敬也."

709) 『論語思辨錄』, 「學而」5장. "敬訓以主一無適, 此但敬之一事, 恐未盡其義. 敬只是謹, 戰戰兢兢, 臨深履薄, 卽此爲敬. 戰兢則自無他適, 若但主一而無戰兢之意, 豈得爲敬?"

710) 『論語古今註』, 「學而」5장. "敬事, 謂慮其始終, 度其流弊也. 然後行之無所沮撓, 則民

임영(林泳)은 주자학파 계열의 학자이며 홍대용(洪大容), 박세당(朴世堂), 정약용(丁若鏞)은 주자학에 비판적 견해를 지닌 경학자로 평가받고 있다. 그러나 이 두 부류의 경학자들은 공히 경(敬)에 관한 신주의 정의에 비판적이다. 임영은 구체적 일을 마주할 때의 근신(勤愼)하는 자세를 경이라 하면서, 이를 군주의 치세와 연관하여 설명해 내고 있다. 임영의 경에 관한 이 같은 주석은, 『논어』 경문의 본지에 충실함과 더불어 고주의 주석과 유사하다고 할 수 있다. 한편 홍대용은 경을 주일무적(主一無適)이라고 주석하는 것을 드러내어 비판하면서 고주의 의미로 경을 이해하고 있다. 임영과 홍대용의 경에 관한 이 같은 개념 규정은 박세당과 정약용에 이르러 더욱 고주로 편향된 측면을 보이고 있다. 박세당은 미리 표준을 정한 다음 거기에 맞추어 경전의 뜻을 견강부회하는 경전주석의 태도를 강하게 비판하였는데,[711] 이는 다분히 주자가 자신의 사상을 경전해석에 투영하여 신주를 창시한 것에 대한 은근한 비난이라 할 수 있다. 이에 박세당은 주자 신주의 경에 대한 개념 정의를 비판하면서 전전긍긍(戰戰兢兢)이라는 의미로 경을 해석해 내고 있는데, 이 또한 고주의 정의에 매우 근접한 것이라 할 것이다. 한편 정약용은 주자의 신주는 언급조차 하지 않으면서 고주의 정의에 충실하게 경을 이해하고 있다.

결국 조선 경학자들은 경에 대한 개념 규정에 있어서 주자의 신주를 충실하게 준용하였으면서도 한편에서는 위에서 고찰하였다시피 고주의 개념에 경도되곤 하였다. 이는 의식적으로 고주의 경 개념을 채택하였다기보다는, 『논어』의 본지와 주자의 신주에 내재된 추상성(내면지향성)에 대한 모순을 인지하는 과정에서 자연스레 고주의 개념에 다가선 것으로 생각된다.

信之矣."

711) 『論語思辨錄』, 「學而」5장. "若先自立標準, 盡驅經義, 納於其中, 恐未可也."

3) 조선 경학에서 고(古)의 지향과 의미

조선의 경우, 주자학자는 물론이고 실학자조차 몇몇의 예외를 제외하고는 주자의 신주(新注)를 중심에 두고 경전을 사유하였다. 그러다 보니 조선 경학의 근간을 이루는 것은 주자의 신주였다. 그럼에도 불구하고 실학자와 주자학자 일부는 주자 이전의 고주(古注) 혹은 경전의 고의에 다가가고자 하는 지향을 지니기도 하였다. 이러한 양상은 특히 논어학의 중요 개념인 학(學), 인(仁), 경(敬) 등에 관한 해석에 잘 구현되어 있었다.

조선 전기 경학자들의 '고'의 지향은 주자의 신주와 경전의 본래적 의미에 대한 괴리를 인지하고, 이 양자를 조화시키려는 의식에서 형성되었다. 그러다가 점차 주자의 신주를 비판하고, 현실의 실천지향 더 나아가 경세를 강조하는 방향으로 경전을 읽게 되었다. 이후 조선경학에서 고(古)로의 회귀를 보인 경학자들의 지향은 경의 본지(혹은 고주)에서 현실성(실천성)을 찾아내고 이를 신주의 추상성(내면지향성)보다 중시하는 방향으로 나아갔다. 또한 추상적이고 단순한 심성론으로 경을 해설하기보다 구체적이고 역사적인 증거를 활용하여 경을 이해하려고 하였는데, 이 과정에서 경세적 지향을 추구하였다. 즉 고(古)를 지향한 조선 경학자들의 경전주석의 세계는 현실성(실천성)과 경세지향 등이 중심을 이루고 있었다. 특히 '고'로의 지향을 지닌 조선 경학자들 중, 실학파의 경전주석의 세계는 당대 동아시아 중국의 고증학파, 일본의 고학파와 대비해서 음미할 만한 지점이 있다. 고증학파와 고학파의 경학도 공히 고(古)를 지향하고 있기 때문이다. 그러나 조선 실학파의 '고' 지향의 경학은 이 양자와 뚜렷한 차이를 지닌다. 중국 고증학파의 경학은 양계초(梁啓超)가 "순수한 학자의 입장에서 논한다면, 다만 학문이 되는가 학문이 되지 아니하는가만을 물어야 되는 것이지 유용성과 무용성을 반드시 물어야 하는 것은 아니다."[712]라고 하였듯이, 고증(考證)의 영역으로 몰입하여 경세의 의미를 경시하였기 때문이다. 이는 조선의 실학파 경학이 고증을 중시하면서도 그 본질에서는 현실과 경세를 중시하는 것과 차이가 있다.

한편 일본 고학파의 경학은 적생조래의 『논어징(論語徵)』에서 보듯이, 선왕이 제정한 예악(禮樂)을 중시하고 있다. 여기서 적생조래는 선왕의 가르침을 한결같이 따를 것을 주장하는데, 그의 이러한 견해는 학문적 관점에서 본다면 창의적 사고를 억누르는 경향을 지녔다고 할 수 있다.[713] 그리고 경세의 관점에서 보자면 성인의 절대성을 강조하고 민(民)을 인의예지(仁義禮智)의 주체에서 제외시킴으로써 우민관(愚民觀)과 더불어 위정자 중심의 경세학이 수립될 여지가 농후하다. 이에 비해 조선의 실학파 경학이 지향하는 경세는 현실에서 민(民)을 중심에 두고 지식인의 책무를 중시하는 경세학이라 할 것이다. 비록 소수이기는 하지만 조선의 일부 주자학파와 실학파의 경전 해석에 나타나는, 이러한 고(古)를 중시하는 경학 현상은 조선 경학에 새로운 흐름을 형성하였다고 할 수 있다.

712) 梁啓超 저, 이기동, 최일범 역, 『淸代學術概論』, 여강출판사, 1987, 62면.

713) 오규 소라이 저, 이기동 외 3인 공역, 『논어징』1, 소명출판, 2010, 35~36면 참조.

5장

결론

이상으로 우리는 동아시아 논어학의 두 축이라 할 수 있는 중국과 한국 논어학의 일면을 고찰해 보았다. 그 탐색의 초입에서 경학이 언제나 유학적 사유의 첨병으로 기능하고 있음을 볼 수 있었다. 경의 해석학으로서의 전(傳) 즉 경전주석은 '천상탄'에 대한 동아시아 각국 경학자들의 주석에서 보듯이, 새로운 유학사조가 등장할 때 항상 새로운 면모를 보여주었다. 이 신해석은 바로 새로운 유학사상의 투영이자 이를 창출한 경학자의 선언이라고 할 수 있다.

경학과 유학의 관련이 이와 같기에, 주자는 자신의 유학사상의 핵심을 담은 『논어집주』를 저술함에 먼저 훈고와 의리 두 방면의 『논어』 주석서를 청장년기에 걸쳐 완성하였다. 그리고 이를 절요하고 응축한 『논어집주』를 집필한 다음 몇 차례의 수정, 증보를 거쳐 완성하였다. 이처럼 주자가 평생에 걸쳐 완성한 『논어집주』에는 주자학의 정수인 본체론과 심성론이 공맹유학의 실천론과 더불어 선명하게 투영되어 있다. 이는 주자학의 핵심인 성(性)과 리(理)의 경학적 구현으로, 바로 주자의 새로운 유학사상이 『논어집주』를 통해 선언적으로 제시된 것이다. 즉 『논어집주』는 송대 신유학의 정신을 구현한 『논어』 주석서로서, 이른바 유학과 경학의 상호 조응을 여실하게 보여주었다.

한편 유학과 경학의 이러한 관련은 양명학의 경우도 예외가 아니었지만, 오랫동안 이러한 조응관계는 밝혀지지 못하였다. 그것은 바로 피석서 이래 오늘에 이르기까지 쓰여진 중국 경학사에서 명대는 경학의 쇠퇴시대로 규정되거나 심지어 경학사 서술에서 누락되었기 때문이다. 이는 앞서 살펴본 경학과 유학의 관련 양상을 생각한다면 매우 특이한 평가이다. 주자학의 시대인 송에 주자학파의 경학이 있었다면, 양명학의 시대인 명에 양명학파의 경학이 있어야만 할 것이다. 적어도 자신의 새로운 이념을 세상에 공표하려는 유학자들이 경전의 주석을 통해서 이를 선언하려 했음을 고려한다면 말이다. 중국 양명학파의 경학이 제대로 된 평가를 받지 못한 데에는 피석서 이전 청대 학자들의 명대 경학에 대한 혹독한 평가가 크게 한몫을 하였다. 특히 고염무의 경우, 명대 관찬 경학서인 『사서오경대전』에 대해 신랄하게 비판을 가하였다. 명대에는 관찬 『사서오경대전』이 나와 국가 표준 경학서가 됨으로 인해 경학에 활발발한 면이 사라진 데다, 이 『사서오경대전』의 수준조차 저열한 바람에 명대 경학의 쇠퇴는 더욱 심해졌다는 것이다. 고염무의 이런 관점은 피석서에 의해 수용되고, 이것은 오랫동안 명대 경학을 설명하는 논리가 되었다.

이 글에서는 경학과 유학의 상호 조응 현상에 어긋나는 이러한 논의들에 대하여 의문을 가지고 명대 경학의 양상을 『논어』 주석을 통하여 규명하고자 하였다. 그 결과 명대에는 양명학파의 사상적 지향을 함유하고 있는 경학 현상이 뚜렷하게 존재하였다는 것이 드러났다. 이는 바로 이탁오와 장대를 중심으로 하는 일군의 양명좌파에 의하여 이루어진 유불회통의 논어학이었다. 주지하다시피 양명학, 특히 양명좌파의 사유체계는 불교와 친연성이 농후하다. 양명좌파의 이러한 유학적 사유는 그들의 논어학에도 여실하게 반영되어 일군의 독특한 학술집단을 형성하였다. 이것이 바로 앞서 말한 양명학을 중심으로 하는 명대 경학의 독자적 면모를 구축한 것이다. 우리는 여기에서 유학과 경학이 조응하는 양상을 전대 주자학에 이어 여실하게 확인할 수 있었다. 그런데 실상 유학과 불교가 조응하는 이러한 현상은 명대 양명학파에 의하여 꽃을 피웠지만, 위진남북조에 이미 그 연원이 있었으며 송대에도 이러한 양상은 단편적으로 지속되었다. 그러다가 명대에 이르러 일군의 양명학자들을 중심으로 하나의 경학 현상을 이루게 된 것이다. 이를 통해 중국의 유학사를 양분한 주자학과 양명학에는 그에 걸맞는 신경학이 존재하였음을 규명할 수 있었다. 그리고 이러한 고찰은 명백하게 기존의 중국 경학사에서 밝혀내지 못하였던 면을 새로이 탐색한 것이라고 할 것이다.

조선의 논어학에 관한 기술에서는 먼저 조선 논어학사 전반에 걸친 개괄적 서술을 통하여 조선 논어학의 선하인 삼국과 고려의 논어학을 고찰한 다음, 조선의 논어학을 주로 학파별 분류를 통해 조망하였다. 그리고 조선 중기부터 현재에 이르기까지 조선의 논어학이 회집되고 전산화되는 과정을 살펴봄으로써, 조선 논어학에 대한 전근대와 현대의 관심의 양상과 초점을 알아보았다. 전근대 조선에서 논어설의 회집은 경학자가 속해 있는 학파에 따라 자기 학파의 선학들의 논어설에 치중하여 경설을 수집하는 형태였다. 현대에 와서『한국경학자료집성』을 편찬할 때에는 학파를 초월하여 조선 논어학의 대부분을 회집하였다. 그리고 근래에는 서적의 전산화라는 시대적 요구에 응하여 조선의 논어학을 포함한 한국의 사서오경 주석서를 DB화하여 무료로 공개하였다.『한국경학자료집성』의 편찬과 DB화의 결과물은 현재 동아시아에서 한국의 경학을 연구하는 기초자료로 제공되어, 대만을 위시한 각국에서 한국 경학에 대한 논의를 촉발시켰다.

조선의 논어학에 대한 서술은 조선 논어학의 연원이라 할 수 있는 퇴계의 논어학에 대한 검토를 시작으로 퇴계학파인 정구, 이진상, 곽종석의 논어학으로 고찰의 범위를 넓혔다. 퇴계 논어학의 근간은 주자학파의 논어학이었다. 퇴계는 주자의 논어설을 정밀하게 분석하여 해설하거나 보완하였으며, 주자학파의 논어설(소주)에 대해서는 주로 비판하였다. 그러나 때로 자신만의 독자적 논어설을 개진하기도 하였는데, 이는 엄밀한 고증학적 경서 읽기의 산물이라기보다는 자신의 경서 문리와 보편적인 관점을 통해 경전을 읽은 결과였다. 이후 퇴계학파의 논어학은 퇴계의 이 같은 논어설에 깊은 영향을 받았다.

주지하다시피 퇴계 이후 퇴계학은 영남퇴계학파와 근기퇴계학파로 계승되었다. 이 영남퇴계학과 근기퇴계학의 분기점에 서 있는 경학자가 바로 정구였다. 정구의 학문은 영남퇴계학으로 계승되기도 하였지만, 근기퇴계학으로도 이어졌다는 평가를 받고 있다. 정구는 독자적 저술을 통하여 논어설을 개진하지는 않았다. 그러나 그가 편찬한 『수사언인록(洙泗言仁錄)』과 『심경발휘(心經發揮)』에는 정구의 논어설의 특징을 살펴볼 수 있는 언급들이 있다. 이를 통해 정구의 논어설을 살펴본 바, 정구는 장식의 논어설을 수용하여 자신의 사상체계를 구축하였다. 장식은 주자와 동시대 학자로서 서로 지기지우였으며, 주자의 사상 형성에 크게 영향을 미친 학자였다. 주자학이 내면으로 치중한 반면 장식의 학문은 외적 실천에 상대적으로 관심이 컸다. 정구는 퇴계학도였기에 기본적으로 주자학자였다. 그럼에도 불구하고 장식의 학문을 수용하여 그 관심의 초점을 기왕의 주자학자들에 비해 밖으로 맞추었다. 그는 앞서 언급한 두 종의 주석서에서 장식의 논어설을 인용하는 가운데 이 점을 잘 드러내 주었다. 내(內)와 외(外)를 아우르는 정구의 이러한 논어설은 후대 근기퇴계학파, 즉 실학파 경학의 선하로 자리하게 된다.

한편 영남퇴계학파의 논어학은 조선 후기 이진상과 곽종석에 이르러 뚜렷한 경향성을 지니게 된다. 바로 퇴계 논어학의 계승으로서의 면모가 약여해지면서 동시에 퇴계학의 경학적 지향을 선명하게 하는 방향으로 나아갔다. 먼저 사제 간인 이들은 퇴계 논어학의 근간인 주자의 논어설에 대한 분석과 의미의 부연을 충실하게 실행하였다. 그리고 퇴계 논어설의 또 다른 지점인 독자적 『논어』 해석의 면모를 계승하였는데, 특히 퇴계 철학의 특징인 주리론으로 『논어』를 해석한 지점은 특기할 만하다. 앞서 중국의 유학사와 경학사의 상호 조응을 살펴보았는데, 조선의 경우도 퇴계학파의 경우 주리철학을 경학을 통해 구현하였다는 점에서 동일한 양상을 보여주고 있는 셈이다.

조선 실학파 『논어』 해석의 양상을 전형적으로 보여준 경학자는 이익과 정약용이다. 종래 주자학파(퇴계학파) 경학자들이 주자 경학에 대한 분석과 부연, 자기 학파 철학의 경학적 투사에 치중한 데 비해, 이익은 실천과 경세를 중시하는 면모를 『논어질서』에서 보여주었다. 그리고 이사증경(以史證經)의 설경 자세로 공자 당대의 역사적 환경을 중시하는 가운데, 역사서에 의거하여 『논어』를 이해하고자 하였다.

한편 정약용도 기본적으로 이익의 이러한 경전주석 자세와 유사한 지향을 가졌다. 그는 『논어고금주』에서 현실에서의 실천과 경세를 중시하는 설경 자세를 견지하였다. 그리고 기왕의 주석서들에 대하여 일방적으로 존숭하지 않고 자기 경설을 확정하는 가운데 수용과 비판을 거침없이 하였다. 정약용의 이러한 논어학을 두고서 흔히 탈주자학이라는 견해와 주자학의 계승이라는 견해가 교차하고 있다. 그러나 그의 문집 속의 다양한 주장들과 논어설을 종합적으로 고려해 보면, 정약용이 일방적으로 비판한 대상은 주자가 아니라 후대 주자학파였다. 정약용이 『논어고금주』에서 주자의 설은 긍정하든 비판하든 인용하는 반면, 후대 주자학파 특히 조선 주자학파의 논어설은 거의 인용하고 있지 않다는 것에서 이것을 확인할 수 있다. 즉 정약용의 경학은 주자와 주자학파에 대하여 연속과 단절의 면모를 지니고 있었는데, 특히 조선 주자학파의 경학에 대해서는 확연하게 단절적이었다. 조선의 주자학파는 선대의 경학유산을 계승하였음에 비해 정약용의 논어학은 선대의 경학적 유산과 단절적이었다는 점도 실학파 경학의 특징적 면모라고 할 수 있을 것이다.

마지막으로 조선의 주자학파와 실학파 경학의 공통적 면모인 고(古)의 지향에 대하여 살펴보았다. 조선 경학의 고(古)의 양상을 『논어』의 중요 개념어인 학(學), 인(仁), 경(敬)에 대한 조선 경학자들의 견해를 통해 고찰한 결과, 조선 전기 경학자들의 고(古)의 지향은 주자의 신주와 경전의 본래적 의미 사이의 괴리를 인지하고 이 양자를 조화시키려는 의식에서 형성되었다. 그러다가 점차 주자의 신주를 비판하고, 현실의 실천지향, 더 나아가 경세를 강조하는 방향으로 『논어』를 읽게 되었다. 즉 고(古)를 지향한 조선 경학자들의 『논어』 해석의 세계는 현실성(실천성)과 경세지향 등이 중심을 이루고 있었다. 조선의 실학파뿐 아니라, 조선 주자학파의 일부도 주자의 논어학에 대하여 객관적 거리를 가지고 바라보며, 현실의 실천지향으로 『논어』를 읽고자 한 점은 일종의 새로운 경학조류라고 할 것이다. 비록 이것이 주자학파의 논어학에 비해 미미하였지만, 이러한 점이 그 의미를 격하시키지는 않는다고 보여진다.

이상으로 동아시아 논어학의 두 축인 중국과 조선의 『논어』 주석의 양상에 대하여 살펴보았다. 이 글을 통해 중국 양명학파의 논어학이 중국 경학사에서 명대 경학의 존재를 확인해 주었다면, 조선의 퇴계후학의 논어학도 또한 주리철학의 반영으로서의 퇴계학파 경학의 특징을 드러내 주었다는 점을 살펴보았다. 그리고 고(古)의 지향을 보여준 조선의 논어학은 조선 경학의 또 다른 가능성을 시사해 주었다. 한편 이 글은 조선 주자학파 경학의 또 다른 한 축인 율곡학파의 논어학과 조선 양명학파인 강화학파의 논어설을 다루지 못하였다. 그리고 동아시아의 구성원인 일본과 베트남의 논어학도 엄연히 그 실재가 있음에도 고찰하지 못하였다. 이것은 이 글의 한계이자 후일의 연구주제일 것이다.

참고문헌

원전

『論語』

『論語集解義疏』

『論語注疏』

『論語全解』

『論語解』

『論語集注』

『論語集註考證』

『論語集注大全』

『論語百篇詩』

『論語評』

『論語遇』

『論語點睛』

『論語點睛補註』

『論語正義』

『論語稽求篇』

『朱子論語集注訓詁考』

『論語餘說』

『論語疏證』

『論語釋義』

『論語質疑』

『論語或問精義通攷』

『論語輯疑』

『論語思辨錄』

『泉上講說-論語』

『論語僭義』

『讀書箚義-論語』

『四書問辨-論語』
『論語疾書』
『魯論夏箋』
『論語古今註』
『論語箚義』
『論語答問』
『論語徵』
『論語新註』
『孟子』
『孟子注疏』
『春秋左傳注疏』
『莊子』
『荀子集解』
『春秋繁露義證』
『法言義疏』
『白虎通』
『文心雕龍』
『搜神記』
『唐書』
『舊唐書』
『隋書』
『南史』
『玉海』
『二程遺書』
『朱文公文集』
『大學章句』
『朱子語類』
『張栻全集』
『北溪大全集』
『因樹屋書影』
『四書明儒大全精義』
『四書集注闡微直解』

『朱注發明』
『朱子年譜』
『紫陽年譜』
『明儒學案』
『十駕齋養新錄』
『四庫全書總目』
『周易傳義大全』
『十三經注疏』
『經籍纂詁』
『淸史稿』
『松陽講義』
『玉函山房輯佚書』
『觀堂集林』

『牧隱詩藁』
『高麗史』
『四佳文集』
『太虛亭文集』
『退溪先生文集』
『四書釋義』
『艮齋集』
『栗谷先生全書』
『四書栗谷先生諺解』
『四書答問』
『宋子大全』
『退溪論語質疑疑義』
『寒岡集』
『心經附註』
『洙泗言仁錄』
『海東文獻總錄』
『苟全先生文集』
『東湖先生文集』

『農巖雜識』
『旅軒先生文集』
『東儒四書解集評』
『信齋集』
『星湖全書』
『弘齋全書』
『樊巖先生集』
『智水拈筆』
『與猶堂全書』
『尙書知遠錄』
『松亭先生文集』
『士小節』
『明美香館初稿』
『寒洲集』
『舫山集』
『心經密驗』
『俛宇集』
『東儒學案』
『朝鮮王朝實錄』
『經書』, 성균관대학교 대동문화연구원, 1965
『한국경학자료집성』, 성균관대학교 대동문화연구원, 1998

저역서

이인영, 『國史要論』, 금릉도서주식회사, 1950
정진석 외, 『조선철학사』(상), 과학원 역사연구소, 1961
이을호 편, 『실학논총』, 전남대 출판부, 1975
안병주, 「四書의 成立과 『四書集注』의 의의」, 『淵民 李家源 博士 六秩頌壽紀念論叢』, 범학도서, 1977
이우성, 「韓國 儒學史上 退溪學派의 形成과 그 展開」, 『韓國의 歷史像』, 창작과비평사, 1983
유인희, 「老莊의 本體論」, 『東洋哲學의 本體論과 人性論』, 연세대학교출판부, 1984

皮錫瑞 저, 이홍진 역, 『중국경학사』, 동화출판공사, 1984
김충열, 『高麗儒學史』, 고려대학교출판부, 1984
余英時 저, 조병한 역, 「장학성의 육경개사설」, 『중국의 역사인식』(하), 창작과비평사, 1985
현상윤, 『조선유학사』, 현음사, 1986
梁啓超 저, 이기동 역, 『淸代學術槪論』, 여강출판사, 1987
김승혜, 『原始儒敎-『論語』, 『孟子』, 『荀子』에 대한 해석학적 접근-』, 민음사, 1990
山內弘一, 「李震相의 心卽理說과 嶺南學派」, 『민족사의 전개와 그 문화』, 창작과비평사, 1990
陳淳 저, 김영민 역, 『北溪字義』, 예문서원, 1993
이종호 편, 『儒敎經典의 理解』, 중화당, 1994
지교헌, 「면우 곽종석의 경학사상」, 『한국사상가의 새로운 발견』(3), 한국정신문화연구원, 1995
小川晴久 저, 하우봉 역, 『한국실학과 일본』, 한울아카데미, 1995
이지형, 『다산경학연구』, 태학사, 1996
한형조, 『주희에서 정약용으로』, 세계사, 1996
三浦國雄 저, 김영식, 이승연 역, 『인간 주자』, 창작과비평사, 1996
노사광 저, 정인재 역, 『중국철학사』(명청편), 탐구당, 1997
이익 저, 안병학 외 역주, 『국역 성호질서』, 한림대 태동고전연구소, 1998
최재목, 「韓末 嶺南 儒學界에서 實學의 계승과 陽明學 수용의 문제」, 『한말 영남유학계의 동향』, 영남대학교출판부, 1998
丸山眞男 저, 김석근 역, 『日本政治思想史硏究』, 통나무, 1998
미조구찌 유조 저, 김용천 역, 『중국 전근대 사상의 굴절과 전개』, 동과서, 1999
高橋亨 저, 조남호 역, 『조선의 유학』, 소나무, 1999
荒木見悟 저, 심경호 역, 『불교와 유교』, 예문서원, 2000
이우성, 「해제」, 『국역 한강집』, 민족문화추진회, 2001
정태섭, 『성 역사와 문화』, 동국대학교출판부, 2002
李家源, 『儒敎叛徒 許筠』, 연세대학교출판부, 2002
성백효 역주, 『역주 심경부주』, 전통문화연구회, 2003
三浦國雄 저, 이승연 역, 『주자와 기 그리고 몸』, 예문서원, 2003
벤저민 엘먼 저, 양휘웅 역, 『성리학에서 고증학으로』, 예문서원, 2004
오오키 야스시 저, 노경희 역, 『명말 강남의 출판문화』, 소명출판, 2004

鄒烈山, 朱健國 저, 홍승직 역, 『이탁오 평전』, 돌베개, 2005
황현 저, 임형택 외 역, 『역주 매천야록』, 문학과지성사, 2005
束景南 저, 김태완 역, 『주자평전』, 역사비평사, 2015
신용철, 「'비림비공운동'에서의 이탁오」, 『이탁오』, 지식산업사, 2006
한영우 외 6인 공저, 「서문」, 『다시, 실학이란 무엇인가?』, 푸른역사, 2007
강명관, 『공안파와 조선후기 한문학』, 소명출판, 2007
李贄 저, 김혜경 역, 『속분서』, 한길사, 2007
李卓吾 저, 이영호 역, 『이탁오의 논어평』, 성균관대학교출판부, 2009
Hoyt C. Tillman 저, 김병환 역, 『주희의 사유세계』, 교육과학사, 2010
오규 소라이 저, 이기동 외 3인 공역, 『논어징』, 소명출판, 2010
조너선 D. 스펜스 저, 이준갑 역, 『룽산으로의 귀환』, 이산, 2010
黃俊傑 저, 이영호 역, 『일본논어해석학』, 성균관대학교출판부, 2011
강명관, 「다산을 통해 실학을 다시 생각한다」, 『한국학의 학술사적 전망』(1), 소명출판, 2014
蔡振豐 저, 김중섭, 김호 역, 『다산의 사서학-동아시아의 관점에서』, 너머북스, 2014
이을호, 『다산학각론』(『현암 이을호전서』6), 한국학술정보, 2015
嵇文甫 저, 이영호 외 공역, 『유교의 이단자들』(원제:『左派王學』), 성균관대학교출판부, 2015

容肇祖, 『明代思想史』(民國叢書 第二編 7), 上海書店, 1940
莊伯潛, 『經學纂要』, 正中書局, 1946
福建省晋江地區文物管理委員會, 『李贄思想評介』, 1975
邱漢生, 『四書集注簡論』, 中國社會科學出版社, 1980
陳鐵凡, 「四書章句集注考源」, 『論孟論文集』, 黎明文化公司, 1982
錢穆, 『論語新解』, 巴蜀書社, 1985
李時 編著, 『國學問題五百』, 天津市古籍書店, 1986
李澤厚, 「莊玄禪宗漫述」, 『中國古代思想史論』, 人民出版社, 1986
『中國大白科全書』 哲學部分, 墨經 條, 中國大百科全書出版社, 1987
柳詒徵 編著, 『中國文化史』下, 東方出版中心, 1988
張立文 主編, 『道』, 中國人民大學出版社, 1989
程樹德, 『論語集釋』, 中華書局, 1990
王素, 『唐寫本論語鄭氏注及其研究』, 文物出版社, 1991

金谷治,「鄭玄與論語」,『唐寫本論語鄭氏注及其硏究』, 文物出版社, 1991
孫述圻,「論皇侃的論語義疏」,『中國經學史論文選集』上冊(林慶彰 編), 文史哲出版社, 1992
楊伯峻,『論語譯注』, 中華書局, 1992
楊國榮, 「乾嘉學派的治學方法」, 『經學硏究論集』1輯, 台北聖環圖書公司, 1994
董洪利,『古籍的闡釋』, 遼寧敎育出版社, 1995
湯志鈞,『近代經學與政治』, 中華書局, 1995
侯外廬,『中國思想通史』(第四卷 下冊), 人民出版社, 1995
嵇文甫,『晚明思想史論』, 東方出版社, 1996
夏傳才,『十三經概論』, 天津人民出版社, 1998
陳榮捷 撰,『王陽明傳習錄詳註集評』, 學生書局, 1998
漆永祥,『乾嘉考據學硏究』, 中國社會科學出版社, 1998
陳澧,『東塾讀書記』, 三聯書店, 1998
錢穆,『朱子新學案』第四冊(錢賓四先生全集14), 臺北聯經出版社, 1998
楊樹達,『論語疏證』, 上海古籍出版社, 1999
章權才,『宋明經學史』, 廣東人民出版社, 1999
錢穆,『中國學術思想史論叢』(七), 蘭臺出版社, 2000
吳雁南,『中國經學史』, 福建人民出版社, 2000
朱謙之 編著,『日本的古學及陽明學』, 人民出版社, 2000
余英時, 「從宋明儒學的發展論淸代思想史」, 『論戴震與章學誠』, 三聯書店, 2000
錢大昕,『十駕齋養新錄』, 江蘇古籍出版社, 2000
夏傳才,『論語趣讀』, 花山文藝出版社, 2000
張文修,「正時時期經學的玄學化」,『經學今詮初編』, 遼寧敎育出版社, 2000
張學智,『明代哲學史』, 北京大學出版社, 2000
Tillman,「朱熹的鬼神觀與道統觀」,『邁入21世紀的朱子學』, 華東師範大學出版社, 2001
魯迅,『中國小說史略』, 上海古籍出版社, 2001
束景南,『朱熹年譜長編』, 華東師範大學出版社, 2001
嚴正,「鄭玄經學思想述評」,『經學今詮續編』, 遼寧敎育出版社, 2001
蕭民元,『論語辨惑』, 中國社會科學出版社, 2001
吳雁南 等編,『中國經學史』, 福建人民出版社, 2001

胡益民,『張岱評傳』, 南京大學出版社, 2002
林海權,『李贄年譜考略』, 福建人民出版社, 2004
陳平原,『從文人之文到學者之文』, 三聯書店, 2004
劉師培 著, 陳居淵 注,『經學教科書』, 上海古籍出版社, 2006
許道勛,『中國經學史』, 人民出版社, 2006
陳來,『早期道學話語的形成與演變』, 安徽教育出版社, 2007
李明輝,『四端與七情』, 臺大出版中心, 2008
唐明貴,『論語學史』, 中國社會科學出版社, 2009
『中國歷代經籍典』1, 經籍總部, 법인문화사영인본, 2013
林慶彰,『經學研究論著目錄』, 漢學研究中心編印, 民國84年
皮錫瑞,『經學歷史』, 禮文印書館, 民國63年
大槻信良,『朱子四書集注註典據考』, 學生書局, 民國65年
熊十力,『讀經示要』, 黃文書局, 民國68年
譚正璧,『國學概論新編』, 廣文書局, 民國71年
方東樹,『漢學商兌』, 商務印書館, 民國75年
錢穆,『國學概論』, 商務印書館, 民國79年
諸橋轍次 著, 林慶彰 譯,『經學史』, 萬卷樓, 民國85年
島田重禮,「百濟所獻論語考」,『論語書目』, 孔子祭典會, 大正二年四月
本田成之,『支那經學史論』, 吉川弘文館, 1927
安井小太郎, 諸橋轍次,『經學史』, 松雲堂書店, 1933
佐野公治,『四書學史の研究』, 創文社, 1988
室谷邦行,「皇侃『論語集解義疏』–六朝疏學の展開–」,『論語の思想史』, 汲古書院, 1994
淺野裕一,『孔子神話』, 岩波書店, 1997
Sarah Allan 著, 오만종 譯,『공자와 노자 그들은 물에서 무엇을 보았는가』, 예문서원, 1999
蜂屋邦夫 著, 陳捷 等譯,「古代中國水之哲理」,『道家思想與佛教』, 遼寧教育出版社, 2000

논문

천관우,「磻溪 柳馨遠 硏究」,『역사학보』2,3, 역사학회, 1952
한우근,「이조 실학의 개념에 대하여」,『震檀學報』15, 진단학회, 1958

이우성, 「실학연구서설」, 『문화비평』2권3호, 아한학회, 1970
안병걸, 「동암 류장원의 경학사상」, 『퇴계학』창간호, 안동대학교 퇴계학연구소, 1989
김언종, 「退溪의 『論語釋義』小考」, 『퇴계학보』107, 108합집, 퇴계학연구원, 1990
이충구, 「經書諺解硏究」, 성균관대 박사논문, 1990
김영호, 「정다산의 『논어』해석에 관한 연구」, 성균관대 동양철학과 박사논문, 1993
최석기, 「星湖 李瀷의 窮經姿勢」, 『韓中日 三國의 經學發展의 意味와 性格』, 성대 대동문화연구원 논문발표집, 1995
이재석, 「『四書章句集注』音注의 訓詁學的 硏究」, 성균관대학교 중문학과 박사논문, 1995
김문식, 「朝鮮後期 京畿學人의 漢宋折衷論」, 『제5회 동양학 국제학술회의 논문집』, 성균관대 대동문화연구원, 1995
김문식, 「19세기 전반 경기학인의 경학사상과 경세론」, 서울대 박사논문, 1995
이기윤, 「『論語筆解』의 解釋學的 理解」, 성균관대학교 석사논문, 1996
이영훈, 「茶山의 井田制 改革論과 王土主義」, 『民族文化』19, 민족문화추진회, 1996
이강재, 「『論語』 上十篇의 解釋에 대한 硏究」, 서울대학교 박사학위논문, 1998
송휘칠, 「近世日本의 朱子學受容과 그 變容에 관하여」, 『韓國의 哲學』제22호, 경북대 퇴계연구소, 1999
금장태, 「퇴계학파의 학문-한주 이진상의 성리학과 심즉리설」, 『퇴계학보』102집, 퇴계학연구원, 1999
한예원, 「일본 주자학의 '도'개념에 대한 일고찰」, 『주자학의 사상적 위상』, 성균관대 동아시아 유교문화권교육연구단, 2000
하우봉, 「丁若鏞과 荻生徂徠의 經學思想 比較 小考」, 『다산학의 국제적 지평』, 다산학술문화재단, 2001
이영호, 「조선후기 주자학적 경학의 변모양상에 대한 일고찰」, 『한문교육연구』17호, 한국한문교육학회, 2001
안현주, 「朝鮮時代에 刊行된 漢文本 『論語』의 板本에 관한 硏究」, 『서지학연구』24집, 서지학회, 2002
이상하, 「한주 이진상 성리설의 입론 근거 연구」, 고려대 박사논문, 2003
심경호, 「퇴계와 다산」, 『퇴계학과 한국문화』33, 경북대학교 퇴계학연구소, 2003
박성규, 「朱子哲學에서의 鬼神論」, 서울대 박사논문, 2003
이영호, 「퇴계 『논어』 해석의 경학적 특징과 그 계승양상」, 『퇴계학과 한국문

화』36집, 경북대 퇴계연구소, 2005
이영호, 「『한국경학자료집성』의 자료적 특징과 그 보완 및 연구의 방향-『한국경학자료집성』 소재 『논어』 주석을 중심으로-」, 『대동문화연구』49집, 성균관대 대동문화연구원, 2005
박현규, 「許筠이 導入한 李贄 著書」, 『中國語文學』46집, 영남중국어문학회, 2005
박현규, 「김중청의 『조천록』과 부정적인 허균 모습」, 『열상고전연구』22집, 열상고전연구회, 2005
박현규, 「천추 사행 시기 허균의 문헌 관련 활동」, 『동방학지』134집, 연세대학교 국학연구원, 2006
도현철, 「李穡의 經學觀과 그 志向」, 『진단학보』제102호, 진단학회, 2006
崔在穆, 李相勳, 「江華陽明學 硏究를 위한 基礎資料 整理」, 『陽明學』제16호, 한국양명학회, 2006
도현철, 「李穡의 書筵講義」, 『歷史와 現實』62, 한국역사연구회, 2006
전재동, 「17세기 율곡학파의 논어 주석 연구」, 경북대학교 박사학위논문, 2007
김용태, 「李建昌의 「李卓吾贊」에 대하여」, 『東洋漢文學硏究』第26輯, 동양한문학회, 2008
전재동, 「宋時烈과 朴世采의 退溪說 批判」, 『한국한문연구』42, 한국한문학회, 2008
류준필, 이영호, 「농암 김창협의 논어학과 그 경학사적 위상」, 『한문학보』19집, 우리한문학회, 2008
이영호, 「퇴계 경학과 경세학의 일면」, 『태동고전연구』25, 한림대 태동고전연구소, 2009
정호훈, 「한국 근현대 실학 연구의 추이와 그 문제의식」, 『다산과 현대』 제2호, 강진다산실학연구원, 2009
최석기, 「면우 곽종석의 명덕설(明德說) 논쟁」, 『남명학연구』27권, 남명학회, 2009
이영호, 「퇴계 경학을 통해 본 조선주자학의 독자성 문제」, 『퇴계학논집』8호, 영남퇴계학연구원, 2011
임형택, 「성리학과 실학의 관련성 문제-「函丈錄」의 분석」, 『한국실학연구』25, 한국실학학회, 2013
엄연석, 「한강 정구 『심경발휘』의 경학사상적 특징과 의의」, 『퇴계학논집』13호, 영남퇴계학연구원, 2013
이영호, 「조선의 주자문집 주석서와 그 의미」, 『대동문화연구』88집, 성균관대 대

동문화연구원, 2014
홍원식, 「정구의 한강학과 퇴,남학」, 『영남학』 26호, 경북대학교 영남문화연구원, 2014
박희선, 「遂菴 權尙夏의 『三書輯疑 · 論語』 譯註」, 고려대학교 고전번역협동과정 석사논문, 2015
이영호, 「다산 『대학』해석의 경학사적 위상」, 『동양철학연구』 86집, 동양철학연구회, 2016
이영호, 「조선후기 『위고문(僞古文)』의 옹호와 한문학에 미친 영향」, 『동방한문학』 66집, 동방한문학회, 2016
정일균, 「서계 박세당의 『논어사변록』 연구」, 「서계 박세당의 사서경학과 서계학, 탈주자학, 실학」, 제1회 서계학 학술세미나 발표문, 2018

程元敏, 「張栻「洙泗言仁」編的源委」, 『孔孟學報』 第11期, 中華民國孔孟學會, 1966
崔文印, 「李贄『四書評』眞僞辨」, 『文物』79年 第4期, 1979
崔文印, 「『四書評』不是李贄著作的考證」, 『哲學硏究』80年 4期, 1980
劉建國, 「也談『四書評』的眞僞問題」, 『貴州社會科學』第3期, 1983
張克偉, 「李卓吾眼中的傳統儒學」, 『湖北大學學報』4期, 1996
羅永吉, 「『論語點睛』硏究」, 『中華佛學硏究』第1期, 中華佛學硏究所, 1997
任冠文, 「『四書評』辨析」, 『文獻』1期, 1999
陳昇輝, 「晩明論語學之儒佛會通思想硏究」, 淡江大學 碩士論文, 2002
橋本繁, 「金海出土『論語』木簡と新羅社會」, 『朝鮮學報』193, 朝鮮學會, 2004

인명색인

서명색인

대동문화연구총서 29

동아시아의 논어학

초판 1쇄 인쇄 2019년 2월 22일
초판 1쇄 발행 2019년 2월 28일

지은이 이영호

편집인 안대회
대동문화연구원 TEL. 02)760-1275~6

펴낸이 신동렬

펴낸곳 성균관대학교 출판부

등록 1975년 5월 21일 제1975-9호

주소 03063 서울특별시 종로구 성균관로 25-2

대표전화 02)760-1253~4

팩스밀리 02)762-7452

홈페이지 press.skku.edu

ISBN 979-11-5550-316-4 94150
979-11-7986-275-1 (세트)